The
Complete Works
of
Yu Wujin

俞 吾 金 全 集

第 15 卷

散 论 集

（Ⅲ）

生活哲思

俞吾金 著

北京师范大学出版集团
BEIJING NORMAL UNIVERSITY PUBLISHING GROUP
北京师范大学出版社

俞吾金教授简介

俞吾金教授是我国著名哲学家，1948 年 6 月 21 日出生于浙江萧山，2014 年 10 月 31 日因病去世。生前任复旦大学文科资深教授、哲学学院教授，兼任复旦大学学术委员会副主任暨人文学术委员会主任、复旦大学学位委员会副主席暨人文社科学部主席、复旦大学国外马克思主义与国外思潮研究中心（985 国家级基地）主任、复旦大学当代国外马克思主义研究中心（教育部重点研究基地）主任、复旦大学现代哲学研究所所长；担任教育部社会科学委员会委员、教育部哲学教学指导委员会副主任、国务院哲学学科评议组成员、全国外国哲学史学会常务理事、全国现代外国哲学学会副理事长等职；曾任德国法兰克福大学和美国哈佛大学访问教授、美国 Fulbright 高级讲座教授。俞吾金教授是全国哲学界首位长江学者特聘教授、全国优秀教师和国家级教学名师。俞吾金教授是我国八十年代以来在哲学领域最具影响力的学者之一，生前和身后出版了包括《意识形态论》《从康德到马克思》《重新理解马克思》《问题域的转换》《实践与自由》《被遮蔽的马克思》等在内的 30 部著作（包括合著），发表了 400 余篇学术论文，在哲学基础理论、马克思主义哲学、外国哲学、国外马克思主义、当代中国哲学文化和美学等诸多领域都有精深研究，取得了令人瞩目的成就，为深入推进当代中国哲学研究做出了杰出和重要的贡献。

《俞吾金全集》主编

汪行福　吴　猛

《俞吾金全集》编委会（按姓名拼音排序）

柴　杰	陈利权	陈立旭	方　珏	葛欢欢
郝　鹏	胡云峰	江雪莲	蒋小杰	孔　慧
李革新	李　欣	李昕桐	李　元	梁卫霞
林　晖	刘　芳	刘　珂	鲁绍臣	马迎辉
潘非欧	阮　凯	史凯峰	汪俊昌	汪行福
汪秀丽	王凤才	文学平	吴　猛	奚颖瑞
徐英瑾	杨　威	郁建兴	岳泽民	曾德华
张　娜	张双利	张雪魁	张艳芬	张云凯
赵明哲	赵青云	钟　锦		

本卷编校组

阮凯 孔慧 杨威

序　言

　　俞吾金教授是我国哲学界的著名学者，是我们这一代学人中的出类拔萃者。对我来说，他既是同学和同事，又是朋友和兄长。我们是恢复高考后首届考入复旦大学哲学系的，我们住同一个宿舍。在所有的同学中，俞吾金是一个好学深思的榜样，或者毋宁说，他在班上总是处在学与思的"先锋"位置上。他要求自己每天读 150 页的书，睡前一定要完成。一开始他还专注于向往已久的文学，一来是"文艺青年"的夙愿，一来是因为终于有机会沉浸到先前只是在梦中才能邂逅的书海中去了。每当他从图书馆背着书包最后回到宿舍时，大抵便是熄灯的前后，于是那摸黑夜谈的时光就几乎被文学占领了。先是莎士比亚和歌德，后来大多是巴尔扎克和狄更斯，最后便是托尔斯泰和陀思妥耶夫斯基了。好在一屋子的室友都保留着不少的文学情怀，这情怀有了一个共鸣之地，以至于我们后来每天都很期待去分享这美好的时刻了。

　　但是不久以后，俞吾金便开始从文学转到哲学。我们的班主任老师，很欣赏俞吾金的才华，便找他谈了一次话，希望他在哲学上一展才华。不出所料，这个转向很快到来了。我们似乎突然发现他的言谈口吻开始颇有些智者派的风格了——这一步转得很合适也很顺畅，正如黑格尔所说，智者们就是教人熟悉思维，以代替"诗篇的知识"。还是在本科三年级，俞吾金就在《国内哲学动态》上发表了他的哲学论文《"蜡块说"小考》，这在班里乃至于系里都引起了不小的震动。不久以后，他便在同学中得了个"苏老师"（苏格拉底）的雅号。看来并非偶然，他在后来的研究中曾对智者派（特别是普罗泰戈拉）专门下过功夫，而且他的哲学作品中也长久地保持着敏锐的辩才与文学的冲动；同样并非偶然，后来复旦大学将"狮城舌战"（在新加坡举行的首届国际华语大专辩论赛）的总教练和领队的重任托付给他，结果是整个团队所向披靡并夺得了冠军奖杯。

本科毕业后我们一起考上了研究生，1984年底又一起留校任教，成了同事。过了两年，又一起考上了在职博士生，师从胡曲园先生，于是成为同学兼同事，后来又坐同一架飞机去哈佛访学。总之，自1978年进入复旦大学哲学系以来，我们是过从甚密的，这不仅是因为相处日久，更多的是由于志趣相投。这种相投并不是说在哲学上或文学上的意见完全一致，而是意味着时常有着共同的问题域，并能使有差别的观点在其中形成积极的和有意义的探索性对话。总的说来，他在学术思想上始终是一个生气勃勃地冲在前面的追问者和探索者；他又是一个犀利而有幽默感的人，所以同他的对话常能紧张而又愉悦地进行。

作为哲学学者，俞吾金主要在三个方面展开他长达30多年的研究工作，而他的学术贡献也集中地体现在这三个方面，即当代国外马克思主义、马克思哲学、西方哲学史。对他来说，这三个方面并不是彼此分离的三个领域，毋宁说倒是本质相关地联系起来的一个整体，并且共同服务于思想理论上的持续探索和不断深化。在我们刚进复旦时，还不知"西方马克思主义"为何物；而当我们攻读博士学位时，卢卡奇的《历史与阶级意识》已经是我们必须面对并有待消化的关键文本了。如果说，这部开端性的文本及其理论后承在很大程度上构成了与"梅林—普列汉诺夫正统"的对立，那么，系统地研究和探讨国外马克思主义的立场、观点和方法，就成为哲学研究(特别是马克思主义哲学研究)的一项重大任务了。俞吾金在这方面是走在前列的，他不仅系统地研究了卢卡奇、科尔施、葛兰西等人的重要哲学文献，而且很快又进入到法兰克福学派、存在主义的马克思主义、弗洛伊德主义的马克思主义、结构主义的马克思主义，等等。不久，哲学系组建了以俞吾金为首的当代国外马克思主义教研室，他和陈学明教授又共同主编了在国内哲学界影响深远的教材和文献系列，并有大量的论文、论著和译著问世，从而使复旦大学在这方面成为国内研究的重镇并处于领先地位。2000 年，教育部在复旦建立国内唯一的"当代国外马克思主义研究中心"(人文社会科学重点研究基地)，俞吾金自此一直担任该基地的主任，直到 2014 年去世。他组织并领导了内容广泛的理论引进、不断深入的学术研究，以及愈益扩大和加深的国内外交流。如果说，40 年前人们对当代国外马克思主义还几乎一无所知，而今天中国的学术界已经能够非常切近地追踪到其前沿了，那么，这固然取决于学术界同仁的共同努力，但俞吾金却当之无愧地属于其中的居功至伟者之一。

当俞吾金负责组建当代国外马克思主义学科时，他曾很热情地邀请我加入团队，我也非常愿意进入到这个当时颇受震撼而又所知不多的新领域。但我所在的马克思主义哲学史教研室却执意不让我离开。于是他便对我说：这样也好，"副本"和"原本"都需要研究，你我各在一处，时常可以探讨，岂不相得益彰？看来他对于"原本"——马克思哲学本身——是情有独钟的。他完全不能满足于仅仅对当代国外马克思主义的各种文本、观点和内容的引进介绍，而是试图在哲学理论的根基上去深入地理解它们，并对之开展出卓有成效的批判性发挥和对话。为了使这样的发挥和对话成为可能，他需要在马克思哲学基础理论的研究方面获得持续不断的推进与深化。因此，俞吾金对当代国外马克思主义的探索总是伴随着他对马克思哲学本身的研究，前者在广度上的拓展与后者在深度上的推进是步调一致、相辅相成的。

在马克思哲学基础理论的研究领域，俞吾金的研究成果突出地体现在以下几个方面。第一，他明确主张马克思哲学的本质特征必须从其本体论的基础上去加以深入的把握。以往的理解方案往往是从近代认识论的角度提出问题，而真正的关键恰恰在于从本体论的层面去理解、阐述和重建马克思哲学的理论体系。我是很赞同他的这一基本观点的。因为马克思对近代哲学立足点的批判，乃是对"意识"之存在特性的批判，因而是一种真正的本体论批判："意识在任何时候都只能是被意识到了的存在，而人们的存在就是他们的现实生活过程。"这非常确切地意味着马克思哲学立足于"存在"——人们的现实生活过程——的基础之上，而把意识、认识等等理解为这一存在过程在观念形态上的表现。

因此，第二，就这样一种本体论立场来说，马克思哲学乃是一种"广义的历史唯物主义"。俞吾金认为，在这样的意义上，马克思哲学的本体论基础应当被把握为"实践—社会关系本体论"。它不仅批判地超越了以往的本体论（包括旧唯物主义的本体论）立场，而且恰恰构成马克思全部学说的决定性根基。因此，只有将马克思哲学理解为广义的历史唯物主义，才能真正把握马克思哲学变革的实质。

第三，马克思"实践"概念的意义不可能局限在认识论的范围内得到充分的把握，毋宁说，它在广义的历史唯物主义中首先是作为本体论原则来起作用的。在俞吾金看来，将实践理解为马克思认识论的基础与核心，相对于近代西方认识论无疑是一大进步；但如果将实践概念限制在认识论层面，就会忽视其根本而首要的本体论意义。对于马克思来说，至为关键的是，只有在实践的本体论层面上，人们的现实生活才会作为决定性的存在进入到哲学的把握中，从而，人们的劳动和交往，乃至于人们的全部社会生活和整个历史性行程，才会从根本上进入到哲学理论的视域中。

因此，第四，如果说广义的历史唯物主义构成马克思哲学的实质，那么这一哲学同时就意味着"意识形态批判"。因为在一般意识形态把思想、意识、观念等等看作是决定性原则的地方，唯物史观恰恰相反，要求将思想、意识、观念等等的本质性导回到人们的现实生活过程之中。

在此意义上，俞吾金把意识形态批判称为"元批判"，并因而将立足于实践的历史唯物主义叫做"实践诠释学"。所谓"元批判"，就是对规约人们的思考方式和范围的意识形态本身进行前提批判，而作为"实践诠释学"的历史唯物主义，则是在"元批判"的导向下去除意识形态之蔽，从而揭示真正的现实生活过程。我认为，上述这些重要观点不仅在当时是先进的和极具启发性的，而且直到今天，对于马克思哲学之实质的理解来说，依然是关乎根本的和意义深远的。

俞吾金的博士论文以《意识形态论》为题，我则提交了《历史唯物主义的主体概念》和他一起参加答辩。答辩主席是华东师范大学的冯契先生。冯先生不仅高度肯定了俞吾金对马克思意识形态批判理论的出色研究，而且用"长袖善舞"一词来评价这篇论文的特点。学术上要做到长袖善舞，是非常不易的：不仅要求涉猎广泛，而且要能握其枢机。俞吾金之所以能够臻此境地，是得益于他对哲学史的潜心研究；而在哲学史方面的长期探索，不仅极大地支持并深化了他的马克思哲学研究，而且使他成为著名的西方哲学史研究专家。

就与马哲相关的西哲研究而言，他专注于德国古典哲学，特别是康德、黑格尔哲学的研究。他很明确地主张：对马克思哲学的深入理解，一刻也离不开对德国观念论传统的积极把握；要完整地说明马克思的哲学革命及其重大意义，不仅要先行领会康德的"哥白尼式革命"，而且要深入把握由此而来并在黑格尔那里得到充分发展的历史性辩证法。他认为，作为康德哲学核心问题的因果性与自由的关系问题，在"按照自然律的因果性"和"由自由而来的因果性"的分析中，得到了积极的推进。黑格尔关于自由的理论可被视为对康德自由因果性概念的一种回应：为了使自由和自由因果性概念获得现实性，黑格尔试图引入辩证法以使自由因果性和自然因果性统一起来。在俞吾金看来，这里的关键在于"历史因果性"维度的引入——历史因果性是必然性的一个方面，也是必然性与自由相统一的关节点。因此，正是通过对黑格尔的精神现象学、法哲学和历史哲学等思想内容的批判性借鉴，马克思将目光转向人类社会发展中的历史因果性；但马克思又否定了黑格尔仅仅停留于单纯精神层面谈论自然因果性和历史因果性的哲学立场，要求将这两种因果性结合进现实的历史运动中，尤其是使之进入到对市民社会的解剖中。这个例子可以表明，对马克思哲学之不断深化的理解，需要在多大程度上深入到哲学史的领域之中。正如列宁曾经说过的那样：不读黑格尔的《逻辑学》，便无法真正理解马克思的《资本论》。

就西方哲学的整体研究而言，俞吾金的探讨可谓"细大不捐"，涉猎之广在当代中国学者中是罕见的。他不仅研究过古希腊哲学（特别是柏拉图和亚里士多德哲学），而且专题研究过智者派哲学、斯宾诺莎哲学和叔本华哲学等。除开非常集中地钻研德国古典哲学之外，他还更为宏观地考察了西方哲学在当代实现的"范式转换"。他将这一转换概括为"从传统知识论到实践生存论"的发展，并将其理解为西方哲学发展中的一条根本线索。为此他对海德格尔的哲学下了很大的功夫，不仅精详地考察了海德格尔的"存在论差异"和"世界"概念，而且深入地探讨了海德格尔的现代性批判及其意义。如果说，马克思的哲学变革乃是西方哲学范式转换中划时代的里程碑，那么，海德格尔的基础存在论便为说明这一转换提供了重要的思想材料。在这里，西方哲学史的研究再度与马克思哲学的研究贯通起来：俞吾金不仅以哲学的当代转向为基本视野考察整个西方哲学史，并在这一思想转向的框架中理解马克思的哲学变革，而且站在这一变革的立场上重新审视西方哲学，特别是德国古典哲学和当代西方哲学。就此而言，俞吾金在马哲和西哲的研究上可以说是齐头并进的，并且因此在这两个学术圈子中同时享有极高的声誉和地位。这样的一种研究方式固然可以看作是他本人的学术取向，但这种取向无疑深深地浸染着并且也成就着复旦大学哲学学术的独特氛围。在这样的氛围中，当代国外马克思主义的研究要立足于对马克思哲学本身的深入理解之上，而对马克思哲学理解的深化又有必要进入到哲学史研究的广大区域之中。

今年 10 月 31 日，是俞吾金离开我们 10 周年的纪念日。十年前我曾撰写的一则挽联是："哲人其萎乎，梁木倾颓；桃李方盛也，枝叶滋荣。"我们既痛惜一位学术大家的离去，更瞩望新一代学术星丛的冉冉升起。十年之后，《俞吾金全集》由北京师范大学出版社出版了——这是哲学学术界的一件大事，许多同仁和朋友付出了积极的努力和辛勤的劳动，我们对此怀着深深的感激之情。这样的感激之情不仅是因为这部全集的告竣，而且因为它还记录了我们这一代学者共同经历的学术探索道路。一代人有一代人的使命，俞吾金勤勉而又卓越地完成了他的使命：他将自己从事哲学的探索方式和研究风格贡献给了复旦哲学的学术共同体，使之成为这个共同体悠长传统的组成部分；他更将自己取得的学术成果作为思想、观点和理论播洒到广阔的研究领域，并因而成为进一步推进我国哲学学术的重要支点和不可能匆匆越过的必要环节。如果我们的读者不仅能够从中掌握理论观点和方法，而且能够在哲学与时代的关联中学到思想探索的勇气和路径，那么，这部全集的意义就更其深远了。

吴晓明

2024 年 6 月

主编的话

一

2014 年 7 月 16 日，俞吾金教授结束了一个学期的繁忙教学工作，暂时放下手头的著述，携夫人赴加拿大温哥华参加在弗雷泽大学举办的"法兰克福学派对资本主义的批判"的国际学术讨论会，并计划会议结束后自费在加拿大作短期旅游，放松心情。但在会议期间俞吾金教授突感不适，虽然他带病作完大会报告，但不幸的是，到医院检查后被告知脑部患了恶性肿瘤。于是，他不得不匆忙地结束行程，回国接受治疗。接下来三个月，虽然复旦大学华山医院组织了最强医疗团队精心救治，但病魔无情，回天无力。2014 年 10 月 31 日，在那个风雨交加的夜晚，俞吾金教授永远地离开了我们。

俞吾金教授的去世是复旦大学的巨大损失，也是中国哲学界的巨大损失。十年过去了，俞吾金教授从未被淡忘，他的著作和文章仍然被广泛阅读，他的谦谦君子之风、与人为善之举被亲朋好友广为谈论。但是，在今天这个急剧变化和危机重重的世界中，我们还是能够感到他的去世留下的思想空场。有时，面对社会的种种不合理现象和纷纭复杂的现实时，我们还是不禁会想：如果俞老师在世，他会做如何感想，又会做出什么样的批判和分析！

俞吾金教授的生命是短暂的，也是精彩的。与期颐天年的名家硕儒相比，他的学术生涯只有三十多年。但是，在这短短的三十多年中，他通过自己的勤奋和努力取得了耀眼的成就。

1983 年 6 月，俞吾金与复旦大学哲学系的六个硕士、博士生同学一起参加在广西桂林举行的"现代科学技术和认识论"全国学术讨论会，他们在会上所做的"关于认识论的几点意见"（后简称"十条提纲"）的报告，勇敢地对苏联哲学教科书体系做了反思和批判，为乍暖还寒的思想解放和新莺初啼的马克思主义哲学新的探索做出了贡献。1993 年，俞吾金教授作为教练和领队，带领复旦大学辩论队参加在新加坡举办的首届国际大专辩论赛并一举夺冠，在华人世界第一次展现了新时代中国大学生的风采。辩论赛的电视转播和他与王沪宁主编的《狮城舌战》《狮城舌战启示录》大大地推动了全国高校的辩论热，也让万千学子对复旦大学翘首以盼。1997 年，俞吾金教授又受复旦大学校长之托，带领复旦大学学生参加在瑞士圣加仑举办的第 27 届国际经济管理研讨会，在该次会议中，复旦大学的学生也有优异的表现。会后，俞吾金又主编了《跨越边界》一书，嘉惠以后参加的学子。

俞吾金教授 1995 年开始担任复旦大学哲学系主任，当时是国内最年轻的哲学系主任，其间，复旦大学哲学系大胆地进行教学和课程体系改革，取得了重要的成果，荣获第五届全国高等学校优秀教学成果一等奖，由他领衔的"西方哲学史"课程被评为全国精品课程。在复旦大学，俞吾金教授是最受欢迎的老师之一，他的课一座难求。他多次被评为最受欢迎的老师和研究生导师。由于教书育人的杰出贡献，2009 年他被评为上海市教学名师和全国优秀教师，2011 年被评为全国教学名师。

俞吾金教授一生最为突出的贡献无疑是其学术研究成果及其影响。他在研究生毕业后不久就出版的《思考与超越——哲学对话录》已显示了卓越的才华。在该书中,他旁征博引,运用文学故事或名言警句,以对话体的形式生动活泼地阐发思想。该书妙趣横生,清新脱俗,甫一面世就广受欢迎,成为沪上第一理论畅销书,并在当年的全国图书评比中获"金钥匙奖"。俞吾金教授的博士论文《意识形态论》一脱当时国内博士论文的谨小慎微的匠气,气度恢宏,新见迭出,展现了长袖善舞、擅长宏大主题的才华。论文出版后,先后获得上海市哲学社会科学优秀成果一等奖和国家教委首届人文社会科学优秀成果一等奖,成为青年学子做博士论文的楷模。

俞吾金教授天生具有领军才能,在他的领导下,复旦大学当代国外马克思主义研究中心 2000 年被评为教育部人文社会科学重点研究基地,他本人也长期担任基地主任,主编《当代国外马克思主义评论》《国外马克思主义研究报告》《国外马克思主义与国外思潮译丛》等,为马克思主义的国际交流建立了重要的平台。他长期担任复旦大学哲学学院的外国哲学学科学术带头人,参与主编《西方哲学通史》和《杜威全集》等重大项目,为复旦大学成为外国哲学研究重镇做出了突出贡献。

俞吾金教授的学术研究不囿一隅,他把西方哲学和马克思哲学结合起来,提出了许多重要的概念和命题,如"马克思是我们同时代人""马克思哲学是广义的历史唯物主义""马克思哲学的认识论是意识形态批判""从康德到马克思""西方哲学史的三次转向""实践诠释学""被遮蔽的马克思""问题域的转换"等,出版了一系列有影响的著作和文集。由于俞吾金教授在学术上的杰出贡献和影响力,他获得各种奖励和荣誉称号,他是全国哲学界首位"长江学者奖励计划"特聘教授,在钱伟长主编的"20 世纪中国知名科学家"哲学卷中,他是改革开放以来培养的哲学家中的唯一入选者。俞吾金教授在学界还留下许多传奇,其中之一是,虽然他去世已经十年了,但至今仍保持着《中国社会科学》发文最多的记录。

显然,俞吾金教授是改革开放后新一代学人中最有才华、成果最为丰硕、影响最大的学者之一。他之所以取得令人瞩目的成就,不仅得益于他的卓越才华和几十年如一日的勤奋努力，更重要的是缘于他的独立思考的批判精神和"为天地立心、为生民立命"的济世情怀。塞涅卡说："我们不应该像羊一样跟随我们前面的羊群——不是去我们应该去的地方，而是去它去的地方。"俞吾金教授就是本着这样的精神从事学术的。在他的第一本著作即《思考与超越》的开篇中，他就把帕斯卡的名言作为题记："人显然是为了思想而生的；这就是他全部的尊严和他全部的优异；并且他全部的义务就是要像他所应该的那样去思想。"俞吾金教授的学术思考无愧于此。俞吾金教授以高度的社会责任感从事学术研究。复旦大学的一位教授在哀悼他去世的博文中曾写道："曾有几次较深之谈话，感到他是一位勤奋的读书人，温和的学者，善于思考社会与人生，关注现在，更虑及未来。记得 15 年前曾听他说，在大变动的社会，理论要为长远建立秩序，有些论著要立即发表，有些则可以暂存书箧，留给未来。"这段话很好地刻画了俞吾金教授的人文和道德情怀。

正是出于这一强烈担当的济世情怀，俞吾金教授出版和发表了许多有时代穿透力的针砭时弊的文章，对改革开放以来的思想解放和文化启蒙起到了推动作用，为新时期中国哲学的发展做出了重要贡献。但是，也正因为如此，他的生命中也留下了很多遗憾。去世前两年，俞吾金教授在"耳顺之年话人生"一文中说："从我踏进哲学殿堂至今，30 多个年头已经过去了。虽然我尽自己的努力做了一些力所能及的事情，但人生匆匆，转眼已过耳顺之年，还有许多筹划中的事情没有完成。比如对康德提出的许多哲学问题的系统研究，对贝克莱、叔本华在外国哲学史上的地位的重新反思，对中国哲学的中道精神的重新阐释和对新启蒙的张扬，对马克思哲学体系的重构等。此外，我还有一系列的教案有待整理和出版。"想不到这些未完成的计划两年后尽成了永远的遗憾！

二

俞吾金教授去世后，学界同行在不同场合都表达了希望我们编辑和出版他的全集的殷切希望。其实，俞吾金教授去世后，应出版社之邀，我们再版了他的一些著作和出版了他的一些遗著。2016年北京师范大学出版社出版了他的《哲学遐思录》《哲学随感录》《哲学随想录》三部随笔集，2017年北京师范大学出版社出版了《从康德到马克思——千年之交的哲学沉思》新版，2018年商务印书馆出版了他的遗作《新十批判书》未完成稿。但相对俞吾金教授发表和未发表的文献，这些只是挂一漏万，远不能满足人们的期望。我们之所以在俞吾金教授去世十年才出版他的全集，主要有两个方面的原因。一是俞吾金教授从没有完全离开我们，学界仍然像他健在时一样阅读他的文章和著作，吸收和借鉴他的观点，思考他提出的问题，因而无须赶着出版他的全集让他重新回到我们中间；二是想找个有纪念意义的时间出版他的全集。俞吾金教授去世后，我们一直在为出版他的全集做准备。我们一边收集资料，一边考虑体例框架。时间到了2020年，是时候正式开启这项工作了。我们于2020年10月成立了《俞吾金全集》编委会，组织了由他的学生组成的编辑和校对团队。经过数年努力，现已完成了《俞吾金全集》二十卷的编纂，即将在俞吾金教授逝世十周年之际出版。

俞吾金教授一生辛勤耕耘，留下650余万字的中文作品和十余万字的外文作品。《俞吾金全集》将俞吾金教授的全部作品分为三个部分：(1)生前出版的著作；(2)生前发表的中文文章；(3)外文文章和遗作。

俞吾金教授生前和身后出版的著作(包含合著)共三十部，大部分为文集。《俞吾金全集》保留了这些著作中体系较为完整的7本，包括《思考与超越——哲学对话录》《问题域外的问题——现代西方哲学方法论探要》《生存的困惑——西方哲学文化精神探要》《意识形态论》《毛泽东智慧》《邓小平：在历史的天平上》《问题域的转换——对马克思和黑格尔关系的当代解读》。其余著作则基于材料的属性全部还原为单篇文章，收入《俞吾金全集》的《马克思主义哲学研究文集（上、下）《外国哲学研究文集（上、下）》以及《国外马克思主义研究文集（上、下）》等各卷中。这样的处理方式难免会留下许多遗憾，特别是俞吾金教授的一些被视为当代学术名著的文集（如《重新理解马克思》《从康德到马克思》《被遮蔽的马克思》《实践诠释学》《实践与自由》等）未能按原书形式收入到《俞吾金全集》之中。为了解决全集编纂上的逻辑自洽性以及避免不同卷次的文献交叠问题（这些交叠往往是由于原作根据的不同主题选择和组织材料而导致的），我们不得不忍痛割爱，将这些著作打散处理。

俞吾金教授生前发表了各类学术文章 400 余篇，我们根据主题将这些文章分别收入《马克思主义哲学研究文集（上、下）《国外马克思主义哲学研究文集》《外国哲学研究文集（上、下）》《马克思主义中国化研究文集》《中国思想与文化研究》《哲学观与哲学教育论集》《散论集》（包括《读书治学》《社会时评》和《生活哲思》三卷）。在这些卷次的编纂过程中，我们除了使用知网、俞吾金教授生前结集出版的作品和在他的电脑中保存的材料外，还利用了图书馆和网络等渠道，查找那些散见于他人著作中的序言、论文集、刊物、报纸以及网页中的文章，尽量做到应收尽收。对于收集到的文献，如果内容基本重合，收入最早发表的文本；如主要内容和表达形式略有差异，则收入内容和形式上最完备者。在文集和散论集中，对发表的论文和文章，我们则按照时间顺序进行编排，以便更好地了解俞吾金教授的思想发展和心路历程。

除了已发表的中文著作和论文之外，俞吾金教授还留下了多篇已发表或未发表的外文文章，以及一系列未发表的讲课稿（有完整的目录，已完成的部分很成熟，完全是为未来出版准备的，可惜没有写完）。我们将这些外文论文收集在《外文文集》卷中，把未发表的讲稿收集在《遗作集》卷中。

三

《俞吾金全集》的编纂和出版受到了多方面的支持。俞吾金教授去世后不久，北京师范大学出版社就表达了想出版《俞吾金全集》的愿望，饶涛副总编辑专门来上海洽谈此事，承诺以最优惠的条件和最强的编辑团队完成这一工作，这一慷慨之举和拳拳之心让人感佩。为了高质量地完成全集的出版，出版社与我们多次沟通，付出了很多努力。对北京师范大学出版社饶涛副总编辑、祁传华主任和诸分卷的责编为《俞吾金全集》的辛勤付出，我们深表谢意。《俞吾金全集》的顺利出版，我们也要感谢俞吾金教授的学生赵青云，他多年前曾捐赠了一笔经费，用于支持俞吾金教授所在机构的学术活动。经同意，俞吾金教授去世后，这笔经费被转用于全集的材料收集和日常办公支出。《俞吾金全集》的出版也受到复旦大学和哲学学院的支持。俞吾金教授的同学和同事吴晓明教授一直关心全集的出版，并为全集写了充满感情和睿智的序言。复旦大学哲学学院原院长孙向晨也为全集的出版提供了支持。在此我们表示深深的感谢。

《俞吾金全集》的具体编辑工作是由俞吾金教授的许多学生承担的。编辑团队的成员都是在不同时期受教于俞吾金教授的学者，他们分散于全国各地高校，其中许多已是所在单位的教学和科研骨干，有自己的繁重任务要完成。但他们都自告奋勇地参与这项工作，把它视为自己的责任和荣誉，不计得失，任劳任怨，为这项工作的顺利完成付出自己的心血。

作为《俞吾金全集》的主编，我们深感责任重大，因而始终抱着敬畏之心和感恩之情来做这项工作。但限于水平和能力，《俞吾金全集》一定有许多不完善之处，在此敬请学界同仁批评指正。

汪行福　吴　猛

2024 年 6 月

目　录

1985年

谈谈两代人思维的融合[①]

在生活中，常常可以听到或看到这样的事情：一对男女青年，由于志趣相投，正在热恋时，一方的父母突然粗暴地加以干涉，终于，一对恋人不欢而散，严重的甚至酿成了悲剧。这类事情常常在青年人心中投下阴影，在家庭生活中造成裂痕，从而为今后的新的冲突埋下了种子。

青年人和老年人在生活（恋爱、工作、学习、娱乐、社交等）中的冲突有多种多样的原因。其中一个重要的原因是，青年人的思维和老年人的思维之间存在着较大的差异。

一般说来，老年人的思维有两个特点。一是现实感强。老年人由于阅历丰富，亲身经历过生活中的许多曲折磨难，在思考任何问题时，都紧紧地依附着现实。在某种程度上，老年人都是现实主义者。现实感使他们脚踏实地，很少耽于幻想之中，但遗憾的是这也使他们缺乏热情、追求和创造的灵感。他们奉行的格言常常是：与其担风冒险，不如偃旗息鼓。二是经验感强。老年人头脑里都有一个经验的库藏，这同时也是他们在思考中判别生活是非的重要标准。当他们在生活

---

① 原载《文汇报》1985 年 8 月 28 日。收录于俞吾金：《文化密码破译》，上海远东出版社 1995 年版，第 67—68 页。——编者注

中发现和自己的经验不合的东西时，便出面加以干涉。比如，有些老年人根据生活经验，认为恋爱的最高标准是实惠，一旦发现子女在恋爱中违背这个原则时，他们往往就出来阻挠，上面提到的悲剧常常是这样诱发的。诚然，经验是宝贵的，但当人们把它凝固化并不问条件地一味搬用时，就走向反面去了。另外，任何经验都是历史的结晶。无限地重视经验，必然把思维导向过去。如同一个文明悠久的国家喜欢追溯过去一样，老年人则喜欢缅怀历史。可是，他们对生活中出现的新的东西和美妙的未来却失去了感受力和想象力。总的说来，老年人的思维是收敛型的，更倾向于保持现状的。

青年人的思维和老年人有很大的区别。一般说来，青年人思维的特点是有两个。①理想化。除了懵懂可爱的童年外，青年人再也没有什么东西可供回忆了。于是，他们思维的激流就和血管中沸腾着的热情一起被导向未来，导向一个未知的世界。他们是未来的象征，但这种向未来的进军又总是蹒跚着的。他们的头脑中塞满了各种各样关于未来的计划和幻想，与其说他们在思考，不如说他们在想象。在某种程度上，青年是浪漫主义者。②理论化。青年人没有经验，于是便诉诸理论。他们对各种新思潮、新观念十分敏感，趋之唯恐不及。但敏感也常常把他们导向不同的极端。使他们的思想像醉汉一样摇来晃去。总的说来，青年人的思维是发散型的，更多地倾向于打破现状、憧憬未来。

平心而论，这两种思维各有千秋。离则俱损，合则两利。对老年人来说，应该更多地关心生活中出现的新事物、新观念，更多地和青年人对话，以了解他们的需要和想法，从而为自己的思想注入新的热情和生机。相反，青年人则要克服轻率急躁的情绪，要在自己的思维之翅上绑上重物，以便使它更接近现实而不致在幻想的云雾中迷路。

使人们行动起来的一切都要经过他们的大脑。如果老年人和青年人都勇于跳出自己思维的"罗陀斯岛"，相互取长补短，在两种不同的思维间建立必要的张力，生活中的许多无谓的冲突就会让位于美妙的和谐。

视野的多维性与选择的一维性[①]

近来，关于立体思维、多维视野的议论已经引起人们的广泛的兴趣。笔者有感于此，也想谈点看法。

生活本身是无限丰富多彩的；人，作为生活的认识者和思考者，在数量上也是无限多的。这两个无限必然交织成思维的多层次和视野的多维性。苏东坡咏庐山的名句"横看成岭侧成峰，远近高低各不同"，便是多维视野的生动写照。多样性、多维性正是思维存在的方式。提倡多维视野，就是要打破长期来在"左"的思想的禁锢下形成的单一的、僵化的思维模式，活跃人们的思想，激发起他们的创造性灵感。在这方面，多维视野的积极作用是显而易见的。

但问题是，光强调视野的多维性还是不行的，弄得不好，会走向另一个极端。只有把视野的多维性和选择的一维性结合起来，人们的创造性才能真正发挥出来。笔者认为，视野的多维性是相对于整个社会而言的。由于人们在专业、兴趣上的不同和性格、气质上的差异，必然会对同一问题作出不同的思考和解答。这样，就形成了

---

① 原载《文汇报》1985 年 10 月 21 日，署名"吾金"。收录于俞吾金：《文化密码破译》，上海远东出版社 1995 年版，第 58—59 页。——编者注

对同一对象的多维透视。比如，现代西方哲学中出现的语言哲学、文化哲学、教育哲学、政治哲学、道德哲学、科学哲学等新学科，就是分别从不同的角度对哲学进行多维透视的结果。选择的一维性则是相对于个人而言的，即个人在自己的专业和兴趣的基础上所选择的一维的思考方向和研究方向。

在文艺复兴时期，像达·芬奇、丢勒等伟大人物能同时在几个专业上放射光芒，但是在科学高度发展的今天，一个人想同时站在几个领域中进行多维思维已变得越来越不可能了。早在19世纪初，德国的大诗人歌德已清醒地意识到这个问题。歌德称他的时代为"片面性的时代"，即每个人的才能只能得到单方面发展的时代。歌德说："聪明人会把凡是分散精力的要求置之度外，只专心致志地去学一门，学一门就要把它学好。"①歌德一生除了从事诗、小说、戏剧的创作外，还广泛涉足颜色学、植物学、艺术鉴赏等领域。他在晚年回顾自己的创作生涯时，非常感慨地说："假如我没有在石头上费过那么多的功夫，把时间用得节省些，我就很可能把最珍贵的金刚钻拿到手了。"②黑格尔也说过："一个人在特定的环境内，如欲有所成就，他必须专注于一事，而不可分散他的精力于多方面。"③

在当前这个信息泛滥的时代中，选择一维视野变得越来越重要。一个人如果到处都去涉足，只可能虚度一生。多中心就是无中心：其实，正是不同的个人在各自选择的一维的思考方向的基础上，整个社会才可能真正形成多维视野。总之，"一"与"多"是辩证地统一在一起的，不讲个人选择上的一维性，多维视野就会流于空谈。而个人视野的一维性选定，又离不开色彩斑斓的多维性探索，俗话说的"九九归一"，不无包含如此的科学思维原理。

---

① [德]爱克曼辑录：《歌德谈话录》，朱光潜译，人民文学出版社1978年版，第26、80页。

② [德]爱克曼辑录：《歌德谈话录》，朱光潜译，人民文学出版社1978年版，第26、80页。

③ [德]黑格尔：《小逻辑》，贺麟译，商务印书馆1980年版，第174页。

从"圣贤无过""教皇无谬误"谈开去①

　　人们的思维有一种奇怪的癖好：对陌生的事物怀着极大的好奇心和求知欲；相反，对熟识的东西却丧失了最起码的感受力和批判力，正如黑格尔所说："熟知非真知。""人非圣贤，孰能无过"就是一句人们熟知但并不真知的格言。

　　生活中常有这样的事：一个人犯了错误，另一个人就引证这句权威性的格言为他申辩，以表明犯错误之不可避免。却很少有人会想到，这句格言包含着巨大的危害性。乍看起来，它强调的是人难免犯错误，但细加推究，就可发现，它只肯定了普通人犯错误是难免的，至于"圣贤"则可例外。可见，"圣贤无过"才是这句格言真正想表达的主题思想。

　　"圣贤"可能"无过"吗？历史的回答是否定的。孔子可以算中国封建社会的最大圣贤了吧，可是，他承认自己是有缺点错误的。他说："丘也幸，苟有过，人必知之。"②把别人知道他的过失视为乐事。中国民主革命的伟大先驱孙中山先生，也可以算中国人民心目中的大圣贤了吧，然

---

　　①　原载《长江日报》1985 年 12 月 20 日。载《文汇理论探讨（内稿）》1986 年第 3 期，署名"吾金"。收录于俞吾金：《文化密码破译》，上海远东出版社 1995 年版，第 62—64 页。——编者注
　　②　《论语·述而》。

而，孙先生也有他的缺点方面，他并不真懂工农和土地问题，直到晚年，在共产党的帮助下，才提出新三民主义的口号。在西方，卢梭可以说是资产阶级的圣贤了吧，但他在《忏悔录》中宣称自己的一生有许多过失，"在这个尘世上谁也不是完人"①。歌德也可以算是人民群众普遍尊崇的圣贤了吧，他同样也有缺点。海涅对他提出了严厉的批评："令人反感的是，歌德对每一个有独创性的作家都感到害怕，而对一切微不足道的小作家却赞赏不已。"②

就无产阶级的圣贤——马克思、恩格斯、列宁、斯大林、毛泽东来说，也都是有错误和缺点的。马克思说过，"一切发展中的事物都是不完善的，而发展只有在死亡时才结束"③。这就是说，向任何人要求"完善"或"无过"，也就是变相地索取他的生命。历史告诉我们，不仅每个普通人会犯错误，而且每个圣贤，每个伟大人物，也都无例外地会犯错误。圣贤并不和错误绝缘，圣贤并不具有不犯错误的豁免权。

无独有偶，在西方也有一句类似的格言，叫"教皇无谬误"。1869年，天主教教皇庇护九世在罗马召开了由全世界的天主教主教和神学家参加的第一次梵蒂冈大公会议。会上讨论通过了"教皇无谬误"的决议。在中国，人们至今还在信奉、运用"人非圣贤，孰能无过"的格言，但是在西方，"教皇无谬误"的格言则从刚诞生的时候起，就成了人们讥讽论敌的俏皮话。恩格斯就曾嘲笑杜林是"一个硬把自己说成和教皇一样没有谬误的很不寻常的人物"④。

我们之所以说"人非圣贤，孰能无过"这句格言蕴含巨大的危害性，因为它正在传播一种"无谬误"的思想。实际上，"无谬误"本身就是最大的谬误，因为它是直接通向宗教迷信和个人崇拜的"驴桥"。费尔巴哈早就告诉我们，上帝不过是人们把自己的本质完善化而创造出来的一个高

---

① ［法］卢梭：《忏悔录（第二部）》，范希衡译，商务印书馆 1986 年版，第 693 页。
② 张玉书编选：《海涅选集》，人民文学出版社 1983 年版，第 49 页。
③ 《马克思恩格斯全集》第 1 卷，人民出版社 1956 年版，第 60 页。
④ 《马克思恩格斯全集》第 20 卷，人民出版社 1971 年版，第 32 页。

大的、无谬误的虚构物罢了。也许有人会申辩说，这句格言本身所包含的愿望还是好的。但这又有什么用呢？要知道，通向地狱的道路有时也是用善良的愿望铺成的。凡对林彪、"四人帮"搞的现代迷信记忆犹新的人，都不会怀疑，这种"善良的愿望"可能会造成怎样的恶果。

抛弃"人非圣贤，孰能无过"这句陈旧而无益的格言吧，你失去的只不过是锁链，而你获得的将是自由和自主。

1986年

学习马克思的谦逊观①

马克思主义经典作家的论著不仅充满着博大精深的革命道理，而且也氤氲着透彻深邃的人生哲理。重温他们的著作，常常可以使自己的认识获得升华，品格得到陶冶。最近，重读马克思的第一篇政论文章《评普鲁士最近的书报检查令》，文中关于"谦逊"的论述深深地吸引了我。

在普鲁士书报检查令中，有一条别出心裁的规定：人们必须"严肃和谦逊地探讨真理"。马克思以辛辣的口吻嘲讽了这条规定："真理像光一样，它很难谦逊；而且要它对谁谦逊呢？对它本身吗？Verum index sui et falsi〔真理是它自己和虚伪的试金石〕。那末，对虚伪谦逊吗？"②在马克思看来，真理探讨者的首要任务是直奔真理，既无必要东张西望，也无必要羞羞答答地去讲什么谦逊。书报检查令中的"谦逊"，与其说是害怕虚伪的标志，不如说是害怕真理的标志。马克思提到这种"谦逊"时，入木三分地说："谦逊是使我寸步难行的绊脚石。"③

那么，有没有真正的谦逊呢？马克思的回答

①　原载《长江日报》1986 年 4 月 25 日。收录于俞吾金：《文化密码破译》，上海远东出版社 1995 年版，第 69—71 页。——编者注
②　《马克思恩格斯全集》第 1 卷，人民出版社 1956 年版，第 6 页。
③　《马克思恩格斯全集》第 1 卷，人民出版社 1956 年版，第 6 页。

是：有。在马克思看来，真正的谦逊是用事物本身的语言来讲话："天才的谦逊是要忘掉谦逊和不谦逊，使事物本身突出。精神的普遍谦逊就是理性，即思想的普遍独立性，这种独立性按照事物本质的要求去对待各种事物。"①也就是说，真正的谦逊是从实际出发，大胆地、独立不倚地去探索真理，坚持从对实际事物的考察中引申出任何结论，哪怕它们是与传统的见解相冲突的。马克思认为，离开这样的意义去奢谈形式上或礼节上的"谦逊"，完全是无聊的举动。

毋庸讳言，把我们今天和马克思所处的历史时代进行比附，不仅是简单的，而且是毫无意义的。但应该指出的是，马克思的谦逊观为我们重新理解平时常用而又从不加以反思的谦逊概念提供了一把钥匙。马克思的谦逊观以尊重事物，尊重真理为出发点，而我们的谦逊观则是更多地偏重礼仪方面。封建社会的谦逊观正是从封建伦理纲常中引申出来的。在社会主义社会中，人与人之间的关系发生了根本性的变化，但人们对谦逊的理解仍然在一定程度上受到封建伦理思想的影响。特别是封建的等级观念和尊卑有序的观念常常黏附在谦逊的概念上。

在生活中有这样的情形：当一个青年人在学术上提出了与某一权威不同的新见解时，往往被斥为"骄傲""不谦逊"，甚至被斥为"狂妄"，这会挫伤青年人的积极性和进取性。在这样的场合下，所谓"谦逊"不成了人们勇于实践，追求真理的绊脚石了吗？说得严重一点，这不成了改革顺利进行的绊脚石了吗？这表明，在我们的谦逊观中，确实有一些旧的不健康的因素。

根据马克思的观点，谦逊和骄傲的唯一判别标准是，是否尊重事实、尊重真理。按照这一标准，敢于发表新见解，敢于在工作中挑大梁，应是谦逊的表现。反之，那些什么事也不干，任何创新精神也没有，而只会指手画脚地批评别人，指责别人的人才真正是骄傲的人。

有人也许会说，经你这么一提倡，还讲什么师道尊严，还有什么礼

---

① 《马克思恩格斯全集》第 1 卷，人民出版社 1956 年版，第 8 页。

貌谦让。我的回答是，不管是师道尊严也好，礼貌谦让也好，只有建基于尊重事实、尊重真理的基础上，才是可取的。

两千多年来，由于封建伦理思想的束缚，在很多中国人的心理中，谦恭多于自尊，退缩多于进取。人们为了磨成一个"谦逊"的人而付出了多少代价！在当前的改革潮流中，人们的各种观念都在发生重大的变化，这种不正确的谦逊观不也应该改一改了吗？

人的世界与球的世界[①]

在日常生活中，最常见的、最执着的一种迷信是：当人们发现某个人在某个领域是一个行家时，他们便会固执地要求他在其他所有的领域里同时也是行家。这里既有对行家的尊重，又有对他的苛求。我把这种迷信称为"工艺思想"（the thought of technology），因为人们总是自觉地或不自觉地像对待一件完美的工艺品一样地对待他人，在他人身上索取完善性。[②]

我是研究哲学的，而哲学乃是一种抽象的概念思维，它与感性的足球和足球运动几乎不可同日而语。有的哲学家，如黑格尔很喜欢把哲学思想发展史比喻为一个个相互连接的"圆圈"，但说起来惭愧，就连"圆圈"这个比喻都还是高度抽象的，它与足球运动的距离之大，大概可以用光年来计算。至于我个人，虽然从小至今也接触过一些球，如乒乓球、足球、篮球、排球、羽毛球、网球等，可是无论是从参与者还是旁观者的角度

---

① 原载《上海电视周刊》1986 年 4 月，总第 46 期。收录于俞吾金：《哲学随感录》，北京师范大学出版社 2016 年版，第 370—372 页。——编者注

② 正如车尔尼雪夫斯基所说："人必须'完美'这种见解，是一种怪诞的见解，假如我们把'完美'了解成为这样一种事物的形态：它融合了一切可能的长处，而毫无缺点，那只有内心冷淡或厌倦了的人由于无所事事，凭了幻想才可能发现的。在我看来，'完美'便是那种能使我充分满足的东西。"（《车尔尼雪夫斯基选集》上卷，周扬、缪灵珠、辛未艾译，生活·读书·新知三联书店 1958 年版，第 37—38 页。）

来看，我从来没有迷上过任何一种球。换言之，我对任何一种球类运动都缺乏真正的兴趣和研究。因此，非得有慷慨就义般的勇气，才敢在诸多球迷面前侃球。

当我们从哲学上去检视人类生活的时候，常常会发现一种令我们困惑不解的现象，那就是人类总是成为自己创造物的奴隶。哲学家们喜欢用另一个抽象的、古怪的词——"异化"去解释这种现象。当我在这里侃球时，我的脑袋里总无法抹去这片阴云，这就使我失去了任何球迷或准球迷所拥有的那份执着和激情。但是，真话即使令人难堪也必须说出来，否则我就要冒低估人类良知的危险了。

谁都不会怀疑，迄今为止出现在体育舞台上的所有的球类都是人类创造出来的。这些球类，除了我们上面提到过的，还有橄榄球、水球、保龄球、高尔夫球、马球、曲棍球等，组成了一个巨大的球类家族，几乎渗透到人类生活的每一个角落里。人们总是天真地认为，自己是一切球类的主人，自己正以游戏的方式在玩球。实际上，特别是球迷们，早已成为球类的奴隶，早已失去了玩球时那份轻松和潇洒。他们玩得如此之累，如此之沉重，以致到了惨不忍睹的地步。早在 40 年前，阿根廷剧作家库塞尼就已在《中锋在黎明前死去》的名作中描绘了那个被当作物品查封、拍卖和收藏的足球中锋别里特兰的悲惨命运。更不用说，今天的球类活动已在相当的程度上处于金牌意识的笼罩之下，而隐藏在金牌背后的则是拜金主义、褊狭的民族情绪、政治纠纷和非理性的激情。为了金牌，人们千方百计地使用兴奋剂；为了金牌，人们不惜以重金收买运动员；为了金牌，球迷们相互斗殴，制造了一起又一起的流血事件。既然奥林匹克精神已经让位于拜金主义的热情，既然球赛的输赢已经高于人的生命，那么我们就得承认，球类统治人类的历史已经开始了。说得直白一点，与其说人类在玩球，还不如说球类在玩人。这绝不是耸人听闻，而是在叙述一个真实的故事。事实上，球类比赛的初衷——健身、交流球艺、发展友谊，早已被忘记了，即使人们偶尔提到它们，在大多数情况下，也不过是一些准外交辞令。它们除了证明人类固有的劣根性——虚伪以外，还能证明什么呢？也许可以证明下面这个颠扑不破的真理，即语言既是交流思想的工具，更是掩盖思想的工具。如果听者居然对这些准外交辞令信以为真，那就只能归咎于自己的幼稚了。

当然，话得说回来，我很羡慕球迷们那份执着，但我这一辈子大概不可能再成为球迷，尤其是成为观赏人们玩弄人类生活于其中的那个"大球"——地球的"球迷"了。好多个世纪以来，人们在"征服自然，强迫自然交出自己的贡品"的口号的驱使下，正以日益加剧的烈度"玩弄"并毁坏着地球，而这个"大球"的反抗也早已开始了。地震、飓风、海啸、酸雨、赤潮、沙尘暴、温室效应、火山爆发、臭氧层的稀薄化等，不过是对人类的小小的警告而已。人们常常喜欢用这句谚语——"搬起石头砸自己的脚"来形容那些蠢人，但是，整个人类不正是由这样的蠢人组成的吗？整个人类的历史不正是由这样的蠢事组成的吗？"玩物丧志"——这就是人类在游戏乃至全部生活中必然兑现出来的普遍命运！

1992年

慕尼黑的"啤酒节"[①]

　　每年九月下旬，慕尼黑都举办盛况空前的啤酒节，数以万计的人从德国各地和世界各国涌向慕尼黑，以便感受啤酒节的那种热烈的、狂放的气氛。我对啤酒节早有所闻，但直到我准备回国的前几天，即 1990 年 9 月 25 日，才有机会乘"法兰克福—慕尼黑"一日游的旅游车，前去领略啤酒节的神奇风采。上午 11 点左右，当旅游车到达慕尼黑时，街上似乎像往常一样，行人稀少，只有在市中心的商业街上，才能见到熙熙攘攘的人群。偶尔，在一些饮食店前见到一排排供行人饮酒用的长桌子，可是桌子旁空无一人，似乎慕尼黑的大部分市民和游客都躲了起来。直到我走过慕尼黑最大的一家啤酒馆，我才找到答案。原来在这家著名的啤酒馆里，就像从地下突然冒出来似的，集中着数以万计的人。啤酒馆的大厅竟如此之大，以至于望不到尽头，目光所及，只是一排排的长桌子，每张桌子周围都坐满了人，桌上很少见到食物或菜肴，触目所见的是一只只高大的啤酒杯，人们一边饮酒，一边用各种语言交谈着。

---

　　① 原载《复旦》校刊 1992 年 10 月 14 日。收录于俞吾金：《文化密码破译》，上海远东出版社 1995 年版，第 72—73 页。——编者注

那种热烈的气氛一下子把我吸引住了，我好不容易找到一张有空位的桌子，刚坐下去，围着这张桌子喝酒的人就不约而同地转向我，表示热烈欢迎。我打手势向一位女招待要一杯啤酒，可是她实在太忙了，一下子顾不上我。见此情景，坐在旁边的一个德国人豪爽地把他正在喝的杯子推到我面前叫我先喝，随即与我攀谈起来。大概从我的目光中看到了惊奇，他忙告诉我，啤酒节的真正的高潮还不在这里，而是在附近的一个游乐场内。

当我喝完了女招待送上来的价值 7 马克的一大杯啤酒，走出这家令人难以忘怀的啤酒馆时，天色已渐渐地变暗了。乘车赶到那家游乐场，那里已是一派彩灯高涨、人头济济的热烈情景了。在游乐场里，除了碰碰车、射击、空中滑车及各种电子游戏外，最令人注目的是几个临时搭建起来的、巨大无比的帐篷。每个帐篷里都挤坐着数万名游客，他们时而围着桌子饮酒，时而站起来，手挽着手，如痴如狂地唱着歌，喧哗声震耳欲聋，每个帐篷里都有一个高台，坐在上面的是专心致志地演奏着的乐队。女招待们穿梭一般地在人群中往来着，她们送啤酒的方法是很奇特的，即不是把啤酒杯放在托盘里，而是把自己的小手臂穿进啤酒杯的把手中，力气大的女招待两个手臂可穿过 10 个啤酒杯，然后张着手臂往顾客那里送。那样的盛况，凡是见到过的人都会受到深深的感染。

第二天凌晨，当我乘车返回法兰克福，拖着疲惫的身体躺到床上时，我却久久不能入睡，从慕尼黑啤酒节的盛况，我不禁联想起尼采所说的“酒神精神”，啤酒就如一条无形的带子，把整个德国民族凝聚起来，形成了一种巨大的力量，在哺育了无数伟大人物的日耳曼精神中，我似乎闻到一阵阵沁人心脾的酒香。于是，我的耳畔又响起了一位德国朋友告诉我的一句谚语：Im Wein ist Wahrheit（真理在葡萄酒中）。

1993年

"感觉是不可靠的"[①]

　　那是一个很平常的下午，德国耶拿大学文科楼的上课铃声刚响起，一位夹着公文包的、约莫三十多岁的哲学讲师就已走进教室。他从容地拿出讲稿，开始上课，竟丝毫没有注意到教室里的情况有什么异样。

　　这位年轻的哲学讲师就是后来名噪全世界的哲学大师黑格尔。黑格尔常常陷入沉思，这使他在平时的生活、工作中显得心不在焉，很有一种"跟着感觉走"的味道。那天下午，他上的是三点钟的课，可是，他竟糊里糊涂地提前一小时来到了教室里，尽管教室里坐着的是另一批学生，甚至有个学生向他暗示他把上课时间搞错了。可是黑格尔竟丝毫没有理会这些，滔滔不绝地讲起课来。按照课程表，这时应由奥古斯蒂教授来上课，他来到教室门口，听到黑格尔的声音，以为自己迟到了一个小时，赶紧退了回去。到了下午三点，上黑格尔课的学生们都来了，他们已经知道了发生的事情，想看看他们的老师怎样摆脱这种尴尬的局面。当黑格尔终于明白了自己的疏忽时，他显得并不紧张，而是以平缓的口吻对他的

---

　　① 原载《天津日报》1993 年 2 月 9 日。收录于俞吾金：《文化密码破译》，上海远东出版社 1995 年版，第 65—66 页。——编者注

学生们说："诸位，感官究竟是否真正可靠，首先取决于关于自身的意识经验。我们一直认为感官是可靠的，本人在一小时以前却对此有了一次特别的经验。"

这件轶事虽然是黑格尔教学生涯中的一个小小的插曲，可是，它却从一个侧面反映出黑格尔哲学的一个基本特征，即轻视人的感官和感觉的作用，而把人的理性和思维的作用提到了前所未有的高度上。正是以人的理性思维和精神活动为核心，黑格尔创立了包罗万象的哲学体系，试图把一切自然的、社会的和人的意识活动的内容都纳入他的逻辑范畴之中，纳入他的蜘蛛网般的概念的阴影王国之中。一方面，黑格尔的哲学体系体现了他对人和社会、自然之间的历史的、辩证的关系的深刻的认识，他的许多真知灼见在今天读来仍然令人赞叹不已；另一方面，由于黑格尔继承了苏格拉底、柏拉图以来的理性主义的传统，极端地轻视感官和感觉经验的作用，这也常常使他在某些问题，特别是自然科学的问题上闹笑话，招致科学家对他的哲学思想的蔑视和非难。

比如，黑格尔在耶拿大学写下的就职论文《论行星轨道》就是一个典型的例子。黑格尔从他的形而上学的玄思和理性规律出发，断言在火星和木星之间没有任何行星。可是，就在他提出这一假设的七个月前，巴勒摩的皮亚齐已在木星和火星之间发现了谷神星。这一错误成了人们讥笑黑格尔的最知名的笑柄。尽管黑格尔提出的仅仅是一个假设，然而，这一假设的错误毕竟表明，脱离感觉经验和必要的观察，仅仅凭所谓"理性规律"对外部世界进行断言是不行的。哲学靠的虽然是概念思维，但这并不等于说它有权轻视感觉经验。准确的感觉经验永远是我们达到明智的哲学思维的必不可少的阶梯。

不尽的思念[①]

　　1988 年 10 月，我以联合培养博士生的名义在德国法兰克福大学开始了留学生活。在我的导师伊林·费切尔教授的热情帮助下，我住进了坐落在路德维希·朗德曼大街的法兰克福大学的学生宿舍。开始时，一切都是那么新鲜：鳞次栉比的银行大厦、琳琅满目的超级市场、万车竞驰的高速路、没有围墙的大学、宁静的城区森林、悠远的田间小路……这一切是那么巧妙地结合在一起，加上德国人的热情好客，德国文化的灿烂辉煌，都在我的脑海里留下了深刻的印象。

　　然而，在文化心理上的最初的震荡过去之后，心里不免升起一丝淡淡的惆怅，一开始，这种惆怅是模糊不清的，渐渐地，它变得越来越清晰、越来越强烈了。在它之中，既有对亲人的眷念，更有对迈进在改革开放途中的祖国的思念。于是，也许完全是无意识的，在繁忙的学习之余，我最大的愿望是读中国报纸或与其他的中国留学生一起聊天，当我们用母语交流思想的时候，内心充满了"重返家园"的欣喜；同时，我也开始越来越关注那些悄然渗入德国社会的中国文化现象了。

　　德国人对中国的兴趣并不仅仅停留在中国的

---

① 原载《文汇报》1993 年 6 月 14 日。——编者注

工艺品和烹调技术上，他们更为关注的是中国人所拥有的悠久而灿烂的文化。德国历史上许多著名人物，如莱布尼茨、康德、黑格尔、海涅、海德格尔等都曾孜孜不倦地探索过中国文化。一位研究中国问题的德国朋友告诉我，光是《老子》的德译本就有近五十种之多，此外，《庄子》《周易》《论语》等也有多种不同的译本。德国的不少大学都设有"中国学系"或"中国问题讨论班"。法兰克福大学的"中国学系"就设在哲学系的楼上，我常到那里去看书，正在阅览室里潜心研读中文学术著作的德国学生，总是操着生硬的汉语说"你好"，热情而又礼貌地和我打招呼。每逢这样的时刻，我心里总会涌起一种自豪的感觉，中国文化的智慧吸引着多少异国人的心呀。

当然，德国人更关注的是当代的中国，尽管中国在经济上还比较落后，但它毕竟是拥有地球上四分之一人口的大国，何况，它已坚定不移地迈出了改革开放的步伐。在德国人的家庭中，只要有四个小孩，第四个小孩就常被戏称为"中国人"；每当我外出旅行时，热情的德国人常会问起中国的风土人情和改革开放的现状；当费切尔教授指导我学习"法兰克福学派"的著作时，也常常关切地询问当前中国哲学文化的情况，尤其是马克思主义研究状况。他还勉励我撰写关于"中国传统文化和现代化"的博士论文，并主动地向一家基金会提出了申请……

1990年9月初，当我用德文拟出了一份详尽的博士论文的写作提纲并得到了费切尔教授的首肯之后，强烈的思乡情结又使我陷入了深深的矛盾之中。当时，我想得很多：我回想起十多年来在复旦大学度过的紧张而又热烈的学习生涯和教学生涯；想起我们的祖国正百废待兴，艰难地跋涉在改革开放的征途上。这或许可以说是她经济起飞的最后一次机遇了，还有什么比为祖国的振兴和繁荣出力更为重要、更为神圣的呢？当我把自己内心的矛盾和想法告诉费切尔教授时，他不但没有责怪我，反而勉励我回国后在学术做出更多的努力，为中国的振兴和中德文化交流的发展贡献力量。1990年9月底，我登上了回国的班机，伴随我一起回国的是在那里陆续买下的39箱学术著作，渐渐地，我的飘荡不定的心开始平静下来……

雄辩在狮城①
——复旦大学辩论队参加国际大专辩论赛纪实

　　1993 年 8 月 29 日，风光旖旎的新加坡依然是骄阳如火、暑气逼人。当来自世界各地的各种肤色的人们熙熙攘攘地行走在繁华的大街小巷上时，他们可曾想到，一场激烈的唇枪舌剑正在狮城如火如荼地展开着……

　　由新加坡广播局和中国中央电视台联合主办的首届国际大专辩论赛自 8 月 21 日拉开帷幕，经过四场初赛、两场半决赛，加拿大英属哥伦比亚大学、香港大学、马来亚大学、剑桥大学、新加坡国立大学和悉尼大学代表队先后被淘汰，进入决赛争夺冠军宝座的两支队伍是复旦大学和台湾大学代表队。此刻，紧张的辩论已经结束，演播厅里安静下来，我轻轻地舒了一口气。队员们的表现是出色的，配合是默契的，作为领队兼教练，我觉得他们是无可挑剔的。他们的辩论水平，无论从立论的严密、反应的敏捷，还是从语言的表达上来看，都明显地高于对方。然而，评委们会作出怎样的判决呢？

---

　　①　原载《解放日报》1993 年 9 月 14 日，题为"雄辩在狮城——复旦大学辩论队参加国际大专辩论会纪实"。收录于俞吾金：《文化密码破译》，上海远东出版社 1995 年版，第 365—372 页。——编者注

终于，这个历史性的时刻来到了。先是5位评委的代表、美国哈佛大学杜维明教授宣读了判决结果，高度赞扬了复旦大学代表队的出色表现；接着主席宣布我队获得本届辩论赛的两项最高奖：团体冠军奖和最佳辩手奖；最后由新加坡副总理李显龙向参赛队伍颁奖。当我和队员们共同捧着沉甸甸的奖杯时，心里不由得百感交集。在这个辉煌的历史时刻的背后，凝聚着多少复旦师生的心血和汗水，又倾注着多少中国人的期待和希望！

一、初战告捷

在狮城角逐之中，复旦大学代表队一开头就遇上了欧洲劲旅剑桥大学代表队。剑桥大学素有辩论的传统，该队队员的知识层次又是所有参赛队伍中最高的：其中3位是博士生，1位是硕士生，其年龄总和比我队高出22岁！

面对强劲的对手，我队并没有气馁，而是对双方的实力作出了冷静的分析。剑桥大学队虽然有上述优势，但其弱点也是明显的：一是队员的学历都很高，观点难以统一起来；二是年龄大了反应未必会很敏捷；三是就辩题"温饱是谈道德的必要条件"来说，正方存在着较大的逻辑困境。通过上述分析，队员们心里踏实了。针对对方的实际情况，我们确定了抓对方逻辑矛盾、猛攻其理论弱点的战术。与剑桥大学队的辩论拉开序幕后，对方一辩果然气势不凡，他一口气向我方提了近10个问题，话题的中心无非是：没有温饱，何从谈道德。我方一辩姜丰不为所乱，不慌不忙地阐明了我方的基本立场：温饱不是谈道德的必要条件，有理性的人类存在才是谈道德的必要条件；人类在任何时候都能够谈道德，在走向温饱的过程中更应该谈。二辩季翔则有力地揭露了对方立论中的诡辩术，即对方用"生存"取代"温饱"，把命题偷换为"生存是谈道德的必要条件"。三辩严嘉密切配合，从"饱暖思淫欲"的古语入手，阐明温饱并不会使人们的道德水准自然而然地提高。在某些情况下，道德反而会衰退，古巴比伦王国、罗马帝国不正是在物欲横流中毁灭的吗？

在我方队员的凌厉攻势下，对方辩手之间频频出现矛盾，他们试图把人类的全部生活状态都装入到"温饱"这张"饺子皮"中去，事实证明这是有悖常理的。严嘉幽默地称他们的理论为"肠胃决定论"。确实，人吃饭是为了活着，但人活着仅仅是为了吃饭吗？我方四辩蒋昌建在总结陈词时进一步驳斥了对方关于在饥寒时可以不谈道德的谬论，并引用了康德的一段话来结尾："这世界上唯有两样东西让我们的心灵受到深深的震撼：一是我们头顶上灿烂的星空；二是我们内心崇高的道德法则。"他的总结陈词在全场引起了长时间的热烈的掌声。此外，仅在短兵相接的8分钟自由辩论中，我方就由于引经据典、出语幽默而赢得了十余次掌声。结果评判团成员一致判复旦大学队优胜。新加坡《联合早报》称我队"以翩翩的风度，严谨的议论，击败阵容强大的剑桥大学队，进入首届国际大专辩论赛半决赛"。

二、再遇强手

初战告捷后，队员们的士气十分高涨，但新的困难又接踵而来。在半决赛中，我们遭遇到了刚刚击败马来亚大学队的悉尼大学队。该队的一辩和四辩陈词从容，说理透彻，深得评委的赞许，四位队员的配合也比较默契，其实力不可小觑；更何况，半决赛的辩题是："艾滋病是医学问题，不是社会问题"，对方在抽签中抽到的是正方，因而处在比较有利的地位上，而我方原来准备的是正方的立场，现在突然转到反方的立场上，无论从思想上看还是从心理上看都显得比较突然。

怎么办？我和顾问王沪宁教授商量后，觉得当务之急是立即调整我方立论的底线，使之更合乎情理。从反方辩题"艾滋病是社会问题，不是医学问题"出发，我们提出，只有社会系统工程才能解决艾滋病，在社会系统工程中也包含医学的途径，但艾滋病不能归结为医学问题。这样，在肯定艾滋病是社会问题的大前提下谈医学途径，我方等于居高临下地包容了对方的立场。辩论开始后，悉尼队的一辩和四辩死死守住"艾滋病是由 HIV 病毒引起的，因而只能是医学问题"的阵地，我方队员用"千万不要让大象在杯子里洗澡!""如果一个医生参加了婚礼，能说婚礼就是医学问题吗?"这样的比喻来调侃对方，并向对方提出了"医学能解决贩毒和吸毒吗? 能解决同性恋吗? 能解决艾滋病引发的道德、人权问题吗?"等一系列问题，博得了听众的不少掌声。但对方在自由辩论中仍然死守阵地，不为所动。我方进一步采用了"引蛇出洞"的战术，季翔突然问道："请问对方辩友，今年世界艾滋病日的口号是什么?"对方四位辩手面面相觑，为不至于失分太多，对方一辩只能站起来瞎答一通，姜丰马上指出了对方的错误，并说出了今年的口号是"时不我待，行动起来"。我方队员在语言和技巧上的出色表现打动了评委们的心，他们以四票赞成、一票反对宣布复旦大学队为优胜队。然而，行百里者半九十，更艰巨的战斗还在后面。

三、勇夺桂冠

海峡两边的两支劲旅——复旦大学队和台湾大学队终于又在决赛中碰头了。5 年前，由伍贻康教授和王沪宁教授率领的复旦大学队曾击败台湾大学队而荣登亚洲大专辩论赛冠军的宝座，而今历史还会重演吗? 一言以蔽之，不是复旦大学队卫冕成功，就是台湾大学队洗雪前耻，人们正拭目以待。

台湾大学队虽然在初赛和半决赛中表现得并不很出色，但从各方面看，它仍然是一支有潜力的队伍：一方面，台湾大学有辩论的传统，并且又是第三次参加大专辩论赛，实战经验比较丰富，辩论技巧也属上乘；另一方面，该队的三辩和四辩在场上反应较快，又善于表现自己，尤其擅长以情动人，对听众有相当大的煽动力。在决赛中，台湾大学队的又一个有利因素是在抽签中抽到了正方，即"人性本善"，而我方准备得比较充分的也是正方，现在却必须以"人性本恶"来立论，自然又增加了困难。所以一抽到正方，台湾大学队的领队兼教练林火旺副教授就笑逐颜开，似乎已稳操胜券了。当然，他高兴得太早了，他忘记了狄德罗的名言："谁最后笑，才笑得最好。"

在赴新加坡之前，我们对"人性本恶"的辩题已作了一些准备，但当时的陈述词的格调是比较低沉的，其中有"究竟历史上的哪一页是用玫瑰色写成的？"这样的句子，这可能会使人觉得，我们把人性看得漆黑一团，悲观主义的色调太重了，不利于听众接受。在来到新加坡后的赛前准备中，起先我们过多地考虑了辩词的可接受性，大量增加了教化和人性后天向善的内容，但这样一来，又走向另一个极端，即"人性本恶"这个辩题反倒显得语焉不详了。在反复斟酌的基础上，我们在立论中引入了事实判断和价值判断两个层面：在事实判断上，我们理直气壮地肯定人性本恶是颠扑不破的真理；在价值判断上，我们又竭力主张通过好的教化引导人性向善。我们还把"恶"定义为"人的欲望的无节制的扩展"，把"善"定义为"对人的欲望的合理的节制"，积极倡导抑恶扬善的思想。经过这样的改动，我方立论不仅简洁明了，十分严密，而且具有了广泛的可接受性。为了在决赛中掌握主动权，我方还决定采用"连续追问、攻其要害"的新战术，务必使对方"就范"，跟着我们的思路走。

8月29日下午3点，人们企盼已久的大决赛终于在狮城拉开了序幕。李显龙副总理和许多社会名流都出席了辩论会，演播厅内气氛凝重，座无虚席。评委的阵容也是强大的，其中有哈佛大学的著名教授杜维明，也有香港《明报》的创办人查良镛先生（笔名金庸，其武侠小说风靡全球）。

比赛开始后，对方一辩和二辩强调人人都有善根，所以人随时能放下屠刀，立地成佛；对方三辩又猛攻我方立论：如果人性本恶，在恶人之中又如何产生善行呢？面对对方的进攻，我方依据历史，从容应对：

正因为人人自私结果是人人都不能自私，为了使人类社会不至于在相互争斗中毁灭，节制欲望无限扩展的道德、宗教、法律产生了，善与良心正是在历史的进程中萌发并成长起来的。在自我辩护的基础上，我方立即投入反攻。严嘉机智地责问对方：如果人性本善，人们为什么会拿起屠刀呢？对方理屈词穷，无言以对，在自由辩论中，我方连续 5 次追问对方立论中的要害："如果人性本善，最初的恶是如何产生的？善花是如何结出恶果来的？"对方回避不了这个问题，只能回答："恶是由外在环境引起的。"我方季翔又穷追不舍："如果人性本善，环境的恶又是如何产生的呢？"严嘉也调侃对方："如果鸡蛋没有缝，苍蝇怎么去叮，人性中没有恶根，世界上何来那么多的恶人？"这些连珠炮似的追问打乱了对方阵脚，以致对方三辩竟把荀子和告子的人性论混同起来，并公开指责荀子的理论是错误的。我方蒋昌建立即反唇相讥："如果你认为荀子错了，荀子就错了，那还需要在座的这些儒学家干吗？"场内马上爆发了热烈的掌声。

精彩的自由辩论结束后，我方四辩蒋昌建以高屋建瓴之势慷慨陈词，他辩词的结尾部分把听众的注意力引向高潮：

> 只有从人性本恶的正确认识出发，人的本能和欲望的无节制的追求才会得到合理的节制和正确的引导，人类理性才会由他律走向自律，由执法走向立法，才能挽狂澜于既倒，扶大厦之将倾：
> 黑夜给了我黑色的眼睛，
> 我却要用它去寻找光明。

这一气势宏大的总结博得了经久不息的掌声。接着发言的台湾大学队四辩，竭力曲解我方的观点，企图以情动人，挽回颓势，遗憾的是，他已经回天无力了。评委一致评决复旦大学队获胜，杜维明教授赞扬复旦大学队配合默契、错落有致、引经据典、妙语连珠，体现了"流动的整体意识"。

四、成功背后

复旦大学队在狮城角逐中夺魁不是偶然的，而是与参赛前的严格训练分不开的。严格的训练之所以可能，首先在于学校领导的高度重视。学校指定党委副书记秦绍德负责此项工作，并成立了由副教务长张霭珠、人事处处长张一华、王沪宁教授、我、林尚立副教授和团委副书记原子箭等组成的参赛领导小组，负责辩论队员的选拔、训练、参赛等工作。党委书记钱冬生和其他领导同志不仅出席了校内选拔辩论会，而且在我们赴新加坡前，还到银河宾馆送行；校长杨福家两次前来看望队员，并为他们开了科学技术发展讲座；我校各个部门也都为辩论队"开绿灯"。其次，我们成立了专家指导团，三十多位专家为队员们开设了五十多场讲座，内容涉及政治、伦理、宗教、医学、经济学、哲学、生态学等各个领域，大大开阔了队员们的知识视野。最后，特别要提到的是，国际政治系的研究生主动承担了陪练的任务。"宝剑锋从磨砺出"，正是在与他们的不断"厮杀"中，队员们的辩论技巧才得到了明显的提高。

训练是极其艰苦的。我们不仅要求队员们阅读大量著作、报刊，迅速掌握各种信息，还要求他们"辩不离口"，常常安排 5 个人和 1 个人对辩，辩到理屈词穷还得不停顿地辩下去。有的队员嗓子哑了，吞下几粒药片，继续练；有的队员因酷暑而病倒了，刚吊完盐水又来到了训练场……在艰苦的训练中，队员们毫无怨言，他们心中只有一个念头：要为复旦争光，为改革开放的祖国争光。候补队员何小兰和张谦虽然未能去新加坡，但他们放弃了休息，整个暑期都泡在训练场内，在资料准备、陪练等方面做了大量的工作。

功夫不负苦心人，我们终于成功了，这也是全体复旦师生的成功。当我和队员们一起登上领奖台的时候，我的脑际不禁浮现出塔西佗的这样一句名言：

当你能够感觉你愿意感觉的东西，能够说出你所感觉到的东西的时候，这是非常幸福的时候。①

---

① 《马克思恩格斯全集》第 1 卷，人民出版社 1956 年版，第 31 页。这句名言来源于古罗马著名历史学家塔西佗，休谟在《人性论》卷首引用了这句名言。——编者注

鲁迅批评"雷峰夕照"的启示[①]

"雷峰夕照"曾是西湖十景之一。傍晚,每当雷峰塔的倒影在被落日余晖染红了的湖水中荡漾的时候,那种诗情画意也许是很美的。可是,在鲁迅先生看来,"雷峰夕照"不但不美,甚至还是丑的。1924 年 9 月 25 日,雷峰塔突然倒塌了,鲁迅先生遂发表了《论雷峰塔的倒掉》一文。在文章的开头,他这样写道:

> 听说,杭州西湖上的雷峰塔倒掉了,听说而已,我没有亲见。但我却见过未倒的雷峰塔,破破烂烂的映掩于湖光山色之间,落山的太阳照着这些四近的地方,就是"雷峰夕照",西湖十景之一,"雷峰夕照"的真景我也见过,并不见佳,我以为。[②]

为什么在鲁迅先生的目光中,"雷峰夕照"并不美呢?是因为它"破破烂烂"吗?也许这也是一个原因,但根本原因却不在这里。原来,从小时候起,鲁迅就听他的祖母说起过白蛇娘娘的故

---

① 原载《文汇报》1993 年 10 月 17 日。收录于俞吾金:《文化密码破译》,上海远东出版社 1995 年版,第 352—353 页。——编者注
② 鲁迅:《论雷峰塔的倒掉》,《语丝》1924 年第 1 期。

事：据说，有个叫许仙的救了一青一白两条蛇，后来白蛇便化作女人来报恩，嫁给了许仙，青蛇化作丫鬟跟着。后来，多事的法海和尚发现了许仙脸上的妖气，设计把白蛇娘娘装在一个钵盂中，并造起雷峰塔来把她压在下面，听了这样的故事后，鲁迅深为许仙和白蛇娘娘的爱情遭法海和尚的破坏而感到不满。所以，鲁迅先生不但不为雷峰塔的倒塌感到惋惜，反而欣喜之情溢于言表，因为在他的心目中，雷峰塔正是专横和丑恶的化身，它非但不美，反而是美的残暴的敌人，它的倒塌也许是罪有应得。据说，后来连玉皇大帝也怪法海和尚多事，要拿办他，法海和尚只能逃到蟹壳里去避祸。这一传说或许是人们的社会心理对专横和丑恶的一种抗议吧。

鲁迅先生对"雷峰夕照"的批评为我们的审美活动提供了极为重要的启发。

首先，审美主体所面对的审美对象从来都不是某种与人的观念和活动相分离的、抽象的物。从抽象物质的观念来看，法国的巴士底狱也许是巍峨壮观的、有美感的建筑物，但是，作为专制王权的象征、作为无数革命者的囚禁地，谁会认为巴士底狱是美的呢？

其次，审美主体也不是抽象的，他总是生活在一种既定的、他无法选择的历史情景之中。简言之，历史性乃是审美主体的所有审美活动的基础。鲁迅先生之所以没有人云亦云地去惋惜雷峰塔倒塌，反而为它的倒塌而高兴，正是源于他对自己的历史性的深刻的领略。众所周知，在鲁迅生活和写作的时代，旧的传统观念还是那么深地禁锢着人们的思想，在这样的历史情景中，自觉地领略历史性，也就是要自觉地批评传统观念，特别是专制观念，为平等、自由、民主和人的尊严而呼喊。鲁迅先生对"雷峰夕照"的批评并不是故意要别出心裁，要标新立异，而是要通过他的每一个审美活动，来传达自己的历史感情，即对平等、自由、民主的不懈追求。其实，这种追求不单单是鲁迅的心声，也是民众的心声。在《论雷峰塔的倒掉》一文中，鲁迅先生说："试到吴越的山间海滨，探听民意去。凡有田夫野老，蚕妇村氓，除了几个脑髓里有点贵恙的之外，可有谁不为白娘娘抱不平，不怪法海太多事的?"

最后，鲁迅先生启发我们，审美主体对人性的理解应该是健康的，也就是说，健康的人性乃是审美主体的一个根本方面。如果不明了这一点，在审美活动中就常常会出现"倒塔"的现象，即审美主体视"美"为"丑"，视"丑"为"美"。比如，从传统观念看来，妇女的"三寸金莲"是美的，可是从健康人性的角度来看，它无疑是丑的。真正的审美活动乃是对生命和健康的讴歌，是人类走向完善的阶梯。

辩论的魅力①
——写在《狮城舌战》出版之际

从新加坡参加国际大专辩论会回来后，不少朋友和我聊起这件事，总会问我："辩论的魅力是什么？"不久前，到中央电视台去做节目，主持人也用同样的问题问我们，这就引起了我的思考。

我是哲学系的教师，整天埋头于教学和科研工作，学校叫我出来担任辩论队的领队兼教练，对于我来说是很突然的。虽然几个月来一直忙于训练和比赛的工作，但却从来没有时间冷静下来思考一下辩论的魅力这一饶有兴趣的问题。这正应了"台风中心是没有风的"这句至理名言。

问的人多了，自然也就促使我去思考了。我觉得，辩论双方的立场是由抽签决定的，这一点从根本上决定了辩论的游戏的性质。也就是说，辩论是与辩论员本身的信念无关的，辩论员并不是真正为真理而辩论，而是似乎为真理而辩论。当然，辩论与其他游戏不同，它是一种智力的竞争，是一种高雅的游戏。辩论的魅力主要表现在以下几个方面。

首先，辩论是有输赢的，因而它能激起人们内心的表现意识和竞争意识。从心理分析的眼光

① 原载《解放日报》1993 年 12 月 5 日。收录于俞吾金：《文化密码破译》，上海远东出版社 1995 年版，第 376—377 页。——编者注

看来，人人心中都潜藏着自我实现的愿望，当这种愿望遭遇到各种各样的阻力和竞争时，它会更强烈地被激发起来。辩论之所以比演讲更能吸引人，是因为演讲只是自我的独白，是自我与沉默的听众之间的虚拟的对话，而辩论则是两组心灵之间的对撞，是无法逃避的唇枪舌剑。一旦在艰苦的辩论中获胜，那种喜悦是无法用语言来表达的。

其次，辩论中的灵活应对和快速反应最能激发听众的赞叹和兴趣。尤其是在自由辩论中，当一个辩论员说出一句既在情理之中，又出乎人们意料之外的、富于哲理的语句时，听众常常会报以长时间的、热烈的掌声。比如在与台湾大学队辩论"人性本善"的题目时，对方一位辩手强调人人有善根，因而可以放下屠刀，立地成佛。我方辩手严嘉立即做出反驳："既然人性本善，人们是怎么拿起屠刀的?"评委和听众对这一机智的应对都做了高度的评价。赛后，我和严嘉打趣说，还可进一步追问对方："既然人性本善，屠刀是怎么生产出来的?"临场快速反应乃是辩论员智慧的最高表现，最能体现出辩论本身的魅力。

最后，辩论的魅力还体现在语言的美感上。语言的美感和语言的华丽完全是两回事。语言华丽而不贴切，反而会给人留下一种不自然的、矫揉造作的印象，而语言的美感则体现在语言的朴实、贴切、深邃和幽默之中。在与剑桥大学队辩论"温饱是谈道德的必要条件"的题目时，我方辩手蒋昌建在总结陈词的最后部分引证了德国哲学家康德关于道德的一段话，这段话以其真诚和深邃震撼了每一个听众的心，在全场引起了长时间的、热烈的掌声。这就是语言本身的力量和美感，它营造出一种凝重、欢快或幽默的气氛，使听众沉醉于审美观照之中。

当然，辩论的魅力是多方面的，并不止于上面我说的那些。复旦大学出版社新近出版的《狮城舌战》一书就力图多层次、多角度地展示辩论的魅力。近闻北京和上海的一些高校都在组织辩论会，辩论之风已蔓延至企业单位和中学。但愿这种高雅的游戏能得到扶植和健康的发展，但愿不善言谈的中国人变得雄辩起来，以便向全世界展示改革开放的活力，展示中华文化的风采和魅力。

旅德二章[①]

一、路与道

大卫：

你好，接到你的来信，真是太高兴了。我到法兰克福已经半年，在生活上还刚开始适应。正如你在来信中所说的那样，我对这里的一切都有一种新鲜感。我渴望了解这座城市、这个国家、这里的人民。作为西方哲学的了解者、探索者和研究者，我更感兴趣的是氤氲在这个国家日常生活中的那种哲学文化精神。你在来信中表示，希望我谈谈德国给我留下的最深刻的感受是什么。我想，我还是从这个问题谈起吧。

有趣的是，我对德国哲学文化精神的领悟最初是从它的高速公路开始的。众所周知，德国是高速公路的发明者，也拥有全世界最好的高速公路。当我坐在一位德国朋友的小汽车里，在高速公路上飞驰时，觉得整个路面平滑得像一幅无限向前伸展的黑色地毯。更绝的是，坐在车里，甚

---

① 原载何建华编：《出国途中的泪与笑——海外来鸿》，上海人民出版社 1993 年版，第 24—40 页。收录于俞吾金：《寻找新的价值坐标——世纪之交的哲学文化反思》，复旦大学出版社 1995 年版，第 517—530 页。收录于俞吾金：《生活与思考》，复旦大学出版社 2011 年版，第 86—97 页。——编者注

至连微小的抖动都感觉不到。当那位德国朋友加速时，我并不觉得有什么异样，只觉得路旁的树木像箭一样向后掠去。由于行驶在高速公路上的车辆速度都很快，所以当我以同方向行驶的车辆为参照系时，并不觉得自己的车有多快，但在服务区休息时看高速公路，感觉就完全不同了。你会觉得，每辆车都如流星般从眼前滑过去，简直目不暇接。联邦德国的高速公路不仅质量好，在数量上也是惊人的。据1986年的统计资料，其总长度为8350公里，仅次于美国。密如蛛网的高速公路差不多承担了全国运输量的80%。德国人所拥有的小汽车的数量也是惊人的。每两人拥有一辆小汽车，这是德国人上下班和外出旅游必不可少的交通工具。

德国人不仅拥有先进的高速公路，它的铁路、航空、水路运输也都十分发达。那么，四通八达的"路"究竟与德国的哲学文化精神有何内在联系呢？一个偶然的机会，我在法兰克福一家书店里见到了老子《道德经》的某个德译本，这个译本不是把"道"按声音译为Tao，而是按其含义译为Weg，而Weg在德文中的基本含义就是"路"，相当于英文中的way。我立即发现，这个译本的卓越之处在于重新恢复了"道"与"路"之间的内在联系。其实，在中国哲学传统中，不仅道家谈道，儒、墨、法、兵等各家也都谈道，尽管他们对道的含义的理解和解释是迥然各异的，但各家都承认，道的初始含义是路，而路的基本含义则是疏通、通达。为什么大禹的父亲鲧治水会以失败而告终？因为他采用了"堵"的方法。反之，为什么大禹治水取得了成功？因为他采取了"疏通"河道的方法。显然，大禹的做法是符合道的基本精神的。在这个意义上，人们也可以说，"道"即"导"，或者换一种说法，"道"在"导"中。

后来老子释道，把道的基本含义阐释成了"规律"。所谓"反者道之动"①正是这个意思。我们当然不能否认道也拥有这方面的重要含义，但老子的一个严重的偏失是，把道作为路的初始含义给遗忘了。在我看

① 《老子·四十章》。

来，这种遗忘并不是偶然的，而是与他的崇古思想紧密联系在一起的。众所周知，老子主张回到"小国寡民""结绳而治"的社会中去，而在这样的社会中，"邻国相望，鸡犬之声相闻，民至老死，不相往来"①，自然也就不需要什么路了，因为路和人们的交往活动是紧密联系在一起的。这充分表明，老子的思想与那个在剧烈的动荡中不断向前发展的社会是大异其趣的。孔子从人道的角度出发来释道，这是他的一大贡献，但他把君、臣、父、子的关系理解为人道观念的核心，说明他仍然是从血缘关系、男尊女卑、等级观念出发来理解人与人之间的关系的。显然，从这样狭隘的人道观念出发，也不可能真正领悟并弘扬道的本真精神。

显而易见，道作为路的初始含义的失落，是与中国社会商品经济长期不发展互为因果的。正如马克思所说："在亚洲的原始的自给自足的公社内，一方面，对道路没有需要；另一方面，缺乏道路又使这些公社闭关自守，因此成为它们长期停滞不前的重大因素（例如在印度）。"②直到 20 世纪 70 年代末、80 年代初，久经坎坷的中国社会终于走上了改革开放、发展商品经济的道路，这时，当代中国人才发现了路的重要性。

在大城市中，建筑物密集，人口众多，道路狭窄，车辆拥挤，不但市民乘车成了一个难题，而且对路的改造和扩展也成了一个"牵一发而动全身"的难题。举个例子，上海解放时，有 1424 条马路，"文化大革命"结束时仍然是 1424 条马路③。也就是说，中华人民共和国成立三十年，上海没有增加过一条马路。城市情况如此，农村就更不用说了。地处边远的不少村庄甚至还没有公路，更谈不上高速公路了；我们的铁路运输、水路运输和航空运输都拥挤不堪。路，路，路，它们成了发展商品经济的瓶颈。尽管当代中国人认识到路是现代文明社会的基础，迟了好多年，但亡羊补牢，为时未晚。近几年，国内基础设施建设方兴未

---

① 《老子·八十章》。

② 《马克思恩格斯全集》第 46 卷（下），人民出版社 1980 年版，第 16 页。

③ 改革开放以来的三十年，上海的马路已经迅速地增加到近 3000 条，目前还在不断地改造和扩充的过程中。

艾，无论是城市，还是农村，几乎全都成了建筑工地。到处都在建高速公路、建立交桥、建大桥、建码头、建机场，条件好的大城市则修地铁。老百姓的谚语是："若要富，先修路。"道理很简单，如果一个地区没有路，商品交换和贸易就无法进行，当然也无法富起来。事实上，这些年来的大部分建造性的活动，无非都是在解决"路"的问题，而中国哲学文化精神之"道"也正寓于各式各样的"路"中。"路"之遗忘必然伴随着"道"之精神的失落。反之，对"路"的重视又必然伴随着"道"之精神的复兴。当然，这一复兴究竟是奠基于自发性之上，还是奠基于自觉性之上，是大有差别的。

对西方人来说，商品经济的起步比较早，自然十分重视路的作用。尽管西方人并不像中国人一样讲"道"，但他们从经验和科学认识到"路"所蕴含的通达、疏通的精神内涵的重要性，而对这样的精神内涵的领悟则不仅表现在对"看得见的路"（visible ways），如公路、铁路、高架桥、水路、空中航路等的重视上，而且也体现在对"看不见的路"（invisible ways），如电视、电传、电话、邮政通信等的重视上。我们这里所说的"看不见的路"，在其引申含义上，还包括确立旨在疏通人际关系的各种法则，如法律、规范、规则等。如果你在德国生活了一段时间，一定会对它们产生深切的感受。

首先，德国人十分重视对社会公共问题的讨论。比如，难民问题、入幼儿园难的问题、东西德的关系问题等，无不在电视上讨论，充分听取各方面的建议。凡是关系到国计民生的大事情，下院和上院经常争得不可开交，各种不同的意见得到充分的发表。从表面上看，各种不同的意见来回"扯皮"，似乎影响了政府或有关部门做出迅速的决策，实际上，这种自由的讨论方式的意义在于，不仅使重大社会问题的决策变得谨慎而可靠，而且也使人们的思想在讨论过程中得到了广泛而深入的交流，从而及时疏通了人际关系之"路"，体现了"道"的基本精神。事实上，我们认为是"扯皮"的东西，在德国社会中却具有本质意义上的重要性。尽管"扯皮"会耗费大量时间，甚至会错过最佳决策的时机，但由于集思广益的结果，它却常常可以避免做出最坏的决策。更重要的是，由于各种思想的交锋，人们之间增强了交流和理解，因而容易取得共识，形成精神上的凝聚力。

对于德国人来说，对于无法解决的问题，则诉诸罢课、罢工、游行示威等方式。我在法兰克福才半年，除了在报刊、电视上看到的游行示威外，亲眼看到的已有几次。有一次，法兰克福大学的学生因为住宿条件差、学习条件较差等原因举行罢课，把教学楼的电梯给封了，把饭厅也给占领了。学校领导只得和学生代表谈判，以解决问题。又有一次，我到哲学系的一个教室里去参加讨论班。讨论班还没有开始，一个学生站起来发言，希望大家不要上课，出去参加游行。随后，主持讨论班的教授也讲了话，大意是：大家完全可以自由选择，想去参加游行的可以离开，不想去的留下来参加讨论班。结果，走掉了一部分学生，大部分学生继续留下来参加讨论班。

按照德国社会学家和心理学家的看法，尽管罢工、罢课、示威游行等活动会造成一定的经济损失，但并不是坏事，它们是社会一部分成员以合乎宪法的方式宣泄自己的情绪、维护自己的合法权益的渠道或通路。正像一个人身体健康的标志不是绝对不生病一样，一个社会的正常运转也会伴随上面提到的那些社会现象的发生。由于人们心理上积聚的能量得到了释放、宣泄和疏通，也就避免了更激烈的社会冲突的发生。这里既体现了稳定和不稳定之间的辩证法，即以小的不稳定来换取大的稳定，也体现了"道"之真谛。

其次，德国人具有一种开放的、平等待人的心态。德国人的心态是十分开放的，所有的大学都没有围墙。关于这一点，我在法兰克福大学也有切身的感受。法兰克福大学的图书馆同时也是市民图书馆，市民们不但可以到这里借阅各种图书，也可以参加这里举行的讨论班、讲座，并在学生食堂用餐（价格稍高一些）。在讨论班上，市民可以像学生一样，自由地向主持讨论班的教授提问，即使提出的问题只是常识问题，教授也会不厌其烦地进行解答。

我住在法兰克福大学的学生宿舍里，学生来自世界各国，当然还是德国学生居多，大家的关系都是平等的、融洽的。每逢宿舍里要举行什么活动，总是事先进行讨论，让大家各抒己见，如有人表示不愿参加，也绝不会招致非议，甚至宿舍管理人员和学生之间的关系也是十分融洽的。比如，为了预防一种流行病，管理人员要进入每个学生的房间喷洒药水。差不多在两周之前，关于"喷洒药水"的通知已放入每个学生的信箱之中，通知中写明，将在哪一天上午几点到几点进入哪些房间，希望大家预做准备。看到这样的通知，你会觉得，管理人员对每个学生的人格都是十分尊重的。这种开放的、平等待人的心态对人与人之间关系的疏通起着十分重要的作用。

　　与此不同的是，中国传统文化是以家族为本位的，注重的是家族整体的利益，因而其自然倾向是贬抑个人的。这种倾向不仅表现在人们的道德观念、政治观念和文学艺术观念上，甚至表现在中国人的一言一行中。比如，有的人喜欢在谈话中打听别人的年龄和工资。在德国，大家都会认为，这是不礼貌的事情。按照儒家学说，一个中国人是父亲或儿子，却不是具有独立人格的个人。当然，我这里并没有苛求历史的意思，即要求两千多年前的中国人去奢谈个人的人格。问题是，在当代中国社会中，传统文化依然在观念上阻碍着独立人格的形成，如仍存在父母包办子女婚姻的现象。反过来，当父母丧偶以后，子女又倒过来粗暴地干预父亲或母亲的"黄昏恋"。此外，在实际生活中，粗暴干涉他人的隐私，甚至拐卖妇女、儿童等犯罪现象仍时有发生。在某种意义上，这种人与人之间合理的交往关系的失落，正是道之精神衰弱的必然结果。

　　最后，德国人最强烈的观念乃是法的观念。德国人在长期的历史发展中形成了一套合理的、包罗万象的法律制度，这套制度涵盖了所有的社会问题，它从根本上保证着人与人之间的交往关系的畅通。历史和实践都启示我们，随着商品经济的发展与个人本位的形成，与之相伴随的必定是法的精神的兴起。我屡次见到，当德国人驾驶的小汽车受阻于红灯时，尽管马路上空无一车，德国人也绝不会越红灯而过，而是一直等到绿灯出现时才驱车前行。这简直不是在执行交通法，而是在崇拜交通法。当然更不用说德国人在执行其他法律，如保险法、难民法、教育法等法律上的一丝不苟的精神了。

在某种意义上，法不正是德国人，乃至西方人维系人与人之间的交往关系的根本性的"路"吗？有趣的是，在西方语言中，Law（英语）、Gesetz（德语）、Loi（法语）都具有"规律"和"法律"这两重含义。如果说，前者体现了西方人的科学精神，即对自然科学和社会科学揭示的客观规律的高度重视，那么，后者则体现了西方人的人文精神。在汉语中，找不到一个相应的词，可以把"规律"和"法律"这两重含义统一起来。事实上，中国传统讲"规律"，注重的不是自然科学的规律，而是政治、社会、伦理方面的规律。更何况，在中国传统的语境中，这些规律也不是来自严格的逻辑推理和证明，而是依赖于直觉和顿悟。可见，在中国传统中科学精神是很弱的。关于这一点，胡适在《先秦名学史》中做了很深入的分析。此外，虽然中国也讲"法律"，但一方面，这里的法律主要是指刑法，而不是现代意义上的民法；另一方面，中国这里的法律不是从维护每个普通人的权利的角度去理解法律，而是把它理解为机巧权术，从而把"法""术""势"三者并列起来，结果非但没有把法治理解为人治的基础，反而把人治理解为法治的基础，从而使蕴含在法律中的根本精神——道之疏通的精神无法充分地彰显出来。

如前所述，中国古人释道，特别是老子释道，把道的基本含义释为规律，后来释道的人也多从此说。然而，在中国传统文化中，由于商品经济发展受阻，科学精神和法的精神都无法充分地彰显出来，从而使儒家倡导的伦理精神成了中国传统社会的主导性精神。人所共知，中国伦理精神的核心是"仁"，其表现方式则是"礼"。实际上，用"礼"来调节人际关系，特别是士大夫之间的关系，本来只适合于以狭隘的血缘关系和地域关系为基础的中国传统社会，与以法权状态为基础的中国现代社会是大异其趣的。毋庸讳言，一旦伦理起着法的作用，法就倒过来被弱化为伦理了。

如前所述，科学精神与法的精神的不发展都是与商品经济发展的缓慢息息相关的。这种关系也一再表明，"路"作为"道"的初始含义，在释道中具有多么重要的意义。在某种意义上，当代中国人释道的要旨是返回到道的初始含义——"路"上去。从这样的角度出发来看问题，就不难发现，改革开放的本质是原始的道的精神的复兴。在这里，自觉地认识并领悟道作为路的这一初始含义，具有特别重要的意义。事实上，道作为规律和法律的基本含义也是从道作为路的初始含义中引申出来的。

我欣喜地发现，在这一点上，东西方学人正在形成某种共识。据说，德国著名哲学家海德格尔在1946—1947年曾与中国学者萧师毅一起研读并翻译老子的《道德经》。1950年，海德格尔出版了论文集《林中路》，并在开篇中这样写道：

> 林是森林的古名。林中有许多路，它们大多突然消失在人迹罕至之处。
>
> 它们叫林中路(Holzwege)。
>
> 每人各奔前程，但都在同一林中。一个人的情形常常显得和另一个人是同样的。然而仅仅是显得如此。
>
> 从事林业者与森林管理员认得这些路。他们懂得什么叫误入歧途。①

路与道，不也正是我们在探索中国哲学文化的发展中所要思考的重大问题吗?!

真抱歉，大卫，这封信竟写得这么长，但愿你有耐心读完它。我很希望收到你的回信，因为你的看法对于我来说始终是重要的。

---

① M. Heidegger, *Holzwege*, Frankfurt am Main：Vittorio Klostermann, 1980，S. 3.

顺问

近安

黎明　于法兰克福

1989 年 5 月 6 日

二、理与欲

大卫：

这么快就收到了你的回信，而你对道的问题竟表现出如此大的兴趣，是我始料未及的。你在来信中谈到道与欲的关系，确实是理解中国哲学文化精神的一把钥匙，而我在德国也深切地感受到，这一关系同样是理解西方哲学文化精神的一把钥匙。当然，东西方文化对这一关系问题的理解是判然有别的，我在讨论"路"与"道"的那封信中之所以没有提到道与欲的关系问题，是因为这是一个大问题，不是三言两语所能说清楚的。在我看来，道与欲的关系也就是理与欲的关系。特别是自宋明以降，学人多用"理"的概念代替"道"的概念，因而天理与人欲的关系也就是各派学人屡屡提及的主题了。当代中国学者通常把"理"理解为伦理道德，把"欲"理解为物质欲望，似乎失之偏颇。事实上，"理"这个用语也可以泛指理性、观念、概念等，而"欲"则指人的欲望，如饮食男女、发财欲、权势欲等。由此可见，"欲"同样是一个内涵十分丰富的用语。

尽管我在德国生活、学习的时间不长，但我对西方哲学文化的了解却早已通过自己的阅读开始了。当然，亲身体验到的东西毕竟不同于书本上读到的东西。如果说，我在德国还有什么重要的感受，那就是对当代西方哲学文化在协调理与欲的关系问题上所表现出来的种种创意了。

也许可以这么说，当代德国人的生活充分体现出理、欲关系的平衡和协调。德国人的工作日是从星期一到星期五，周末包括星期六和星期日。如果说，他们的工作日充满了理性、逻辑和秩序，那么，他们的周末则充满了热情、欢乐和享受。周末期间，他们或是在家看书读报，或是在城郊的私家花园中种花剪草；或是驱车到邻近的城市、乡村，甚至到邻国去游览，或是约朋友在森林中散步、聊天和野餐；或是在附近的小酒吧里听音乐、消磨时间，或是到教堂里去参加弥撒活动。周末不仅使他们在工作日中的疲劳(体力上的和心理上的疲劳、肌肉上和心理上的紧张等)得到了消除，也使他们的感情和欲望得到了充分的舒展。

我发现，德国人的闲暇时间是很多的。除了周末，他们每年还有一个月左右的休假时间和数不尽的节日。其中最著名的是圣诞节和复活节。在休假日和节日里，他们通常到国外去旅游，从君士坦丁堡到开罗，从西班牙海岸到加利福尼亚，从阿尔卑斯山到爱丁堡，从东京到西安，到处都留下了他们的足迹。有的德国少年才十几岁，已周游过世界，听他们谈起来，滔滔不绝，如数家珍。

在德国人的节日中，最有趣、也最发人深省的是狂欢节，它从圣公会的星期三延续到复活节。在狂欢节期间，人们可以运用自己的想象力，随心所欲地把自己装扮起来，甚至戴上假面具，在马路上游行；他们也可以说他们想说的任何话，甚至对一些在位的政治家进行讽刺、挖苦；他们通常还会喝下大量的饮料，特别是啤酒，带着半醉的状态，载歌载舞。在狂欢节里，人们的感情和被压抑的欲望得到了充分的宣泄。在美因茨，当我站在狂欢的人群旁时不禁感叹，这个节日不正是调节理、欲关系的重要途径吗？

在地方性的节日中，慕尼黑每年9月下旬的啤酒节也是十分吸引人的。我曾经目睹了那里的壮观场面。在慕尼黑市中心的那家著名的啤酒馆里，放着一排排望不到尽头的长桌子，每张桌子的周围都挤满了人，绝大部分是德国人，少数是来自国外的旅游者。每个人的面前都放着一只高大的啤酒杯，透明的、橘黄色的啤酒泛着白色的泡沫，吸引着进入啤酒馆里的每一个顾客。穿着白色工作衣的女招待们送啤酒的方式也是十分奇特的。她们不是把啤酒杯放在托盘里送上来，而是把自己的双臂穿进啤酒杯的执手圈中，同时送上10杯至12杯啤酒。到处都洋溢着热烈的气氛，到处都是谈话声和歌声、敬酒声和碰杯声。围坐在一张桌子周围的人们经常会站起来，手挽着手唱歌，甚至一齐站在长凳上纵情地歌唱。这种令人难忘的情形使我不由自主地联想起德国哲学家尼采所倡导的酒神精神。其实，每个民族的人民都拥有并喜欢两种性质相反的饮料：一种弱化人的理性，如酒，从而使受压抑的本能、欲望和情感充分地宣泄出来；另一种强化人的理性，如咖啡、茶，从而使人的理性高度集中，甚至达到兴奋的程度。众所周知，德国的酒，特别是啤酒早已名扬世界，由于尼采在精神上的提升，它们变得更加出名了。有趣的是，德国人有句谚语 Im Wein ist Wahrheit，直译的意思是"真理在葡萄酒中"；意译的意思，恐怕就是中国人常常说的"酒后吐真言"了。

尽管慕尼黑的啤酒节是短暂的，可是德国人在饮酒时表现出来的那种热烈的、忘乎所以的气氛却每天在无数个小酒馆里重演。即使是工作日，不少德国人下班后也有这样的习惯，即先到小酒吧里坐一会儿，喝上一杯黄澄澄的啤酒，然后再起身回家。酒不但能解除疲劳，也能使僵硬的、受压抑的热情重新获得活力。除遍布各地的小酒吧以外，德国也有许多迪斯科舞场。在那些舞厅里，许多青年人随着音乐的旋律，翩翩起舞，往往跳得大汗淋漓，十分忘情。深夜，当他们拖着疲惫的脚步回家时，积聚在心中的种种压抑、委屈、无奈，甚至怨恨已得到充分的释放。类似的舞会也经常在学生宿舍里举行。大学生们喜欢用红布把灯泡包扎起来，以便让灯光也充满激情；音响喇叭播放着震耳欲聋的流行乐曲；而他们的手中则握着啤酒瓶，全身抖动着、摇晃着、翩翩起舞。他们所有的动作都是自然的、随意的，但这里却有一种特殊的美感，一种听凭感情自然流露的美感。从这些周末舞会中，我也领悟到现代艺术的一个基本特征，即把真实的感情从理性、规则和戒律的束缚中解放出来。

需要说明的是，注重感情的自然流露，并不等于放纵自己的欲望。这里有一个度的问题，而对这个度的把握，乃是西方哲学文化长期发展的结果。如果说，中国哲学文化的根本精神是道，那么，西方哲学文化的根本精神则是逻各斯(logos)。逻各斯的含义是语言、理性、规则。与它相对应的则是厄洛斯(eros)，即激情、欲望和爱欲。众所周知，柏拉图心目中的理想国乃是理性和秩序的王国，因而他主张把作为情感化身的诗人和艺术家从理想国中放逐出去。从字源上源自逻各斯的逻辑学(logic)，在亚里士多德那里兴起后，进一步强化了柏拉图所倡导的理性精神，这种精神与后起的基督教道德结成联盟，成了两千多年来西方哲学文化发展中的主导精神，这种精神的最后一个伟大代表是黑格尔。其间，虽然伊壁鸠鲁的快乐主义、文艺复兴时期的人文主义和18世纪的启蒙主义等思潮产生过巨大的影响，但并未从根本上改变西方哲学文化"重逻各斯、轻厄洛斯"的理性主义传统。直到黑格尔逝世，这种传统观念才面临严重的挑战。

叔本华最先起来向黑格尔的权威挑战，后起的克尔凯郭尔、尼采、陀思妥耶夫斯基、柏格森等以生命意志、权力意志、情感、生命之流等概念来推翻逻各斯的统治地位。在弗洛伊德所开创的心理分析学派那里，厄洛斯在西方哲学文化中的基础性地位和作用得到了充分的阐发。后来，随着以海德格尔和雅斯贝尔斯为代表的存在主义思潮的兴起和发展，非理性主义思潮成了与理性主义思潮并驾齐驱的大思潮，并对现当代的文学艺术作品产生了重大的影响。当然，非理性主义思潮的发展也有其过度之处。例如，在20世纪60年代的德国，曾经出现过性解放运动，对不少德国青年的思想产生过不可低估的影响。然而，事实表明，那种完全忽视理性作用的本能主义或自然主义的思维方式和行事方式，并不会给人们的生活带来真正的幸福。事实上，艾滋病对人类生存的威胁也给纵欲主义敲响了警钟。这一切都表明，正像人们不能无限地夸大理性的作用而贬低感情和欲望的作用一样，人们也不能无限地夸大感情和欲望的作用而贬低理性的作用。重要的是不仅在理论上，而且也在生活实践中达到理与欲之间的协调和平衡。无疑，西方人对这一点已有深切的感受。

正如逻各斯和厄洛斯的冲突贯穿在西方哲学文化发展的历史中一

样，理与欲的冲突也贯穿在中国哲学文化发展的历史中。所不同的是，中国哲学文化中的理欲冲突是沿着不同的思想轨迹向前发展的。正如《荷马史诗》反映出古代希腊社会的实际生活一样，《诗经》则为我们描绘出从西周初年到春秋中期中国古代社会的完整的生活画面，尤其是《诗经》中的"风"和"雅"展示出一个充满感情、欲望和追求的生活世界。据司马迁的说法，诗原来有三千首，被孔子删削为三百零五首。其实，在如何对待诗的问题上，孔子的态度是矛盾的：一方面，他认为，饮食男女，作为人之大欲，是无法否定的，因而在《诗经》中保留了那些感情缠绵的爱情诗、别离诗和弃妇诗等，使后人得以窥见中国古代社会的真实生活风貌；另一方面，孔子又强调"诗三百，一言以蔽之，曰：'思无邪'"①，力图把《诗经》所展示的活生生的感情世界纳入"思无邪"的抽象的道德框架中去，这与孔子关于"其为人也，温柔敦厚，诗教也"②的说法完全是一致的。实际上，"思无邪"这三个字乃是孔子评价、删削《诗经》的总纲，这一总纲既预示了《诗经》所蕴含的原初的生活世界的失落，也预示了"理"在"欲"面前的至高无上的地位："人生而静，天之性也。感于物而动，性之欲也。物至知知，然后好恶形焉。好恶无节于内，知诱于外，不能反躬，天理灭矣。夫物之感人无穷，而人之好恶无节，则是物至而人化物也。人化物也者，灭天理而穷人欲者也……此大乱之道也。"③

由于孔子开了"重理轻欲"的先河，后来的儒者大多沿着这样的方向来思考理欲关系。道家的创始人老子比孔子走得更远，他主张："常使民无知无欲。使夫智者不敢为也。为无为，则无不治。"④在这里，老子把道与智、欲之间的关系尖锐地对立起来了。老子关于"无欲"的思想也为以后道家思想的发展定了基调。南北朝、隋唐时期的佛教更是把佛理

---

① 《论语·为政》。
② 《礼记·经解》。
③ 《礼记·乐记》。
④ 《老子·三章》。

看作是与情、欲水火不相容的东西，强调只有灭情、灭欲才能悟入佛理，从而把理与欲尖锐地对立起来了。宋明理学以儒学为主干，兼采佛、道两家学说，形成了程、朱的"存天理，去人欲"说和陆、王的"存心，去欲"说。宋明理学的影响一直延伸到今天，它和我国商品经济的长期不发展也是互为因果的。

与哲学中"崇理贬欲"的主导性倾向相反，在文学中，对情与欲的肯定终于渐渐地演绎成主调。从汉代以《孔雀东南飞》为代表的乐府民歌，到唐代以《柳毅传》《霍小玉传》为代表的传奇；从宋代以《碾玉观音》为代表的话本，到元代以《窦娥冤》《西厢记》为代表的杂剧；从明代以《金瓶梅》、"三言二拍"等为代表的小说和以《牡丹亭》为代表的戏曲，到清代以《聊斋志异》《儒林外史》《红楼梦》等为代表的小说和以《桃花扇》为代表的戏曲，显示出不同时代的生活世界中情欲与天理的抗争。遗憾的是，原本应该以真实的生活世界作为思索对象的哲学，自宋、明以降，完全沉湎于虚幻的"理"的世界中，从而失去了对中国文化生命的把握。尽管清儒在考据中作出了不可磨灭的贡献，在思想史上却少有卓然独步者。这就深刻地启示我们，尽管哲学是概念性的思维，但并不一定握有理解并阐释时代精神本质的垄断权。在传统的宗法等级制社会中，真正进步的因素乃是随城市工商业的发展而兴起的市民精神。这种精神不崇尚清谈玄理，而是注重情和欲在生活世界中的作用，尤其注重对个性解放和真正的爱情的追求。在曹雪芹的《红楼梦》之前，难道《朱子语类》不黯然失色吗？在沈复的《浮生六记》之前，难道王守仁的《传习录》不味同嚼蜡吗？

总之，要正确地认识理与欲的关系，就必须以批判的眼光重新审视中国哲学文化的发展历史。无论如何，从思想上重温恩格斯的下述论断是必要的："在黑格尔那里，恶是历史发展的动力借以表现出来的形式。这里有双重的意思，一方面，每一种新的进步都必然表现为对某一神圣事物的亵渎，表现为对陈旧的、日渐衰亡的、但为习惯所崇奉的秩序的叛逆，另一方面，自从阶级对立产生以来，正是人的恶劣的情欲——贪欲和权势欲成了历史发展的杠杆。"①也就是说，推动历史前进的正是"人欲"。在发展商品经济的情况下，人欲的重要性是显而易见的。在当代中国社会中，商品经济的发展还处于初始阶段，在这样的发展阶段，我们面临的究竟是"人欲横流"的问题呢，还是"人们还刚刚开始意识到自己的欲望"的问题呢？答案显然是后者。站在历史唯物主义的立场上，就一定要充分肯定人欲在历史发展中的积极作用。这样做，并不意味着主张纵欲主义。我主张的是理与欲的协调与平衡。然而，在当代中国哲学文化中，情与欲的作用还未得到充分的评价。有鉴于此，我对中国哲学文化研究的建议是：复兴对《诗经》的研究；复兴对宋元戏曲和明清小说的研究。我认为，在对中国传统文化的研究中，文学乃是哲学的真正解毒剂。事实上，王国维和鲁迅都已认识到了这一点，难道我们应该退回到他们的出发点之前去吗？写到这里，夜已经很深了，我不得不搁笔了。我还是像以前那样，期待着你的回复和批评。

　　顺颂

研安

黎明　于法兰克福

1989 年 6 月 2 日

---

　　① 《马克思恩格斯全集》第 21 卷，人民出版社 1965 年版，第 330 页。

1994年

立论要合乎情理①
——写在首届国际大专辩论赛决赛之后

由新加坡广播局和中国中央电视台联合主办的首届国际大专辩论赛于 1993 年 8 月 21 日至 29 日在新加坡举行。参赛的大学有：英国剑桥大学、澳大利亚悉尼大学、加拿大英属哥伦比亚大学、马来西亚的马来亚大学、新加坡国立大学、香港大学、台湾大学和复旦大学。比赛采用分组淘汰的方式进行。复旦大学队先后战胜剑桥大学队和悉尼大学队，在决赛中与先后战胜了香港大学队、新加坡国立大学队的台湾大学队相遇。

决赛的辩题是"人性本善"，通过抽签，我们抽到的是反方，反方的立论并不是任意的，而是事先作了规定，即"人性本恶"。就这个辩题而言，我们究竟应该如何立论呢？换言之，立论的依据是什么呢？许多辩论家认为，立论的主旨是要说服对方，这看起来是很有道理的，其实却是一种误导。一方面，对方是无法说服的，即使到了"山重水复疑无路"的窘境，对方也是不会认输的；另一方面，辩论胜负的评判者是评委，而评

---

① 原载《演讲与口才》1994 年第 2 期，题为"立论要合乎情理——写在首届国际（华语）大专辩论会决赛之后"。收录于俞吾金：《文化密码破译》，上海远东出版社 1995 年版，第 373—375 页。——编者注

委又是受听众影响的，所以，旨在说服对方的立论并不一定会在听众和评委中引起共鸣和反响。根据初赛和半决赛的经验，我们认为，立论的最根本的依据是评委和听众的接受意向。一个辩论队员上场后，他的目的并不是把已经准备好的一番话说出来，像一辆装满黄沙的翻斗车一样，把黄沙卸完就完成任务了，而是要说服乃至打动评委和听众，使他们觉得他的话是合情合理的，是应该接受的。也就是说，在立论中，既要避免"自我表现中心论"，也要避免"说服对方中心论"，而要确立"评委和听众中心论"，换言之，评委和听众的可接受性乃是我们立论的最基本的参照系。

正是基于这样的思考，我们对"人性本恶"的立论作了数次更动。第一次准备的稿子主要偏重从理论、历史、现实等不同的角度阐明人性本恶的道理。这一稿虽然把人性本恶的道理讲透了，对方也很难抓到理论上的漏洞，但听众和评委却不一定容易接受，因为整个稿子给人的感觉是：把人性讲得漆黑一团，充满了悲观主义和宿命论的情调，虽然也谈到了教化问题，但语焉不详，不可能给人留下深刻的印象。在决赛前两天，我们对稿子作了较大幅度的更动，在 4 个辩手的辩稿中都增加了教化和促使人性向善发展方面的内容，但在统稿时又发现，我们在立论上又偏向了另一个极端，由于过多地强调人性向善的一面，人性本恶这一主题思想反倒显得蔽而不明了，弄得不好，这一稿子会给评委和听众留下这样的印象，即复旦大学队的观点不明确，思路不清晰。怎么办？

决赛的时间已经临近了，经过考虑，我们决定，稿子还要再"动手术"。最后，我们确定了一种听众和评委较易接受、理论上又较严格的立论方式，即把立论分成两个层面，第一个层面是事实判断，即我们摆事实，讲道理，理直气壮地说明人性本恶是一个颠扑不破的真理；第二个层面是价值判断，即从价值取向的角度上看，表明我们并不赞成人的恶行，也不主张听任其发展，我们主张通过教化来抑恶扬善，使人性向善的方向发展。我们还把"恶"定义为"人的本能和欲望的无节制的扩展"，并不简单地把"恶"与人的本能和欲望等同起来。这样一来，我方的立论就具有相当大的回旋余地，也易于为评委和听众所接受。

从后来决赛的结果可以看出，我方在立论上的更动是有道理的，既讲清楚了我方的基本立场，又表明了我方在实现人性向善的道德价值方面的基本追求。反之，对方的立论比较草率，认为人性本善就是人人有善根，人都能随时放下屠刀，立地成佛。我方队员立即追问："如果人性本善，屠刀是怎么被拿起来的？""如果人性本善，最初的恶是如何产生的，善花是如何结出恶果来的？"这些问题很快地瓦解了对方的立论，使之陷入被动挨打的局面。而对方试图把我方的"人性本恶"的观点曲解为"人的本能和欲望全是恶的"也未能在评委和听众中引起回应，因为我们早已把"欲望"和"欲望无节制地扩展（恶）"这两者严格地区分开来了。此外，对方戴着玫瑰色的眼镜看待这个世界，似乎每个人随时都可行善，这也有悖于常理，加之我们用大量的事实和历史故事来阐明人性本恶，如曹操的"宁可我负天下人，不可天下人负我"，路易十五的"我死后哪怕洪水滔天"，以及当今遍及世界各地的战争、绑架、谋杀、掠夺等，更使评委和听众觉得，我方的观点比较现实，而对方的立论则太过浪漫，给人以"刘郎已恨蓬山远，更隔蓬山一万重"的感觉。

台湾大学队在陷入被动的境地后，开始产生"破罐子破摔"的情绪，他们不但在自由辩论中把荀子和告子的思想混同起来，还指责荀子的思想是错误的，我方队员立即反驳："如果你认为荀子是错误的，荀子就错了的话，那还需要在座的这些儒学家干什么？"这段话很机智地使台湾大学队与评委和听众在心理上对立起来。由于立论上的不谨慎，台湾大学队虽然有场下不少啦啦队员的呼应，但已无济于事了。

通过紧张的角逐，5个评委一致判复旦大学队获胜。于是，在这次国际大专辩论赛上，复旦大学队不仅获得了团体冠军，而且第四辩手蒋昌建还获得了"最佳辩手"的称号。回顾这场辩论，我们深切地感受到，合情合理地确立自己的论点乃是辩论取胜的关键。

艺术家与悟道①

　　一般说来，艺术家对生活的观察是比较细致的，他们在审美感受方面也是比较敏感的。在艺术家创造的作品中，我们常常能窥见生活世界的某一个侧面，然而，堪称传世之作的艺术品和一般的艺术品之间的差异是如此之大，这促使我们提出这样一个问题：在艺术家的个人素质中，究竟是哪种因素决定着他能否创造出伟大的艺术作品来？

　　在我看来，这种因素就是艺术家的悟道意识。艺术家常担心抽象的、富有哲理的思维会损害他的作品的感染力乃至风格。确实，当艺术家沉湎于一种迂腐的哲学见解时，这种情形是可能会出现的。可是，艺术家不应当忘记，健康的哲学思维，尤其是准确的悟道意识，乃是使他的作品走向伟大和不朽的必要阶梯。所谓"悟道"，乃是艺术家对自己所生活的时代的历史本质的领悟；所谓"时代的历史本质"，是指该时代的生活和精神发展的客观趋向。

　　只有当艺术家处在准确悟道的出神状态（柏拉图称之为"灵感"）时，他才能从万花筒般的生

---

　　① 原载《上海艺术家》1994 年文化专号。收录于俞吾金：《文化密码破译》，上海远东出版社 1995 年版，第 354—355 页。——编者注

活世界中抉出重大的题材，并通过一定的形式创造出艺术作品来。贝克特的荒诞剧《等待戈多》和毕加索的绘画《格尔尼卡》或许是这方面的最好的说明。黑格尔认为，艺术作品越是伟大，就越能体现对理性的"康庄大道"的领悟，而"艺术家愈是不高明，我们就愈看到他自己，他的特异性和任性"①；海德格尔在分析梵高的作品《农鞋》时指出，伟大的艺术作品的创作同时也是对存在的真理的把捉和展示；莫伽登则告诉我们，伟大的艺术作品都蕴含着某种"形而上学的性质"。所有这些见解都表明了艺术家悟道的重要性和必要性。

艺术家一旦缺乏悟道的意识，他和他的作品就犹如飘游的浮萍，处在无根基状态中。艺术作品好比一只船，只有当它的锚链足够长时，它抛下的锚才能抓住河床的底部，从而使它在艺术发展史上获得一个永久性的位置；如果锚链太短，锚只是悬在水中的话，只消风一吹，就会发生"走锚"现象，把这只船吹得无影无踪。也就是说，昙花一现乃是无根基的艺术作品的必然命运。

当前，中国社会正处在急剧的转型过程中，这一过程通过生活世界的无限丰富性而展现出来。艺术家不应当借口创作的繁忙而逃避思想，相反，应当多思而少创作，多悟道而少求利，从而创作出真正无愧于这一时代的伟大的艺术作品来。

---

① ［德］黑格尔：《法哲学原理》，范扬、张企泰译，商务印书馆1961年版，第27页。

1995年

路与道①

　　要说上海这几年的变化，真可以说是非常之大的。我想，许多人大概都有如下的感受：过去非常熟悉的地方，隔了一年半载，就变得完全认不出来了；昔日十分幽静的小街突然变成了集市贸易的中心；以前简陋破烂的棚屋也突然被装潢漂亮的高层建筑所取代了。这种感觉的反差是如此之强烈，以致一些常以"老上海"自诩的人也开始迷路了。无论是原来就居住在上海市区的人，还是来自国内其他地方或世界各国的人，都开始以新的眼光来打量上海了。

一、有形的路

　　毋庸讳言，最能使我们感受到上海的沧桑巨变的，大概是上海马路的改造与变迁。据说，上海过去大大小小一共有 1424 条马路，中华人民共和国成立 30 年来几乎没有任何变化。进入 20 世纪 80 年代，随着市场经济的繁荣发展和大量流动人口，尤其是来自全国各地的打工族的涌

---

　　① 原载《文汇报》1995 年 5 月 13 日。收录于俞吾金：《哲学随感录》，北京师范大学出版社 2016 年版，第 269—272 页。——编者注

入，随着各种车辆，尤其是出租车的大量增加，"行路难"几乎成了困扰上海人的最突出的问题。于是，全面改造上海的马路，尤其是那些车辆走不动的"瓶颈"，成了上海大变样的序曲。近年来，人们发现，许多过去显得十分逼仄的马路被大大地拓宽了；许多从未听说过的新马路产生了；高架公路、内环线、外环线奇迹般地涌现出来；地铁和轻轨也在人们的睡梦中悄悄地向前延伸着；在市郊，新型的、全封闭的高速公路的开通缩短了上海和周边地区的距离。尽管修路给市民们的生活和上下班带来了诸多不便，然而，市民们对这一切都表示理解。事实上，谁都明白，没有这些暂时的不便，如何能换来新的交通环境和生活环境的出现呢？

过去，上海人常说：路归路，桥归桥。现在，他们突然发现，这个说法其实是十分荒谬的。路和桥难道是可以分离的吗？有哪一座桥不连着路，不是路的一个特殊的组成部分呢？又有哪一条长长的公路或铁路能够完全与桥分离开来呢？在某种意义上可以说，路是特殊的桥，而桥则是特殊的路。特别是高架路，不同时也是桥梁吗？近年来奇迹般耸立起来的南浦大桥、杨浦大桥和数不清的立交桥、人行天桥不也正是特殊的路吗？其实，不仅桥的修建就是路的修建，而且近年来愈益令人注目的机场、码头、车站的扩展与修建，不也正是在修建特殊的路——陆路、水路和空中之路吗？

二、无形的路

当然，直到现在为止，我们注意到的还只是看得见的、有形的路。如果我们把目光扩展到无形的、看不见的路的上面，我们就会更深刻地感受到上海的变化。那么，什么是"无形的、看不见的路"呢？那就是我们肉眼看不到的，也不容易引起我们注意的"路"，但这样的"路"却是存在的，而且和我们的生活有千丝万缕的联系。比如，上海和国际国内的计算机联网，不正是在贯通一条条特殊的"路"吗？又如，近年来上海电话线路的猛增、移动电话的流行、电视和卫星通信的发展，不也正是在人们之间修筑起一条条特殊的、沟通之"路"吗？然而，"无形的、看不见的路"的含义还不止于此。事实上，经济、社会和政治体制的改革，新的法规和道德规范的制定，都是在修建沟通人们之间关系的、无形的、看不见的"路"。在某种意义上甚至可以说，这种无形的、看不见的"路"比那些有形的、看得见的路具有更重要的、更深层的意蕴！

三、道的精神的复兴

这些建设中的、不断地向前延伸着的路，无论是看得见的，还是看不见的；无论是气势宏大的，还是几乎在地图上找不到的、细小难辨的路，都无例外地贯通着中华民族的核心精神——道的精神。众所周知，"道"的初始含义是"路"，也正是出于对"道"的这一初始含义的尊重，有的德国学者用德语名词 Weg(路)来译汉语中的"道"字，而"路"的价值也正在于疏通、沟通和通达。遗憾的是，以前的许多学者在释"道"时，只注意到其"规律"的含义，而遗忘了其初始的含义——"路"，从而导致了中华民族的核心精神——道的精神的陨落和社会发展的迟缓。然而，随着当前市场经济的发展，我们不无欣喜地看到，这种道的精神正在复兴之中。无疑地，这种道的精神的复兴，正是中华民族复兴的勃勃生机的一种体现。

历史和实践一再告诉我们，任何地方、任何国家的商品经济的发展和商业城市的兴起，都是和路的兴建、交通的发展联系在一起的。在这个意义上，我们甚至可以说，凡是不重视路的建设的地方，都不会真正地重视商品经济的发展。作为历史上的名城，上海正在不断地更新着自己的形象。我们确信，上海人只要把中华民族的伟大的精神——道的精神作为自己的守护神，那么它的前景将会是无限美好的。

十八岁：人生的第二次诞生①

对现代社会的人来说，有两件事很重要。一是他的生日，二是他十八岁成人的时候。从娘肚里出来是人的第一次降生，成人则标志是人的第二次降生。成人之后等于拿到了证书、进入了社会、独立接受了事物，对每个人的成长都有着重要的意义。在人类历史上，原始人就开始注重成人仪式，它们有许多具体的方式，我认为从中国传统文化角度来讲，这种仪式也可以说是人文精神的体现。今天的成人仪式是人生重要的转折点，这种仪式、这种礼的东西，把我们传统的文化延续下去，把好的东西发扬下去，把这种成人意识植入每个青年人的心中，很重要，从当代新文化建设的角度来说，这种"礼"也是新文化中心有机组成部分，它的意义可从整体中透视出来。

我认为通过成人仪式应形成三种意识。一是成人意识。十八岁以前孩子受父母监护，到成人以后从理论上讲是独立的，待孩子成人之后，待他们提出愿望的时候，这个愿望是否符合法律，是否符合现实，这都是成人后必须考虑的。二是公民意识。这由权利和义务组成，这二者是联系

---

① 原载俞吾金、金国华等：《上海十八岁成人仪式理论研讨会实录》，《青年学报》1995年夏季号。此处摘录俞吾金先生发言的部分。——编者注

在一起的，作为孩子，对周围发生的事情可以关注很少，不需要负责任，等成人后，从政治上对国家来说有了公民的参与意识，对政治的关心、对国家与国家问题的关心，对所生活的城市的关心，这种公民意识都应该具有。三是人格意识。黑格尔在法学上把人的概念分为两种：一种是我要吃饭、有各种愿望，有各种需要；另一种是精神上、人格上的道德意义和法权意义。前一种是人的自然需要，从法学角度强调人的后一种意义，即确立独立的人格意识。关于独立的人格意识，要消除一种误解：过去我们比较少地讲个人，今天以市场经济为主，就走向反面，把个人看得比什么都重，为个人的利益可以去损害他人的利益，去干自己想干的事，这就是所谓的幸福，这是对过去排斥自我的集体主义的一种反冲和反驳。其实这种倾向也是不对的，最后要走到另一种极端。按照康德所说：我要成为人，同时我要尊重人。后面这句话比前面的话更有意义，现在我们的意识是高度膨胀后的自私自利、拜金主义，他认可了这是我自己的人格，其他人格都是工具，都可为我牺牲，实际上从理论而言是忽略了：他自己的人格存在于其他人的人格面前。这就是一种主题兼容。如果我要有我的人格，要受到他人的尊重，那么首先要尊重他人。因为当你不尊重他人人格时，也就赋予其他人不尊重你的权利。人格在普遍的侵权中瓦解，社会就会变得无法无天。所以要让青少年明白；第一，法高于人；第二，其他人的人格高于我。有了这种意识以后，通过成人仪式把自然人变成真正的社会人。如果一个人停留在自然人阶段，总是想我需要什么、我满足什么，损害他人，这个社会肯定要混乱。所以通过成人仪式，把人格提升到普遍人格的高度，这也是社会法制的基础。

十八岁成人仪式是公众的具有普遍性的活动，在十八岁生日时，在单位和家庭也可举行仪式。我们还可以编写这方面的书籍，成立"成人学校"，让青年人系统地学习法律、道德，如果仅有仪式没有与之相配的内容，那观念还是外在的，现在我们需要进入人心的内在中去。

语文教学的形式化倾向[①]

随着对外开放和文化交流的发展，西方的教学理论，尤其是考试方式，正潜移默化地影响着我国的教育事业，尤其是中学语文教学工作的开展。众所周知，大部分西方考试是高度形式化的，考生只要在可供选择的答案——ABCD 中打钩就行了。这种考试方式的优点是：一方面，由于其高度的形式化和规范化，老师批阅卷子比较容易；另一方面，学生通过这样的考试也比较容易搞清楚语法上的细微差别，如词组的固定搭配、某些词的习惯性的使用方式等。这种考试方式从 20 世纪 70 年代末传入中国后，国内各学科的考试都纷纷模仿。不用说，中学语文教学也深受其影响。

然而，人们显然忘记了，汉语与英语之间存在着重大的差别。后者是拼音文字，前者则是象形的文字，具有象声、象形、指意等各种特征，因而也具有丰富的人文内涵。毋庸讳言，把汉语像英语一样做高度形式化的处理必定会导致其人文内涵的失落。另外，这种考试方式极易使学生把注意力集中到汉语语法的某些细节上，如某些

---

① 原载《新民晚报》1995 年 9 月 11 日和《初中教育研究》1995 年第 6 期。收录于俞吾金：《哲学随感录》，北京师范大学出版社 2016 年版，第 191—192 页。——编者注

词在用法上的多样性、不同的修辞手法等，使学生把相当一部分的精力投入到对历届托福式的考试试题的研究中，牛角尖越钻越深，从而导致了如下的结果。

一是邯郸学步，反而连路也不会走了。不少学生把注意力放到语法上，他们甚至能够把汉语语法上的某些细节讲得头头是道，连大学教授也自愧不如。然而，他们只要一落笔，便感到脑袋里一片空白，什么东西都写不出来。即使有东西写出来，也是破句连着破句，难以卒读。

二是关注细节，失了全局。出于形式化考试的需要，教师在教学中讲解课文时，常常把学生的注意力引向语法细节和表达的技巧，忽略了把整篇课文所要表达的精神传递给学生，从而使学生的兴趣集中在边缘化的形式和技巧上，在感情上缺乏对所学的课文的总体精神的沟通、把握和认同。结果是捡了芝麻，丢了西瓜，最需要学的东西反而没有学到。这正如俄国寓言家克雷洛夫笔下的"参观者"，当他参观了动物园后，津津乐道地与别人谈论动物园里的各种小动物，甚至包括细小的蟋蟀，但当别人问他是否见到动物园里的大象时，他竟回答说没有见到！

三是留意于写作的框架和技巧，忽略了对实际生活的观察和体验。在诸如"母爱""责任"这样的语文考题中，为什么学生写出来的作文几乎都是大同小异的？因为他们的头脑都被一些来自范文的框架和形式束缚住了，他们把写作变成了用先验的框架去套题目的形式化的游戏，而不再细心地去观察和思考周围的生活。这样一来，他们写出来的东西自然也就缺乏真诚的感情的流露，缺乏感染人、打动人、激起他人共鸣的力量，而只是给人一种隔靴搔痒、矫揉造作的感觉。

总之，只有深入地反思这种形式化教学方式和考试方式的种种弊端，淡化形式和技巧，重视内涵和精神，我们的语文教学才会出现新的转机。

克服思维方式的简单化[1]

在市场经济的冲击下，哲学似乎成了一门边缘性的学科，但这绝不意味着人们能够撇开哲学所揭示的思维规律来进行合理的、有效的思考。近来出现的、反映思维方式简单化的种种倾向就是明证。这种思维方式简单化的倾向不光反映在各种出版物中，而且也反映在人们平时的言谈和行为举止中。

一、思维方式简单化的三种表现形式

在日常生活中，我们发现，思维方式的简单化常常通过以下三种不同的形式表现出来：

一是"爱走极端"。比如，在文化讨论中，有一段时间人们言必称西方文化，认为它博大精深，无法超越，并以它为参照系来批评东方文化，尤其是中国的传统文化。但近年来，随着西方有些学者，如萨义德起来批评"西方文化霸权主义"或"西方话语霸权主义"，于是，人们的思

---

[1] 原载《文汇报》1995年10月14日。收录于俞吾金：《散沙集》，人民出版社2004年版，第45—50页。——编者注

想又滑向另一个极端，即拾这些西方学者的余唾，把西方文化说得一无是处；与此相应的是，把东方文化吹得尽善尽美，甚至提出所谓"东方中心论"，并毫无根据地断言，21世纪将是东方文化，特别是中国文化的世纪。又如，人们对市场经济的评价也是如此。或者片面地把它看作人类有史以来最完美的经济形式；或者把它贬得一无是处，仿佛它是一只打开了的"潘多拉盒子"，社会生活中的一切灾难都可以归咎于它。

二是"崇拜形式"，大搞形式主义。社会生活中的许多现象，如新公司成立时的揭牌仪式、新商场的开张仪式、搬家放鞭炮的仪式、"开会＋旅游＋公款吃喝"等程式，到处都被作为固定的形式加以介绍、推广、模仿和实践。与此相应的是，会议、简报、文件、表格满天飞。生活就是开会，工作就是填表。人们的思想似乎对这样的形式主义缺乏任何抵制的能力，只是顺着它们走。更为触目惊心的是，连人们的眼光也变得空前的肤浅化和形式化了，他们看重的只是外观、包装和化妆。比如，他们把女性美理解为："消瘦＋苍白＋口红＋护肤霜"。也就是说，象征女性健康的红润的肤色不是自然地形成的，而是"贴"上去的，就像人们把邮票贴到信封上去一样。再如，不但商品、人民币可以伪造，甚至连论文、文凭、处女都可以伪造。总之，在这个矫揉造作的时代中，形式、外观和包装就是一切，其他都是不重要的，都是轻飘飘的。

三是什么事情都是"一窝蜂"或"一哄而上"。有趣的是，人们的思想似乎有一种自然趋同的意向。任何一种社会现象，只要经新闻传媒炒作，人们的全部注意力立即集中到它的上面，于是，各种各样的"热"就蔓延开来。比如，"全民经商热""股票热""期货热""房地产热""卡拉OK热""国学热""出国热""学驾驶热""集邮热"等，此起彼落，就像电脑屏幕上的变幻线一样变来变去，使喜欢赶浪头的人们应接不暇。凡此种种，都显示出今人思维方式的一个根本性的弱点——简单化。

二、思维方式简单化的成因

那么，思维方式的简单化是怎么造成的呢？笔者认为，主要是由以下三方面的原因引起的。

第一，在改革开放前，人们的生活按部就班，没有什么机遇，也没有什么变化。与此相应的是，人们的思维方式自然也像一潭死水，没有任何变化。改革开放以来，新事物、新观念层出不穷，人们的思维试图去适应它们，但对它们的本质和长远的发展倾向又缺乏深入的了解和反思。于是，听张三说，觉得张三有理；听李四说，又觉得李四有理，也就只有"随大流"或"走极端"的份了。

第二，在市场经济的背景下滋长起来的致富欲使人们的心理和思想普遍地变得浮躁起来。他们不把劳动作为致富的根本条件，而是寄希望于投机取巧，不劳而获，最好"天上掉下一个馅饼来"。不用说，在这样的思维方式的支配下，人们自然不安心于埋头工作，而是热衷于追踪各种"热"。

第三，传统文化所强调的"大一统"的观念使人们的思想普遍地习惯于认同、模仿、"随大流"和人云亦云，缺乏批判性的、独立思考的能力，从而使形式主义的、简单化的思维方式经久不衰。

三、如何克服思维方式的简单化

究竟如何克服思维方式简单化的倾向呢？笔者认为，应该学一点哲学，懂得一点思维方法上的辩证法，从而学会全面地看问题和思考问题。德国哲学家康德曾经说过，他不是教学生学哲学，而是教他们哲学地思考。所谓"哲学地思考"，也就是要克服思维方式的简单化，学会独立地、合理地、有效地进行思考。

首先，应该克服那种追求纯而又纯的理想状态的所谓"工艺思想"，学会掌握事物的主流和支流之间的辩证关系。众所周知，人们在制造工艺品时，总是力图把它们塑造成完美无缺的存在物。当人们把这种审美创造上追求完美化的工艺思想移植到思维方式上去的时候，就会用纯而又纯的眼光去看待一切事物。用这样的思维方式去考察市场经济，必定会停留在两个极端上：或者把它看得完美无缺，或者因为它达不到理想状态而把它贬得一无是处。乍看起来，贬低市场经济似乎看到的只是它的不足，实际上这里的"责备"正源于"求全"。也就是说，这里崇拜的仍然是理想状态和完美境界。克服这种工艺思想，我们在认识任何社会现象时，就会注意划分出主流和支流。当然，这两者也不是固定不变的，在一定的条件下，它们是可以相互转化的。但区分了这两者，我们在看问题时也就不容易走极端了。

其次，应该克服那种"随大流的"、一味趋同和模仿的思维方式，深刻认识普遍性与特殊性之间的辩证关系。这种趋同性的思维方式总是抽象地停留在普遍性上，不愿意反思并发现自己的特殊性，从而失去了正确地、有效地进行思考的基础。于是，外界"热"什么，这些人就追逐什么，就像绕着轮子不断地奔跑的松鼠。重要的是使飘荡无定的思想获得自己的根基，而要达到这一点，就要充分认识自己的特殊性。从一个国家或一个地区出发，就要充分认识自己的现实状况和资源优势；从一个个人出发，就要充分地认识自己的特长和资源优势。无数事实表明，只有立足于自己的特殊性，努力发挥自己的优势，才能成功地参与市场经济。例如，潍坊的风筝文化、桂林的旅游文化、北京的胡同文化、云南的民族文化等，都是因地制宜，发挥自己的特殊性和优势的结果。同样地，任何个人，要成功地在市场经济中冲浪，也必须有自知之明，扬长避短，发挥自己的特色和优势。如果一味地模仿别人，是不可能做出惊天动地的事情来的。这就启示我们，只有充分地认识并发挥自己的特殊性，才能更好地体现普遍性；反之，"一哄而上"、一味趋同、搞"一窝蜂",是难以在市场经济中获得真正的成功的。

最后,要克服单纯崇拜形式的、肤浅的思维方式,努力把握形式与内容之间的辩证关系。人所共知,形式主义的思维方式必定会导致把形式目的化、把内容手段化的结果。也就是说,外在的形式成了追求和崇拜的对象,实质性的内容反倒变得无足轻重了。其实,从哲学上看,虽然内容总是通过一定的形式才能表现自己,但在内容与形式的关系上,一般说来,内容总是根本性的,而形式只有充分体现出内容的特殊性和活力的时候,才是有生命力的。反之,为了形式而形式,甚至以形式作为标准去评论内容的好坏,那就有点像中国古代寓言中的"买椟还珠"的故事了。这种形式主义的思维方式当然是很愚蠢的。重要的是把我们的思维引向事物的实质性的内容,而不是停留在外观的形式上。

总之,市场经济展现了生活世界的无限的可能性和多样性。要克服思维方式的简单化和随波逐流的现状,就应该认真地读一些哲学著作,学会全面地看问题和思考问题。

辩论两题①

1993 年，我作为教练和领队率领复旦大学辩论队赴新加坡参加首届国际大专辩论赛，复旦大学辩论队获得团体冠军，其中一位队员获得"最佳辩手奖"。这是自新加坡华语辩论赛举办以来我校取得的最好成绩，至今无出其右。由于这个缘故，总是有人约我写有关辩论的文字，我只好姑妄写之。

一、想象力的作用

众所周知，辩论是讲逻辑的，而想象力则是跳跃性的，在某种意义上是超逻辑的。在辩论中用得到想象力吗？我的回答是肯定的。凡是对辩论稍有涉足的人都会明白，逻辑和想象力是辩论的双翼。不讲逻辑，辩论就会杂乱无章；而缺乏想象，辩论又会索然无味。想象力在辩论中的作用主要表现在以下三个方面。

其一，辩论是在对立的双方之间展开的。一

---

① 原载俞吾金：《机智灵活巧应对》，《新民晚报》1995 年 12 月 25 日。载俞吾金：《辩论中的想象力》，《新民晚报》1996 年 1 月 17 日。收录于俞吾金：《哲学随感录》，北京师范大学出版社 2016 年版，第 385—388 页。——编者注

般说来，正方在辩论前并不一定了解反方的立场。于是，就有一个想象对方可能采取什么立场的问题。比如，就"人性本善"的辩题来说，反方可以采取三种不同的方式来立论：第一，"人性本恶"；第二，"人性有善有恶"；第三，"人性无善无恶"。正方要是不善于想象反方可能采取哪种立场，换言之，不能做到"知己知彼"，就有可能在辩论中措手不及。

其二，在自由辩论中，想象力的作用更为重要。比如，在"艾滋病是医学问题，不是社会问题"（正方）和"艾滋病是社会问题，不是医学问题"（反方）的辩论中，正方队员提出："艾滋病是在医院里发现的，所以它是医学问题。"反方马上驳斥道："如果我们在医院里发现一把钥匙，难道钥匙是医学问题吗？"从"艾滋病"突然跳跃到"钥匙"，在这里起作用的正是想象力。从表面上看起来，"艾滋病"和"钥匙"毫无关系，似乎反方队员不应该把这两者扯在一起，但从听众的角度来看，反方的反驳却非常机智、非常自然，也非常到位，因为它以归谬的方式揭示出正方的逻辑困境。当然，正方也毫不示弱，又反驳道："反方辩友，难道医生在医院里都在找钥匙吗？"这一反驳也以归谬的方式把听众的想象力引向另一个极端。由此可见，精彩的辩词总会显示出想象力的美丽的光环。反之，缺乏想象力的自由辩论归根到底是不自由的。

其三，在对辩题的内容做价值上的定位时，想象力也起着不可忽视的作用。比如，在"人性本恶"的辩题中，可以想象出三种不同的价值导向：第一，因为人性本恶，所以人人都可以去作恶；第二，因为人性本恶，所以我们更要做好惩恶扬善的工作；第三，因为人性本恶，惩恶扬善也不会有什么结果，不如听之任之。

由此看来，只有充分发挥想象力的作用，辩论才能错落有致，精彩纷呈，赢得听众的掌声。有人也许会问，既然想象力如此重要，在准备辩论时，能否对辩论队员的想象力进行训练呢？我认为，想象力是可以通过训练而得到提高的。在1993年赴新加坡参加首届国际大专辩论赛之前，我们曾经设计了下面这些问题来训练队员的想象力：如果埃及女皇克拉利佩特奥拉的鼻子生得短一点，世界历史会发生哪些变化？如果一个人知道自己一个小时后就会死亡，他会想什么？如果南北极的冰山都融化了，人类生活会发生哪些变化？如果有一个女孩站在街头哭泣，你认为有哪些可能性？……我们要求每个队员在回答问题时必须说出十种可能性，再让其他队员进行评论和补充。实践表明，这种训练方式确实能使队员们的想象力得到一定的提高，从而在辩论赛中有比较出色的表现。

二、灵活的应对

毋庸讳言，辩论赛中最精彩的表现是辩论队员的机敏的临场应对。在唇枪舌剑的交锋过程中，场上的形势瞬息万变，各种意想不到的辩词都会出现。在这样的情况下，一个辩论队员如果能够从容不迫地进行应对，一定会使整个辩论赛增色不少。辩论中的临场应对主要表现为以下两种情况。

第一种情况是：除了正方第一辩手外，其他所有的辩手在陈述自己的观点前，先要对对方的观点进行驳斥。由于在辩论前并不知道对方的观点，所以，一方的辩手在场上陈述自己的观点后，对方辩手至多只有数分钟的时间可以考虑如何进行有效的，甚至是精彩的回应。比如，在题为"女人比男人更需要关怀"的辩论中，正方第一辩手在陈述自己的见解时曾经说了这样一句话："男人再能干也养不出小孩来。"这句话在场上引起了听众的笑声。也就是说，这句话已经产生了有效的影响。在这种情况下，按理讲，当反方第一辩手站起来发言时，应当对这句话进行有力的驳斥和回应，可惜的是，反方第一辩手却轻易地把这句话放过去了。这样做，对于反方来说，显然是很失分的。其实，反方第一辩手完全可以以下面的方式做出灵活的回应："对方辩友说，'男人再能干也养不出小孩来'，请问，如果没有男人，单凭女人的能干，就能把小孩生下来吗,对方辩友是不是太相信圣母玛利亚未婚先孕的传说了?"这样的临场应对必定会产生比较好的效果。

第二种情况是:自由辩论。在自由辩论中,由于双方都可以自由发言,灵活的、有效的临场应对就起着更为重要的作用。同样是在"女人比男人更需要关怀"的辩论中,正方第四辩手在发言中指出:"中国语言中的'娶'字和'嫁'字表明,男子总是比较主动的,而女子则是被动的。因此,女子比男子更需要受到关怀。"反方第四辩手马上站起来反驳:"那为什么汉语中的'好'字和'妙'字要以'女'字为偏旁呢?"这个反驳试图表明,'好'字和'妙'字都是常用的褒义词,既然在这两个常用的褒义词中都蕴含着'女'字,这就启示我们,在中国社会中,女子并不是被动的和受歧视的。显然,这个反驳是比较机敏的,于是,本来想通过"咬文嚼字"的方式使对方陷入困境的正方辩手自己反而陷入了困境。实际上,只要仔细地考量一下,正方就会发现,自己的优势并没有失去,完全还有机会把整个辩论沿着有利于己方的方式继续向前推进。正方辩手可以这样说:"请对方辩手不要忘记了,'好'字可以拆为'女'和'子',表明'女'以'子'为贵,说明'好'字真正看重的是'男子'而不是'女子'。同样地,'妙'字可以拆为'女'和'少',说明'女''少'方为'妙',可见这个'妙'字反映的正是男子中心主义的情结。由此可见,在中国传统社会中,女子始终是被动的、受压抑的,因而需要更多的关怀。"当然,这样的拆字法并不一定是有充分的理由的,但它作为一种灵活的临场应对,却是有效的,完全可能使对方在猝不及防的情况下陷入被动挨打的局面。

总之,辩论需要灵活的临场应对,但一个辩论队员要具备这方面的素质,却不是一蹴而就的,应该在平时努力学习,积累丰富的知识。一个辩论队员的机智的临场应对也是以丰厚的知识积累作为基础的。在这个意义上可以说,真正的辩论赛不是在场上发生的,而是在场下发生的。

做真理的追求者①

　　每一个学习过西方哲学史的人都知道，柏拉图和他的学生亚里士多德是古希腊哲学的两位伟大的代表，然而，并不是每个人都能记住并实践亚里士多德的这句名言："吾爱吾师，吾更爱真理。"这句名言是坦诚的、朴实无华的，可是我一接触它，就被它深深地打动了。许多年来，它一直鼓舞着我，促使我孜孜不倦地去追求和探索真理。

　　这句名言看起来是很简单的，其实它的内涵是十分丰富的。首先，它告诉我们，人生在世不得不追求一定的世俗的利益，如饮食男女之类，然而，人活着却并不仅仅是为了追求这些东西，人之为人还有更高的追求，那就是精神世界方面的追求，而这种追求集中表现在人对真理的探索之中。其次，它启示我们，要追求真理，就得刻苦学习；要学习就得从师；孔子说："三人行，必有我师焉。"②强调的正是从师的必要性。当然，老师的水平是有高低的。一般说来，老师的水平越高，对学生的影响也就更大，所以中国人

---

① 原载梁玉玲编：《影响我一生的一句话——40 位名人谈人生》，上海三联书店 1995 年版，第 90—93 页。——编者注

② 《论语·述而》。

也有"名师出高徒"的说法，这个说法用到柏拉图和亚里士多德的身上也许最合适不过的了。不过，亚里士多德更强调的是，我们应该尊重我们的老师，但当老师的学说和真理发生冲突时，我们更应选择的是后者，这个道理很简单：我们从师的目的是追求真理，真理当然在我们的心目中居于更高的位置之上。亚里士多德是这样说的，也是这样做的，在《形而上学》这部名作中，他对他老师的理念、学说进行过深入的批判。再次，它启迪我们，要追求真理，就不光要学习知识，更重要的是要确立智慧。智慧与知识之间的根本差异是：后者是已完成的、死的东西，前者则是始终变化着、适应着经验世界的活生生的东西，也正因为此，古希腊哲学家赫拉克利特说："博学并不是智慧。"智慧的根本特征是不屈从迷信和教条，能用批判的目光审查一切，智慧可分为"小智"和"大智"。"小智"常常表现为生活中的精明，表现为对实证科学中的真理的追求和把握；"大智"则是对人生意义、人与宇宙关系的领悟。中国人说"大智若愚""大巧若拙"，正表明"大智"的境界实际上是很难达到的。最后，它暗示我们，要做真理的追求者，没有勇气是不行的。任何真理的揭示及它为人们所普遍接受，都是以破除某种传统和常识为前提的。哥白尼和伽利略倡导"日心说"以对抗亚里士多德和托勒密的"地心说"就遭到过宗教裁判所的迫害。当宗教裁判所强令伽利略放弃自己的学说时，他却顽强地在心中默念："地球仍然在转动！"众所周知，布鲁诺为了捍卫同样的真理，竟被宗教裁判所活活地烧死在罗马的鲜花广场上。这充分表明，追求真理是需要极大的勇气的。那些害怕烧伤自己手指的人是永远不可能发现真理的。

虽然亚里士多德去世已经两千多年了，虽然他的不少见解遭到了后人的批判和抛弃，但是，"吾爱吾师，吾更爱真理"这句名言却一直流传下来了，成为千千万万人追求真理的座右铭。

尽管人是一种高等动物。人有自己的本性和欲望，但人与其他动物的区别之处正在于人是理性的存在物，人具有良知、理想和追求真理的热情。一个人只为自己而活着，他的目光必然是短视的，他的欢乐必定是自私的；只有为人类而活着，为人类的生存和发展而坚持不懈地去追求真理，甚至不惜为真理而献出自己的生命，他的目光才是远大的，他的欢乐才是高尚的。虽然他的一生可能历经磨难，但他生命的价值是无限的，面对着他的骨灰，人们将洒下高尚的、无比崇敬的热泪。

1996年

世纪之交的感慨[①]

　　还有三年多的时间，人类就将跨入 21 世纪。达观的人认为，21 世纪是亚洲的，甚至是中国的世纪；悲观的人则声言，人类在 21 世纪将陷入前所未有的困境，由生态危机、能源危机、人口危机、粮食危机等组成的综合性危机将严重地威胁整个人类的生存。这两类人都有自己的理由。前一类人认为，人类是理性的存在物，而理性总是会拯救人类的，何况，达尔文的进化论又暗示出人类向更美好的未来发展的前景；后一类人则强调，虽然人类是理性的存在物，但理性的总和却完全可能是非理性的，何况，热力学第二定律告诉我们，在宇宙之中，熵在不断地增加。即使人类在局部的范围内营造了一些"减熵小岛"，但这能够挽救宇宙走向热寂状态的最终命运吗？

　　这两种观念见仁见智，各有自己的理由。然而，比较起来，接受第二种观念似乎是更明智的。按照叔本华的看法，人的理性不但不是欲望的主人，反而是欲望的奴隶，理性是为欲望进行筹划的，而人的欲望又像一个没有底的水桶，是永远装不满的。换言之，外部世界的可以取用之

---

① 　原载《世纪》1996 年第 4 期。——编者注

物对于人说来，永远是匮乏的。于是，为了实现自己的欲望，人类便会处于无休止的冲突中。弗洛伊德对人性做了更深入的探讨，认为人的本能有两个组成部分：一是生命本能，二是死亡本能。前者使人创造、建设、发展，后者则使人毁灭、破坏、退化。我们只要检视一下历史，就会发现，和平状态与战争状态总是交替地出现的，也就是说，生命本能与死亡本能总是轮流地主宰着历史。有的理想主义者把这种状态称之为"人类的史前史"，但弗洛伊德却告诉我们，只要人类存在着，死亡本能就不会消失。这也就等于说，人类永远走不出他的史前史。尽管弗洛伊德的人生观没有叔本华那样悲欢，尽管他对理性寄予厚望，但他的学说展示出来的却是人类发展的暗淡的前景。记得胡适博士曾把人类历史描绘成一个可以任意打扮的小姑娘，可是我却更倾向于把历史比喻为一个正在玩积木游戏的小孩。这个顽皮的小孩不断地重复着下面的游戏：把积木搭成一个建筑物，随即又拆毁这个建筑物。认识到这一点是很痛苦的，因为我们毕竟无法对现实采取鸵鸟政策，然而它却能促使我们清醒，不再用纯粹理性主义的眼光去看待未来。

如果我们对历史和未来都有了透彻的理解，并使达观从观念下降为人生态度，即用轻松、幽默、开朗的态度来处理人与人之间的各种关系，那么21世纪或许还会以微笑的方式向我们走来。

不能放弃"批评"和"倡导"①

经济发展了，人们的生活水平提高了，生活方式也变得丰富多样，这是可喜的。但是承认这种多样化，并不意味着放弃对不健康的生活方式的批评和对健康的生活方式的倡导。

我认为，文明的、健康的生活方式起码包含以下内容。第一，合理地持家。既要反对讲排场、摆派头、盲目地追求高消费的生活方式，也要避免一味追求财富或金钱的积累、完全不考虑消费的葛朗台式的生活方式。合理地持家，就是要根据家庭财力和需要，适度消费，不盲目进行攀比。第二，形成健康的家庭精神生活氛围。随着物质生活水平提高和双休日制度的实施，精神生活的重要性日益显露出来，但不能仅从消费性、娱乐性出发去理解精神生活，特别是沉湎于趣味低级的影视、录像和书籍，要多接触格调高雅的文化艺术作品，培养健康的精神生活情趣，提高家庭综合文化素质。第三，文明地与邻里相处。家庭是社区的细胞，学会和睦地与邻里相处特别重要。在这方面，既要避免"鸡犬之声相闻，

---

① 原载《文汇报》1996 年 7 月 5 日。——编者注

老死不相往来"的冷漠态度，也要避免过度干预邻里生活，到处搬弄是非的错误做法，更要避免侵犯邻居利益的种种极端利己主义的、霸道的行径。要提倡家庭之间相互尊重、关心和帮助。

关于"道德"的几种说法的分析^①

市场经济的建设中，必须重视精神文明，尤其是道德观念的建设，而在道德观念的建设中，有一项必要的工作是，必须对日常生活乃至理论研究中经常出现的一些不规范的术语进行清理。

先来看看常用的"不道德"这一说法。当人们看到某种不文明行为时，常会说："这个人真不道德"或"这种做法真不道德"。就其原意而言，这里的"不道德"指的是某些人不讲道德或某些人的行为不符合道德观念。但这样的说法是有语病的，它似乎在告诉人们，还存在着一种游离于任何道德观念之外的行为方式。其实，在有利益差异和冲突存在的社会中，人们的行为总是自觉地或不自觉地表达出某种道德观念。所以，只存在着不符合某种或某些道德观念的行为，并不存在着不符合一切道德观念的（"不道德"的）行为。比如，一个司机开车撞倒了人，溜之大吉，这表明他奉行的是损人利己的道德观念，所以我们不能说他的行为是"不道德"的，而应该说他的行为是不符合利他主义道德观念的。

再来看看"非道德"这一说法。在日常谈话或

① 原载《解放日报》1996 年 8 月 22 日。收录于俞吾金：《哲学随感录》，北京师范大学出版社 2016 年版，第 256—258 页，题为"'不道德''非道德'和'超道德'"。——编者注

某些理论文章中，人们常常能听到、见到"非道德"和"非道德主义"的提法。这里的"非"通常有两种含义：一是"在……之外"，"非道德"就是指在道德之外；二是"非难""排斥"，"非道德"就是指非难、排斥一切道德观念。显然，"非道德"的说法同样也是不成立的。因为不管人们的观念和行为如何怪诞，都必然归属于一定的道德范畴，既不可能居于一切道德之外，也不可能非难或排斥一切道德观念。所以，"非道德"和"非道德主义"的说法都是不确切的。

最后再看"超道德"这一说法。冯友兰先生在《新原人》一书中提出人生的四种境界——自然境界、功利境界、道德境界和天地境界。他认为，天地境界是一种"超道德"的境界，在这一境界中，人与天地合而为一。这里的"超道德"究竟是什么含义呢？冯先生在《中国哲学简史》中这样写道："高于道德价值的价值，可以叫作'超道德'的价值。爱人，是道德价值；爱上帝，是超道德价值。"实际上，冯先生对"道德"和"超道德"概念的理解存在着不妥之处。他所说的四大境界中只有一个"道德境界"，这就等于说，自然境界、功利境界、天地境界都是非道德境界。比如，功利境界中所包含的功利主义，难道不是一种道德观念吗？换言之，功利境界难道不是一种道德境界吗？而"自然境界"不也是一种低水平的道德境界吗？此外，把"超道德"理解为"高于道德"也是讲不通的。费尔巴哈曾说，不是上帝创造了人，而是人创造了上帝；上帝不过是人的本质的对象化和异化。爱人，是一种道德境界；爱上帝，也仍然是一种道德境界。西方人的"基督教道德"就属于这个境界。所以，西方人的宗教境界并不是一种"超道德"的境界，同样，冯先生所说的天地境界也不是一种"超道德"的境界。

综上所述，"不道德""非道德"和"超道德"的说法都是有语病的，在严格的理论表述中，这类说法是应当加以避免的。

爱情、性欲和道德[①]

　　《廊桥遗梦》《马语者》和《再见钟情》这类小说都是以中年人的爱情或婚外恋作为题材的。从题材上来看，以前的不少小说也都涉及过，可见并不是全新的东西。但比较起来，以前的小说涉及的主要是未婚男女或至少一方未婚的青年之间的爱情纠葛，而上面三部小说都把已婚的中年人之间的爱情波澜，即婚外恋作为主线来写，这就把这方面的题材的重要性提升到前所未有的高度上。

　　为什么中年人的婚外恋会引起普遍的关注？我觉得主要有以下几方面的原因。一是中国当代社会正处在从计划经济向市场经济转型的过程中，计划经济的一个特点是"人才单位所有制"，人都像螺丝钉一样被固定住了，市场经济使人的流动变得很频繁，如"下海""跳槽"、出国等，这就为已婚中年人的相互交往提供了多得多的机会，从而使婚外恋上升为一种值得注意的社会现象。二是流行的观念认为，"结婚是恋爱的坟墓"。这样一来，恋爱似乎成了未婚青年或离婚青年的专利，而已婚的中年人的恋爱则成了"一

---

　　① 原载《文学报》1996 年 12 月 27 日。收录于俞吾金：《哲学随感录》，北京师范大学出版社 2016 年版，第 159—161 页。——编者注

个被遗忘的角落"。事实上，已婚的夫妇仍然有一个爱情不断深化的问题，失去爱情动力的婚姻关系是很容易解体的。换言之，婚外恋是很容易发生的。所以，一旦这个敏感的主题被作家捕捉住，并通过小说的形式表达出来，必然会引起许多人的共鸣。三是中年人是家庭的支柱，他们的婚外恋必定会"牵一发而动全身"，至少使两个家庭、三代人的日常生活陷入危机之中。这种感情上的纠葛比未婚青年男女的恋爱具有丰富得多、深刻得多的内涵，从而也更能激起人们对这一主题的关切。

中年人的婚外恋涉及爱情、性欲和道德之间的错综复杂的关系。就爱情与性欲的关系而言，如果我们排除柏拉图式的恋爱方式，爱情总是蕴含性欲的，但爱情却不能等同于性欲。在我看来，真正的爱情不仅包含着道德的和审美的因素，更重要的是包含着对对方人格上的尊重，甚至不惜为对方牺牲自己的一切。而性欲则是一种宣泄欲、占有欲，这种欲望很容易转化为复仇欲或破坏欲。在现实生活或文学作品中，这两者常常不能被正确地区分开来：见异思迁、喜新厌旧被包装为"追求爱情"。事实上，只有当作家能够深刻地认识这两者的差异时，才能写出真正的爱情。此外，就爱情与道德的关系而言，也不能把爱情理解为摆脱一切道德因素的纯粹的感情关系。众所周知，感情与理性、道德观念比较起来是一个十分不确定的、易变的因素。如果爱情完全建筑在感情的基础上，它的毁灭就会像产生一样快。在我看来，真正的爱情必然蕴含着一种高尚的道德观念，必然敢于承担应当承担的道德责任。在这个意义上可以说，缺乏高尚的道德观念的爱情实际上仍然只是一种伪装的性欲。优秀的文学作品应当处理好这三者的关系，既不停留在抽象的道德说教中，也不把单纯的性欲拔高为爱情。

此外，我认为，在解读这类作品的过程中，我们的注意力不应当仅仅停留在中年人的婚外恋上。好的作品总会向读者展示出丰富的生活画面，正如《金瓶梅》的价值不是在对性的描写上，而是在对当时的生活世界的真实面貌的揭露上一样。我们在读这类作品时，也应当扩大我们的视野。如《再见钟情》的作者对西方法律制度的批评、《马语者》的作者对人与自然和谐的向往都加深了我们对西方社会的生活世界的理解。

辩论之道

——首届中国名校大学生辩论邀请赛观后[①]

  由上海教育电视台主办的首届中国名校大学生辩论邀请赛已经落下了帷幕，然而这场辩论赛在社会上，特别是在大学校园里所引起的热烈的反响至今还没有平息。虽然我并没有担任这场辩论赛的评委，但蒙张德明台长的盛情，我有幸参与了辩论赛准备阶段的一些工作，如讨论辩论赛的规则、出辩题、筛选辩题等，又作为嘉宾出席了辩论赛的决赛，并就决赛的辩题发表了自己的一些看法。另外，我也观看了复旦大学辩论队在实战前搞的模拟辩论。在辩论赛正式开始后，我又成了电视机前的一名忠实的观众。这使我不仅感受到辩论场上和场下的热烈气氛，也为各个大学的辩论队员的出色表现感到由衷的高兴。总的说来，我觉得这是一次组织得相当好的辩论赛：不仅在形式上有创新（如在每一场比赛之后都组织若干专家对辩题进行分析，使观众进一步深化对辩题的认识），而且营造了一种平等的、积极参与的、友谊高于输赢的良好的氛围。

  当然，如果我们从更高的要求出发来看待这

---

  ① 原载张德明主编：《世纪之辩：首届中国名校大学生辩论邀请赛纪实》，复旦大学出版社 1996 年版，第 250—257 页。——编者注

场辩论赛的话，我们也会发现，队员们在辩论中存在着一些不足之处。但这并不使人感到奇怪：一方面，除了复旦大学已积累了一些辩论的经验外，有些学校还是第一次参加这种高规格的辩论赛，因而还缺乏临场经验；另一方面，新加坡辩论的风格又通过大众传媒先入为主地对他们产生了影响，这使我们看到了一些模仿的痕迹。为了不断地提高大学生辩论赛的水平，我想结合这次辩论赛的具体赛情，就辩论之道谈一些自己的粗浅的想法，以就正于方家。

一、把握辩题的不同类型和逻辑性质

这次辩论赛的七个辩题可以分为以下四种不同的类型。第一，利弊型。一是初赛第二场：流动人口的增加有利于城市的发展（正方）/流动人口的增加不利于城市的发展（反方）；二是决赛：外来文化对民族文化的发展利大于弊（正方）/外来文化对民族文化的发展弊大于利（反方）；三是初赛第一场：电脑给人类带来福音（正方）/电脑未必给人类带来福音（反方）。乍看起来，这道辩题中并没有出现"利""弊"这样的字，但实际上却可以改写成这样的表达：电脑有利于人类/电脑未必有利于人类。第二，应该型。一是半决赛第一场：经济发展应该以教育发展为前提（正方）/教育发展应该以经济发展为前提（反方）；二是半决赛第二场：医学发展应有伦理界限（正方）/医学发展不应有伦理界限（反方）。第三，可能型。生态危机可能毁灭人类（正方）/生态危机不可能毁灭人类（反方）。第四，直言判断型。离婚率上升是社会文明的表现（正方）/离婚率上升不是社会文明的表现（反方）。

就利弊型辩题而言，一般说来，正反方的逻辑地位是同样的。比如，就流动人口对城市发展的关系而言，有利之处和不利之处都可以说出一大堆。这里辩论的技巧不仅仅是在辩词中把自己一方所列举的现象说成是全局性的、必然性的、主导性的、长远的，把对方所列举的现象说成是局部性的、偶然性的、边缘性的、暂时的，更重要的是要给听众留下这样的印象。而要使听众接受并倒向自己一方。就要对辩题中的基本概念作出既有利于自己一方，又符合常识的精心设计。就应该型辩题而言，它们本质上都是价值判断，是以理想状态做背景的。强调"应该"，表明实际上还做不到或只能部分地做到。所以一般说来，正方要尽量缩短理想状态与现实状态之间的距离，反方则要努力夸大这两者之间的距离。就可能型辩题而言。它的逻辑性质是比较特异的：一方面，可能性是指向将来的，现实性是指向过去的，所以现实性永远驳不倒可能性；另一方面，可能性是无限的。黑格尔就以打趣的方式说过："土耳其国王有可能成为梵蒂冈教皇"。虽然这种可能性小到趋近于零，但作为可能性，人却无法加以否定。所以在辩论中，"不可能"的一方在逻辑上总是居于比较困难的境地。就直言判断型的辩题而言，它是没有任何附加条件的，因此在逻辑上辩论者不能进一步把它"硬化"，即把它推向极端，而是要悄悄地引入一些附加条件，使之"软化"，以利于听众接受。

二、立论的要旨：奇、严密

在辩论的准备中，立论是最为重要的一个环节。通常辩论双方在确定自己的立场时都会按照一般的可能性去设想对方的立场，从而考虑出一套应对的办法。但在实际辩论中，如果对方的立论出乎意料，即"出奇兵"的话，原来的一方常常会因措手不及而陷于被动。所以，在可能的条件下，立论一定要"奇"。在决赛中，反方（外来文化对民族文化的发展弊大于利）复旦大学队的立论就比较"奇"：他们引入了一个"文明"概念，并把它假定为各民族文化中共同的部分，而把"外来文化"限定为各民族文化中"不可通约的部分"，又列出了是否有利于本民族文化发展的标准：主体意识、自身发展规律、社会稳定等。由于正方浙江大学队对反方的立论感到措手不及，因而未能对其立论作出有力的驳斥。实际上，反方的立论虽然比较奇，但有一个致命的弱点：既然"外来文化"是不可通约的部分，那也就等于说，它不可能对本民族的文化产生任何影响，这样一来，谈论这两者之间的关系还有什么意义呢？可惜的是，正方并没有沿着这样的思路去驳斥反方，所以反方始终处在比较有利的地位上。

应该指出，并不是在所有的场合下，立论都能出奇取胜。因为"奇"是有限度的，如果"奇"到不合常理，"奇"到听众无法接受，这样的"奇"不但不会带来胜利，反而是通向失败的"驴桥"。因此，不能一味地追求"奇"。在通常的情况下。应当追求的是立论的严密。在初赛第三场中，正方(生态危机可能毁灭人类)中国科学技术大学队关于生态危机问题的立论就比较严密。他们不仅对生态危机的概念作了严格的界定，而且又作了重要的补充：由于人类有能动地改造世界的一面，所以，生态危机既可能毁灭人类，也可能不毁灭人类，但"可能不"不等于反方的"不可能"。正方一辩的这一补充之所以特别重要，因为它一方面使正方的立论严密化了，另一方面又指明了反方的立论在逻辑上的根本弱点。所以在这场辩论中，正方一直比较主动。

三、对对方的基本观点一定要实施有力的驳斥

不少人把辩论理解为"耍嘴皮子"，这显然是不正确的。实际上，听众和评委对这一点都是看得非常清楚的：任何一方在辩论中如果只是一味地避实就虚，从不对对方的基本观点进行有力的驳斥，那么它实际上是缺乏辩论能力的。

在辩论中，我们必须记住，如果对方的某些基本概念或观念出现了两次以上而仍未得到我方的毁灭性的驳斥的话，那我方实际上已陷于被动的境地。比如，在初赛第三场中，正方(生态危机可能毁灭人类)关于

"可能不"不等于"不可能"的基本观念始终没有得到反方的驳斥。其实，反方完全可以这样驳斥正方："对方辩手承认'可能不'是退向'不可能'的第一步，我们欢迎对方辩友回归到我方的立场上来。"又如，在初赛第二场中，反方为了论证"电脑未必给人类带来福音"的立场，反复强调"从有限的经验上升不到一般的规律"。言下之意是：虽然电脑可以给人类带来一定的好处，但不能由此而得出一个普遍性的结论：电脑给人类带来了福音。对这个危及正方立论的极为重要的观念，正方居然一直采用回避的态度，这就大大地失分了。其实，正方完全可以据理反驳："对方辩友承认'人都会死'这个一般性的结论吗，这个结论难道不是从有限经验中归纳出来的吗。难道非要观察到所有的人都死了以后，这个结论才能成立吗？而且只要观察者还活在世界上，那就表明还有人未死。于是，经验仍然是有限的，仍然得不出'人都会死'这个一般性的结论。按照对方辩友这样的逻辑，所有从有限经验中抽绎出来的自然科学的一般性结论岂非都要被推翻了吗？"

总之，在辩论中，凡是对方重复过一次以上的基本观点（不论是对方立论中的基本观点，还是对我方立论中的基本观点的攻击），我方必须进行有力的驳斥，否则我方将会失去辩论中的主动权。

四、加强对自由辩论中所提问题的设计

众所周知，自由辩论是整场辩论中最精彩的部分，也是辩论队员的才华得以充分展现的最好场合。自由辩论的取胜之道就在于能设计出一些使对方辩手难以回答的问题，我们通常称之为刁钻的问题。

在这次辩论赛中，我们认为，对自由辩论的问题进行精心设计的是浙江大学队。在初赛第四场关于"离婚率"的辩论中，作为反方（离婚率上升不是社会文明的表现）的浙江大学队在自由辩论中提出了四个十分刁钻的问题。第一个是：离婚调解的基本原则是什么？（答案是：只要有 1％的希望，就要作 100％的努力，尽量使夫妇不要离婚)第二个是：全国离婚率上升最快的地方是哪里？(答案是：新疆)第三个是：20 世纪离婚率最高是在什么时候？(答案是：在第二次世界大战的时候)第四个是：世界上有哪一个国家是把离婚率的上升规定为文明的标志的？这四个问题都直接关系到辩题，而提问的方式又是比较尖锐的，是以连珠炮的方式提出来的，而正方山东大学队一个问题都没有回答出来，这就大大地失分了。

在关于"外来文化"的决赛中，作为正方(外来文化对民族文化的发展利大于弊)的浙江大学队的提问虽然没有初赛第四场提得那么好，但至少可以说是比较机敏的。他们提出的一个问题是："对方辩友，西装不是外来的吗，我们今天穿着西装，是不是就失去了中国文化的精神？"反方复旦大学队的反驳也是比较机敏的："我们虽然穿着西装，不还是有一颗中国心吗？"在另一个地方，正方还抓住反方辩词中出现的"坦克"这个词，提出了一个很机智的问题："对方辩友刚才说的'坦克'不正是从外来词翻译进来的吗？"反方的反应也很快："对方辩友，外国人把林黛玉翻译成'黑寡妇'，你们愿意接受吗？"这样的自由辩论看起来很热闹，应对也很灵活，但给人的感觉是机智有余而深刻不够，双方都在一些表面的文字符号上表现自己的才智。记得在 1993 年新加坡国际大专辩论赛中关于"人性本善"的决赛中，反方复旦大学队提出的一个核心问题是："对方辩友既然认为人性本善，那么最初的恶又是如何产生的？"这个问题既提得刁钻，又危及对方的根本立论，迫使对方节节败退。

在这次辩论赛中，我们发现，大部分辩论队对自由辩论中应当提出哪些问题都缺乏精心的设计，只是随口提出一些很容易解答的问题，如"电脑的本质是什么？""流动人口增加的特点是什么？""当今世界的主题是什么？""什么叫生态危机？""医科大学的学生为什么要学医学伦理学？"等等。这些问题的充斥必然使自由辩论的质量下降。所以，精心设计自由辩论中的问题始终是提高辩论赛水平的一个中心环节。

五、辩论中的表演成分不能太多

在辩论赛中以滔滔雄辩压倒对方，这本身也是一种表演。这种表演是从辩论本身展现出来的，是无可厚非的。我在这里谈到的"表演"是指那些与辩论本身无实质性关系的辩词。其表现形式是多种多样的：或者在辩词中充满了华丽的辞藻（如内容空洞的排比句、连篇累牍地引证各种诗词名言等），或者把应当充满战斗性的辩词改变成美丽的演说词或朗诵词（在第四辩手那里这种现象尤其明显），或者为了使自己熟悉的一个掌故能够表达出来，不惜把自由辩论引向一些与辩题无本质关系的枝节问题上，或者引证一些拗口的、连听众和评委都不易明白的词句以显示自己的博学，等等。

我把这种在辩论的内在需要之外刻意地追求表演的现象称之为辩论的异化。我认为，高水平的辩论赛应当是双方在思想和智力方面的碰撞和角逐，而不是对某种表面效果的追求；应当是对听众和评委的精神世界的提升和震撼，而不是对听众和评委的庸常意识的迎合。针对目前在各种辩论赛中普遍存在的对华丽辞藻的片面追求，我觉得特别要强调的是语言的朴实和准确。好的辩词应该像一个天生丽质的女孩，显示出一种自然的、纯朴的美；反之，那种故意雕琢、东施效颦的辩词只会在听众和评委中引起反感。

六、辩论队员的文化底蕴还有待提高

如果我们把一个辩论队员所拥有的全部文化知识比作一个金字塔的话，那么他关于某个辩题的知识不过是金字塔的顶部，而其余部分则是他的文化底蕴。显然，他的文化底蕴越是宽厚，他在辩论中就发挥得越好。反之，他的文化底蕴越是薄弱，他在辩论中的临场发挥就越差：或者是结结巴巴，辞不达意；或者是紧张有余，幽默不足；或者是囿于赛前的准备，不敢越雷池一步；或者是面对对方辩友提出的新概念、新问题，不敢应战。比如，在决赛的自由辩论中涉及人与自然的关系时，反方三辩说："中华文化的观念是天人合一，西方文化的观念是人定胜天。"其实，人定胜天的基本思想还是中国古代哲学家荀子提出来的。《荀子·天论》中说的"制天命而用之"就是这个意思。虽然近代以来的不少西方思想家也主张人类应该支配自然界，但应该看到，"人定胜天"的观念在东西方文化中都是有的。所以反方三辩的这句话至少是不确切的。可是他说出这句话以后并没有遭到正方的反驳。这表明，正反方都缺乏关于这方面的知识。

不用说，深厚的文化底蕴并不是一蹴而就的，而是长期积累的结果。在这个意义上，我们或许可以说，辩论的关键并不在辩论之中，而是在辩论之外，在长期的、艰苦的知识积累中。然而，有趣的是，深厚的文化底蕴和悟道意识的形成也许会弱化辩论的兴趣和对技巧的刻意的追求。老子说："大巧若拙，大辩若讷。"①不正说出了辩论高手的普遍命运了吗？

---

① 《老子·四十五章》。

1997年

新模式辩论赛之我见[①]

新加坡广播局首创了大学生辩论赛的形式，那就是辩论双方都有四名队员上场，先是双方前面三位队员陈词，接着是自由辩论，最后是双方第四位辩手总结陈词。我们不妨把这种辩论模式称为"新加坡模式"。其实，这种模式在细节上也有一些变化。新加坡举行的前几届亚洲大专辩论赛，在辩论结束后，还组织场上的听众对双方辩手提问，并把提问的结果作为评委打分的依据之一。后来，他们感到听众提问的随意性很大，就取消了这种形式。另外，新加坡辩论赛原来不规定反方的辩题，所以反方的主动性较多，前面几届比赛取得冠军的几乎都是反方。后来，反方的辩题也被明确地规定了，这样一来，双方在起点上也就比较平等了。但总的说来，新加坡没有改变"4＋4"的辩论模式。

"新加坡模式"有它自己的特点和魅力，但也暴露出一些问题：一是"论"的分量太重了一点，"辩"显得不够；二是辩论中常常出现对对方提出的问题避而不答的现象，这就降低了辩论的激烈程度，从而也降低了辩论赛的观赏性；三是每个

① 原载张德明主编：《英才雄风：第二届中国名校大学生辩论邀请赛纪实》，复旦大学出版社 1997 年版，第 83—85 页。——编者注

辩题的内容都是十分丰富的，听众和评委在没有思想准备的情况下，在接受和理解上常常产生困难，特别在一些专业性较强的题目上更是如此。正是在这样的情况下，上海教育电视台创造出大学生辩论的新模式，为简便起见，我们也可以把这种新模式称为"上海教育电视台模式"。在这次第二届中国名校大学生辩论邀请赛中，这种新模式被采用了。由于我担任了其中三场辩论赛的评委工作，对这种新模式也获得了感性的认识。我想就此谈一些自己的感受。

"上海教育电视台模式"采用"3＋3"的辩论阵容。在辩论前，先由双方教练陈词，陈词的主要内容是：破题和立论、对辩题双方立场利弊的剖析、本方战略战术的要点。教练陈词不限于辩论的内容。设置这个环节的目的是使听众和评委在辩论前就对辩题有一个全面的、清楚的认识，从而也有利于他们在听的过程中作出迅速的判断与反应。在双方前两位辩手发言后，又增设了为时三分钟的盘问环节。在盘问中，双方每个队员都必须提出问题和回答问题，特别强调在对方提问时，回答的人不准回避问题。显然，设置盘问这个环节，目的是遏制拒不回答对方问题的诡辩手法，这就增加了辩论的激烈程度，从而提高了它的观赏性。在自由辩论后，当评委到后台去打分并讨论时，场上的主席继续主持听众就辩题发表自己的见解。在每场辩论中，上海教育电视台都请来与辩题有关的专家发表意见，参与场上的自由讨论，这就活跃了整个场上的气氛。当然，这些自由提问和讨论是不属于评委打分范围内的。

与"新加坡模式"比较起来，"上海教育电视台模式"有自己的优点。归纳起来，主要有以下三点：第一，教练陈词使听众和评委在很短的时间里就能熟悉一个本来感到很陌生的辩题，这就在相当程度上加重了听众和评委对辩论的参与性，使辩论者和观众融合成一个整体；第二，"3＋3"的阵容使整个辩论赛不显得冗长和沉闷，而显得比较简洁和活泼；第三，"盘问＋自由辩论"不仅大大地增加了"辩"的空间和容量，而且通过对诡辩的限制，也提高了辩论的质量，在一定程度上克服了过去那种"表面上热热闹闹，实际上缺乏交锋"的局面，这就使辩论更符合辩论的概念了。

当然，在做评委的过程中，我也感觉到，新模式在操作上存在着一定的问题。就教练陈词而言，有其积极的一面，但也有它不足的地方，如：①教练陈词在理论上是不计入辩论范围的，但它常常先入为主地影响听众与评委对辩论的评价，特别是评委常常会忽视双方第一辩手的陈词，而把教练陈词作为判断双方立论好坏的根本性依据；②如果我们把整个辩论过程看作是一个类似小说情节展开的曲折的过程，那么教练陈词就等于把小说的结果先告诉大家；③教练陈词先要提供给评委看，这对评委的打分和点评来说当然是有好处的，但我发现，有的教练陈词在内容上很贫乏，但在辩论过程中，辩手对内容的展开却十分丰富。这表明，在一般的情况下，辩论队不愿意把自己的整个思想都写进教练陈词中，因为这里有一个保守秘密的问题。就盘问来说，有的还不够精彩，我觉得之所以会发生这样的情况，主要是由下述原因引起的：①辩论双方往往把自由辩论看得比较高，对盘问则是简单应付；②盘问有时没有解决"避而不答"的现象；③由于在盘问中，答的时间非常短，因而当一方提出一个比较大的问题时，对方无法用简要的语言加以回答。尽管如此，新模式已在原来辩论模式的基石上树起新的标杆，让参赛者、评委、观众处于一种全新的兴奋与紧张之中，更"立体"地、全面快速地审视辩论双方的战略战术和综合素质，因而这种新模式正越来越广泛地被辩论赛活动所采纳、运用。

总的说来，"上海教育电视台模式"是一种新的创造。既然是新的创造，就有种种不足，需要在前进的过程中加以克服。不光热心地组织辩论赛，而且还积极地探索辩论赛的新形式，这正是上海教育电视台辩论组织者的难能可贵之处。

1998年

理解瑞士[①]

　　1997 年 5 月 26—28 日，在阳光明媚的瑞士古城圣加仑举行了第 27 届国际经济管理研讨会。在圣加仑的市民的眼中，这"五月里的三天"（Three days in May）已成了每年一度的隆重的节日，至于不同年份的"三天"之间有什么差异，似乎并不重要。然而，对于代表中国大学生、首次以集体的方式登上圣加仑学术舞台的 15 名复旦学子来说，这"三天"却是极不寻常的。因为邀请这么多中国学生与会，在圣加仑研讨会的发展史上是没有先例的。在这三天中，中国的专家和学生都受到了特别的礼遇。会议组委会特意把中国经济体制改革研究会常务副会长高尚全教授的主题报告安排在第一天上午。作为紧挨着美国哈佛大学教授亨廷顿的第二位发言者，他的报告引起了全体与会者的莫大兴趣；之后，在专题讨论中，中国学者和企业家的发言也吸引了许多听众。最令人激动的是，当托马斯（Thomas Casas Klett，在复旦大学注册的西班牙留学生）作为本次会议的三位获奖的学生之一登上主席台，做了

　　① 写于 1997 年，原载俞吾金主编：《跨越边界——复旦学子走向国际学术舞台纪实》，复旦大学出版社 1998 年版，第 230—243 页。收录于俞吾金：《生活与思考》，复旦大学出版社 2011 年版，第 163—172 页。收录于俞吾金：《哲学遐思录》，北京师范大学出版社 2016 年版，第 371—382 页。——编者注

题为"中国金融的万里长城"的报告后，赢得了全场听众长时间的、热烈的掌声。

这一切都表明，在 1997 年的圣加仑，"五月里的三天"有着历史性的意义。它记录了中国人创造的经济奇迹以及瑞士人、欧洲人乃至许许多多的地球村居民试图了解中国的急切心理，也记录了中国大学生满怀激情和信心走向国际学术舞台的音容笑貌和雄健的步伐。历史将会记住这不寻常的三天，尽管它们也非常短暂，但它们却有着永久的价值。正如黑格尔所说，转瞬即逝的玫瑰并不亚于万古长存的山岭。

作为这 15 位学生的领队教师，在整整 10 天的时间里，我与他们朝夕相处，结下了深厚的友情。特别是在这令人难忘的三天里，我同他们一样萌生出许许多多新的感悟。虽然我与绝大部分学生(托马斯除外)一样，是第一次踏上以"世界花园"著称的瑞士，但我并没有像他们那样受到强烈的视觉冲击，因为我已在联邦德国(当时两德尚未合并)生活过两年。居住在德语区的瑞士人似乎与德国人没有什么重大的差别。听他们讲德语，我有一种特别亲切的感觉。我常常会联想起当时我在德国时，有一次在电车上听两位德国妇女拉家常，她们的德语是如此之纯真，音调是如此之美，以致在我的记忆中永久性地保留着这一幕。由于当时的联邦德国处在美国的占领之下，所以生活在那里的人英语大致上是不错的，但大部分居住在德语区的瑞士人讲起英语来，却拗口得很。就像古希腊英雄安泰，一离开大地母亲，便失去了应有的活力。这种有趣的语言环境在一定程度上也使复旦的学生受到了感染。他们都是学英语的，只有少数几位研究生初知德语。有一次，一位同学为了对圣加仑大学的一位瑞士籍的学生表示感谢，在匆忙中竟说"Very Danke"，其中 Very 是英语，表示"非常"，而 Danke 却是德语，表示"感谢"。大家听了不禁善意地笑起来。不能说我在瑞士没有感受到任何新鲜的东西，我想表明的是，我的瑞士之旅主要不是感觉之旅，而是精神之旅、思维之旅。下面记录的就是我的一些感悟。

一、机遇与努力

乍看起来，机遇似乎是向所有人敞开的，但幸运者总是少数。正如一位科学家所说的：机遇总是偏爱有准备的大脑。所谓"有准备的大脑"是指平时不断地思索着、努力着的人。对于这样的人，机遇总是敞开着的。或者换一种说法，在努力中已经蕴含着机遇。反之，对于平时不思索、不努力的人来说，机遇实际上是不存在的。这次复旦 15 名学生的英文论文入选，看起来纯粹是偶然的，但在我看来，这与其说是命运之神的特别的眷顾，不如说是这些学生日积月累地努力的结果。这些学生的英语基础都比较好，思想也比较活跃。第 27 届圣加仑国际经济管理研讨会所涉及的主题也正是他们平时反复在思考的问题。张蔚斌和马磊合作的论文《信息社会：超越地缘政治》就是一个典型的例子。早在圣加仑研讨会征文之前，他们对这个问题已做了深入的讨论和研究。在此基础上撰写的论文自然是很见功力的。由此可见，他们的论文并不是"急就章"，而是长期思考的结晶。这就可以解释，为什么 17 名学生递交了论文，竟有 15 个被接受。同样地，正因为他们在英语上有较深的造诣，所以在语言表达上也非常流畅。甚至可以说，有几位学生的英文论文如神来之笔，写得十分漂亮，连平时不为人注意的小词的运用都已达到炉火纯青的境界，得到了导师们的好评。也正因为他们的英语达到了一定的水平，所以无论是在圣加仑的研讨会上，还是在与一些大公司总裁的会谈中，他们都表现得十分活跃，得到了与会者的普遍的赞扬。

学生们的成功还表明，他们的努力并不是埋头拉车，更不是闭门造车，而是出于追求真理的热情。亚里士多德的名言"吾爱吾师，吾更爱真理"在他们的身上得到了充分的体现。而这种追求真理的热情又植根于他们对中国的振兴、对全人类的生存和发展的高度的责任感。常常有人抱怨现在的青年人，尤其是大学生缺乏社会责任感。我觉得，这种抱怨并没有充分的理由。该抱怨的倒是我们在教育上的失误。因为我们在教育方式上很少给青年人以主动权，我们对他们总是一百个不放心，总是怀着戒心，总是越俎代庖。这样一来，他们的责任感就找不到机会展示出来。久而久之，在少数青年人的心目中，责任感就渐渐地淡化了。实际上，只要我们信任他们，给他们充分的主动权，他们强烈的责任感就会释放出来。在这些学生的身上，我感受到的正是对国家事业和前途的高度的责任感。

由此可见，正是高度的责任感和追求真理的热情使真正的、持之以恒的努力成为可能，从而也使机遇为之敞开。而这，不正是复旦精神的真谛之所在吗？

二、理解与感觉

一般说来，感觉到的东西人们不一定能深刻地理解它；只有理解了的东西，人们才能更深刻地感觉它。我们对瑞士的印象也正是如此。我们力图做到的不仅仅是感觉瑞士，而是理解瑞士。其实，对瑞士的解读和理解早在我们去瑞士前就已经开始了。多年前，我在读茨威格的名著《异端的权利》时，就对加尔文新教教义的冷酷无情留下了深刻的印象。加尔文不仅整天用黑袍裹着自己的躯体，像幽灵一样游荡在鲜花盛开的大地上，而且他敌视一切感情上的享受，以致他干脆取消了日内瓦市民的所有的娱乐活动。茨威格不无遗憾地写道，在加尔文的思想专制之后，日内瓦在随后的两百年里竟然没有出过一个思想家和艺术家。加尔文甚至把一个不信仰神学的西班牙科学家送上了火刑柱。在几个世纪后的今天，瑞士的精神氛围已经迥然不同，在圣加仑的国际研讨会上，听众把最热烈的掌声给了同样以孜孜不倦的热情追求真理的另一个西班牙人——托马斯。然而，正如黑格尔所说：好的最大的敌人是最好。在瑞士的富于诗意的、近乎完美的宁静中，缺乏的不正是生命的萌动和热情的奔涌吗?

最近以来,报刊上一直在讨论第二次世界大战时瑞士与德国纳粹之间的亲密关系。据说,瑞士不仅放手让希特勒利用自己的铁路运送战争物资和苦工,而且收购纳粹德国从世界各地掠夺来的国库储备黄金。显然,这种做法是与瑞士的永久中立地位相冲突的。尽管持这种行事方式的人只是瑞士人中的一小部分,尽管不久以前瑞士政府已对报刊上的这类指责做出了回应,但在国际社会中,某种不可言说的、淡淡的失意还是留下来了。它似乎从一个侧面反映出,历史的高利贷尚未完全偿清,加尔文的严酷的、专制的思想统治所造成的精神创伤还在隐隐作痛。这颇有点像终年白雪染顶的阿尔卑斯山,它总是隐隐地出现在瑞士美丽风光的背景中,给人一种威严、疏远而又冷峭的感觉。无怪乎青年黑格尔在伯尔尼附近徒步漫游时,在自己的旅行日记中这样写道:"凝望这些永远死寂的大土堆,只能使我得到单调而又拖沓的印象:如此而已。"也无怪乎拿破仑在越过阿尔卑斯山时,不无敌意地说出了一句流传至今的名言:"我比阿尔卑斯山高。"

这次瑞士之旅,由于时间紧迫,我们失去了登临阿尔卑斯山、领略"会当凌绝顶,一览众山小"的意境的机会,也失去了探寻山上的古隘口、踏访历史遗迹的机会。其实,正是这些古隘口记录着古代欧洲人交往的秘史。然而,我并不觉得有什么遗憾的地方,因为在精神上我已经理解它了。虽然理解并不能取代感觉,但理解却能改变感觉。

三、对话与独白

圣加仑研讨会的观念也就是"对话的观念"(the idea of dialogue)。数百名来自世界各国的政治家、企业家、理论家和学生既可以在大会、分会和专题讨论会上自由地提出自己的问题,也可以在会后或就餐、喝咖啡的时候进行无拘无束的谈话。这种平等的对话不但增进了人们之间的相互了解，而且也能消除由于各种原因引起的误解。大仲马笔下的爱德蒙·邓蒂斯被抛入达尔夫堡的单身牢房之后，他的第一个愿望和冲动就是要与别人谈话。其实，人并不是处在单身囚禁状态下才渴望交谈的，作为社会动物，人总是渴望着交谈，渴望着理解和被理解。大部分西方人是通过报刊和电视上的歪曲的报道了解中国的，从他们的谈吐中就可以看出，他们对中国有很多误解，需要通过交谈加以澄清。在短短三天的会议中，我接触到的一些西方人或多或少有着这样那样的误解，通过交谈和解释，他们的想法也就起了变化。所以，要真正地了解中国，不仅需要与中国人进行沟通和交谈，而且最好要到中国去感受一下。在这次研讨会中，负责中国方面事务的姚建中先生的导师洛伊恩贝格尔(Th. Leuenberger)教授在会后就写信给我，他今年10月将去新加坡访问，希望能顺访上海，到复旦大学做一个《全球化及其结果》的学术报告。在某种意义上，渴望与中国人进行交流和对话已成了当今西方人的时髦。

与对话不同，独白(soliloquy)乃是自顾自地说话，并不在乎有否听众。或者换一种说法，独白者同时又是听众。有时候，自我会分裂为二，一个自我需要与另一个自我谈话。在这个意义上可以说，独白是一种特殊的、虚拟的对话。但不管怎么说，独白没有走出自我的圈子，它是封闭性的。唯有对话的形式才能为心灵的开放提供条件。然而，对话与独白并不是截然对立的两个世界。我觉得，主要存在着两种不同形式的对话：一是形式上的对话，二是真正的对话。所谓"形式上的对话"是指有对话的形式而无对话的实质。在这样的对话中，对话的主题、对话的意义、对话的方式都是由某一方规定的。所以，与其说它是对话，不如说它是独白。所谓"真正的对话"，其主题的确定、意义的阐发和方式的采纳都应该是双方平等地商定的结果。此外，任何一方在对话中所使用的语言都不应当是权力话语。这种真正的对话的意境在现实生活中是很难达到的。然而，从封闭的独白走向开放的对话无论如何是一种进步。一旦我们熟悉了对话的形式，接下去要做的事情就是提高对话的质量了。

圣加仑的对话既不能说是"形式上的对话"，恐怕也不能说是"真正的对话"，它是介于这两者之间的中间形态。因为研讨会的主题主要是从瑞士乃至欧洲的根本利益出发来加以确定的，研讨会议程也表明了这一点。从文化心理分析的角度来看，这里显露出来的乃是潜意识中的欧洲中心主义倾向。当然，从 20 世纪初以来，也有不少学者对"欧洲中心主义"提出了批评，而东方世界，尤其是亚洲的崛起也向"欧洲中心主义"提出了挑战。此次圣加仑研讨会邀请这么多中国学生和代表参加，而且把中国代表的发言放在十分重要的位置上，这也表明欧洲人正从自我中心主义的思维框架中摆脱出来。虽然"真正的对话"处于人们憧憬的远景之中，但通过地球村居民的共同努力，这一远景还是有可能实现的。历史并不在我们之外，相反，它存在于每个人的身上。

四、确立边界与跨越边界

这次圣加仑会议的主题是"跨越边界"（crossing boundaries）。这个主题引起了不少的争论。什么是"边界"？有人认为，国界就是边界，也有人认为，贸易区域才是边界；有人认为，语言就是边界，也有人认为，文化才是边界；有人认为，心理就是边界，也有人认为，观念才是边界。仁者见仁，智者见智。什么是"跨越"？有人认为，跨越就是越过去的意思；也有人认为，跨越就是拆除的意思，"跨越边界"也就是拆除边界的意思。

上面罗列的意见似乎都有一定的道理，但对整个问题的思考仍然在原地踏步。说边界是国界或语言等，说出来的仅仅是边界的不同的类型，但并没有真正回答什么是边界的问题。同样地，说跨越就是越过去，这不过是同义反复；而说跨越就是拆除，在理解上也是有问题的。其实，跨越边界恰恰表明边界存在着。正因为边界存在着，才需要人们去跨越。如果边界拆除了，那么跨越在这里就成了一个无意义的词。要深入地理解这个问题，就应当把焦点汇聚到确立边界或跨越边界的主体——人的身上。这样，我们首先要回答的问题是：人为什么要建立边界？回答其实很简单：人要生存在这个世界上，他就必须建立各种各样的边界。举例来说，一个社会如果处在无政府主义的状态下，人与人之间就会因彼此的侵犯而最终陷于毁灭。所以人们必须制定法律，确定合法与非法的边界，并运用国家的力量对非法的行为进行惩处。又如，当人们试图认识世界时，就不得不通过设立学科边界的方式把世界切割开来。于是，就有了物理、化学、生物、数学、政治学、经济学这样的学科，而不同的学者则在不同的学科边界内从事研究活动。由此可见，边界不是人们凭自己的好恶可以要或可以不要的东西，边界是从人的生存活动深处产生出来的。在某种意义上，人是边界动物。人为了自己的生存而设置边界，也为了自己的生存而跨越边界，有时候则拆除边界。所以，人与边界的关系不是外在的、偶然的、任意的关系。海德格尔把人的出生理解为"被抛状态"（Geworfenheit），说得具体一点，人一出生就被抛入了某些欲罢不能的边界之中，如国界、文化边界、人种边界、语言边界等。人永远不可能进入无边界状态之中，他跨越了某个边界，又必然会置身于新的边界之中的。一个幻想摆脱一切边界的人，不是被整个社会所放逐，就是精神病人。

在这个意义上来考察"跨越边界"，就会发现，它实际上没有说出什么新的东西，因为设置边界和跨越边界构成人的日常生活。问题在于，普通人是自发地、不经意地生活在边界之中。边界构成他的生活，但他从不把它作为自己的反思对象。而对于哲学家来说，情形就不同了。雅斯贝尔斯在其生存哲学中，提出了一个十分重要的概念——"边界状况"（Grenzsituationen），他把人的死亡、苦难、斗争和罪过理解为边界状态。人正是通过对这种无法逃避的边界状况的思考和跨越才进入哲学或宗教领域的。当然，圣加仑所要跨越的边界主要是指经济、贸易、金融、经营管理和地理方面的边界。但无论如何，提出"跨越边界"这个口号是对日常生活中自发的边界意识的一种超越。显而易见，"跨越边界"的口号是在全球化的趋势日益明朗的情况下提出来的，而这里之所以提"跨越"而不是"拆除"边界，正是暗示出作为全球化相反的发展趋向的区域化仍然会长期存在下去。在这个意义上可以说，"跨越边界"的口号既承认了边界存在的必然性和必要性，又强调了在某种情况下跨越边界的合理性和现实性，乃是一个充分体现辩证法精神的口号。

五、人与自然

北京和苏黎世之间的飞机航班一周只有一次，这至少从一个侧面反映出中国与瑞士乃至整个欧洲的联系还不怎么紧密。这个遗憾却为我们在三天会议之后能有另外三天来领略瑞士的自然风光提供了契机。作为"世界花园"的瑞士处处显示出人与自然之间的和谐的关系。由于时间比较紧，我们没有机会南行到日内瓦去欣赏日内瓦湖的旖旎风光，但离圣加仑不远的、一望无际的博登湖和气势磅礴的莱茵瀑布又使我们的遗憾宛然冰释。博登湖边绿树掩映，湖水清澄，湖面上白帆点点，远处是群山的淡淡的影子。站在岸边，"舟遥遥以轻飏，风飘飘而吹衣"的动感油然而生。但转念一想，自己已近知天命之年，光阴虚掷，岁月蹉跎，又不免兴尽悲来。

莱茵瀑布给我的是一种完全不同的感觉。当奔腾的水流由于巨大的落差发出雷鸣般的吼声，当风卷着乳白色的水汽迎面向我扑来的时候，我突然感受到自然的原始的野性和不可征服的巨大的力量。在城市里生活惯了，很容易把自然理解为一个任人打扮的、十分听话的女孩。实际上，在城市里，人们习惯于把自然囚禁在水泥围栏之中，这仿佛是为了回应自然的敌意，即每个城市都处在自然的包围之中。只有当人们走向自然，震撼于自然的原始力量时，才能解除自己的自我中心主义，才会放弃征服自然的夸张的念头。古人和近代人都以征服自然为目的，结果造成了自然环境的严重破坏，破坏了的环境反过来报复了人类。我们常用"搬起石头砸自己的脚"来形容某些愚蠢的人，但在人与自然的关系上，这不正是人类行为的真实写照吗？人类经常陷入的悖论在于：当他认为自己做了许多有重大意义的事情时，这些事情的意义远比他自己想象的要小；反之，当他认为自己没做什么有害的事情时，他的行为所造成的消极的结果远比他自己想象的要大。在历史和实践中付出了惨重的代价之后，当代人终于通过海德格尔这样的哲学家说出了人类应与自然保持的新的关系，即"守护自然"。

我站在莱茵瀑布前，虽然感受到自然的巨大的力量，但在前拥后挤的游人中，却失去了陈子昂所吟咏的"前不见古人，后不见来者，念天地之悠悠，独怆然而涕下"的空灵的意境。当代人的可悲不仅在于失去了自然，而且也失去了空间。在拥挤中生活乃是当代人的普遍的命运。当西方人站在进出海关的一米线外或当他们远远地站在自动取款机前耐心地等待他人取款时，他们常常为自己享有这种"私人空间"而感到骄傲。其实，这样小的空间只是留给工具理性的，至于价值理性，需要大得多的空间才能启动。在拥挤中，一切灵感都会消失。当代人的不幸还在于，他们在旅游时总是受照相或摄像之害。人们常常谴责那些把"某某某到此一游"刻在树上或墙上的游客。其实，仔细想来，照相或摄像不正是以看起来似乎显得高雅得多的方式在重复同样的游戏吗？当代的游人其实并不真正地醉心于观赏自然风光，他们只是满足于把自然风光和自己的光辉形象留在摄影器具里。正如当代的不少大学生热心的并不是学英语，而是学考英语。一旦形式取代了内容，现象消灭了本质，剩下的还有什么呢？当游人们（有时也包括我自己）繁忙于摄影或被摄影的时候，他们放弃的不正是旅游中最应当保存的宝贵的东西吗？有时候我想，如果李白和杜甫都拥有一架照相机的话，他们还能写出这样美丽的诗句来吗？

到自然风景优美的地方去旅游，乃是人对自然的返回。按照斯宾格勒的说法，生活在城市的"石化"的环境里，文化会随之而衰退。他曾经断言，几乎所有的文化都发端于乡村，衰落于城市。不管他的看法是否正确，不断返回自然乃是人类的永恒的情结之一。人不应当自私地把自然理解为使用价值和取用对象，而应把自然理解为自己生命的保姆，应当保护自然，维护自然的安宁，尊重自然运动的规律，不把自己的意志强加给自然。当自然不再被分割为碎片，不再为水泥栏杆所围困，不再是人们必须驱车几百公里才能一睹芳容的"圣地"，而成为人类生活的普遍环境时，人的生活才真正达到了人的水平。

六、传统文化与现代化

无论是在圣加仑、苏黎世、伯尔尼还是其他城市的街道上漫步，游人都能感受到传统和现代化之间的张力。一方面，具有民族风格的建筑物、街道、文化产品触目可见，每年的传统节日都在广场和街道上隆重地演绎，吸引着无数的游人驻足观望；另一方面，现代化的超级市场、竖在马路边上的巨大的广告牌、包装漂亮的商品琳琅满目，同样令人流连忘返。传统文化与现代化奇妙地结合在一起，展示出独特的魅力。

也许可以说，博物馆与教堂是瑞士传统文化最经典的传承媒介。在圣加仑这个小城里，有一条幽静的林荫路名叫"博物馆路"，自然博物馆、历史博物馆、艺术博物馆、民俗博物馆等都集中在这里。游人花上半天到一天，就能领略反映瑞士传统文化的丰富的馆藏。间或可以看到一队队学生前来参观，带队老师站在展品柜前耐心地给学生们讲解着。传统文化正通过这样的方式代代相承。然而，进一步能够通过心灵去感受这种传统的却是教堂。当我们进入圣加仑的大教堂（Kathedrale）时，它的宏伟的气势、精美的雕刻、彩绘的玻璃和轰鸣的管风琴声给我们留下了深刻的印象。坐在空落落的长椅上，仰望着钉在十字架上的耶稣像，感受着氤氲在教堂里的肃穆的气氛，我的心灵为一种异样的力量所震动，但这种力量却缺乏亲和性，它无法渗透到我心灵的深处，就像卡夫卡笔下的土地测量员只能在城堡的周围游荡一样。

有的学者认为，人类心灵的超越有两条不同的路径。一是外在超越之路，西方基督教走的就是这条路。康德把这一点说得十分清楚，因为在他看来，上帝作为理念，不过是人类做出的假设，其目的是使人的行为向善。二是内在超越之路，中国哲学，特别是儒家学说走的就是这条路。儒家学说要求人们不断地提升自己的道德观念，由内圣而外王，使自己的行为符合高尚的道德观念。其实，这里对"内""外"的划分并不具有实质性的意义。上帝看起来是一个外在的形象，但对于虔诚的基督徒来说，它又是一个内在的形象。同样地，道德观念似乎是内在的，但一见诸行为，它也就外在化了。事实上，在"内"与"外"之间从来就没有不可逾越的界限。正如德国小说家黑塞在《内与外》中所说的："无物在外，无物在内，因在外者，也即在内。"在我看来，我们对不同文化的感受主要有两种。一种是亲切感。一般说来，当我们置身于自己的文化或与自己相类似的文化中时，常常会产生这种感受。另一种是疏离感。当我们处在与自己的文化差距较大的另一种文化中时，这种感受常常会油然而生。

人们在传统文化的框架内从事着现代化事业，而现代化事业又以自己独特的价值观念改铸着传统文化。我想，这大概就是背负着传统的包袱、从事着现代化事业的任何一个民族都无法回避的现实生活。

虽然瑞士之行已经结束，在我的记忆中却留下了许多值得深思的东西。

1999年

"好的最大的敌人是最好"①

德国哲学家黑格尔曾经说过一句脍炙人口的名言："Le plus grand ennemi du bien，c'est le mieux〔好的最大的敌人是最好〕。"②显而易见，这句名言的意思是劝人们不要去追求、塑造或崇拜任何完美的东西。然而，在日常生活中，人们求全责备的自然倾向却一而再，再而三地表现出来。

一、肯定意义上的"完美性崇拜"

什么是"肯定意义上的完美性崇拜"呢？那就是崇拜者直截了当地把完美性作为自己追求和膜拜的对象。据说，天主教教皇庇护九世在 1870 年召开的梵蒂冈第 20 次大公会议上曾主持通过了著名的"教皇无谬误"的决议，那恐怕就是典型的肯定意义上的"完美性崇拜"了。这种"完美性崇拜"具有以下各种表现形式。表现之一是，当一个人在恭维另一个人的时候，他总是力图把对

① 原载《新民晚报》1999 年 5 月 25 日。收录于俞吾金：《哲学随感录》，北京师范大学出版社 2016 年版，第 262—265 页。——编者注
② 〔德〕黑格尔：《法哲学原理》，范扬、张企泰译，商务印书馆 1961 年版，第 226 页。

方描绘成一个绝对完美的、没有任何缺点的存在物。表现之二是，当一个人为另一个人写推荐信的时候，其推荐词通常也会写得非常好，甚至把被推荐的对象描绘成一个十全十美的完人。表现之三是，当一个人向他（或她）所热恋着的对象写情书的时候，也会自觉地或不自觉地把自己所热恋的对象，甚至对象所接触的周围的环境完美化。所谓"情人眼里出西施""爱屋及乌"是也。表现之四是，当人们在向上帝祈祷的时候，也会自然而然地把上帝赞美为全智全能的、完美无缺的最高的存在物。所谓"崇拜产生完美"，良非虚言也。表现之五是，当人们在哀悼一个死者的时候，也会习惯性地掩饰其所有的缺点，把他（或她）描述为一个生前没有任何瑕疵的完人。在这个意义上可以说，很多追悼词都是颂词，哪怕死者生前是一个恶棍或荡妇。所谓"人之将死，其言也善"，指的是"将死之人"常常会趋善。实际上，当人们把一个"将死之人"作为自己的评价对象时，其评价也会自然而然地趋善。这里似乎有一种微妙的变化和暗示，即死亡将会勾销一切恶行。表现之六是，当人们为一位死去的著名人物，如政治家、艺术家、作家、哲学家、诗人等编纂全集时，也往往会情不自禁地通过所谓"技术性的处理"，把死者生前留下的某些粗劣的作品清洗掉，从而造成了"全集不全"的局面。这种故意造成的现象也深刻地反映出人们潜意识中对完美性的崇拜。

如果说，恭维词、推荐信、情书，祈祷词、追悼词、"为尊者讳"等做法都与人或人格化的神有关的话，那么，在今天的生活中越来越构成我们的生存环境的、无处不在的广告和广告词则致力于把特殊的物——商品完美化。事实上，任何广告词都把它所要推荐的商品说成是世界上最完美的存在物。比如，你在读了任何一个保健品的广告以后，你就可能会陷入这样的幻觉，即只要人们愿意普遍地拥有这种保健品的话，那么，地球上的任何医院都将是没有必要存在的。

二、否定意义上的"完美性崇拜"

有趣的是，人们对完美性的追求也通过否定的方式表现出来。那么，什么是否定意义上的"完美性崇拜"呢？这种崇拜形式的特殊性在于：从表面上看，崇拜者不但没有追求和膜拜完美性，相反总是对对象的瑕疵与不足提出批评和责难。但就其实质而言，这类批评和责难又建基于作为其出发点和参照物的完美性。比如，当一个人在责备另一个人，特别是当这类责备涉及的只是对方的一些偶然的、细小的过失时，责备者追求和崇拜完美性的心理也就暴露无遗了。为什么这么说呢？乍看起来，在责备者的意识中，注意到的只是对方的不足，但实际上，在他的潜意识中，他向对方索取的却是完美性！因为他是以一个完人作为参照物去责备对方的，也就是说，他要求对方必须成为一个没有任何过失的完人。所以，从表面上看，责备者看到的只是对方的缺点，似乎根本不懂得什么是完美性，但实际上，责备者乃是完美性的真正的崇拜者。人们通常说的"求全责备"也就是这个意思。假如责备者真正懂得"金无足赤，人无完人"这个现实生活中的真理，他老是喜欢在鸡毛蒜皮的问题上责备别人的习惯和热情也会随之消失。

在日常生活中，尤其是当我们周围有人犯错误的时候，常常会听到这样的说法："要允许人犯错误，允许人改正错误嘛！"乍一听，这种说法是十分宽宏大量的，然而，细细地推敲起来，就会吃惊地发现，这种说法不但算不上宽宏大量，反倒是十分苛严的，甚至苛严到了荒谬的地步！为什么呢？因为"要允许人犯错误，允许人改正错误"这一说法的潜台词就是：假如我不允许的话，你就不能犯错误。换言之，你应该是完美的，应该是一个不会犯错误的完人，只是出于我的宽容、怜悯和恩赐，才允许你偶尔犯错误。在这里，去掉了所有的障眼法以后，我们发现的仍然是人们对完美性的追求和崇拜。当然，这里的崇拜方式还是比较隐蔽的。

三、走出"完美性"的幻觉

记得马克思曾经说过："一切发展中的事物都是不完善的，而发展只有在死亡时才结束。"①这就启示我们，向一切正在发展中的事物或人索取完美性，也就等于变相地索取其生命，这样做显然是不明智的。德国哲学家尼采也说过："我对世人感到最难以忍受的，不是他们的罪孽和大愚，而是他们的完美无瑕。"②事实上，这种人们孜孜不倦地加以追求的完美性，说到底不过是一个美丽的肥皂泡而已。毋庸讳言，在传统社会所歌颂的任何一种所谓"美德"的牌匾下，流淌着多少鲜血和泪水。光是"贞操"这个词就剥夺了多少妇女的青春和生命。当然，我们丝毫也不反对人们去追求美德，但当所谓"美德"与生命和个性尖锐地对立起来的时候，当许多人为了追求虚幻和空洞的"完美"而不惜牺牲自己的生命的时候，他们又是多么荒谬和可怜！因为他们成了自己的创造物的献祭品。事实上，任何艺术家塑造的形象如果是完人，就像我们在样板戏中所见到的那些英雄人物的话，那么，这些形象一定是苍白的、虚假的和缺乏生命力的。生活、实践和前人留下来的伟大的艺术品一再启示我们，只有淡化对完美性的崇拜，从完美性的幻觉中走出来，才能以健康的方式领悟生命的价值和意义。

---

① 《马克思恩格斯全集》第 1 卷，人民出版社 1956 年版，第 60 页。
② ［德］尼采：《尼采诗选》，钱春绮译，漓江出版社 1986 年版，第 193 页。

电脑永远是工具[①]

　　我们这一代人的命运就是不断地对生活本身提出的挑战进行回应。对电脑技术的回应也是我们人生道路上一个绕不过去的主题。

　　我最早接触电脑是在 1988 年，当时我正以联合培养博士生的身份在联邦德国法兰克福大学哲学系进修。在当时的德国，电脑还远未普及，但在大学图书馆、实验室、银行等部门已有一定的使用。说不清为什么，我对电脑有一种天然的排拒心理。也许是觉得电脑的输入方法会影响我的思维，因为我平时最讨厌的就是程序和计算；也许是电脑终端使我自然而然地联想到德国哲学家莱布尼茨关于"无窗户的单子"的隐喻，而我并不愿意成为这样的"单子"。总之，我没有主动接触电脑。

　　1990 年秋回国后，电脑在国内也渐渐地风行起来。我终于意识到，与纸张、印刷术的发明比较起来，电脑的发明是人类历史上更伟大的一场革命。掌握电脑并不仅仅是为了写作上的便利，而是进入一个新的时代，选择一种新的生活方式。到 1993 年，我的这种感觉已经变得非常

　　① 原载《中华家庭电脑文献》1999 年第 7 期。收录于俞吾金：《哲学随感录》，北京师范大学出版社 2016 年版，第 373—375 页，题为"我与电脑"。——编者注

强烈。于是，我用并不宽裕的科研经费买了一台 386 电脑，并从我的实际情况——发音不准出发，采纳了五笔字型输入法。我很快就意识到，这种输入法并不影响我对问题的思考，而且电脑写作的优点是易于修改，也易于保存。当然，电脑写作也会带来一些遗憾：一是太伤眼睛；二是误操作会擦掉辛辛苦苦写出来的东西；三是在紧要关头一出故障就只好"望机兴叹"了。但是，随着操作上的逐步熟练和保护意识的增强，这些遗憾实际上已降到最低的限度了。

到 1997 年，有感于 386 电脑的种种不便，我终于下决心买了一台奔腾 586 电脑，并开通了互联网（internet）和电子邮件（email），这使我的电脑的功能发生了重大的变化，即它从单纯的写作机器转变为重要的信息工具。同年秋，我应邀访问美国哈佛大学哲学系，哈佛师生使用的大型电脑实验室使我大开眼界，也使我自己在通信和科研方面获益匪浅。种种光盘的制作也为利用电脑进行研究工作的人带来了许多便利。考虑到携带的方便和外出讲学的需要，我目前打算再添置一台笔记本电脑。

虽然我已接受电脑，并把它作为我工作中的重要的伴侣，但我对电脑的戒备心理并没有稍减。我始终保持着一种强烈的独立意识，既不愿意沉湎于网上的信息垃圾，蜕变为名副其实的"网虫"；也不愿意深入地去钻研电脑技术，以便成为这方面的专家。在我的心目中，我永远是电脑的主人，而电脑永远是我的工具。我不愿意改变这种关系，把太多的重要性赋予电脑。或许是出于这样的考虑，除了论文和著作的写作外，其他东西我都用手写。我留恋手写的原始性，尽管从书法艺术的角度来看，我的字写得并不好，甚至可以说是写得很糟糕的，但它毕竟保留了我的个性，使我感受到一份温馨和亲切。

总之，我喜欢电脑，但我更愿意保留自己在各方面的独立性。作为人类，我们应当像司芬克斯一样昂起自己高贵的头颅，坚决抵御不自觉地崇拜自己的创造物的强烈诱惑。

2000年

去除虚荣心①

　　我们生活在两个千年交汇的历史时刻。人类的虚荣心总是使人们倾向于夸大这一历史时刻的重要性，其实，这个历史时刻与已经逝去的一千年中的每一个历史时刻同样平常。人们不过是自己创造了纪年法，又倒过来对它进行膜拜而已。回顾人类的历史，特别是 20 世纪的历史，我们发现，人们做下的许多蠢事都与他们的虚荣心，他们竭力加以夸张的某些意念有关。我把这种现象称为"意义溢出"。在我看来，当今需要解构的恰恰是这种虚荣心。让我们把沸腾的热情降下来，永远不要去夸大事物本来的意义，把我们正在经历的这个时刻理解为一个平平常常的时刻，继续埋首于我们愿意做，而又有能力做好的事情吧！真理是朴素的，它不需要，也不喜欢穿上华丽的外套。

① 原载《新民晚报》2000 年 1 月 3 日。——编者注

天命之年话人生①

孔子说，"五十而知天命"。到了这个年龄，对人生自然会有许多不同的感悟，这里所谓"不同"，主要是相对于青年人来说的。青年人大多是浪漫主义者，他们通常以夸张的眼光看待人的主体性，仿佛世界不过是一块任人雕刻的大理石。与他们不同，成年人则大半是现实主义者，生活的磨难使他们认识到个人的渺小和改变世界的困难，从而放弃了原先有过的种种幻想，习惯于以冷静的眼光来看待周围世界。所以，在知天命之年回顾自己走过的人生道路和心路历程，虽然感受到一丝成功的喜悦，但更多地领悟到的却是一种沉重的感觉。

一、在浙江省河上镇下门村度过的童年

我出生在浙江省萧山县（现为浙江省杭州市萧山区）河上镇下门村，童蒙时期的十年是在那里度过的。下门村依山傍水，风光秀丽，村里住

---

① 原载《世纪》2000 年第 3 期。收录于俞吾金：《散沙集》，人民出版社 2004 年版，第 249—257 页。——编者注

着百余户庄稼汉，大部分姓俞，世世代代过着日出而作、日落而息的农耕生活。当时，我的父亲和祖父一起在上海工作，我和一个姐姐、一个弟弟与祖母、母亲一起住在乡下。我小时候很顽皮。有一次，我和一个小伙伴一起在自己家门口玩，那个小伙伴把一根竹竿掉到井里去了。竹竿竖在井里，我把身体扑到井台上去拿，手仍然够不到。不知怎么一用力，竟一个倒栽葱掉进了井里。那个小伙伴吓蒙了头，不但不叫人来救我，反而一溜烟地逃走了。井水虽然不很深，但却淹没了我，当时又是秋冬季节，水很凉。我在水中挣扎了一会儿，终于抓住了井壁上的石块，使身体浮出了水面。我开始高声喊救命，但由于喊声是从井里发出来的，外面不容易听见。也许是我命不该绝，当时我的姐姐正好从家里出来玩，她隐隐约约地听到我的喊声，循声找到了井边。见我掉在井里，吓得尖叫了一声，赶快回去搬救兵。当母亲和我的一个伯伯把我从井里救出来时，我冷得全身发抖。后来，每当我回忆起小时候的这次特别的遭遇时，除了感谢姐姐的救命之恩外，总感觉到冥冥中似乎有什么力量保护着我。为了怕我再闯祸，在我虚岁七岁时母亲就把我送进了学堂。我小时候是左撇子，上学前母亲叮嘱我写字一定要用右手，我居然一下子就改过来了。有趣的是，直到现在我还习惯于用左手做好多事情，但写字却始终是用右手。

二、白河路上的石库门里有我少年的梦

我十岁那年，与姐姐、弟弟一起，随母亲搬迁到上海，住在国际饭店后面的一条小路——白河路上的石库门房子里，先后在凤阳路第三小学和第二小学求学。当时，我玩的心思很重，学习成绩平平。六年级下学期，毕业考刚开始，我却因为爬葡萄架而摔断了右手腕。右手上了石膏，毕业考和升学考怎么办？家里人都替我捏一把汗。我居然用左手补了毕业考，并通过了升学考，进入了上海市第六十二中学。到初三时，

我的心思才渐渐地集中起来，各门功课的成绩也有了明显的提高。经过一段时间的努力，我考入了黄浦区的重点中学——光明中学。光明中学的特点是注重文科，学习气氛也比较浓厚。大概是在读高二的时候，我偶然地从一个同学的手里借到了李致远先生的小册子《马克思和列宁的学习方法》。这本书写得通俗易懂，里面有不少动人的小故事。如马克思长年累月地在伦敦图书馆里读书，双脚竟在地上磨出了痕迹；马克思非常博学，以致李卜克内西说，马克思的思想就像一艘升火待发的军舰，接到命令以后可以驶向任何海域。这本书深深地吸引了我，使我对哲学产生了浓厚的兴趣。当时家里全靠父亲的薪金维持生活，我穿的衣服都是打补丁的，但我把零用钱都省下来了，到福州路旧书店去买我喜欢的哲学书，如列宁的《哲学笔记》、艾思奇的《辩证唯物主义　历史唯物主义》等，似懂非懂地阅读起来。

三、坦白说了真话后第一次受到心灵的伤害

在高中三年级的时候，也许是想早点自立，替家中解决一些经济困难，我打算报考医科大学，但"文化大革命"的爆发改变了一切。在学习当时下发的《毛主席语录》时，我对林彪撰写的"再版前言"中把毛泽东思想理解为"顶峰"感到困惑，因为我从哲学书上了解到，任何真理都是绝对真理与相对真理的统一。所谓"顶峰"也就是没有发展了，这怎么可能？我在小组讨论会上说出了自己的困惑，有的同学把我的想法向工作组做了汇报，结果工作组采取了突然袭击的方式，组织全班同学对我进行围攻，说我在毛泽东思想上"有观点问题"，少数人试图把我打成反革命。当时我还只有17岁，心里很苦闷：为什么我满怀真诚地追求真理，却遭到了这样的回报？我突然觉得，一种有价值的东西在我心中被碾碎了，但我说不清它是什么。从此，我变得沉默了，成了"文化大革命"中的逍遥派。我想起了"读万卷书，行万里路"的古训，除了数次出去串

联，领略祖国的大好河山外，一直躲在家里读书，然而，由于没有名师指点，书读得很杂乱，也没有什么长进。

四、走南闯北的漂泊生活是一笔宝贵的财富

从 1967 年 10 月到 1968 年 4 月，我被分配到上海轮船公司做水手，随油轮去了秦皇岛、连云港等地。有一次在渤海湾上遭遇到七级大风，饱尝了呕吐之苦。在这段经历中，印象最深的还是在见到一望无际的大海时产生的那种奇特的感受：万顷波涛犹如历史的大潮把我胸中的块垒冲洗得无影无踪，它既使我看到了自己的渺小，也使我懂得了宽容的伟大。1968 年 9 月，我被分配到上海电力建设公司当安装钳工。报到才一个月，就接受了奔赴四川攀枝花建设发电站的任务。攀枝花紧挨着金沙江，据说这里沉睡着足足可以开发数百年的优质铁矿和煤矿。这里的生活和劳动都是十分艰苦的，住的是用芦苇席搭建起来的简易棚子，一年四季吃的都是从外面运进来的包菜和海带。这段经历对我来说也是弥足珍贵的，它既使我看到了祖国的广袤和落后，也使我认识到民族振兴的潜力和艰难。一年后，502 电站的主体工程完工，我随施工队回到了上海，先后在上海炼油厂、高桥地下热电站、江苏望亭电厂、金山石化总厂等处安装新的发电机组。在这段时间里，值得一提的有两件事。一是 1972 年在高桥施工时，我不幸出了工伤事故——右手手腕骨裂，在家中休息了约四个月。在这四个月中，我天天泡在离家不远的上海图书馆里，粗略地阅读了《马克思恩格斯全集》。当时虽然不甚了了，但马克思主义经典作家的精辟见解在我脑海里留下了深刻的印象。二是 1973 年起我调到政宣组工作，直到 1977 年考进复旦大学前我尝试写过各种体裁的东西，如调查报告、总结、新闻报道、通讯、报告文学、小说、散文、诗歌、理论文章、评论等。写作上的这种长期的、艰苦的锻炼为我以后从事哲学研究打下了一定的基础。然而，在一些爱好文学的同事和

朋友的影响下，我当时的兴趣已渐渐地转向文学，特别是短篇小说的创作，并发表了一些作品。

五、我终于踏进了心仪已久的复旦大学校门

1977年是我生活道路发生重大转折的一年。在工作了差不多十年之后，我终于有机会圆了自己的大学梦，但这次我报考的是文科。我对复旦大学心仪已久，在志愿表上依次填了以下四个系：新闻系、中文系、哲学系、历史系，并注明，其他系和其他学校一概不去。这种多少有点傲慢的无知居然没有遭到拒绝，但报应还是有的，我被录取到第三个志愿——哲学系。尽管我从高中起就喜欢哲学，但"文化大革命"初期的那场遭遇伤透了我的心，我与文学之间的距离倒是越来越接近了。正当我躲在文科阅览室里如饥似渴地阅读经典文学名著时，关于真理标准的大讨论把我引出了书斋。这场讨论重新点燃起我对哲学的热情，并且使我认识到哲学基础理论研究的重要性。事实上，只要哲学基础理论还没有从僵化的思想框框中解放出来，整个民族就会失去创造的活力。我终于放下了手中的文学名著，重新转向哲学。一方面，我开始潜心研读当时我比较喜欢的古希腊哲学，在1980年发表了第一篇哲学论文《蜡块说小考》，不久后撰写的学士论文《试论柏拉图哲学的基本特征》也被全文发表在《复旦学报》上，并被《中国哲学年鉴（1983）》作为重要论文之一进行介绍。为了进一步提高自己的哲学素养，我在本科毕业后又开始攻读西方哲学硕士学位。另一方面，我密切地关注着哲学基础理论的研究。1983年，在一次全国性的会议上，我们六位研究生提出了一个"关于认识论改革的提纲"，对传统的哲学教科书体系进行了批评。该提纲在会上宣读后引起了激烈的争论。在学术研究中，这本来是很正常的，但少数思想上"左"的人力图从政治上给这场学术争论上纲上线。这种错误的做法在一段时间里给我们造成了很大的精神压力，我当时是研究生

班班长，受到的压力更大。但我们坚信，传统哲学教科书体系的改革是任何力量都阻拦不住的，该提纲提出的一些新观点早晚会被我国哲学界所接受。1984年年底，我完成了硕士论文《黑格尔的理性观》并留系任教。这时候，改革开放的形势进一步明朗化了。我和本系其他青年教师及研究生一起，在复旦大学最大的教室——3108教室举行了"哲学与改革系列演讲"。前后15讲，历时一个月，场场爆满，听众里三层外三层地把整个教室围得水泄不通，甚至连窗台上、讲台周围都站满了人。《文汇报》《解放日报》和《人民日报》等先后报道了这次系列讲座的盛况。我们还联名在报刊上发表了《经济体制改革与破除"观念"崇拜》《略论哲学改革中的若干问题》等论文。我自己在这个阶段也进入了写作的高峰时期，发表了《我们要使哲学讲汉语》《论改革开放与民族精神的转换》等论文，并于1986年出版了第一部著作《思考与超越——哲学对话录》，叙述了我对一系列哲学问题的新的理解。据《书讯报》的统计，这部著作当时是上海理论界的第一畅销书。为了进一步弄清哲学基本理论，同年我开始攻读马克思主义哲学博士学位。

六、在德国进修和"狮城舌战"的夺魁

1988年10月，我以联合培养博士生的身份赴德国法兰克福大学哲学系进修。当时我对哲学基础理论的研究渐渐聚焦到意识形态问题上。我认识到，无论是从我们受教育的背景来看，还是从理论界正在争论的哲学问题来看，都关系到作为"支援意识"的意识形态。只有从哲学上把意识形态概念研究透了，对哲学基础理论的反思才能深入到新的层面上。凑巧的是，当时我的导师费切尔和另一位著名的哲学家正在举办题为"意识形态概念史"的讨论班，这对我的思考提供了重要的启发。在费切尔教授的指导下，我潜心研读了相关的著作。1990年回国后，我撰写并出版了博士论文《意识形态论》，费切尔教授为它写了长篇序言。这部著作后来获得了国家教委首届人文社会科学优秀著作一等奖。

　　1993年年初，受学校委托，我担任了首届国际大专辩论赛复旦大学辩论队的领队兼教练。这项工作对于我来说是一个全新的挑战，但为了替国家争光、替复旦争光，我毅然决然地接受了这一任务。经过几个月的艰苦训练，复旦大学辩论队在新加坡力挫群雄，夺得了团体冠军和最佳辩手两项大奖。回国以后，我与王沪宁教授一起主编了《狮城舌战》和《狮城舌战启示录》两书，在全国范围内掀起了大学生辩论的热潮。1997年，我又受学校委托，带领复旦大学的15位学生参加了在瑞士圣加仑大学举行的第27届国际经济管理研讨会，这是国内大学生第一次通过国际权威组织的英文论文筛选，组队参加国际学术会议。回国以后，为了总结这方面的经验和成果，我主编并出版了《跨越边界》一书。由于复旦大学学生的头开得比较好，之后我国每年都有一批大学生参加圣加仑的国际会议。通过这样的参与，我不但与同学们结下了深厚的友谊，而且开阔了眼界，更注重从哲学上对现实问题进行思索。

七、成功后的今天我想回到书房中去

　　1995年9月，我开始担任哲学系系主任，确立了哲学系发展的大思路，积极推进人才培养目标、课程体系和科研方面的改革，努力使哲学系的建设适应市场经济发展的需要并与国际接轨。从1997年9月到1998年4月，我在美国哈佛大学哲学系和燕京学社做访问教授，通过听课、讲课、交流、参观等一系列活动，联系国内的现实，我愈益认识到政治哲学、法哲学、道德哲学和宗教哲学研究的重要性。这就为我今后在哲学领域里的思考找到了新的方向。近几年，我已出版了《生存的困惑》《文化密码破译》《寻找新的价值坐标——世纪之交的哲学文化反思》《俞吾金集（一）》《俞吾金集（二）》等著作，目前正在撰写的《物与时间》一书就涉及我对上述问题的新的思考。

我们正在迈向 21 世纪，人类面临着的许多困惑都需要我们从哲学上作出新的反思和解答。正如一个人不能没有自己的灵魂一样，一个民族也不能没有自己的哲学思考。回顾我走过的人生道路，我不无遗憾地发现，我已经把过多的时间浪费在那些无益的活动中了。当然，这是一种时代病，但我在一定程度上已感染了它散布开来的病毒。我想，我再也不愿意让时间从我的手指缝里溜过去了，我必须自己选择自己，必须义无反顾地退回到我的书房中去，以便做我最愿意做而又有能力做好的事情。

2001年

“意义溢出”与“太空状态”[①]

　　读者看了这篇文章的标题一定会感到困惑，这里说的“意义溢出”和“太空状态”究竟是什么意思？所谓“意义溢出”是一种象征性的说法，意指某个事物原来只有这么一点意义，现在却被无限地拔高和夸大了。这就好像一个杯子，它只能承受其容积允许它承受的液体。如果它已经满了，我们还继续往里倒，液体就会溢出来。同样地，在人们的生活中，每一个事物都有它相应的意义，如果它的意义被不切实际地加以夸大的话，就会发生“意义溢出”的现象。所谓“太空状态”也是一种象征性的说法，意指在太空中所有事物都失去了自己的重量，漂浮起来了。也就是说，不同事物之间在意义上的差异被磨平了。由于“意义溢出”的推动，所有事物都获得了重要的意义；与此同时，它们也全被推入到“太空”中去了。质言之，它们全都失去了自己的比重和意义，变得轻飘飘的了。

　　比如，近几年来，“世纪末”“世纪之交”“新世纪”“跨世纪”“新千禧年”这样的词语以铺天盖地的方式出现在大众传媒中。只要我们浏览一下

---

　　① 原载《解放日报》2001 年 3 月 25 日。收录于俞吾金：《哲学随感录》，北京师范大学出版社 2016 年版，第 250—252 页。——编者注

近几年来出版的各种文本，就会发现，人们竟然如此慷慨激昂地谈论着自己置身于其中的这个极端重要的历史时期，如此喜忧参半地预期着重大历史事件的出现，如此严肃认真地规定着自己的伟大历史使命，以致每个人都成了拉伯雷笔下的庞大固埃。仿佛整个人类历史离开了这一代人就会黯然失色，这正是一种空前绝后的自恋情结！

其实，以每一百年作为一个世纪，不过是目前世界上多数国家采用的一种纪年法。这种纪年法以耶稣的诞生作为公元元年，我国是从1949年开始正式采用这一纪年法的。这种纪年法不过是一种记叙人类活动的、约定俗成的方法。除此之外，它还有什么更多的意义呢？然而，难以置信的是，人们竟赋予这种纪年法如此重大的意义，仿佛两个世纪或两个千年的交汇点必定包含着异乎寻常的含义；仿佛人类所有重大的历史事件都只能发生在这样的交汇时期；仿佛生活在这个时代的人比任何其他时代的人承担着更为伟大的历史使命。其实，所有这些溢出来的意义都不过是幻觉，所有这些夸张的言辞都不过是脑袋里的风暴！

每一个不存偏见的人都会发现，这个历史时期的每一天都与过去的每一天一样平淡无奇，重大的历史事件也不是按纪年的方式出现的。20世纪的两次世界大战、社会主义国家的崛起、法国1968年的"五月风暴"，又有哪一个重大的历史事件恰好是在1900年或2000年发生的呢？即使在人类过去的历史上或将来的发展中，恰好有一个或几个重大的历史事件发生在两个世纪交汇的时刻，这又能证明什么呢？难道重大历史事件只是为了迎合纪年法才降临的？难道人类历史只是人们的想象力玩弄的魔方？

人类经常重复的错误是，他们自己创造或使用了某种东西，却又倒过来对这种东西顶礼膜拜。正如马克思在《德意志意识形态》一书中所指出的：

> 人们迄今总是为自己造出关于自己本身、关于自己是何物或应当成为何物的种种虚假观念……他们头脑的产物就统治他们。他们

这些创造者就屈从于自己的创造物。我们要把他们从幻想、观念、教条和想像的存在物中解放出来，使他们不再在这些东西的枷锁下呻吟喘息。我们要起来反抗这种思想的统治。[1]

然而，在日常生活中，我们一再见到人们对自己的创造物的盲目崇拜。一位学者申报一个研究课题，哪怕它涉及的完全是边缘性的东西，但在论证中，他总是赋予它以重大的意义，仿佛这个课题没有通过，人类将蒙受惨重的损失，甚至他们永远只能在黑暗中徘徊；一个政治运动在发动之初，它的意义总是无限地被夸大，似乎不参与这样伟大的运动，人们只能为历史所唾弃。然而，实践却证明，它或许只是一场无益的闹剧。

"意义溢出"的结果是，一切边缘性的、轻飘飘的事物都成了中心化的、沉甸甸的事物。与此相对应的是，一切本来具有重要意义的事物（如反腐败、经济体制和政治体制的改革等）却被挤到边缘，成了可有可无的东西。总之，所有的事物都被推入到太空状态中去了，它们全都失去了自己的比重，它们的存在方式就是漂浮。如果套用捷克作家米兰·昆德拉的话来说，这就是"事物不能承受之轻"。然而，耐人寻味的是，这种"太空状态"正是每个事物不断地追逐、拔高自己的重量的结果。老子说："反者道之动。"[2]良非虚言也。

要走出这种"太空状态"，要把事物的本来面貌从夸大的、虚假的言辞中拯救出来，就要学会用冷静的理性，而不是狂热的情感，谨慎地、恰如其分地去估价每个事物的意义。

---

① 《马克思恩格斯全集》第 3 卷，人民出版社 1960 年版，第 15 页。
② 《老子·四十章》。

从"滑铁卢"的比喻说起^①

1815 年 6 月 18 日，拿破仑统率的法国军队与惠灵顿统率的反法联军在比利时的滑铁卢发生激战，结果法军大败，拿破仑被迫第二次退位，并被流放到圣赫勒拿岛。在这个重大的历史事件之后，"滑铁卢"这个地名就成了失败的象征，在日常生活中人们也常常用这个词来比喻某一行为主体所遭受到的挫折、损失或失败。

毋庸讳言，"滑铁卢"的比喻已为人们普遍接受，但细细想来，这个比喻存在着不妥之处，有必要加以澄清。在笔者看来，"滑铁卢"这个词是不能抽象地加以运用的，因为相对于法国皇帝拿破仑来说，"滑铁卢"是失败的象征，但相对于反法联军司令惠灵顿来说，它又是成功的象征。也就是说，"滑铁卢"这个词兼具"失败"和"成功"的双重含义。人们对"滑铁卢"比喻的运用可以说是只知其一，不知其二，这表明他们思想深处潜藏着一种顽强的、单向度的思维习惯。这种思维习惯，外国人和中国人似乎都无法幸免。记得在以前，这种思维习惯就表现得十分突出。当时，人

---

① 原载《解放日报》2001 年 5 月 1 日。载《渤海早报》2011 年 11 月 25 日，题为"'滑铁卢'式的思维"。收录于俞吾金：《哲学随感录》，北京师范大学出版社 2016 年版，第 244—246 页。——编者注

们习惯于把每一件细小的事情，如节约还是浪费一分钱，提升到政治路线的高度上。但他们显然忽略了思维中的另一个向度，即他们同时也把政治路线贬低为一分钱！提升和贬低、破格和降格、规定和否定，本来就是同一个徽章的两面。

这种单向度的思维习惯也在日常生活中到处显现出来。比如，几乎每个家长都一而再、再而三地叮咛自己的子女：在考试中做完试题后不要马上交卷，要仔仔细细地进行检查。这种叮咛就带有明显的单向度思维的习惯，即家长只考虑到子女在重新检查试卷时会把原来答错的地方改正，却忽略了另一种可能性，他们也可能把原来答对的题目改成错误的。笔者就听到好几位学生说起考试中的这类憾事。举例来说，在解答英文试卷中的选择填空题时，有时候直觉比反复的思考更为可靠。如果给考生足够的时间去斟酌，他极有可能把原来做对的题目再改成错误的。类似的现象和教训，《战国策·齐策二》中的"画蛇添足"的故事早就告诉我们了。

又如，人们在赞扬一个人时，也常常会陷入这种单向度的思维习惯。举例来说，他们赞扬某人废寝忘食地读书，某人甚至利用吃饭、洗澡、上卫生间、旅行、出差等一切可能的时间读书。但人们忘了，这种赞扬听起来更像批评。如果某人真的如此离不开书本，那么岂不证明他的生存就是读书，他所有的智慧都来自书本吗？岂不证明他本人不过是一个缺乏生命活力和思想的十足的傻瓜吗？

再如，也许是为了吸引读者，在报刊上常常可以发现，作者总是把罪犯的作案手法写得非常具体。这也可以说是一种单向度的思维方法，因为作者忘记了读者中的极小部分人是有犯罪意向的，他们会从这类报道中汲取犯罪的灵感和手法。须知，在揭露和教唆之间并不存在着严格的界限，写这类报道必须慎之又慎。

所有这些生活中的经验教训都启示我们，应当抛弃单向度的思维习惯，学会全面地、辩证地看待一切现象和问题。

"新上海人"：没那么简单^①

> 记者：无论是外地人还是上海以外的媒体，似乎对上海人的看法都有些苛刻，甚至以嘲笑上海人的缺点为乐，原因是什么？

> 俞吾金：我觉得有两个观念需要被解构。第一个观念是对上海如何看。在一般情况下，人们讨论上海这个城市，或者从一些道听途说的"故事"出发，或者从大众传媒和网上挑选一些感性的例子（其中绝大部分是外省人在上海的某些不愉快的遭遇）出发。在我看来，要比较客观地评价上海和上海人，首先需要剔除评价者的先入为主和某种私人的动机与情绪。其实，上海作为一个大城市，在生活和思想的内涵上是无限丰富的。上海出过碌碌无为的庸人，也出过像余纯顺这样的探险英雄；出过理论上的"风派"，也出过像顾准这样的有自己独立见解的思想家；出过贪小的人，也出过一掷千金的好汉。

> 第二个需要被解构的是关于国际大都市的观念。人们常常把西方国家的大都市作为理念或参照系来评价上海，但西方国家的大都市并不像人们想象得那么完美，同样存在许多弊端。

---

① 原载《南方周末》2001年10月18日，作者为葛剑雄、俞吾金、陈思和、朱学勤，此处摘录俞吾金先生撰写的部分。——编者注

我想替上海人说几句公道话。众所周知，在计划经济时代，全中国国民生产总值的近1/6是上海人生产并提供出来的。这不但表明上海人是吃苦耐劳的，而且表明上海人对全国的贡献是巨大的。为什么有些外省人对上海生产的商品青睐有加，对上海人却尽其贬低、讽刺之能事呢？我们从外省人那里听到的最多的批评无非是上海人的"精明"。我认为精明不但不是上海人的缺点，反而是上海人的优点。精明显示出上海人主体意识和权利意识的觉醒。在市场经济的背景下，精明地生活并不是一件坏事，而应该说是一件好事。

以平常心看平常事①

圣诞节一度被众商家和媒体等各方面炒作得热火朝天、沸沸扬扬，市民们也跟着赶时髦，消费过度，现在慢慢平静下来，变得习以为常，是件好事。

圣诞节原本是基督教的一个重要节日。沿海城市，像上海、天津、广州，影响比较大。我曾经参观过不少基督教教堂，在沿海一带的确相对集中，这些城市早年受到传教士的影响大一点，接受西方文化多一点，所以圣诞节在这里比较热闹。而内地，则受佛教的影响更大，特别是融入中华文化的禅宗，同时还有本土的道教思想，以及伊斯兰教的影响，因此内地百姓过圣诞节的热情相对要小许多。

实际上，基督教在中国的发展一直比较缓慢，始终受到本土文化的抵制，圣诞节在民间的认同程度并没有宣传的那么高，之所以近年来备受瞩目，是哄炒过度的结果。那些过圣诞的人，有部分是信奉基督教，还有一些是认同这种文化，更多的仅仅是为了过节，庆祝一下。圣诞节已演变为一种符号，商场利用节日促销，人们则趁减价大肆采购。

---

① 原载《新民周刊》2001 年第 52 期。——编者注

在大学里，每年我都能收到好多贺卡和电子邮件，互相恭祝圣诞。其实这种祝贺没有实质性的意义，只是因为圣诞离元旦新年很近，连着一块提前几天庆贺而已，庆贺的人并不一定认同基督教文化。圣诞只是一个平常节日，庆祝圣诞是件平常事，我们也应该以平常心来看它，每年起起落落的波动也很正常。

　　当然，西方文化的确对上海这样的大都市带来影响，有一些人感兴趣，产生认同感，但传统习俗、民族文化的势力更强，外族文化的流行、扎根是很难的。就像当初鲁迅、巴金等人想把世界语引进中国很不容易，只有少数人接受，民族本身的语言很难被取代。从文化意义上看，圣诞节也是如此，文化、政治、信仰，都不是能给予的，除非外族统治强制推行，否则一般的外来文化不是那么容易被接受的。

　　所以说，前几年圣诞节所谓的热，并不是真正文化认同的"热"，如果我们以平常心来看待它，这只是小事一桩，不必对它给予如此多的关注。

2002年

魔幻：现代人的集体狂欢^①

通过对自身经验的思考，以形象方式构造的魔幻世界是与日常生活中那个纯粹理性的世界相对的。西方人有与理性生活互补的狂欢节。比如，法国尼斯的狂欢节一连持续数周，非常盛大，因为在其余所有的时间里人被清醒的理性生活折磨着。

在中国，有彩票的风行。人们都知道中奖的可能性微乎其微，但还是趋之若鹜，这是人们在向理性挑战，希冀突然达到某种神秘的境界。再如青年学生中金庸、古龙小说的流行，日本卡通片、美国科幻片的风潮，大都因为生活中要面对数不清的考试、技巧，课堂生活太没趣味。

每个民族都崇尚酒的作用，中国有古话"酒后吐真言"，德国人说"真理在酒中"，其实都是想用酒来消解理性。

哲人说：在纯粹的光明和纯粹的黑暗中我们什么都看不见。人不能生活在纯粹理性的世界中，理性与非理性同时存在。理性不能把非理性完全消灭，它们总是相比较而存在，相冲突而发展。消灭非理性无异于唐·吉诃德向风车挑战，

---

① 原载《新闻晨报》2002 年 3 月 13 日，作者为俞吾金、葛红兵、陈卫平，此处摘录俞吾金先生撰写的部分。——编者注

人永远需要黑夜、窗帘、隐私的角落。人类对神秘的倾向取之于人类的根本。

另外，弱者在现实生活中常常很无助，就寄希望于奇迹的发生。文艺作品所营造的魔幻世界能让他们对奇迹的渴望得到满足。那个常被姨妈欺负的哈利·波特身上不就有弱者的影子吗？这也反映出在资本主义强大的理性逻辑的统领下，社会普遍的异化。弱者很需要神明庇佑，在理性世界处处碰壁，就要在非理性世界中试图挽回。

我们如何看待这一现象呢？从接受的角度看，魔幻题材能在世界上产生这么大影响，提醒我们警惕纯粹理性教育会迫使人走向理性的反面。打个比方：如果电脑程序设计好，三年后的今天早晨，你要打一个喷嚏，这三年你活着还有啥意思？

有时，荒诞神秘的东西反而更真实，比如法国有一个荒诞派戏剧《秃头歌女》，描述一男一女在谈话，谈着谈着发现他们谈的是同一个城市、同一个人、同一张床。原来他们是夫妻。从中深刻反映出工业社会中人际关系的疏远。

父母总是把自己的意志强加于孩子，预先设定好他们的未来，在这样的现实中，年轻人的思想受到了禁锢，特别想在魔幻世界中暂时忘却那个冷酷的现实世界。学校总想着如何提高升学率，而忽视了孩子的本能、心灵、情欲。小孩成为了西方人所说的"单向度的人"，除了分数、利益什么都不懂。魔幻题材的流行与孩子们生活中的缺陷有关。

魔幻题材为什么会在现在流行起来呢？一个时代与另一个时代的联系不仅在物质上，在心理上也构成集体论。每个时代的潜意识沉睡着，真正伟大的作品会唤醒人们潜意识深处的东西。《哈利·波特》《指环王》利用了许多历史传承的资料，将古希腊传说、民间传闻进行了综合。

总之，我们一要回头反思检讨文化、教育的片面性，二要对显然有害身心健康的东西作批判。

从"无理由退货"说开去 [1]

众所周知，在西方国家的商场里，早就有这样的不成文的规定，即消费者买了商品以后，如果对它不满意，在一定的期限内，就可以到商场去退货，不需要陈述任何理由。这样的规定当然是出于对消费者权益的尊重，所以得到了消费者的高度评价。

都说上海人的学习意识和模仿意识特别强，这恐怕并不是空穴来风。不久前，从新闻媒体上了解到，上海有些商场也推出了"无理由退货"的新举措。这个新举措推出后，实行情况如何，我并不清楚。但看了相关的报道后，却有一种啼笑皆非的感觉。为什么呢？因为推出这一新举措的人们低估了汉语的复杂性。事实上，明眼人一看就知道，"无理由退货"这种提法包含着两种完全相反的意思：第一种意思是，消费者不需要陈述任何理由就可以把所买的货物退还给商场；第二种相反的意思是：消费者没有任何理由把所买的货物退还给商场。当然，谁都不会怀疑推出这个新举措的人所具有的诚意，难道他们在使用"无理由退货"这个短语的时候，想要表达的不正是

---

① 原载《解放日报》2002 年 3 月 31 日。收录于俞吾金：《哲学随感录》，北京师范大学出版社 2016 年版，第 247—249 页。——编者注

上面提到的第一种意思吗？但遗憾的是，为什么要选择这种模棱两可的表达方式呢？为什么不把这个新举措明确地表述为"无须陈述任何理由就可以退货"呢？

如果联想到目前国内商场和消费者之间的某种紧张的关系，我们也许可以做出比较现实的分析，即潜伏在这一新举措背后的可能有两种不同的动机。第一种动机是出于对消费者权利的真诚的尊重，同时也是为了维护商场的信誉；第二种动机则把这个新举措仅仅看作是扩大自己生意的一种宣传或促销手段。如果真有第二种动机掺杂在里面的话，那么或许我们可以说，选择"无理由退货"这个模棱两可的提法，实际上蕴含着潜意识中的相反的动机，即期盼任何消费者都不要把已买的货物退还给商场。

有趣的是，在日常生活中，人们常常陷入这样一种错觉之中，即以为自己能够熟练地运用汉语来表达自己的思想。其实，要做到这一点并不是轻而易举的。比如，我们常常见到一个老年人理直气壮地指责一个青年人："你真不知道天高地厚！"但这个老年人如果也像曾子一样喜欢"吾日三省吾身"的话，他一定会为自己说过的话冒出一身冷汗来。因为那个青年人如果好学深思的话，就会这样回应老年人："那么请您告诉我：天究竟有多高？地究竟有多厚？"不知那个老年人又如何来化解自己的困境。大凡读过雅·哈谢克的《好兵帅克》的人都会记住书中的一个有趣的情节：三个大夫为了考察帅克的神经是否正常，向他提出了一系列的问题："镭比铅重吗？""你相信世界末日吗？""你能测量地球的直径吗？""你知道太平洋最深的地方有多深吗？"由于帅克回答不出这些问题，三个大夫便一致断定他是白痴。如果我们知道这个故事，也许在说话的时候，尤其是在批评的时候，会更谦和一些。事实上，我们也没有理由为自己所拥有的那些捉襟见肘的知识而感到骄傲。又如，据说一家有色金属公司所属的一个招待所，为了图方便，竟把自己的名字简化为"有色招待所"，简化者就那么自信，难道消费者不会对"有色"这个词产生某种愉快的或不愉快的联想吗？再如，有些商场取名为"某某某大便民商场"或"某某某小便民商场"，难道取名者就没有深入地考虑过，某些消费者在使用这类店名时，有可能会在言谈中把它们简化为"大便"和"小便"，从而引起其他人的极不愉快的联想吗？看来，语言真是一种奇妙的东西，一不小心，人们就会掉进它所设置的陷阱之中！

新上海人的生活观念①

　　我是研究哲学的，从表面上看，哲学与我要做的这个讲座的内容似乎是风马牛不相及的。其实，哲学正是以人、生活世界和生活观念作为自己的研究对象的，真正的哲学总是和日常生活结伴而行，总是在我们的生命遭际中不期而至。所以，从哲学上来探讨新上海人的生活观念似乎并不是不合适的。

　　要探讨新上海人的生活观念，必须先搞清楚以下两个基本概念。第一，什么是"新上海人"？按照我的看法，"新上海人"主要是指改革开放以来的上海人。在新上海人中，既包括原来的上海市民，也包括移居上海的新成员；既包括年纪较大的、观念相对保守的上海人，也包括以"小资"或"新人类"自居的、观念比较前卫的年轻的上海人。第二，什么是"生活观念"？我认为，"生活观念"也就是人们关于生活的各种感觉、经验和理想的总和。新上海人的生活观念主要是由以下四个方面组成：一是生存观念，即如何生存在世

---

　　① 此文为作者 2003 年 5 月于东方电视台所做的学术讲座，题为"新上海人的生活观念"。原载《解放日报》2002 年 6 月 7 日。载《上海科学生活》2002 年第 7 期。载《文汇报》2003 年 6 月 15 日。收录于上海东方电视台主编：《东方大讲坛》，文汇出版社 2004 年版，第 71—82 页。收录于俞吾金：《俞吾金讲演录》，长春出版社 2011 年版，第 163—171 页。收录于俞吾金：《散沙集》，人民出版社 2004 年版，第 223—231 页。——编者注

界上；二是发展观念，即如何发展自己，实现自己的理想；三是品位观念，即如何过一种有质量的生活；四是公共观念，即以何种方式参与到公共事务中去。要言之，我们这个讲座所要探讨的中心问题是：改革开放以来，上海人的生活观念究竟发生了哪些变化。

一、新上海人的生存观念

人们常说："吃饭是为了活着，而活着并不只是为了吃饭。"这里说的"吃饭"也就是生存问题。生存观念是生活观念中的基础部分，是任何人都无法回避的。在计划经济的生活模式中，虽然每个人都有"大锅饭"可吃，但一切都是按计划规定好的，这样的生存方式很容易造成思维和行为上的懒惰。改革开放以来，"旱涝保收"的"单位人"变成了面对风险的"社会人"。于是，生存意识的重要性就以前所未有的方式凸显出来了。上海人向来以"精明""头子活络"著称，尽管这些特长受到计划经济的压抑，但并未消失。随着中国社会向市场经济转轨，新上海人运用自己的聪明才智，普遍自觉地确立起新的生存观念。一般说来，新上海人的生存观念是：获得一个薪水比较高、工作比较轻松的岗位，自己生活得比较舒适，也能为家里做一定的贡献。虽然这种生存观念缺乏叱咤风云的激情和高度，却有着小家碧玉般的温馨和现实感。新上海人的生存观念主要蕴含以下三种意识。

一是定位意识。

我们这里说的"定位意识"指的是在市场经济的背景下，一个人如何确定自己的生存位置和生存战略。首先，新上海人都有强烈的自我定位意识。他们会认真地分析市场经济发展的各种态势，分析蕴藏在家庭关系和社会关系中的种种有形的和无形的资源，分析自己的天赋、条件和能力，从而给自己确定努力的方向和目标，并制定出达到这一目标的相应的生存战略。其次，新上海人中的成年人总是苦心孤诣地为子女今后的努力方向进行定位。他们废寝忘食地了解各种必要的信息，孜孜不倦地研究子女的学习成绩、兴趣爱好和性格特点；努力按照自己的设计方案，节衣缩食，含辛茹苦地让子女接受各种业余教育，千方百计地启动各种关系，为实现自己给子女所确定的生存位置和生存战略而奋斗。最后，新上海人也把这种清醒的定位意识贯彻到对任何一个群体、任何一家公司的生存战略的思考上去。在他们看来，没有清醒而明确的定位意识，不管是个人，还是群体，都会在生存活动中陷于失败。由于这种定位意识特别强烈，不少新上海人在市场经济中成了成功的弄潮儿。

二是风险意识。

我们这里说的"风险意识"，是指人们对自己的生活中可能发生的各种意外风险有清醒的意识。人生既是充满机遇的，也是充满风险的。俗话说"天有不测风云，人有旦夕祸福"，尤其是在变动不居的市场生活的背景中，各种意外的事情，如资金流失、企业破产、工作变动、下岗待业、家庭婚变、蒙受欺诈、出国谋生、意外伤害等都可能发生。一般说来，新上海人的风险意识都比较强。一方面，他们普遍地对生活中可能不期而至的磨难有心理上的准备，因而未雨绸缪，或者在银行里存下一定数量的钱，以供不时之需；或者量力而行，购买相应的保险，在紧要关头可以助一臂之力。另一方面，当意外的变故，如突然下岗这样的情况发生时，他们也不会惊慌失措，而是"既来之，则安之"，竭力调动各种社会信息和资源，寻找适合自己实际情况的新的生存空间和新的工作岗位。

三是理财意识。

我们这里说的"理财意识"也就是指新上海人的"经济头脑"。新上海人普遍地意识到，在市场经济的生活模式中，即使一个人有很高的智商和情商，但如果缺乏财商，也是不行的。新上海人在理财方面是十分精明的，他们总是"横算竖算"，把每一分钱都用到刀刃上去。首先，他们千方百计地把家里积累下来的有限的钱盘活。其次，他们善于把亲戚关系、同事关系、朋友关系、同学关系、上下级关系等作为资源加以开发。这样做难免被人指责为实用主义，但在市场经济的生活中似乎也无可厚非。再次，他们努力把自己的消费行为转化为投资行为。比如，为了自己居住而去买房当然是一种消费行为，但不少新上海人也竭力把这种行为转化为投资行为。所以，他们在下决心买房前，会深入地分析以下种种因素，如上海房地产市场的走势、该房子所在地区经济发展的趋势、该地段的房子升值的可能性等。最后，最能显现他们理财意识的是对子女教育上的投资。他们几乎无例外地把子女理解为"绩优股"，希望通过高投入得到今后的高回报。

以上三种意识是上海人在严酷的市场竞争中认真琢磨出来的，是打着他们生命和鲜血印章的宝贵的生存经验。

二、新上海人的发展观念

新上海人不但努力使自己适应市场经济的生存方式，而且也具有强烈的进取心和发展观念，即积极地创造条件，努力实现自己的抱负。与在计划经济生活中一筹莫展、"精明而不高明"的老上海人不同，新上海人大多有自己的梦想和抱负。只要能力和条件许可，他们就不会停留在"做一天和尚撞一天钟"的思想状态中，而是努力推进自己的事业，"把蛋糕做大"。新上海人的发展观念主要蕴含以下三种意识。

一是机遇意识。

对于老上海人来说，机遇之窗永远是封闭着的，因为计划经济的生活就像一潭死水，既没有涟漪，也没有波澜。而对于新上海人来说，情形就完全不同了，因为改革开放和市场经济常常会提供许多意想不到的机遇，一个人只要有敏锐的机遇意识，就能抓住机遇，发展自己。新上海人的机遇意识是多方面的。首先，从城市发展目标中找机遇。比如，有个成年的上海人这样盘算：上海的发展目标是成为国际性的大都市，今后涉外旅游必定会有大发展，从而会需要数量可观的涉外导游。基于这样的考虑，他决定让女儿往这个方向去努力，所以要求她学好英文、法文、日文、历史、地理和文化，并为她寻找相应的进修学校。其次，从公关中找机遇。新上海人在交往中不喜欢"平时不烧香，急来抱佛脚"，而喜欢"平时下毛毛雨"。他们常常通过业主协会、文化沙龙、培训班、研究生班、企业家联谊会、周末度假、品茶、喝咖啡、打保龄球等各种渠道，扩大关系户，发展新朋友，甚至把公关搞到境外、国外去，以创造机遇，扩大自己的事业。最后，从技能中找机遇。众所周知，电脑、外语、汽车驾驶乃是现代人生活中的"基础技能"。不少新上海人认为，"舍不得孩子就套不住狼"，宁愿自己花钱去学电脑程序设计、外语口译、汽车驾驶等技能性的课程，以便为今后的就业打下更好的基础。总之，新上海人的机遇意识特别强烈，他们不为现在活着，而为将来活着，他们是可能性的动物。

二是深造意识。

在市场经济中，新东西层出不穷，需要不断加以学习和了解。许多大学毕业生在上海工作一段时间后，觉得自己的业务已经跟不上市场的发展。为了有更好的发展前景，他们通常会重新"回炉"或"充电"，重返学校去深造。有些人珍惜已有的那份工作，利用业余时间进修，"零存整取"，奋斗了几年，终于上了一个新台阶；有些人干脆"考研"，集中精力深造，毕业后另谋高就；也有些人不惜把数年来的积蓄花掉，到国外名牌大学去进修，然后再"杀"回上海，干出一番惊天动地的事业出来。正是因为新上海人有这种自觉的深造意识，所以改革开放以来，各种业余学校、学习班、进修班、研讨班在上海以雨后春笋般的速度发展起来，形成了一道新的文化景观。

三是跳槽意识。

在计划经济中，人才都是单位所有的，老上海人就像螺丝钉一样被拧在固定的地方，即使有满腔的热情和才智，在不对口的工作岗位上也无法施展出来。在市场经济背景下，新上海人的才智得到了充分的发挥。他们不愿意傻乎乎地"吊死在一棵树上"，而是"眼观六路，耳听八方"，只要有更好的地方可以发挥作用，随时准备跳槽。如果所在公司效益很差，甚至有破产的可能，他们绝不会心甘情愿地充当"泰坦尼克号上的乐师"；如果所在公司的人际关系比较复杂，自己不但难以施展才华，而且随时可能被"炒鱿鱼"，他们干脆扔下一句"此地不留爷，自有留爷处"，另谋高就去了；如果他们已经积累了丰富的工作经验和客户关系，也不会满足于永远做基层员工的生活方式，而是想方设法，自己办公司，干出一番轰轰烈烈的事业出来。一般说来，跳槽已成为新上海人的日常生活，新上海人就像"漂泊的荷兰人"，总在寻找一个适合施展自己才华和抱负的地方，年轻人尤其如此。总之，新上海人已经告别了老上海人那种"随大流""求稳怕乱""小心谨慎""出头橡子先烂"等保守心态，只要认准机遇，就会大胆地去实践，犹如耐克公司提出的口号——Just do it!（就这样干吧!）总之，新上海人有顽强的进取意识和敢闯、敢创造的发展观念，他们总是不遗余力地追求着自己的梦想和抱负。

三、新上海人的品位观念

什么是"品位观念"？品位观念可以说是反映新上海人生活方式的一个综合性的，但又极具个性特征的概念。这里说的"品位"并不是指贫富的等级，而是指一种高质量的、内涵丰富的生活理念和生活品格。新上海人的品位观念主要蕴含着以下三种意识。

一是时尚意识。

如果说巴黎是法国的时尚之都，那么上海就是中国的时尚之都。不用说，时尚是上海人生活中不可或缺的环节。品位离开时尚，就像鱼离开水一样。首先，在新上海人的心目中，淮海路永远是上海的"时尚之街"。在淮海路上，无论是大型超市的装饰，还是现代橱窗的布置；无论是最新时装的展示，还是名牌商品的罗列，丝毫不逊色于西方大都市。新上海人学得快，也追踪得快。其次，新上海人的时尚意识还通过装帧漂亮的杂志、电视和电台的节目、别出心裁的广告和使人耳目一新的服装秀散布开来，许多广告语竟成了人们日常生活中的口头禅。最后，青少年成了时尚追求的先锋。新上海人对时尚的追求似乎有着一股永不消逝的动力，正是这种动力使上海的变化日新月异，体现出难以抗拒的魅力。

二是宽容意识。

这里所说的"宽容意识"指的是生活理念上的宽容与大度。上海是一个国际性的城市，即使是老上海人，也一直以"眼界宽""见怪不怪，其怪自败"自诩，但他们比较熟悉的是旧上海的生活方式，而在改革开放中成长起来的新上海人则在胸怀和意识上显得更为宽大和宽容。首先，他们对各种不同的生活方式采取理解和容忍的态度，绝不在背后"说三道四"，轻易批评自己不了解或不喜欢的生活现象；同时，他们也信奉西方人的谚语"天上不会掉下馅饼"或"没有免费的午餐"，既保持着对新事物的敏感和兴趣，又不会轻易上当，被人当"冲头"斩。其次，他们对思想、文化、艺术方面的各种新思潮、新作品、新术语和新人物保持着经久不衰的兴趣和热情，甚至对自己不理解的东西也努力去适应。法国荒诞派戏剧《等待戈多》在上海演出时观众爆满的景象就令人感动。最后，在他们的宽容意识中还融入了种种幽默感。谁都明白，在不宽容的、紧张的生活状态中是不可能产生幽默感的，正因为新上海人见多识广而又思想活跃，所以他们的幽默感总是源源不断地喷涌出来，使他们的生活表现出一种从容不迫的气度和高雅不俗的品位。

三是潇洒意识。

如果说，老上海人由于住房、工资等各方面的原因而潇洒不起来的话，那么，新上海人则把潇洒视为有品位的生活方式的基本特征。所谓"潇洒"，就是随心所欲、从容不迫、入乡随俗、悠然自得，就是不紧张、不勉强、不瞻前顾后、不矫揉造作。一方面，新上海人普遍信奉"努力工作，尽情享受"的生活信条。在工作时，他们既有独当一面的

"大将风度"，又能埋头苦干，完成各项任务；在休闲时，他们绝不瞻前顾后、拖泥带水，而是一鸣惊人、慷慨大方：或去国外旅游；或和朋友、家人去度假村过周末；或去酒店喝咖啡；或去大剧院、音乐厅、艺术展览馆、博物馆消磨时间。总之，新上海人玩起来也很投入，很认真。他们把公事和私事区分得清清楚楚，既不愿意做"工作狂"和"苦行僧"，也不愿意成为普希金笔下的无所事事的奥涅金。另一方面，他们的潇洒还表现在对超越的精神层面的追求上。他们意识到，人总是生活在两个世界中：一个是日常生活的世界，这个世界虽然充满了感性色彩，却无法安顿人的精神生活；另一个是超越的精神世界，人生的意义、情感的冲突、信仰的悖论、终极关怀等，都可以在这里得到理解和诠释。在新上海人中，有些企业家、商人特别喜欢和文化人交往，甚至进研究生班深造，这不是为了附庸风雅，而是为了破解人生之谜。我们也经常见到退休的老人，或去学习钢琴、舞蹈、绘画和书法，或在街心公园弈棋、练武，或到全国各地，甚至世界各地旅游，或去基督教教堂"做礼拜"，等等。这些现象表明，新上海人之所以潇洒，因为他们拥有丰富的精神生活。

四、新上海人的公共观念

从哲学上看，人是社会动物，不是孤独地居住在绝望之岛上的鲁宾孙。所以下面讲"公共观念"，即新上海人对公共事务的关切和参与。新上海人的公共观念主要蕴含以下三种意识。

一是环保意识。

这里说的"环保意识"内容比较丰富。一方面，新上海人对生态环境有自觉的保护意识。他们不但很在意家里的装修，而且也越来越关心生态环境的保护。他们不但热心地向有关方面提出环保的建议；而且也与一切漠视环保的现象作斗争。有位大学教授，他的双胞胎女儿刚过10

岁，搬进一个新的住宅区后，两个女儿发现电梯角落里放着一包无人过问的垃圾，马上写出一张小字报，呼吁全体住户讲究文明，共同保护环境。小小年纪就有强烈的环保意识。另一方面，新上海人的环保意识还表现在他们对社会公正的维护上。在上海，无论是在马路上、交通工具上，还是在其他场合下，两个人或几拨人吵架，只要一方不讲道理，听众中马上会杀出"第三者"来打抱不平。大众传媒的"老记们"更是打抱不平的行家里手。《文汇报》以前开设的"道德法庭"专栏，《新民晚报》开设的"蔷薇花下""岂有此理""岂有此事"等专栏，实际上都是打抱不平的专栏。这里说的"打抱不平"，并不是旧时的江湖义气，而是主持公正、维护社会秩序的新风尚，体现出新上海人对环保意识的更全面的理解。

二是志愿者意识。

人们常说上海人是"经济动物"，这种看法显然是"只见树木，不见森林"。实际上，大多数新上海人对社会生活和公共事务抱着积极参与的态度。比如，在上海市区的交通要道上，经常可以见到一些已退休的、戴着臂章的老年志愿者或"协管员"。他们栉风沐雨，自觉地维护着交通秩序，精神可嘉，感人至深。又如，无论是在 APEC 会议期间，还是在漫长的申办世界博览会期间，都有大量青年志愿者主动请战，参与各种琐碎的工作。他们高效的工作能力和忘我的奋斗精神赢得了市政府领导和中外专家的交口称誉。尤其应该提到的是，从"非典"流行以来，上海各医院和医学院的白衣战士都主动请缨，要求以志愿者的身份到最危险的地方去经受锻炼。把健康和安全留给他人，把危险和劳累留给自己。这里不一定有"风萧萧兮易水寒，壮士一去兮不复还"的生死诀别，却有着白衣天使救死扶伤的伟大情怀和志愿者忘我牺牲的崇高境界。

三是参政议政意识。

在计划经济和传统政治制度中，老上海人很少议论政治，表现得十分"乖巧"。改革开放以来，政治生活变得越来越开明，新上海人不再有参政议政方面的顾虑了。此外，由于不少市民有炒股或其他投资行为，所以对国内外的政治发展态势、对国际关系、对两岸关系、对国务院和市政府的文化经济发展计划等都表现出前所未有的关切。首先，上海各主要街道、小区都设有东方书报亭、报栏、宣传栏、老年人活动室等，特别是在报栏前，经常人头攒动。人们一边读报，一边议政，有时忍不住戏称自己是"民间政治局委员"。其次，不少大学教师和研究所的科研人员在工作之余，努力为市政府做咨询工作。显然，这种参与方式也是知识分子实现自己价值的重要途径。最后，市人大、市政协的代表和委员，无论是在会议期间，还是在休会期间，总是利用一切时间和机会，认真体察民情，深入进行社会调查，做好上情下达和下情上达的工作，积极地向市政府建言献策，充分体现出新上海人在政治生活中的主人翁态度。

以上，我们对新上海人的生活观念做了一个总体上的考察。完全可以说，新上海人生活观念的变化也是当代中国人生活观念变化的一个缩影。当然，与兄弟城市比较，新上海人的思想还相对保守，手笔也不够大。另外，由于历史的原因，有的新上海人身上还残留着一些陋习，如对外地人的歧视、崇洋媚外的心态等，所以，新上海人需要在新生活的激流中进一步提高自己。

走出自我的困境①

今天我非常高兴，也很感动。因为有这么多同学来听课。这使我想起了 1985 年哲学系办过的"哲学与改革"的系列讲座。当时听众也是人山人海，连 3108 教室的窗台上都站满了人。这主要不是因为我们的课讲得好，而是同学们对学术文化、对真理有执着的追求。这种求知的热情深深地打动了我，我首先应该表示真诚的感谢。

我今天讲的题目是"走出自我的困境"。讲到"自我"，可以说没有一个词比这个词更令我们熟悉了。比如，人们在日常生活谈话中，或在电话中，总是以"我需要……""我请求……""我希望……"这样的句型来表述"自我"的想法。这似乎表明，在他们的言谈和思考中，自我始终处于中心的位置上。据说，美国成人教育家卡耐基曾经对纽约的诊所做过一个有趣的调查，结果发现，10％的求医者实际上并没有什么毛病，他们只是向医生倾诉"自我"心中的块垒。这充分表明，人们在行动上也有一种自我中心化的倾向。

乍看起来，人们无时无刻不惦记着自我，表

---

① 此文为作者 2001 年于在复旦大学美国研究中心所做学术讲座，题为"走出自我的困境"。原载《文汇报》2002 年 8 月 25 日，题为"什么是自我的困境"。收录于俞吾金：《俞吾金讲演录》，长春出版社 2011 年版，第 192—203 页。收录于俞吾金：《哲学随感录》，北京师范大学出版社 2016 年版，第 351—369 页。——编者注

现着自我，他们似乎对自我知之甚深，然而，实际情形却正好相反，他们最不了解的恰恰是这个天天都挂在嘴上的自我。就像某人夸口说："我对这件事情了如指掌。"其实，他对自己手掌纹路的走向却一无所知，甚至从来也没有认真地察看过自己的指掌。

众所周知，在以现代科学技术的发展为背景的、市场经济的生活模式中，生活节奏变得越来越快，学习、生活和工作的压力以及自我需要承载的信息量也变得越来越重，从而对自我提出的要求也越来越高，这使自我很容易陷入精神上的困境，而各种心理疾病的发生、情感上的孤独和精神上的迷茫，也使人们突然感到自我变得陌生起来。

在通常的情况下，人们的思维习惯于扑向外面的对象，犹如一个小孩，脱下自己的外套，去扑花丛中飞舞的蝴蝶。也就是说，人们大部分感觉和认识通常都是向外的，他们的思想总是不断地向外捕捉经验性的东西，不断地把外在的东西攫取为自我消化的对象。然而，他们几乎从来不愿意坐下来冷静地反思一下：自我的含义究竟是什么？自我究竟有着什么样的结构？如何正确地认识自我？所有这些追问在日常生活中都处于边缘化的，甚至被掩蔽的状态下，仿佛人们那么频繁地使用自我这个词，只是为了彻底地忘记这个词！在今天的讲座中，我主要讲以下三个问题。

一、什么是自我？

凡是稍稍熟悉人类思想发展史的人都知道，并不是在思想史的开端处人类已经把"自我"（self）作为自己反思的对象了。按照西方哲学史家的看法，这种以自我作为反思对象的做法直到近代哲学中才出现。

作为近代哲学的肇始人的笛卡尔提出了"我思故我在"的著名哲学命题。在笛卡尔看来，一个人可以怀疑世界上所有的东西，甚至怀疑他自己的肉体是否存在，周围的物质世界是否存在，上帝是否存在，但他却无法怀疑：此刻他正在怀疑，正在思考。"我思故我在"这个重要命题正是在这样思考的基础上提出来的，它构成了笛卡尔哲学的第一真理。我在这里姑且不去分析这个命题在学术上和逻辑上所遇到的困难，无论如何，它使我们清晰地感受到人类的自我意识开始觉醒了。也就是说，人类的自我不再满足于单纯地感觉、思考周围世界的东西，也开始反身向内，把自我作为自己思考的对象了。

此后，英国哲学家休谟进一步将自我理解为"一束知觉"。他追问道：既然自我不过是由一束知觉构成的，那么当人们睡着的时候，他们的自我是否会消失呢？假如一个人的大脑受了伤，或得了精神分裂症，他的自我是否还存在呢？这些有趣的问题引导着哲学家们深入地去探索自我之谜。

在休谟之后，奥地利物理学家、哲学家马赫又提出了"要素"(elements)的概念，强调世界上的一切，包括自我、时间和空间在内，都是由物理要素或心理要素构成的。这种彻底的怀疑主义学说对爱因斯坦产生了极大的影响。事实上，爱因斯坦之所以能够创立相对论，完成物理学发展史上的一场伟大的革命，就是因为他受惠于马赫的彻底的怀疑主义思想。正是马赫的要素论启发他对牛顿的绝对时空观做出了批判性的思考，而没有这一思考作为基础，相对论是不可能被建立起来的。

在西方哲学中，探索自我的另一条路径发端于德国哲学家叔本华。他把自我解剖为两个层面：一个是人的意志和欲望的层面，另一个是人的理性和认识的层面。按照传统的哲学观念，人的理性和认识支配着人的意志和欲望，叔本华却把这个几千年来的哲学公案颠倒过来了。他认为，人的意志和欲望才是第一性的，而理性和认识则是第二性的。一旦意志和欲望决定要谋取什么，理性和认识就为之而策划，以便实现意志和欲望。在这个基础上，他建构了自己的悲观主义哲学。在叔本华看来，人的欲望是无限的，而外界用来满足人的欲望的资源却是有限的。正是这一矛盾构成了人生痛苦的基调。我们知道，叔本华在美学史上的一个重要贡献是，把古希腊悲剧作家埃斯库罗斯、索福克勒斯、欧里庇得斯悲剧中的主人公——皇帝皇后、王公重臣、公子公主转化为普通人，从而极其深刻地启示我们，悲剧不仅是王公贵族的日常生活，也是所有普通人的日常生活。叔本华认为，人生就像一个钟摆，在痛苦和无聊之间摆动，而正是这种摆动方式决定着自我发展的轨迹。

叔本华的思想启发了弗洛伊德。作为深度心理学家，弗洛伊德进一步探索了自我底层的"无意识"（unconsciousness）层面。他把自我的全部心理活动比喻为海洋上的一座冰山，冰山露出海平面的部分相当于自我的意识，而隐藏在海平面以下的部分则相当于自我的无意识，而无意识的部分要远远地大于意识的部分，它为人类的意识和行动提供了源源不断的动力。在弗洛伊德看来，整个人类文明都是人类把受压抑的、居于无意识层面上的心理能量成功地转移到科学、艺术、宗教、哲学中去的结果。

必须指出的是，略晚于叔本华的马克思，通过对政治经济学的深入研究，创立了历史唯物主义理论，从而使人们对自我的认识进一步深化了。在马克思看来，人首先要解决吃、喝、住、穿的问题，然后才有可能去从事政治的、艺术的和精神方面的活动，这就深刻地揭示出人的思维和行动的规律。按照叔本华的看法，人的意志是万能的，绝对自由的；而在马克思看来，只要人生存在世，他的意志就不可能是绝对自由的，命运将决定普通人不得不把他（她）一生的大部分意志和美好的时间都消耗在谋生的劳动中。马克思告诉我们："这种活动、这种连续不断的感性劳动和创造、这种生产，是整个现存感性世界的非常深刻的基础，只要它哪怕只停顿一年，费尔巴哈就会看到，不仅在自然界将发生巨大的变化，而且整个人类世界以及他（费尔巴哈）的直观能力，甚至他本身的存在也就没有了。"①马克思还强调，自我不是孤立的，作为社会存在物，它总是处在与他人的关系之中。也正是在这个意义上，马克思强调"人的本质不是单个人所固有的抽象物，在其现实性上，它是一切

---

① 《马克思恩格斯全集》第 3 卷，人民出版社 1960 年版，第 50 页。

社会关系的总和"①。只要比较一下就会发现，马克思的见解远比叔本华深刻，因为他为我们认识自我的本质展示出一条切实可行的道路。

通过上面的历史性的回顾和考察，现在有条件来回答"什么是自我?"这个问题了。我们认为，自我是一个处于普遍社会联系中的存在物，是我之为我的人格上的统一体，也是理性与本能、意志、欲望和情感的统一体。对于理智健全的人来说，理性总是占据着主导性的地位的。

二、什么是自我的困境?

所谓自我的困境，主要是指自我在精神上、心理上陷入的困境。在我看来，这种困境主要表现在以下三个方面。

一是科学技术的凯歌行进和精神世界的迷茫失落。

任何人都无法否认，科学技术发展至今，已经产生了伟大的成就。即使有些走极端的人对科学技术采取激烈否定的态度，也无法怀疑，他们已生活在由现代科学技术构成的、高度人化的世界中。有些人矫揉造作地批判科学知识的增长和现代技术的发展，仿佛真想返回到刀耕火种、结绳而治的穴居时代去。其实，他们处处都受惠于现代科学技术却不知道如何感恩。试想，这些学者愿意离开电脑、电视、网络、抽水马桶，返回到南美洲的原始丛林中去吗? 愿意不乘飞机、火车或轮船，步行到美国去参加学术会议吗? 当然，现代科学技术在其自身的发展逻辑中也蕴含着某种消极性的因素，需要人们通过深刻的反省加以认识。

其实，谁都无法否认，现代科学技术已经从根本上改变了我们的世界。从宏观方面看，自然科学和现代技术已经使人类登上了月球，今后还可能要登上火星;从微观方面看，基本粒子、夸克、纳米技术等也表

---

① 《马克思恩格斯选集》第 1 卷，人民出版社 1995 年版，第 56 页。

明人类在这方面的探索已经进入到相当的深度。对于人类来说，似乎没有什么做不到的事情，就像《基督山伯爵》里的基督山伯爵说的那样："我可以向不可能挑战。"

然而，与现代科学技术的高速度发展相伴随的，却是人类精神世界的异化和失落。在某种意义上，人类的精神世界甚至陷入了崩溃的状态中。比如，现在人们各自习惯于坐在电脑前，在网上寻寻觅觅，缺乏"面对面"（face to face）的交流（communication）。人们就像莱布尼茨笔下的"单子"（monad），各自紧闭窗户，孤独地面对着这个世界。

20世纪60年代，法国荒诞派戏剧的一位代表人物尤涅斯库曾经写过一个剧本《秃头歌女》。其中写道：一个中年男子乘火车到某个城市去。在车上遇到一个中年妇女，他们开始谈话，并各自询问对方到什么地方去。结果发现，他们去的是同一个城市、同一条街道、同一幢楼、同一个房间，同一张床。原来他们是夫妻！通过这种极为夸张的表达手法，作者深刻地揭示了现代西方社会中夫妻关系的疏远化，即异化。德国哲学家海德格尔也不无担忧地指出，在科学技术高度发展的情况下，人已经被连根拔起，失去了自己的家园。正如德国哲学家尼采所说的，无家可归（homeless）已经成了西方人的普遍命运和感受。

现在有不少年轻人，可能记住了三四千个汉字，三四千个英文单词，二三十个明星的名字，金庸小说中的二三十个人名，或许这就是他们精神上的全部库藏了。对于他们来说，不要说对中国数千年的文明史，甚至对数十年前的历史已经茫然无知了。这是一种到处弥漫着的、普遍的历史厌倦症，他们仿佛失去了历史的纵深度，成了没有任何深度的人。说得刻薄一点，他们的存在就在他们的皮肤上、外套上，后面再也没有值得探索的东西了。

有人也许会这样反驳我们：现在电视上都在播历史剧，岂不表明人们对历史既没有感到厌倦，也没有把它遗忘吗？乍看起来，情形似乎正是如此，其实却不然。因为人们感兴趣的并不是历史事件的本质及它们在今天的意义，而是历史事件中那些能够激活今天的票房价值的东西，如对帝王私生活的猎奇、对矫揉造作的儿女私情的向往、对性和暴力的认同等。于是，我们发现，在铺天盖地的历史剧中，我们所能找到的只是一堆历史的泡沫和编导者们对票房价值的期许。除此之外，还有什么呢？总之，一方面是现代科学技术的凯歌行进，另一方面却是人的精神世界、情感世界的普遍失落，而这一痛苦的悖论正反映在自我的全部生存和追求活动之中。

二是媚俗意识的蔓延和批评意识的缺失。

所谓"媚俗意识"，就是人们缺乏批判意识，对庸俗的文化产物无条件地加以认同。比如，在今天的生活中，"跟着感觉走"已经成了人们普遍认同的审美口号。在某种意义上，人们现在持有的审美观念根本上就是一种病态的审美观念。什么东西是美的？在人们看来，一个女孩的消瘦苍白就是美的，在消瘦苍白的皮肤上再补上胭脂和口红，用人为的、外在的形式来展示她的健康和美丽。然而，这种外在的、形式上的美和健康都只具有修辞学的意义，它们并不发自机体本身。这种健康和美丽，就像贴在信封上的邮票，随时都可以被撕下来。

那么，究竟什么样的女性形象才是美的呢？如果我们到巴黎卢浮宫底层去看看断臂维纳斯的雕像，就会发现，体现在她身上的美乃是一种真正的健壮的美和健康的美，绝不是在当代人中流行的那种病态的、骨感的所谓"美"。其实，这样的美就是丑。为什么？因为在这样的"美"中，不但体验不到生命的活力，反而只能感受到生命的颓废！

在日常生活中，我们常常发现人们审美观念的颠倒。比如，人们认为，那些摇摇摆摆地跟在后面走的宠物，如哈巴狗、充满媚态的猫是美的。可是，这些宠物何美之有？倒不如说，它们是世界上最丑陋的东西。真正美的并不是这些忸怩作态的宠物，而是充满野性和阳刚之气的动物。我们知道，在尼采的笔下，先知查拉图斯特拉最喜爱的动物是鹰和蛇。如果说鹰是眼光的象征，那么蛇就是智慧的标志。众所周知，鲁迅颂扬的动物则是狮子、金钱豹和天上的雄鹰。当狮子和金钱豹为了猎食而在旷野上奔跑时，当雄鹰为了觅食而从天上俯冲下来时，它们展示出来的，不正是生命的活力和野性的壮美吗？

又如，人们认为，苏州园林是美的，尤其是遍布于拙政园、西园、留园、沧浪亭和网师园中的假山，千姿百态、迥然各异，美不胜收。然而，这种千疮百孔、东倒西斜的东西何美之有？不能设想，一个流连于假山之中的青年人会有真正的阳刚之气和健康的审美观念。在我看来，这些千疮百孔的假山，不管它们制作得如何新奇，如何别有情趣，从本质上看，都是丑陋的，而真正美的山应该是泰山、衡山、嵩山、华山、峨眉山。这才是真正的审美对象，才是值得留恋的自然界的受造物。在这样的审美对象之前，不仅人们的审美情趣得到提升，而且连人性中猥琐卑微的东西也会消解无余！

再如，人们认为，那些失去了主干、被精心制作出来的盆景是美的。其实，盆景大多以畸形和怪异引起人们的关注和赞扬。为了增加盆景的这种奇特性，人们故意用绳索捆绑枝干，使树木沿着畸形的，而不是健康的方向生长。然而，这类畸形的树木究竟美在何处？在日常生活中，既然人们不认为一个畸形的人是美的，为什么却认为一棵畸形的树是美的呢？难道这不正是人们自己畸形发展的人性在审美过程中的一种投射吗？记得清代学者龚自珍在《病梅馆记》这篇短文中写道：当时的文人画士都认为畸形生长的梅树是美的，他则把江南园林中三百盆畸形的梅树买回家中，大哭三天，发誓疗梅。他砸碎了花盆，褪去了绑在梅树枝干上的绳索，把它们重新种植到田里，让它们自由地成长。在龚自珍看来，这些病梅是丑陋的，唯有那些自由自在地向上生长的梅树才真正是美的。这充分表明，龚自珍是清代学者中自觉地向病态的人性和病态的审美情趣提出挑战的杰出的思想家。他的可贵之处在于，他始终把健康的人性作为自己全部审美活动的前提和出发点。

正如德国诗人席勒在《美育书简》中所说：美是自由的女儿。按照这样的审美观念，我们认为，在艺术作品中最能激起我们美感的应该是米开朗琪罗的《被缚的奴隶》和《垂死的奴隶》、德拉克罗瓦的《自由引导人民》这样的作品，因为这些作品的主题正是人类对自由的不懈追求。目前中国流行的各种所谓美学理论之所以误入歧途，因为这些理论的持有者总是喋喋不休地讨论着所谓"审美共同心理"或者"审美认知结构"之类的空洞废话，不但把审美与认识活动混淆起来，而且完全忘记了席勒向我们揭示的这个伟大的真理，即美是自由的女儿。真正说来，我们应该把自己的每一个审美活动都理解为对自由的追求。如果撇开这个根本点，以学究气的方式谈论"审美共同心理"或者"审美认知结构"，又有什么意义呢？

此外，媚俗意识还表现在，人们普遍地丧失了独立思考问题的能力，满足于跟着传媒和广告来安排自己的生活。记得海德格尔在《存在与时间》中曾经提出了"常人"（das Mann）的概念：常人无处不在，但又到处找不到。为什么？因为海德格尔所说的常人并不指某些具体的人，而是指人的一种类型，就像各个领域里的权威或专家，引领着人们的日常生活。"常人"通过广告和其他方式告诉人们，哪些商品是物美价廉的，于是他们就去购买这些商品；"常人"告诉人们，哪些影视作品是优秀的，于是他们就去看那些影视作品；"常人"告诉人们，哪些书是有价值的，于是他们就去找那些书来读。总之，在"常人"的引领下，现代社会的普通人已经蜕变为"无脑的存在物"。

媚俗意识的蔓延还表现在，在人们的文化生活中，既缺乏真正的批评精神，也缺乏真正有水平的批评家。众所周知，19世纪30—40年代以降，俄国的文学艺术之所以出现空前的繁荣，就是因为有一大批高瞻远瞩、眼光敏锐的批评家，如赫尔岑、别林斯基、杜勃罗留波夫、车尔尼雪夫斯基的存在。事实上，没有这样伟大的批评群体，一个民族的精神文化要得到提升是根本不可能的。然而，在当代中国，形成巨大反差的是，作者和评论家总是卑躬屈膝地去迎合读者的低级趣味，这种做法的结果就是作者、评论家和读者一起堕落。说得刻薄一点，甚至连"堕落"这个词都用不到他们的身上。因为堕落者在堕落之前必定居于高处，而他们的思想则连起码的高度都没有。所以，我们只能说他们是"污泥中的滚动"。在当代生活中，批判意识的匮乏表现在很多方面。

比如，人们对许多著作的评论，也包括对艺术作品的评论，根本见不到认真的分析和批评，触目可见的是对评论对象的恭维。具有讽刺意义的是，人们之所以偶尔对某些作品的细节有所批评，仿佛只是为了表明，他们对被评论对象及其作者的恭维是多么真诚！

又如，文坛上到处泛滥的另一种批评形式是"黑马式的批评"。所谓"黑马式的批评"，是指有些批评家不在学术或艺术批评上真正下功夫，而是专门挑一些名家的"刺"，对名家进行人身攻击。乍看起来，这种批评形式似乎有点真刀真枪的味道，但却走错了方向。为什么？因为批评者的第一动机并不是推动学术和艺术事业的发展，而是通过向名家"叫板"的方式，使自己"爆得大名"。这样的所谓"批评"本身就是不严肃的，就是变了质的，根本不可能对学术和艺术事业有实质性的贡献。

三是计算理性的高扬和价值理性的衰落。

在市场经济的负面因素的引导下，计算理性正在上升为理性的最主要的内容。比如：评价一个学生是否优秀，主要看他的学习成绩是否在班里名列前茅；评价一个企业家是否出类拔萃，主要看他每年上缴的企业利润是多少；评价一个归国华侨是否爱国，主要看他对地方政府的捐款数量有多少；评价一个普通居民是否道德高尚，主要看他在发生自然灾害时捐款的数量有多少。总之，一切都还原为金钱上的计算，统计学仿佛成了一门最重要的学问！

与此相反，人们的价值理性却不断地萎缩。这种价值理性的萎缩表现在许多方面。除了经济生活中屡禁不绝的腐败现象，还有社会上普遍存在的制假贩假现象。据有关人士爆料，甚至连"三计"，即会计、统计和审计都出现了种种作假的现象。这充分表明，中国传统文化中的美德——诚信也正在一部分当代中国人中慢慢地消失。换言之，人与人之间的信任度正在急剧下降。所有这些都表明，自我陷入了困境之中。对于自我来说，有太多的东西需要反省，也有太多的东西需要清理。

三、如何走出自我的困境？

在这个从计划经济向市场经济转型的时代中，人们的自我比任何其他时代的自我面临着更大的压力、挑战和焦虑。如何走出自我面对的种种困境，我的主要看法如下。

第一，自我应该学会正确地对待自己。

一方面，自我应该在自己的志向与能力之间建立必要的张力。一个人不应该没有自己的志向，但也不应该把自己的志向定得过高。没有志向，一个人就会失去方向，无所事事，就像一条没有橹、没有桨、没有帆的小船在大海中漂流，人生就会在虚度中耗尽；反之，如果立志过高，甚至大大地超越了自己的能力，志向又容易夭折。我们都知道，揠苗助长，于事无补。一般说来，志向应该略高于一个人本身所具有的能力，以便积极地引导他度过自己的一生。

另外，青年人在成长的过程中对自己的志向做出相应的调整，是常有的事，然而，任何人也不宜长久地处于志向不确定的状态之下。正如黑格尔所说：没有志向的人永远停留在可能性中，是"一片从不发绿的枯叶"。乍看起来，由于他的志向没有确定，多种多样的可能性以无限丰富的方式展示在他的眼前，然而，只要他不做出选择，不参与真正的现实生活，他就始终停留在幻想的云端中。也就是说，对于他来说，可能性永远只是可能性，它本身不可能自动地转化为现实性。所以，人们既不能自高自大，立志过高，陷入"生命不能承受之重"的状态中；也不能立志太低，甚至根本就没有什么志向，从而以碌碌无为的方式度过自己的一生；更不能长久地处于志向不确定的状态中，因为没有一个确定的志向来凝聚人生，人生就会变成一堆碎片。

另一方面，自我也不应该滥用自己的聪明，应该扬长避短，把自己的精力用到最能发挥自己才能的领域中去。歌德在治学中提出的一个重要思想是"人要善于限制自己"。黑格尔非常赞同歌德的观点，也指出，一个人如要有所成就，就必须学会限制自己。打个比方，太阳光线在散射的状态下并不能产生多大的热量，但如果人们做一个简单的实验，通过一面放大镜把太阳光线聚集到一个焦点上，就会形成较高的温度，甚至使一张纸片燃烧起来。实际上，自我的一生本来就是十分短暂的，如果再分散精力于各方面，那就完全可能蹉跎一生，一事无成。日常生活的智慧告诉我们，只有"有所不为，才能有所为"。什么都想要的人，结果什么都要不到，这就是生活本身昭示给我们的颠扑不破的真理。

第二，自我应该学会正确地对待他人。

一方面，自我应该"成为一个人，并尊重他人为人"①。这是黑格尔在《法哲学原理》一书中提出的口号。"成为一个人"的含义是：人本来是作为自然人（Mensch）而生活在世界上的，人不应该停留在自然人的水准上，应该成为有独立人格和法律意识的人（Person）；"尊重他人为人"的含义是：他人不是我的陪衬，他人和我一样是始源性的人格，如果我侵犯他人的人格，也就等于赋予他人以各种可能性来侵犯我的人格。于是，在普遍的无政府主义状态中，所有人的人格都无例外地被侵犯了。也就是说，人格本质上是一种主体际性，只有当一个人尊重他人人格的时候，他人才可能尊重这个人的人格。

另一方面，自我应该处理好权利与义务之间的关系。在日常生活中，人们常常只关心自己的权利，而不愿意践行自己应该承担的义务和责任。比如，人们常常使用"违心"这个词就是一种明证。明明做了不好的事情，但又声称自己是"违心"地做的，从而推卸自己的责任。事实上，"心"是我们身体最重要的器官，如果连"心"都可以"违"，还有什么东西不可以"违"呢？又如，"身不由己"这样的说法也是一种推卸责任的说法，仿佛自己的"身体"是不受自己的大脑管辖的。事实上，只要一个人的精神没有处于分裂的状态中，他就具有不可推卸的责任能力，就必

---

① ［德］黑格尔：《法哲学原理》，范扬、张企泰译，商务印书馆1961年版，第46页。

须对自己身体的行为负全部责任。再如，人们也常常用"鬼使神差"这样的提法来推卸自己的责任，似乎一个不好的行为都是由"鬼""神"在冥冥中做成的，与行为的当事人全无关系。这种推卸责任的做法实在太可笑了。有趣的是，当人们做成了什么事情的时候，他们就一反常态，把鬼神推到一边去了。所谓"神不知鬼不觉"就是这个意思。从中足以看出人的劣根性，即：成功了，归自己；失败了，推到鬼神的身上。总之，自我希望与他人和睦相处，就既要维护自己的权利，也必须履行自己的义务。

警惕"绿色崇拜"①

在环保意识变得越来越普及的情况下，"绿色"已经成为所有颜色中最受青睐的一种颜色。众所周知，在德国有所谓"绿党"，在我们这里则有消费中的"绿色食品"、环境建设中的"绿化"、室内装潢中的"绿色革命"和思想观念上的"绿色意识"等。总之，通过大众传媒和环境保护主义者的不断宣传，绿色正在成为最受宠爱的色彩。初看起来，这种现象是无可厚非的，尤其是我们在"绿化"和环境保护方面欠账太多，理应加倍地偿还，但不管如何，在肯定环保意识的前提下，消除"绿色崇拜"，仍不失为一个有意义的话题。

谁都不会否认，绿色是自然界的基本色彩之一，但它能不能代表自然界所有的色彩呢？我们的回答是否定的。正如小说是当代文学艺术的一种基本形式，但它却不能代表当代文学艺术一样。在自然界，不仅有青草绿树，也有色彩鲜艳的红枫，更有五彩缤纷的花朵，如红色的牡丹、黄色的郁金香、紫色的牵牛花、白色的梅花等。何况，每年到了秋风萧瑟的时候，自然界的主要

---

① 原载《深圳特区报》2002年9月29日。收录于俞吾金：《哲学随感录》，北京师范大学出版社2016年版，第235—237页。——编者注

色调已不再是绿色，而是黄色和红色。除了少数一年四季保持绿色的乔木以外，大部分植物在秋天呈现出象征成熟的黄色调，给人以另一种美的享受。香山红叶、波士顿秋色都会给人们留下难忘的印象，所以人们也常称秋天为"金秋"。如果人们的赏心悦目的感觉只有通过自然中的绿色调才能唤起，他们又何须兴致勃勃地去参观各种画展，热情洋溢地去欣赏印象派和后期印象派的色彩绚烂的画作呢？

人们还常常把绿色看作生命的象征，这在一定程度上也是无可厚非的。因为植物的绿色常常是植物生命的象征。但比较起来，红色，即人和其他动物的血液的颜色，更有资格成为生命的象征。值得注意的是，当人们把绿色看作是生命的象征时，他们忽略了绿色意蕴的复杂性，从而也忽略了一个更重要的事实，即在某种意义上，绿色乃是死亡的象征。人所共知，动物尸体在腐烂时会出现绿色的斑点；坟墓中的遗骨在燃烧时会发出绿色的磷光；食品在霉变时会长出"绿毛"；铜在被锈蚀时会呈现出绿斑。也许因为台湾人更多地把绿色理解为死亡的象征，所以在他们的影视节目中，鬼怪的形象及鬼怪出场时的光线无一例外都是绿色的。更有甚者，美国人处死犯人的毒气室也是漆成绿色的！

此外，在有些场合下，绿色还会引起一种强烈的厌恶乃至恐惧的感觉。野狼的绿莹莹的目光，在水中游弋的绿毛龟，滑腻的苔藓和青蛙的皮肤，不仅使人感到厌恶，而且令人联想起死亡。俄国著名的美学家车尔尼雪夫斯基在他的《生活与美学》一书中就说过："蛙的形状就使人不愉快，何况这动物身上还复盖着尸体上常有的那种冰冷的黏液；因此蛙就变得更加讨厌了。"①从中国传统社会的习俗来看，黄为正色，绿为闲色。汉朝以绿帻为贱者之服，唐朝则以绿衫表示官位之卑微。所以白居易有"分手各抛沧海畔，折腰俱老绿衫中"的感叹。更有甚者，按照唐俗，吏民有罪，常令其裹绿头巾以示辱；到了元、明时期，乐人家的男

---

① ［苏］车尔尼雪夫斯基：《生活与美学》，周扬译，人民文学出版社 1957 年版，第10 页。

子和娼妓都裹绿头巾；于是，渐渐演绎出在今天仍然十分盛行的所谓"戴绿帽子"这样的说法。

上面我们列举了绿色调所包含的某些消极的意蕴，但我们的目的并不是要否定绿色、抛弃绿色。我们只是强调，世界是丰富多彩的，绿色不过是诸多色彩中的一种，作为一种色彩，它有自己存在的权利，特别是在环保和生态学的视野中，它的价值得到了广泛的认可。但绿色同时也可以象征一些能够引起人们普遍不快，甚至厌恶的自然现象和文化现象。所以，我们既不应该以完美的目光去看待绿色这种颜色，也不应该用绿色这种单一的色彩去支配甚至取代其他所有的色彩。我们只应该在需要绿色的地方去追求绿色，但千万不要"一刀切"，去搞什么"绿色崇拜"或"泛绿色主义"，甚至倡导所谓"绿色意识"，恨不得把精神也漆成绿色！马克思早就告诫人们：

> 你们赞美大自然悦人心目的千变万化和无穷无尽的丰富宝藏，你们并不要求玫瑰花和紫罗兰散发出同样的芳香，但你们为什么却要求世界上最丰富的东西——精神只能有一种存在的形式呢？[1]

是的，从我们生活的现状和保护生态环境的角度看，我们确实需要更多地保护并发展绿色，但永远不要去搞"绿色专政"。

---

[1] 《马克思恩格斯全集》第 1 卷，人民出版社 1956 年版，第 7 页。

2003年

从"两个悉尼"说起[①]

　　据报载，英国的一对年轻的恋人节衣缩食，积攒了一些钱，打算到澳大利亚的悉尼（Sydney）去旅游。他们在互联网上订了票，不久后便兴高采烈地出发了，但转了两次飞机，竟到了加拿大的一个小镇，因为那个小镇的名字也叫悉尼（Sydney）。看到这则轶闻，我的第一个疑虑是，这对恋人怎么会这么糊涂，但随即想起某位大文豪的一句名言——"谁如果没有做过傻事，谁就没有真正地恋爱过"，也就释然了；我的第二个疑虑是，互联网的这家订票公司办事怎么可以这样马虎，但想到互联网的"虚拟性"，也就觉得没有什么可惊讶的了。

　　于是，我的注意力就转到语言本身的问题上。必须承认，语言作为交流的媒介，给人类带来了好多益处，但它也在人们的日常生活中制造了很多"麻烦"。同一个专名"悉尼"（Sydney）指称的是两个不同国家的两个不同的对象：一个是澳大利亚的闻名全球的大都会，另一个是加拿大的默默无声的小乡镇。既然存在这种"一名指称两对象"的情况，出差错似乎也就在所难免了。其

---

　　① 原载《文汇报》2003 年 3 月 5 日。收录于俞吾金：《哲学随感录》，北京师范大学出版社 2016 年版，第 241—243 页。——编者注

实，这样的情况在生活中比比皆是。比如，Cambridge 这个词既可指称英国伦敦附近的某个地区，也可指称美国波士顿的某个地区。就以美国本土来说，"华盛顿"（Washington）这个名词既可指称美国的第一任总统，也可以指称两个不同的地名：一个是美国东部的"华盛顿特区"（Washington，D. C.），即美国的首都；另一个是美国西部的"华盛顿州"（State of Washington）。如果人们表达得不清晰，就可能把这些对象搞混。假如我没有记错的话，在美国，"普林斯顿"（Princeton）这个词也可以指称两个对象：一个是美国东部的某个地区，是著名的普林斯顿大学所在地；另一个是芝加哥附近的小镇。同样，在德国，"法兰克福"（Frankfurt）这个专名也可以指称两个不同的对象：一个是"美因河畔的法兰克福"（Frankfurt A. M.）；另一个是"奥德河畔的法兰克福"（Frankfurt a. d. O.）。虽然"美因河畔的法兰克福"名头更响，但如果你在信封上只写 Frankfurt，邮递员就不知道把信往什么地方送了。

当然，单语词与多指称对象之间的矛盾绝不仅仅表现在地名上，在人们的日常生活中也多有表现。比如，"南大"这个词既可以指称南开大学，也可以指称南京大学；"人大"这个词既可以指称中国人民大学，也可以指称全国人民代表大会；"山大"这个词既可以指称山西大学，也可以指称山东大学；"人流"这个词既可以指称马路上流动的人群，也可以指称人工流产。用词稍有不慎，便会引起麻烦，尤其是使用省略词，必须慎之又慎。人名上引起的重复就更多。笔者有一位老同学名叫"李莉"。有一次，她说起，她在加拿大的卡尔加里大学（University of Calgary）求学时，光中国去的留学生，就有好几个叫"李莉"（LiLi）。这些"李莉们"不得不通过附加的表达方法，达到相互之间进行区分的目的。有趣的是，在书名中也会出现这样的歧义。比如，不久前，上海的一家出版社推出了一本新书《东方人学史》，显然，作者和编辑都没有注意到这个书名在含义上可能产生的歧义，因为它既可以理解为中国人学（人类学，anthropology 的汉译）发展的历史，也可以理解为中国人学（习）（历）史。又如，上海另一家出版社在 20 世纪末推出的一本书，书名是

《七世纪前的中国思想史》，显然，作者的意图是向读者叙述公元 7 世纪以前的中国思想史，但这里既然没有使用"公元"这个限定词，读者也可以对书名作这样的理解，即作者正在叙述公元 13 世纪时的思想状况，因为该书是在 20 世纪出版的，既然强调是"七世纪前"，不正是公元 13 世纪吗？

　　这种单语词与多指称对象之间的矛盾还表现在生活中的其他方面。比如，不久前，笔者曾在《解放日报》上撰文批评"无理由退货"这个含混的口号，因为这个口号可以同时表达两种对立的含义：一是"顾客不用陈述理由就可以把已买的商品退还给商场"；二是"顾客没有任何理由把已买的商品退还给商场"。但我的批评似乎并没有起什么作用，一些报刊依然故我，继续侈谈"无理由退货"。记得歌德曾把正确的想法比作"船"，把错误的想法比作"水"，他发出的感慨是：船分开水，但水在船后又合拢了。如果"水"是不自觉地合拢的，那还情有可原；如果是故意地搅和起来，那就另当别论了。不久前，韩国总统金大中提名张裳担任总理，但张裳未被通过，其中的一个原因就是她擅自改动了自己的学历，把自己曾获得学位的学校由名不见经传的"普林斯顿神学院"改为大名鼎鼎的"普林斯顿大学神学研究院"。显而易见，张裳试图利用人们对语词的那种马大哈式的态度，但某些精细的韩国人还是发现了她所从事的"语言游戏"。无论如何，当你在日常生活中运用语词时，多一份思考总不是坏事。

有容乃大

——我对复旦精神的解读①

　　复旦大学的校园并不大，但不知为什么，它给我的感觉却总是那么大，就像无边无际的海洋。

　　也许因为每年都有一大批莘莘学子带着美丽的梦想踏进这片土地，他们来自世界各地，无时无刻不在精神上扩大着校园的容载量。四年后，当他们离去的时候，又把从这里接受的智慧和知识带向四面八方。在他们的心目中，复旦校园永远没有围墙，它和整个广袤的世界连在一起，甚至它就是这个广袤的世界本身！

　　也许因为复旦是藏龙卧虎之地，它拥有一批驰名国内外的大师级的教授。无论是冬日晨曦，当你在体育场上显山露水的时候，还是深秋枫红，当你在校园的小径上踽踽独步的时候；无论是春意盎然，当你喜悦地欣赏着路边新绿的时候，还是夏日星夜，当你在微温的草坪上陷入遐想的时候，一不小心，你就会与心仪已久，甚至崇拜已久的某位大师擦肩而过。这真是一种奇妙的感觉：一方面，你会觉得世界真小，因为你和

---

① 原载《复旦校刊》2003 年 12 月 10 日。收录于俞吾金：《哲学遐思录》，北京师范大学出版社 2016 年版，第 288—289 页。——编者注

大师近在咫尺；另一方面，又会觉得世界真大，因为你仿佛已和大师失之交臂！当然，只要你是一个有心人，也就永远不会失去接受大师亲炙的机会。或许是在实验室里，或许是在课堂上，或许是在教师宿舍里，或许是在相辉堂的长椅边……

也许因为这里留下了许多世界级重要人物的脚印。从美国前总统里根到英国前首相撒切尔夫人；从法国前总统德斯坦到美国前国务卿克里斯多弗；从微软总裁比尔·盖茨到经济学大师弗里德曼；从交往理论的创立者哈贝马斯到解构主义的肇始人德里达；从杨振宁到李政道……还有世界各国文理科教学和研究方面的顶尖专家，在校园的林荫大道上，在梯形教室里，留下了他们的真情告白和远见卓识！

也许因为……

所有这一切都汇聚到一个点上，都需要一种精神来支撑，这就是复旦精神。复旦精神包含着许许多多的内容，但在我看来，它的根本精神是：有容乃大。庄子曰："且夫水之积也不厚，则其负大舟也无力……风之积也不厚，则其负大翼也无力。"①没有宏大的、自由的空间，没有容纳不同见解的宽广的胸怀，原创性的思想无法启动，大师级的人物也无从诞生。复旦校园之所以拥有生生不息的活力，复旦教学事业之所以能薪尽火传、绵绵不绝，复旦学子之所以思想活跃、新见迭出，都源于博大、宽容的复旦精神！

"众里寻他千百度，蓦然回首，那人却在，灯火阑珊处。"请不要犹豫，走进复旦校园吧。也许正是在这里，你才能找到真正的精神归宿，就像倦怠的游子回到母亲的怀抱中一样。

---

① 《庄子·逍遥游》。

2004年

重"占有"，还是重"使用"？[①]

　　在生活中，我们常常发现这样有趣的现象：一个人花了一大笔钱买了一台功能很先进的电脑，心里十分高兴。可是，他只是使用电脑的打字功能，至于电脑所拥有的其他功能，他都懒得去实践。显然，对于他来说，这台电脑不过是"一架豪华的打字机"而已。他的高兴只在于他占有了这样一台高级的电脑，至于如何去"物尽其用"，那就完全不在他考虑的范围了。

　　人们也许认为，这个人的做法不过是生活中偶然出现的现象，不值得大惊小怪。但仔细地考量下去，就会发现，这种"重占有而轻使用"的现象在我们的周围俯拾皆是。比如，几乎所有的图书馆都强调自己拥有多少藏书量，并为此而感到骄傲。可是，它们却很少考虑自己图书的使用率的高低。其实，就像永远不可能被发现的古墓中的文物实际上等于不存在一样，永远不被使用或使用率极低的图书也会失去自己的存在价值。在这里，这些图书馆普遍重视的是占有或拥有多少图书，而很少去关心图书实际上被使用的情况。又如，不少单位从国外引进了非常先进的实验室

　　① 原载《解放日报》2004 年 3 月 18 日。收录于俞吾金：《哲学随感录》，北京师范大学出版社 2016 年版，第 123—125 页。——编者注

设备，它们的领导也为拥有这样的先进设备而到处炫耀，可是，他们却很少关心这些设备的使用情况，更不要说做出种种努力去提高它们的使用率了，以致有些设备花了大量的维护费，一年下来却没有多少人去使用，甚至有的设备在日晒雨淋中很快就报废了。在这里，我们看到的也是这些单位领导的"重占有而轻使用"的倾向。再如，许多单位的领导沾沾自喜的是自己拥有或占有了多少人才，以便他们在填写各种统计表时，会油然而生一种快感。可是，他们很少考虑，如何结合自己单位的发展战略，使自己所拥有的每一个人才的潜能都得到充分的发挥。相反，他们或者使这些人才处于不被关注、不被使用的边缘状态下，或者把他们置于复杂的人事关系中，以致有的人才发出了"此处不用爷，自有用爷处"的感慨，卷起铺盖走人了。

从上面罗列的现象可以发现，在现实生活中，"重占有轻使用"绝不是偶然的现象。我们认为，这种现象之所以普遍存在，其历史原因在于，中国是一个处于小农经济的汪洋大海中的国家，而小农意识的一个特点就是"重占有而轻使用"。不难发现，在不少农家的院子里，或城市居民楼的过道上，堆放着大量杂物，如破椅子、破脸盆、旧箱子、旧衣服等。虽然这些杂物已经完全失去任何用处，但它们的主人们仍然视之如珍宝，甚至不允许别人去碰一下。当然，这种"重占有轻使用"现象的普遍存在也有其心理上的成因。一般说来，当人们要失去一个东西时，就会重视它的价值；而当他们占有或拥有一个东西时，他们就会轻视它的价值，甚至完全不考虑如何去使用它。比如，有的人买了很多书，却从来不去阅读。在他看来，既然自己已经占有了这些书，那么什么时间去阅读都无所谓，但结果常常是，什么时间也不再去阅读了。这就像果戈理笔下的地主玛尼罗夫，他的书房里总是放着一本书，在这本书的第14页上夹着一张书签，而这本书他从两年前就开始读了，但这张书签永远夹在第14页上。显然，对于他来说，这些书只是纯粹的摆设。据说，有的人十年前买了一包书，至今竟连包也没有拆开！反之，如果有人从别人那里借了一本书，限时限刻要还，他就会很快地读完这本书。

也就是说，人们仿佛天然地具有这样的逆反心理，即只使用自己无法占有的东西，一旦占有了什么，他们也就失去了使用它们的兴趣和热情！

然而，这种从传统因袭下来的"重占有轻使用"的现象到了应该彻底改变的时候了。在市场经济的背景下，物的各种功能不断地被发现，在某种意义上，物的僵硬的实体性已经溶解在其功能性中了。因此，重要的不再是一个单位抽象地或在数量上占有多少物和人才，而是实际上是否有效地使用它们，真正做到"人尽其才，物尽其用"。当然，在重使用的同时，既要尊重人的人格，时时牢记康德关于"人是目的"的箴言；也要尊重物的物性，处处不忘海德格尔关于"让物泰然处之"的教导。

2005年

从"归根结底"说起^①

　　如果说，德国人使用的德语词义十分清楚，他们的思想也十分明晰的话，法国人则不同。尽管全世界都认同法语表达上的严格性，但清晰性绝对不会成为法国人思维的特征。有趣的是，与德国人和法国人比较起来，中国人的特点也许是：不但汉语本身不是明晰的，而且中国人的思维从总体上看也不是明晰的。我们不妨从"归根结底"这个成语说起。

　　也不知从什么时候起，在大众传媒上，在我们的书刊里，甚至在博士生的论文里，到处充斥着"归根结底"这个成语。据上海辞书出版社出版的《中国成语大辞典》(1987年版)第469页的说明，张南庄在《何典》二回中使用过"归根结柢"这个成语；鲁迅在《且介亭杂文二集·叶紫作〈丰收〉序》中使用过"归根结蒂"这一成语，而茅盾则在其《第一阶段的故事》中使用过"归根结底"这样的成语。

　　如果我们不为尊者讳的话，就必须对上述三种不同的表达方式做出自己的分析和判断。众所周知，在汉语中，"柢"指的是树根；"蒂"指的是

――――――――――

　　① 原载《社会观察》2005年第4期。收录于俞吾金：《哲学随感录》，北京师范大学出版社2016年版，第229—231页。——编者注

瓜果与枝、茎相连的部分；"底"指的是事物的最下面的部分，转义为事物的基础；"根"指的是植物下面的部分，它的功能是把植物固定在土地上，并吸收土壤中的水分和养分；"归"作为动词是"返回"的意思；"结"作为动词则是"长出""生出"的意思。

按照这样的理解方式，"归根结柢"这个成语的意义是不明晰的。既然"柢"的含义就是"根"，"归根结柢"也就成了"归根结根"。显然，这样的表述是自相矛盾的。比较起来，"归根结蒂"的含义似乎还算明确：一方面是返回到"根"，另一方面是长出了"蒂"，而"根"和"蒂"都有尽头的意思。然而，"归根结底"这个成语就显得不可思议的了。如前所述，"底"是事物的最下面的部分，对于植物来说，"结蒂"是可能的，但"结底"却是不可能的，甚至可以说是荒谬的。当然，如果人们把这个成语改为"归根到底"，它的含义倒是不错的，因为无论是"归根"也好，还是"到底"也好，都有返回到基础上的含义在内。一言以蔽之，人们能够用"归根结蒂"或"归根到底"这样的成语，而"归根结底"或"归根结柢"这样的用法则是不妥的。

无独有偶，中国人对英文著作的翻译，似乎也涉及对这个成语的理解。每当我在翻译著作中读到"在最后的分析中……"这样的句型时，不免哑然失笑。显然，这是译者误解了英文中最常见的一个表达式"in the last(final) analysis"。其实，这个表达式的意思就是"归根到底"或"归根结蒂"。同样地，英语中的"in the end"可以译为"最后"，有时也不妨译为"归根到底"。

尽管语言在发展中包含着约定俗成的倾向，但这并不意味着，人们完全可以让语言随波逐流，以无批判的方式对待它。当前，社会上滥用语词的现象、听之任之和将错就错的现象到处蔓延，从而严重地威胁到汉语这一源远流长的语种的生存和发展的问题。对日常汉语使用中种种错误现象的诊断和改正，应该成为理论工作者不容推卸的责任。

也谈"当局者迷，旁观者清"①

　　众所周知，中国人的思维方法是一种十分重视经验，甚至崇拜经验的思维方法。我们这里之所以没有采用诸如"经验主义"或"经验论"这样的提法，因为与西方的经验主义者不同，在中国传统中没有形成系统的、有影响的、关于经验的理论。比如，英国近代哲学家培根、霍布斯、洛克、贝克莱和休谟都有自己系统的经验理论。尤其是在贝克莱和休谟那里，经验理论不仅是系统的，而且是深刻的，对西方哲学文化的发展产生了重大的影响。然而，对于中国人来说，总是习惯于从实际使用的角度出发去理解各种经验，从不考虑把它们放在理性的法庭上认真地加以审核和甄别。这就使我们的许多经验都具有似是而非的特点，经不起认真的推敲。在日常生活中十分流行的谚语"当局者迷，旁观者清"就具有这样的缺陷。

　　据《中国成语大辞典》的考证，《旧唐书·元行冲传》曾有"当局称迷，傍观见审"的说法。《醒世恒言》卷九以下棋作比喻，进一步说明了这个道理："说起来，下棋的最怕傍人观看。常言道：

　　① 原载《社会观察》2005 年第 6 期。收录于俞吾金：《哲学随感录》，北京师范大学出版社 2016 年版，第 232—234 页。——编者注

傍观者清，当局者迷。"《儿女英雄传》二十六回也有"从来当局者迷，旁观者清"这样的提法。① 所有这些提法，都蕴含着一个共同的经验，即对同一个事物或事件，局外人要比当事者看得更清楚，更全面。然而，这样的经验是否具有普适性呢？显然，我的回答是否定性的。诚然，我们也承认，在日常生活中，每日每时都有大量的"当局者迷，旁观者清"的故事在演绎，然而，这样的故事并不具有普遍必然性，事实上，我们可以举出不少反例来证明，在相当一部分情况下，"当局者迷，旁观者清"是站不住的。岂止是站不住，而且在有些场合下，这个经验正以颠倒的方式，即"当局者清，旁观者迷"的方式表现出来。

就拿下棋来说，真正高明的棋手常常预先在心中已经酝酿好一个克敌制胜的周密的计划，就整体计划的实施而言，局部上也会采用"卖个破绽""诱敌深入"的方法。而对于下棋的旁观者来说，如果他的棋艺还没有达到相当高的水准，如果他还不能识破棋手心中隐藏着的计划，那么，他不但看不清棋局，识别不出棋手的意图，甚至还可能一片茫然。同样地，战争也是如此。一个高明的指挥官不但对全局了然于心，而且也能依据对方指挥官的性格，制造种种假象，以迷惑对方。在这样的情况下，如果一个战争的旁观者既不精通战争的理论，也不精通战争的实践，他会理解这位高明的指挥官所采取的每一个战术上的具体的部署吗？如果他贸然地对战争的情况进行评论，这些评论也许只能证明他的无知和浅视。为什么旁观者一定是清楚的，而当局者则一定是糊涂的呢？难道旁观者的智商都是高的，而当局者的智商都是低的？显然，"当局者迷，旁观者清"这样的说法是无法使人信服的。

何况，在日常生活中，还存在着不少"当局者清，旁观者迷"的现象。比如，当几个高明的骗子串通起来，一起行骗的时候，他们是"当局者"，究竟他们比"旁观者"更清楚，还是旁观者比他们更清楚？答案是不言自明的，即他们比旁观者更清楚。又如，当一些出色的魔术师在

---

① 参阅《中国成语大辞典》，上海辞书出版社1987年版，第886页。

舞台上变魔术的时候，究竟是他们对自己的行为更清楚，还是作为旁观者的观众对他们的行为更清楚？答案也是不言自明的。再如，当一个政治上的阴谋团体，如纳粹，控制了一个国家，并采用种种做法来迷惑老百姓，以掩盖自己的真实本质的时候，究竟是这个阴谋团体对自己的所作所为知道得清清楚楚，还是老百姓对他们的所作所为知道得清清楚楚？答案同样是不言自明的。

　　日常生活本身的复杂性深刻地启示我们，不能粗枝大叶地观察并思考日常生活。由于人们受到实用理性和经验思维的影响，很容易一见到某些现象，就简单地归纳出一个普遍性的结论。这样的思维方式是很容易在日常生活中遭受挫折的。尽管培根是一位经验主义者，他仍然建议，人们在对日常生活中的各种经验做归纳时，应该给思维的翅膀绑上重物，即要努力关注那些相反的现象或经验，以便使自己归纳出来的结论具有更大的普遍性和有效性。

"近水楼台先得月"之分析①

　　在通常的情况下，语言总是表达思想的，因此，说什么，也就是表达什么。然而，由于人们没有深入地反省语言本身实际上表达出来的含义，所以偶尔也会产生这样的现象，即语言的实际意义可能会与其字面意义错位，甚至在含义上恰好相反。假如人们有兴趣深入地考察汉语的各种日常表达方式，比如语词、成语等，就会发现，其中相当一部分表达方式存在着字面意义与实际意义之间的差异。人们在日常生活中经常使用的成语"近水楼台先得月"就是一个典型的例子。

　　据上海辞书出版社出版的《中国成语大辞典》介绍，在宋代文人俞文豹的《清夜录》中最早出现了"近水楼台先得月，向阳花木易为春"这样的诗句。后来，明代文人汤显祖在《紫钗记》中沿用了这两句诗。在民国时期，尤其是中华人民共和国成立以来，"近水楼台先得月"这一表达式在日常生活中被广泛地使用，几乎人人皆知其义为"地处近便而获得优先的机会"②。为了使用上的方

---

　　① 原载《社会观察》2005 年第 7 期，题为"'近水楼台先得月'析"。收录于俞吾金：《哲学随感录》，北京师范大学出版社 2016 年版，第 223—225 页，题为"'近水楼台先得月'吗"。——编者注

　　② 《中国成语大辞典》，上海辞书出版社 1987 年版，第 641 页。

便，人们也经常把这个表达式简化为"近水楼台"。有趣的是，人们在日常生活中频繁地使用着"近水楼台先得月"这样的表达式，却忽略了对其实际意义的深入考察，这正应了德国哲学家黑格尔的名言——熟知非真知。

实际上，只要稍加思索，人们就会发现，《清夜录》中出现的"近水楼台先得月，向阳花木易为春"这两句诗在含义上是有差异的。就"近水楼台先得月"这一表达式而言，"近水楼台"得到的月亮并不是真的月亮，而只是月亮在水中的倒影。这个倒影虽然出现在水中，人们的眼睛能够看到它，但它实际上是摸不着，捧不起的，是一个虚假的东西。宋代哲学家朱熹曾用"月印万川"的比喻来说明"理"的作用。显然，在"月印万川"这个表达式中，"月"乃是指天空中真实的月亮，然而，人们在"万川"（成千上万条河流）中见到的却不是真实的月亮，而只是月亮在水中的倒影。也就是说，从字面意义上看，"近水楼台先得月"这个表达式传达了这样的意思，即"地处近便而获得优先的机会"，但事实上，由于"近水楼台"得到的并不是真实的月亮，而只是月亮在水中的倒影，所以它得到的只是一个有名无实的东西。也就是说，它的实际意义是，"地处近便获得虚假的机会"。与此不同的是，"向阳花木易为春"这个表达式的字面意义和实际意义倒是完全一致的，都表明"地处近便而获得优先的机会"，因为"向阳花木"中的"阳"乃是指真实的太阳光。花木受到太阳光的直接照射，也就实实在在地获得了优先生长的机会。

这就启示我们，在"近水楼台先得月"和"向阳花木易为春"这两个表达式的实际意义之间存在着某种根本性的差异：前者表明，地处近便获得虚假的机会；后者则表明，地处近便则获得真实的机会。长期以来，由于人们从未批判性地反思这两个表达式之间的根本差异，所以常常是在完全不了解"近水楼台先得月"这一表达式的真实含义的基础上使用它，从而导致普遍的误用。

在日常生活中，这样的例子还有很多。比如，人们常常说："人非圣贤，孰能无过。"这个表达式的字面上的含义是"人都是会犯错误的"，但其实际上的含义却是"一部分人，即圣贤是不会犯错误的"。又如，"假头发"这个表达式所要表达的字面上的含义是"虚假的头发"；但就其实际含义而言，所谓"假头发"也是用别人的真头发做成的，所以我们只能说"张三戴着用李四的头发做成的发套"，却不能说"张三戴着假（头）发"，因为不管张三戴的是哪个人的头发，它都是真的。因此，我们甚至可以说，"假头发"这个概念就不能成立。除非是在其他语境中，如一个洋娃娃的头发是用线或其他材料做成的，在这样的情况下才可以使用"假头发"的概念。再如，人们通常说的"自行车"实际上应该被称为"助动车"，因为它自己不会走，必须用脚去助动；反之，人们通常说的"助动车"倒应该被称为"自行车"，因为一打开马达，它自己就会行走。还有像"恐高症"这个表达式也与实际情况不符。假如一个人站在地上，看到一架飞机在高空飞行，他会有"恐高症"吗？答案是否定的，即他是不可能"恐高"的。因此，真正的表达式应该是"恐低症"。假定你站在高楼上往下看，你会害怕，因为你"恐低"，而不是"恐高"。这样的例子还可以举出不少。它们表明，日常语言中的语词、成语等的表达形式，并不像人们通常想象的那么准确和有效。它们应该经过我们的批判性的省察，否则，我们就有可能误用它们。

重构思想的维度[①]

　　没有人否认哲学在当代已经边缘化的事实，但这是否意味着人们因此能够撇开哲学所揭示的思维规律来进行合理的、有效的思考呢？当我们以冷静的目光来考察当代人的思维方式时，我们也许感到震惊：在各种貌似深思熟虑和绞尽脑汁的思考中，我们的思维方式竟然是如此简单。这种思维方式的简单化倾向不只反映在各种出版物中，而且也反映在人们平时的言谈和行为举止中。

一、思维方式简单化的
三种表现形式

　　在日常生活中，我们发现，思维方式的简单化常常通过以下三种不同的方式表现出来。

　　一是"崇拜形式"，搞形式主义。社会生活中的许多现象，如新公司成立时的揭牌仪式、新商场的开张仪式、搬家放鞭炮的仪式、"开会＋旅游＋公款吃喝"等程式，被作为固定的形式加以介绍、推广、模仿和实践。人们的思想似乎对这

---

　　① 原载宋远骆、彭小华主编：《党建闻新》第 2 辑，武汉出版社 2005 年版，第 79—82 页。——编者注

种形式主义缺乏抵制能力，只是顺着它们走。更为触目惊心的是，连人们的眼光也变得空前的肤浅化和形式化了，他们看重的只是外观、包装和化妆。比如他们把女性美理解为"消瘦＋苍白＋口红＋护肤霜"。也就是说，象征女性健康的红润的肤色不是自然形成的，而是"贴"上去的，就像人们把邮票贴到信封上去一样。例如，人民币可以伪造，甚至连论文、文凭等都可以伪造。总之，在这个矫揉造作的时代中，形式、外观和包装就是一切，其他都是不重要的，都是轻飘飘的。

二是"爱走极端"。比如，在文化讨论中，有一段时间人们言必称西方文化，认为它博大精深，无法超越，并以它为参照系来批评东方文化，尤其是中国的传统文化。但随着西方有些学者，如萨义德起来批评"西方文化霸权主义"或"西方话语霸权主义"，于是，许多人的思想又滑向另一个极端，即拾这些西方学者的余唾，把西方文化说得一无是处；与此相应的是，把东方文化说得尽善尽美，甚至提出"东方中心论"。又如，在工作中，一当"以……为中心"被确立，在实行者眼中，就只有"中心"，而没有使中心成为中心的"边缘"，中心成了一切。

三是爱"一窝蜂"或"一哄而上"。有趣的是，人们的思想似乎有一种自然趋同的意向。任何一种社会现象，只要一经传媒"炒作"，人们的全部注意力立即集中到它上面，于是各种各样的"热"就蔓延开来。比如"房地产热""学驾照热""出国热"等，此起彼伏，就像电脑屏幕上的变换线一样变来变去，使喜欢赶浪头的人们应接不暇。与此截然相反的情形是对"创新"的膜拜，言必曰"创新"，以致把任何一种平庸之见和另类之举都披上了"创新"的灵光圈。凡此种种，都显示出今人思维方式的一个根本性的弱点——简单化。

二、思维方式简单化的成因

思维方式的简单化是怎么造成的呢？

一是对不断变化的社会生活的不适应。随着社会生活色彩的日趋多样化，人们的思维在试图适应的过程中，由于缺乏对它们的本质和长远的发展倾向的深入了解和反思，无法做出独立的决断或担心贸然决断，在听张张有理、听李李有理的情形下，只得便捷地采取简单认同大流的方式。

二是在市场经济的背景下滋生起来的致富欲使人们的心理和思想普遍地变得浮躁起来。面对激烈的竞争和"先富族（区）"的刺激，一些人的心理失去平衡，总希望投机取巧，不劳而获，最好"天上掉下一个馅饼来"。不消说，在这样的思维方式的支配下，人们自然不安心于埋头工作，而是热衷于追踪各种"热"。

三是传统文化所强调的"大一统"的观念的深层影响。"大一统"的观念使人们的思想普遍地习惯于认同、模仿、"随大流"和人云亦云，缺乏批判性的独立思考的能力，从而使形式主义的、简单化的思维方式经久不衰。

三、思想维度的重建

如何克服思维方式简单化，重建思想的维度呢？我认为应该学一点哲学，懂得思维方法上的辩证法，从而学会全面地看问题和思考问题。德国哲学家康德曾说过，他不是教学生学哲学，而是教他们哲学地思考。所谓"哲学地思考"，就是要克服思维方式的简单化，学会独立地、合理地、有效地进行思考。

首先，应该克服那种追求纯而又纯理想状态的所谓"工艺思想"，学会掌握事物的主流和支流之间的辩证关系。众所周知，人们在制造工艺品时，总是力图把它们塑造成完美无缺的存在物。当他们把这种审美创造上追求完美化的思想移植到思想方式上去的时候，就会用纯而又纯的眼光看待一切人和事。用这样的思维方式去考察市场经济，必定会停留在两个极端上：或者把它看得完美无缺，或者因为它达不到理想状态而把它贬得一无是处。乍看起来，贬低市场经济似乎看到的只是它的不足，实际上这里的"责备"正源于"求全"。也就是说，这里崇拜的仍然是理想状态和完美境界。克服这种工艺思想，我们在认识任何社会现象时，就会注意划分出主流和支流。当然，这二者也不是固定不变的，在一定的条件下，它们是可以相互转化的。但区分了这两者，我们在看问题时也就不容易走极端了。

其次，应该克服那种"随大流"的、一味趋同和模仿的思维方式，深刻认识普遍性与特殊性之间的辩证关系。这种趋同的思维方式总是抽象地停留在普遍性上，不愿反思并发现自己的特殊性，从而失去了正确地、有效地进行思考的基础。于是，外界"热"什么，这些人就追逐什么，就像绕着轮子不断奔跑的松鼠。重要的是使飘荡无定的思想获得自己的根基，而要做到这一点，就要充分认识到自己的特殊性。从一个国家或一个地区出发，就要充分认识自己的现实状况和资源优势；从一个个人出发，就要充分认识自己的特长和资源优势。无数事实表明，只要立足于自己的特殊性，努力发挥自己的优势，才能成功地参与市场经济。比如，潍坊的风筝文化、北京的胡同文化、云南的民族文化等，都是因地制宜，发挥自己的特殊性和优势的结果。同样地，任何个人，要成功地在市场经济中冲浪，也必须有自知之明，扬长避短，发挥自己的特色和优势。如果一味地模仿别人，是不可能做出惊天动地的事情来的。这就启示我们，只有充分地认识并发挥出自己的特殊性，才能更好地体现普遍性；反之，"一哄而上"、一味趋同、搞"一窝蜂"，是难以在市场经济中获得真正的成功的。

最后，要克服单纯崇拜形式的、肤浅的思维方式，努力把握形式与内容之间的辩证关系。人所共知，形式主义的思维方式必定会导致把形式目的化、把内容手段化的结果。也就是说，外在的形式成了追求和崇拜的对象，实质性的内容反倒变得无足轻重了。其实，从哲学上看，虽然内容总是通过一定的形式才能表现自己，但在内容和形式的关系上，一般说来，内容总是根本性的，而形式只有充分体现出内容的特殊性和活力的时候，才是有生命力的。反之，为了形式而形式，甚至以形式作为标准去评论内容的好坏，那就有点像中国古代寓言中的"买椟还珠"的故事了。这种形式主义的思维方式当然是很愚蠢的。重要的是把我们的思维引向事情的实质性内容，而不是停留在外观的形式上。

　　总之，现实生活展现了生活世界的无限可能性和多样性。要克服思维方式的简单化和随波逐流的现状，进入真正的思想之维，就应该认真地读一些哲学著作，以独立的人格、求真的精神和热爱自由的意志，学会全面地看问题和思考问题。

2007年

理解现在，才能解释过去[①]

乍看起来，当代中国人似乎对"历史"怀着一种普遍的兴趣。然而，深入反思又使我们注意到一些完全相反的现象。我们看到，在当代中国文学界和影视界，大部分历史剧的编导都缺乏自觉的历史意识，他们编导、编写出来的历史剧触目所见的都是王公贵族、后宫嫔妃之间的计谋权术、钩心斗角、同室操戈、宫闱政变。明眼人一看就知道，所有这些传统观念与我们今天的市场经济和现代化建设的主导性价值都是相冲突的。这些历史剧不仅不能为当今的生活提供引导性的价值，反而充当了阻碍市场经济和现代化发展的消极的思想台柱。

一、历史意识的关键是对当代生活本质的正确理解

什么是"历史意识"呢？历史意识并不是指一个人对历史素材、历史掌故、历史细节的熟悉程

[①] 原载《浙江日报》2007 年 3 月 19 日。载《宁波日报》2007 年 5 月 24 日。收录于俞吾金：《哲学随感录》，北京师范大学出版社 2016 年版，第 273—276 页，题为"不理解现在，就不能解释过去"。——编者注

度，而在于对现在生活本质的先行的、正确的理解。我们这里所说的"先行的、正确的理解"就是在研究历史之前，先要领悟当代生活的本质。那么，究竟什么是当代生活的本质呢？市场经济和现代化构成当代中国社会生活的本质，而市场经济和现代化所蕴含的客观的价值导向——民主、自由、尊重人权、社会公正等就是我们提倡的主导价值。比如，关于包公、海瑞、狄仁杰等的故事，就是以反对特权、维护社会公正为主导性价值的历史剧，就具有特别的意义。这类历史剧的问世，在客观上表明，历史意识在当今中国的思想文化界并没有消失。

这样看来，历史意识的座右铭应是"不理解现在，就不能解释过去"。历史意识的重心永远在当代。当意大利哲学家克罗齐说"一切历史都是当代史"的时候，他表达出来的正是这种自觉的历史意识。

历史意识启示我们，当一个研究者还没有对当代生活的本质加以把握之前，就匆匆忙忙地扑向过去，试图做出自己的解释，这样的解释肯定是失败的。因为确定某个历史事件、历史问题和历史经验是否有意义，其判断标准就隐藏在当代的思想意识和客观的价值观念中。

对历史文化遗产应该采取"吸取精华、剔除糟粕"的态度，这是对的，但问题在于，如果不预先确定客观的价值坐标，又如何区分"精华"与"糟粕"呢？显然，这里说的客观的价值坐标正来自自觉的历史意识。于是，我们就明白了，一旦编导们确立了自觉的历史意识，新的、无限丰富的历史素材将在他们的眼前展现出来。事实上，许多具有民间思想倾向的作品，如《诗经》、《古诗十九首》、唐宋传奇、宋元话本、明清小说和戏曲等，蕴含着与当今市场经济和现代化建设的客观价值导向相吻合的价值观念，为什么编导们不去发掘并加工这些极其珍贵的历史素材呢？无论是陈凯歌导演的《无极》，还是冯小刚导演的《夜宴》，都无法逃避失败的命运，因为他们很少顾及作品所载之"道"究竟是什么，这个"道"究竟是否与当代社会的客观价值导向相契合。如果他们不愿意把自己的时间花费在对现实生活的反思中，那么，他们就像卡夫卡笔下的那个土地测量员，永远只能围绕着"历史"这个城堡兜圈子，却不可能真正地进入这个城堡之中。

二、"人体解剖对于猴体解剖是一把钥匙"

正如我们在前面已经指出的,历史意识的座右铭是"不理解现在,就不能解释过去"。借用马克思的话来说,就是:"人体解剖对于猴体解剖是一把钥匙。低等动物身上表露的高等动物的征兆,反而只有在高等动物本身已被认识之后才能理解。因此,资产阶级经济为古代经济等等提供了钥匙。"①

人们也许会问:为什么马克思不把对低等动物的认识置于对高等动物的认识之前,而是采用倒过来的认识路线呢?因为在他看来,低等动物身上显露出来的某些征兆,在人们认识高等动物的结构之前是难以获得确切的认识的。也正是在这个意义上,马克思进一步发挥道:

> 基督教只有在它的自我批判在一定程度上,可说是在可能范围内完成时,才有助于对早期神话作客观的理解。同样,资产阶级经济只有在资产阶级社会的自我批判已经开始时,才能理解封建的、古代的和东方的经济。②

由此可见,贯穿在马克思思维方法中的根本性内涵正是我们前面所提到的这种自觉的历史意识。

---

① 《马克思恩格斯全集》第 12 卷,人民出版社 1962 年版,第 756 页。
② 《马克思恩格斯选集》第 2 卷,人民出版社 1995 年版,第 24 页。

三、历史意识的前提是历史真实性

自觉地把当代生活中的本质性的价值导向带入到对历史的解读中去是正确的，但同时也必须维护历史真实性的原则，即不应该用当代人的思想观念去改铸古代人的思想观念，甚至粗暴地把当代人的思想观念强加到古代人的身上。

事实上，马克思本人在强调自觉地贯彻历史意识的同时，也告诫我们："但是，决不是像那些抹杀一切历史差别、把一切社会形式都看成资产阶级社会形式的经济学家所理解的那样。人们认识了地租，就能理解代役租、什一税等等。但是不应当把它们等同起来。"①在马克思看来，"地租"是当代资产阶级社会采用的经济形式，而"代役租"和"什一税"则是古代社会采用的经济形式。显然，认识"地租"这种当代的经济形式有助于理解历史上曾经出现过的"代役租"和"什一税"这样的经济形式，但绝不应该犯如下的错误，即把"地租"与"代役租"和"什一税"简单地等同起来。

毋庸讳言，马克思的上述论述既肯定了历史意识的重要性，又严格地划定了历史意识起作用的界限和范围，即历史意识是以尊重历史的真实性、承认不同历史时期之间存在的差异为前提的。也就是说，我们必须在历史意识与历史的真实之间建立必要的张力。而历史意识的活力正是通过对这种真实性和差异性的充分尊重而显现出来的。事实上，也只有认识到这一点，我们才能合理地理解并解释历史，才不会与历史的本质失之交臂。

---

① 《马克思恩格斯全集》第 12 卷，人民出版社 1962 年版，第 756 页。

高考：真实与梦幻的交响乐①

　　像往年一样，1966 年的初夏，对于高三毕业班的学生说来，是充满期待、挑战与焦虑的。我曾经就读的光明中学坐落在淮海路、人民路交界的地方。虽然这里是闹市的中心，但在这幢外观优雅的法式建筑里，高三年级的学生们的心却全系在走廊上张贴着的、全国各地高校的招生启事上。作为 66 届高中毕业生，尽管我对哲学已有了一定的兴趣，但我并不想报考哲学系，我的志愿是报考医科大学，因为家里的经济情况不得不使我做出这样的选择。我有一个姐姐、三个弟弟，都在读书，姐姐已在华东纺织工学院就读，我的母亲操持着家务，全靠父亲的工资养活全家。作为大儿子，我希望早一点走上工作岗位，以缓解父母的经济压力。然而，这个高考的梦刚开始做，就像肥皂泡一样破灭了。史无前例的"文化大革命"开始了，全国所有的大学都停止了招生，命运似乎已经永远把我们阻隔在大学的围墙之外了。还会有奇迹发生吗？

　　1968 年 9 月，在经历了"文化大革命"造成的

---

　　① 原载《社会观察》2007 年第 4 期，第 39—40 页。收录于俞吾金：《生活与思考》，复旦大学出版社 2011 年版，第 263—265 页。收录于俞吾金：《哲学随感录》，北京师范大学出版社 2016 年版，第 202—205 页。——编者注

最初的无政府主义状态后，我们终于离开了学校，走上了工作岗位。在"四个面向"（面向边疆、面向工矿、面向农村、面向基层）的热潮中，班里不少同学报名去黑龙江支援边疆建设。我没有报名，因为我不愿给父母造成更大的经济负担。幸运的是，我被分配到上海电力建设公司第一工程处，成了一名电力设备安装工人。进入单位才一个月，我就被安排到四川渡口，参加502电站的建设。那个地方真远，坐两天火车到重庆后，还得再坐三天汽车才到达渡口。作为电力建设工人，我们住的是用芦苇席编织起来的临时宿舍，吃的是从外面运进来的一捆捆海带，很少尝到新鲜的蔬菜。当然，更难吃到的是猪肉和鲜鱼。生活条件是非常艰苦的，但对我们这些年轻人来说，更可怕的是精神生活的贫乏，我们似乎被放逐到世界外面去了。除了《渡口日报》，这里几乎见不到任何其他的报纸，见不到像样的图书，当然更谈不上图书馆了。于是，我只好一遍遍地"啃"自己带去的《新华字典》。有一次，当我从一位朋友那里借到《康熙字典》时，兴奋极了。我怎么也想不到，正是对这些字典的阅读，使我对文字学，即"小学"产生了浓厚的兴趣。尽管我后来并没有走上治文字学的道路，但对语词意义和源流的分析，却成了我以后从事哲学研究的重要方法。显然，在那样的条件下，大概只有外星人才会去谈论"高考"和"上大学"这样的话题。

好在一年后我就回到了上海，但不断地去外地建造发电厂，使我成了一个"漂泊的荷兰人"。高桥地下热电站刚完工，我就被派往江苏望亭；望亭电站刚收工，我又前往金山石化厂，去参加金山热电厂的建设。有趣的是，到了20世纪70年代初，大学的门又慢慢地向青年人敞开了，但那时招收的学生被称作"工农兵学员"，他们不用参加高考，只要基层单位推荐就行了。作为一个工人，虽然我很难获得被推荐的机会，但我心中又萌发了进大学深造的愿望。事实上，我早已厌倦这种漂泊不定的生活，我希望自己能够安顿下来，认认真真地学点什么。有一次，在施工中，我右手手腕骨折了，在家里休息了四个月。由于我家就在上海图书馆附近，我天天到那里去看书。其实，当时图书馆里也没有什么书，书架上空空的，很多书作为"封资修"的东西被封存起来了。在这四个月中，我不知不觉地把《马克思恩格斯全集》读了一遍。虽然读得一知半解，但我对人文社会科学却产生了浓厚的兴趣，也使我进大学深造的愿望变得更为强烈了。

"四人帮"倒台后，邓小平于1977年恢复了高考招生制度，长期以来隐藏在我心中的"大学梦"又开始苏醒了。然而，在打算报名的日子里，我不禁犹豫起来：一来，我身边找不到任何高考复习资料，况且我的兴趣已经转向人文社会科学，我应该报什么志愿呢？二来，那时我已有女朋友，正准备结婚。如果考进大学，今后分配到外地怎么办？三来，我快30岁了，这么大的年龄上大学行吗？在我女朋友（现在的妻子）的坚决支持下，我打消了种种顾虑，毅然决然地填写了报名表。有趣的是，当时我对复旦大学情有独钟，我在志愿栏里依次填写了复旦大学的四个系：新闻系、中文系、哲学系、历史系，并在备注栏里写上："除了复旦大学这四个系，其他大学其他系都不去。"当时我的想法是，要读就读自己喜欢的大学和喜欢的专业，否则就继续当工人。

读者也许会问：为什么我把"新闻系"作为第一志愿呢？因为我在工地上当了五年工人后，被抽调到政宣组工作。我的主要任务是为电站建设摄影和写新闻报道。由于复旦大学新闻系对考生的要求特别高，我未能成为新闻系的学生。那么，为什么我把"中文系"作为第二志愿呢？由于当时单位里的业余生活十分枯燥，我渐渐迷上了文学创作，经常与一些志同道合的同事一起切磋。然而，遗憾的是，中文系的门槛也太高了，我也未能挤进去。那时，我单位正在金山热电厂施工。录取通知书下达时，朋友们奔走相告，为我感到骄傲，据说整个金山地区只有两个人接到录取通知书，录取的比例竟是40∶1。当我知道自己被复旦大学录取，心里很高兴，但进哲学系又使我有一种怅然若失的感觉。

其实，我在中学时代就对哲学产生了兴趣。那时，我和几个要好的同学经常去福州路淘旧的哲学书。当我读了艾思奇主编的《辩证唯物主义 历史唯物主义》后，对书中讲到的相对真理与绝对真理的关系就产生了强烈的兴趣。当时正值"文化大革命"初期，林彪在《毛泽东语录》的"再版前言"中把毛泽东思想称作"顶峰"，我不明白：既然真理是相对的，怎么会有"顶峰"呢？我在班里的学习会上说出了自己的疑问，结果遭到了工作组的打击，说我在毛泽东思想上有观点问题。在遭到这样的打击后，我不但对"文化大革命"失去了信心，也对哲学产生了怨恨。进入哲学系后，我才渐渐明白，我怨恨哲学是没有理由的，哲学是一门真正的富有挑战性的学问。每当我坐在写字台前，凝视着窗外复旦校园里的大草坪，伴着铁观音散发的清香和新书的墨香，渐渐地陷入哲学深思的时候，我觉得，我是世界上最幸福的人。

对于我们这代人来说，高考真是一个说不清道不明的话题！

西藏纪行[①]

　　每当我走进书店，见到那些介绍西藏宗教文化或风土人情的书籍或图册时，总忍不住把它们捧在手中，浏览一会儿；每当我在各种文艺汇演或电视荧屏上欣赏西藏演员的响亮歌声和优美舞姿时，一种强烈的愿望就在我的内心萌动起来，那就是到西藏去看看，在这个令人神往的地方留下我的足迹！

　　然而，出于各种原因，这个愿望一直没有得到实现。繁忙的教学和科研几乎挤走了我的全部休闲时间，要匀出十天左右的时间来，也不是一件容易的事。朋友们的劝告也使我心存疑虑。一位朋友对我说："在拉萨走上通向布达拉宫去的台阶时，在我周围传来的是一片喘气声。"也有一位朋友说："西藏的高原反应很厉害，你有高血压，千万去不得。弄不好，还有生命危险。"朋友们还绘声绘色地举一些例子给我听，加重了我的心理负担，我不禁犹豫起来。一晃又是几年过去了，我的进藏的愿望仍然在"原地踏步"。有时候，我暗暗地想，这辈子恐怕与西藏无缘了。

　　令人始料不及的是，觉醒大和尚于今年

　　① 原载《觉群》2007 年第 5 期。收录于俞吾金：《哲学遐思录》，北京师范大学出版社 2016 年版，第 357—365 页。——编者注

（2007 年）8 月组织了"上海佛教界赴西藏参访团"，知道我有进藏的愿望，他热情地邀请我参加这次"雪域·心之旅"，我想也没想便答应下来了。难道这不正是我期待已久的事情吗？何况，与大和尚一起踏上这次朝圣之旅，会有更多的机会去考察并了解我心仪已久的藏传佛教。大和尚考虑得很细致，还让我妻子一起去，一路上也好相互照应。不用说，我妻子也很高兴，因为西藏也是她魂系梦牵的地方。大和尚和长春法师还为参访团全体成员安排了行前的身体检查，并给每个成员发放了抗高原反应的药物，甚至还安排了随队医生！既然所有的后顾之忧都消除了，还有什么可以害怕的呢？于是，我们和其他参访团成员一起，怀着轻松而喜悦的心情踏上了这次难忘的"雪域·心之旅"。

一、两访布达拉宫

8 月 7 日下午，参访团前往布达拉宫参观。下车后，我们沿着长长的台阶和坡道慢慢地往红山上爬。从坡道两侧的围墙看出去，近处是布达拉宫红白相间的围墙，山下是繁华的拉萨市市容，远处则是连绵不断的群山。在蓝天白云的衬托下，布达拉宫显得分外威严和壮观。一个面色红润、身材颀长、穿着美丽长裙的藏族姑娘（宫内导游）带领我们进入了布达拉宫。宫内光线幽暗，空气浑浊，与宫外明亮的阳光、清新的空气形成鲜明的对照。刚进入宫中时，我的眼睛还不能适应周围的环境，随着拥挤的观光者的队伍往前走，宫内的佛像、壁画、装饰和文字渐渐地变得明晰起来。布达拉宫是历代达赖喇嘛的冬宫，也是西藏地方统治者的政治中心。它集寺庙、灵塔、寝宫、僧舍、经堂、宫殿、城堡于一身，宫内的道路就像希腊克里特岛上的米诺斯迷宫，蜿蜒曲折，错综复杂。不同的楼层之间通常用陡峭的木梯或竹梯相联结，观光者们不得不双手紧握着扶手，才敢攀上或爬下。令人扼腕的是，去年（2006 年）5 月，当我受克里特大学（University of Crete）的邀请，前去参加希腊举行的国际哲学会议时，按照会议议程，我们有幸参观了米诺斯迷宫的遗址。但遗憾的是，那里早已是一片废墟了。人们只是凭自己的想象力设想着这座迷宫当时的模样和盛况。值得庆幸的是，虽然布达拉宫的历史没有那么悠久，但它依然像从天而降的天宫，耸立在红山之巅，成为全世界观光者们的一个永恒的梦想。

当我们穿梭在幽暗的过道上时，那位藏族姑娘如数家珍地介绍着宫内陈列的佛像、达赖像、灵塔、寝宫、经堂等。在闪烁不定的酥油灯光织成的光影中，我们都听得如醉如痴。我发现，几乎在所有的佛像和达赖像前，络绎不绝的观光者们都留下了数不尽的纸币，间或也能见到色彩迥异的外币。这或许是观光者们虔诚向佛的标志。但我心中却隐隐地感觉到现代人精神上的无奈和想象力的贫乏。难道只有金钱才能准确地表达现代人内心的感受吗？也许更重要的是认真研读佛经，领悟其中蕴含着的经天纬地的真理！

当我们恋恋不舍地离开布达拉宫的时候，仿佛从梦想回到了现实。天空依然是那么瓦蓝，就像用水洗过一样，白云依然是那么痴情，紧紧地黏附在山峦上。回到西藏宾馆，我们突然又听到一个好消息，晚餐后可再去欣赏布达拉宫的夜景。尽管最初的高原反应已经在我身上显现出来，走路快一点就会气喘吁吁，但听说有再度"拜访"布达拉宫的机会时，我毫不犹豫地答应了。

第二次"拜访"实际上是远眺，即站在红山脚下的广场上，从正面一睹布达拉宫的风采。我们到达广场时，已经是晚上七点多了，但西藏的夜幕降临得很晚，整个布达拉宫仍然沐浴在落日的余晖中，显得分外美丽，分外庄严。遗憾的是，当我们站在广场上欣赏布达拉宫的整体形象时，广场上林立的灯柱、交叉的电线和电缆却严重地"污染"了我们的眼睛，美丽的布达拉宫竟被这些视觉的障碍物切割成无数的碎片。我心中不禁暗暗地想，这个广场的设计者们是多么缺乏文化。不然，怎么会做出这种佛头着粪的事情来？其实，平心而论，这也是时下国内不少风景旅游点的通病。我们的眼球经常会遭遇到这样的画面：比如，在一个风景最优美的地方，赫然摆放着一只脏兮兮的垃圾箱；在一个建筑物能够进入画面的最好的视角上，空中的电线交织成一团乱麻；一条景色秀丽的小溪与一个散发着异味的厕所同时进入人们的眼帘。如此等等，不一而足。见到这样的情景，就像吞下一只苍蝇那么难受。

为了避开这些讨厌的灯柱和电线、电缆，我们不得不穿过马路，到布达拉宫前拍摄全景。当然，在这里也有一些灯柱，但只要细心观察，还是可以找到一些角度，让布达拉宫的整个轮廓在照相机的画面上清晰地再现出来。最后，我们收起了照相机，全神贯注地凝望着这座美丽的天宫，仿佛要把它的形象永远镌刻在我们的心中。与此同时，我们的心也不断地向上飞升，直到与这温馨而朦胧的夜色融为一体。

二、纳木错湖畔的沉思

8月9日早晨，阳光依然是那么灿烂。参访团成员们兴高采烈地乘车前往纳木错湖。从理论上计算，从拉萨到纳木错湖，大巴士要花三个半小时，但实际上却花了四个半小时。从上午八点多出发，直到下午一点才到达目的地。时间延误的原因是多方面的：原来准备早晨八点整出发，但那天延误到八点半左右才发车。此外，路上也出于各种原因而停车。事后我才明白，在这次赴西藏的整个参访活动中，今天是最艰难的一天，因为纳木错湖是西藏地区海拔最高的地方之一，而且在路上必须翻越一座海拔5200米的山峰！

奇怪的是，在路上我只觉得全身乏力，眼睛睁不开，老想打瞌睡。尽管如此，窗外美丽的景色却吸引了我的全部注意力。大巴士经常紧靠着雅鲁藏布江行驶，一侧是在建造公路时开凿出来的陡峭的石壁，仿佛一个个巨大的、张牙舞爪的怪物，向大巴士的顶部压下来，压得人简直喘不过气来；另一侧是咆哮奔腾的江水。我猜想，水底一定隐藏着许多巨石，被巨石激起的浪花飞溅开来，发出隆隆的声响。间或可以看到山上的飞瀑，它们像一条条白练似的悬挂在峭壁上，仿佛是大自然献给来访者的洁白的哈达，而它们的下端则消失在浑浊奔腾的江水中。在我的视野中，周围的山峦显得那么大气，那么壮观，它们就像一组铿锵有力的音符，组合成气势宏大的交响乐。但是，我们从中能够感受到的，不是雄浑的旋律，而是沉默的力量。它们似乎暗示我们，人世间的一切都是那么微不足道，那么转瞬即逝，而它们，这些无言的、巨大的存在物却是永恒的，它们只是怀着轻松的心情注视着匆匆而过的行人和车辆。在大自然面前，人显得多么渺小。我注视着不断向车窗后滑去的、永无尽头的崇山峻岭，不禁联想起南方人轻浮的言谈。"五岳归来不看山""天下第一峰"之类的自夸，只要他们到这里来过，都会觉得黯然失色！

这里的崇山峻岭之美，还得益于它们在阳光和云层的双重作用下显现出来的多重层次感。一方面，山体的色彩是驳杂的。大部分山岭的颜色是黑魆魆的，但也有一些山岭，受到严重风化，已经化成浅色的沙粒，远远望去，在阳光的照射下，泛出耀眼的光芒。我不禁联想起泰国芭提雅的著名的白沙滩，也联想起敦煌的鸣沙山，有不少游客兴致勃勃地在那里滑沙。然而，与这里的沙山比较起来，鸣沙山简直成了儿童的游乐场。另一方面，这些山体离云层又是那么近，我不禁忆起毛泽东诗词中的名句——"刺破青天锷未残"，情形竟是那么逼真。而那些乳白色的、厚厚的云层又像不愿离去的恋人，紧紧地黏附在山岭上，就像人们把厚厚的奶油层涂抹在面包上一样。凡是阳光受到云层阻遏的地方，山岭都呈现出墨绿色，甚至黑色；凡在未受云层阻遏的空间中，山岭，尤其是沙山，映射出刺眼的光芒，仿佛整个钻石矿裸露在人们的眼前！

我被一路上美丽的景色迷住了，以致忘记了身体的不适。当大巴士终于在靠近纳木错湖的半山腰停下来时，我才发现，我的身体已经处于极度不适的状态下。下车后，我不但感到气喘吁吁，而且走路就像踩在棉花上，摇摇晃晃。同行的人们见到山脚下的纳木错湖，都异常兴奋地向它走去，我却觉得一步都跨不出去。虽然妻子自己也很难受，但她发现我的脸色非常难看，劝我先休息一下，不要急着去湖边，我同意了。

在我们左边的平地上，耸立着两块巨大的岩石，它们之间约有十来步距离，数不尽的彩色经幡和哈达缠绕在它们的上面，它们就像凯旋的两位战士，守护着山脚下的纳木错湖。放眼望去，湖边集结着不少游人。有人俯身下去，用手掬起明净的湖水；有人赤着脚，站在湖水之中，仿佛要使这天湖的圣洁的水渗入自己的身体；也有人摆着各种姿势照相；而更多的人则坐在湖边，眺望着平静的湖面，仿佛期待着湖中怪兽的出现。一提到"怪兽"，人们或许会联想起英国的"尼斯湖怪"，或长白山的"天池湖怪"。人们通常把"怪兽"看作是一种神秘的，甚至可怕的存在物。其实，汉语中的"怪"字是由"忄"（"心"）和"圣"这两个部分构成的，其含义是"有圣人之心"。由此可见，"怪"字乃是一个十分吉祥的词。在日常生活中，我们大可不必把"怪人"视为异类，也大可不必把"怪兽"视为令人畏葸之物。从半山腰看去，群山包围中的纳木错湖显得分外宁静，波澜不起，像一个躺在母亲的怀抱里酣睡的宁馨儿。当我极目远眺时，右面的山崖挡住了我的视线，我无法看到湖面如何向更远处的天际延伸。然而，在目光受阻的地方，我的想象力却开始跃跃欲试了。在它的帮助下，美丽的纳木错湖的全景梦幻般地展现在我的眼前，就像镶嵌在群山中的一颗硕大无比的绿宝石，在午后阳光的照射下闪闪发光。

休息一会儿后，我觉得体力恢复一点了，便和妻子一起，慢慢地向山脚下走去。终于，我们俩也融入了湖边的人群中。湖水非常清澄，湖底的鹅卵石清晰可见。我忍不住蹲下身来，用双手捧起清凉的湖水，把自己的脑袋埋在手掌中。一股沁人心脾的凉意袭上我的心头，昏昏沉沉的大脑似乎清醒了不少。我们也在湖畔坐了下来，凝望着清澈见底的湖水，我不禁陷入了沉思之中。

据说，西藏有些未受污染的湖泊，湖水的能见度竟然达到十三米，而在大部分受污染的湖泊中，连一米左右的能见度也是罕见的。记得古希腊医学家希波克拉底曾经说过，对人的生命来说，最重要的是水、空气和阳光。然而，遗憾的是，随着人类文明的发展，人类自身的生存条件却日益恶化。水、空气和阳光，本来是人类生活中最平常的东西，现在却成了千金难求的稀缺资源。在上海，凡是站在窗口可以眺望到黄浦江江面的房子，每平方米的房价几乎都在 2.5 万元以上。我在报纸上发现这样一则广告，有一幢高层住宅楼上的一个房间，面积只有 61 平方米，就是因为从窗口可以眺望黄浦江，它的价格竟高达 191 万元！对于大气污染，北方人的感受或许比南方人更为强烈。每当遮天蔽日的沙尘暴降临的时候，他们恨不得像田鼠一样钻到地下去。对于大城市的居民来说，甚至连阳光也成了争夺的对象，肤色的苍白既表明他们与阳光无缘，也表明他们与健康无缘。我常常想，人类究竟在干什么？难道人类创造文明的目的就是毁掉自己？中国人常把蠢人理解为"搬起石头砸自己脚"的人，其实，整个人类不都是这样的蠢人吗？或许人类会以种种善良的愿望为自己的行为所造成的恶果辩护，但西方人不也说过这样的名言吗：通向地狱去的道路通常是由善良的愿望铺成的。二十多年前，当我在报刊上见到"开发"这个词的时候，心里充满了希望和憧憬，然而，今天再听到这个词的时候，我却感到深深的忧虑。因为在不少场合下，所谓"开发"，常常是资源浪费和环境破坏的同名词。德国哲学家海德格尔主张，应该把自然视为人类的伴侣，应该让自然泰然处之，不要轻易去扰动它、影响它。人们常常说，要把自然唤醒。其实，不如让自然继续酣睡。我希望，纳木错湖像睡美人一样，永远酣睡下去，它并不需要一位英俊的王子用自己的吻把它唤醒。虽然这个吻可能是甜蜜的，但它必定会充满毒性，会毁掉这颗无比珍贵的绿宝石。

三、日喀则与希望小学

8 月 10 日，参访团到达了西藏的第二大城市——日喀则，入住山东大厦。据说，日喀则的海拔比拉萨高二百米，许多人到这里后都感到难受，不但气喘，而且也伴有恶心和呕吐。令人难以置信的是，我的感觉反而好多了。在日喀则，我们参观了扎什伦布寺，逛了步行街，商店里陈列着的绿松石首饰使同行的女同胞们爱不释手。当然，在这里，最使我难忘的是第二天下午在日喀则会议中心举行的"普陀觉群希望小学捐建仪式"，捐助对象是日喀则地区的萨迦县。日喀则地委领导和萨迦县委领导都出席了，小学生的代表也出席了，仪式举行得十分隆重。捐建仪式和揭牌仪式完成后，长春法师也要我在大会上讲几句话，我欣然同意了。

在我看来，觉醒大和尚率领的参访团在这次参访过程中做了两件功德无量的大好事：一是代表上海佛教界向西藏自治区佛教界捐赠了20万元人民币，助印《丹珠经》；二是向日喀则萨迦县捐赠了30万元人民币，建设希望小学。如果说，前一个举措立足于对藏传佛教文化传统的保存和弘扬的话，那么，后一个举措则着眼于将来，寄希望于教育事业的发展和未来人才的培养。更令人感动的是，觉醒大和尚在发言中表示，上海佛教界和玉佛寺今后每年都会致力于对这里的希望小学的捐助。他还表示要创造条件，让这里的优秀教师和学生有机会到上海去看看，甚至在那里进一步深造。从这两个不寻常的举措中，从坐在第一排的小学生代们的喜气洋洋的、充满希望的脸庞上，我看到了觉醒大和尚的远见卓识，也看到了中国教育发展的根本方向和现代化事业的未来希望。与此同时，我也意识到，这次参访活动已经远远地超出了它本身的意义，已升华到一个全新的精神高度上。它不仅体现出觉醒大和尚慈悲为怀的博大胸襟，也体现出他对中国悠久的文化传统和教育事业的拳拳之忧！

当我随着参访团的其他成员顺利地踏上归途的时候，我的心里久久不能平静。在这次参访活动中，如果说，西藏的蓝天白云和藏传佛教的博大精深净化了我的心灵，开阔了我的眼界，提升了我的思想境界的话，那么，觉醒大和尚的远见卓识和博大胸襟也使我看到了佛教文化和高尚人格的巨大力量。

2009年

从"粉丝"概念的误用说到
外文书名的翻译[①]

2009 年 7 月 3 日,《文汇报》"书缘"专栏发表了潘凯雄的文章《"粉丝"》。作者在文章中谈到,苏北兄曾惠赐其新作《一汪情深》,其中的"汪"原来是指汪曾祺先生。作者随即写道:"用今天的时尚话说,苏北绝对是老爷子汪曾祺的铁杆'粉丝'了。"接着,作者又对"粉丝"发了一通议论。显然,从作者对"粉丝"这个词的使用和议论可以看出,他并不真正知道这个词的来源和其用法上的限制。

无独有偶,同一天的《新民晚报》也在"夜光杯"专栏中发表了管继平的文章《"粉丝"变"大师"》,谈到郑板桥、齐白石也各有自己崇拜的对象,因而也都是"粉丝",并进一步发挥道:"我想,如果你心中拥有一个大师,你就是'粉丝';如果你拥有一大批的'粉丝',你就是大师。"显而易见,管继平也不明白,如何准确地使用"粉丝"这个术语。

事实上,这种对"粉丝"概念的误用在新闻媒

---

① 原载《文汇报》2009 年 7 月 17 日。收录于俞吾金:《生活与思考》,复旦大学出版社 2011 年版,第 274—276 页。——编者注

体上到处可见，而且堂而皇之地出现在文章的标题中。至于报刊的编辑们，也许是对这个概念过于熟悉了，反而失去了对它进行认真考察的戒备心理，这正印证了德国哲学家黑格尔在《精神现象学》一书中随口说出的名言："熟知非真知。"看来，对"粉丝"这个概念的误用已经到了非加以纠正不可的地步了。

其实，在大学校园里，尤其是在大学生中，对"粉丝"概念的误用也是很普遍的。有鉴于此，在上个学期为本科生开设的《哲学导论》课上，我在黑板上写下了这样一句话：

张三是李四的粉丝。

然后问大家，这句话对不对。下面坐着的 180 个学生居然面面相觑，没有一个人看出这句话有什么问题，他们反倒把目光集中到我的脸上，仿佛我是一个外星人似的。但一经解释，他们很快就明白并认同了我的意思。

众所周知，"粉丝"这个流行术语乃是英语名词 fans 的谐音，但 fans 是 fan 的复数形式。fan 的原意是"狂热的爱好者"或"……迷"。比如，我们可以称一个"影迷"为 a movie fan。总之，在英语中，fan 是名词的单数形式，而 fans 则是名词的复数形式。这就启示我们，"粉丝"作为 fans 的谐音，只能用于以复数形式出现的人群，即只能用于两个人及两个人以上，却不能用于单个人。因此，当人们试图准确地表达这方面的想法时，他们或者可以说：

张三是李四的"粉"(fan)。

或者可以说：

张三是李四的"粉丝之一"(one of fans)。

但却不可以说：

张三是李四的粉丝。

由此可见，潘凯雄和管继平的文章在表达上的共同的失误是：在单个人称上使用"粉丝"（fans）这一名词的复数形式。

人们对"粉丝"概念的普遍误用不仅表明，他们对这个流行术语的原初含义和汉语借用的途径缺乏思索和追问，而且也表明，汉语名词在表达中常常缺乏明晰性，不能像英语那样，把名词的单、复数形式严格地区分开来。在许多外文著作，甚至经典名作书名的翻译中也存在着这样的问题，值得引起我们的高度重视。

比如，美国人类学家鲁思·本尼迪特克（Ruth Benedict）的名作 *Patterns of Culture* 被王炜等译为《文化模式》（社会科学文献出版社 2009 年版）。在汉语中，如果有人使用"模式"这个概念，人们并不能确定，他是在单数还是复数意义上使用这个词。当然，在通常的情况下，人们会从单数形式上去理解这个词。然而，在英语中，单、复数的区分是十分严格的：pattern 是单数，patterns 则是复数。既然书名中使用的是 patterns，即名词的复数形式，这本书的书名就应该被译为《文化诸模式》或《文化的不同模式》。事实上，在这部著作中，鲁思·本尼迪特克对三种不同的文化模式进行了分析和比较，而这部著作的主旨也正在于强调不同文化模式之间存在着的差异性，但《文化模式》这个译名却自觉地或不自觉地掩蔽了作者试图表达的这一主旨。

再如，法国哲学家雅克·德里达（Jacques Derrida）的名作 *Spectres de Marx* 被何一译为《马克思的幽灵》（中国人民大学出版社 1999 年版）。在汉语中，如果有人使用"幽灵"这个概念，人们也很难确定它是单数还是复数。但在通常的情况下，人们也会从单数形式上去理解这个词。然而，在法语中，spectres 则是复数形式，它与单数形式的区分是非常清楚的。既然德里达书名中使用的是 spectres，这本书就不应该被译为《马克思的幽灵》，而应该被译为《马克思的幽灵们》。事实上，德里达之所以使用 spectres 这一名词的复数形式，正是为了强调马克思思想遗产的多样性和后人理解上的差异性。如果译为《马克思的幽灵》，其代价则是牺牲了德里达试图通过这本书表达的根本思想。因而当佘碧平把德里达的另一本书 Positions 译为《多重立场》(生活·读书·新知三联书店 2004年版)时，他显然领悟了德里达所要表达的意思，因为 positions 这一复数形式通过"多重"这个汉语形容词被准确无误地传达出来了。

综上所述，随着改革开放的深入，在西方语言越来越多地融入汉语的过程中，无论是借用这些语词进行言说，还是对外文著作和论文进行翻译，都应该努力弄明白这些语词的原初来源和基本含义，弄明白名词的单、复数形式在含义上的差异，弄明白汉语借用它们的途径和方式。否则，难免会出现这样的窘境，即人们对某些语词使用得越多，越表明人们对它们的无知。

找回真实的自我[①]

　　首先，我要表示祝贺，因为大家经过寒窗苦读和奋力拼搏，终于如愿以偿地考入了复旦大学这所全国重点大学。可能大家至今还沉浸在一种亢奋的状态中。其实，在开始大学生活之际，有许多问题需要重新加以思索，而在思索这些问题之前，我们面临的最根本的任务是找回真实的自我，因为真实的自我乃是全部新生活的基础和起点。

　　乍看起来，"自我"或"我"这个术语，是我们最熟悉的，也是我们每天都在使用的。据说，美国成人教育家卡耐基曾对纽约500次电话的通话记录进行了调查，结果发现，在通话中出现得最多的概念是"我"字，有3990次。人们通常会在电话中说"我要""我想""我打算""我希望"等，事实上，全部通话内容都是围绕着正在打电话的两个不同的"我"而展开的。然而，这个看起来如此熟悉的"我"或"自我"，对于我们来说，又是最陌生、最疏远的。正如德国哲学家黑格尔所说的：熟知非真知。

---

　　①　此文为作者 2009 年 9 月 15 日为复旦大学全校新生所做的学术讲座。原载《解放日报》，2009 年 10 月 4 日。收录于俞吾金：《俞吾金讲演录》，长春出版社 2011 年版，第 183—191 页。——编者注

当然，我们不能满足于这种对"我"或"自我"的无知状态。众所周知，古希腊德尔斐神庙的神谕是"认识你自己"，假如这句话由每个人自己说出来，就是"认识我自己"。无独有偶，中国人的谚语"人贵有自知之明"也表明，如果一个人能准确地认识自己，是很不容易的。其实，这句谚语的基本精神源自老子《道德经》第三十三章中关于"知人者智，自知者明"的教诲。由此可见，即使认识自我是一件非常困难的事情，我们也没有理由选择逃避。那么，究竟如何认识并找回真实的自我呢？下面讲四个问题：自我的迷失、摆脱虚假的自我、认识真实的自我、实现真实的自我。

一、自我的迷失

正如"善"是相对于"恶"来说的，"美"是相对于"丑"来说的，"真实的自我"也是相对于"虚假的自我"来说的。所谓"真实的自我"，是指一个人对自我的认识符合自己的实际情况；所谓"虚假的自我"，是指一个人对自我的认识不符合自己的实际情况。显然，当一个人把"虚假的自我"误认为是"真实的自我"时，自我必定会处于迷失的状态中。在我看来，考进大学，特别是重点大学的相当一部分新生都处于自我迷失的状态中，而更令人担忧的是，他们还把这种状态误认为是正常的状态，并在这个虚假的基础上制定自己的奋斗目标和追求的理想。也许在很久以后，当他们步入中年，甚至老年时，他们才会喟然长叹：我当时怎么会考这个专业？怎么会选择这个研究方向？怎么会从事这方面的工作？但到那个时候，一切都已经晚了，生米已经煮成熟饭，生命也不可能再给同一个人另一次机会，让他退回到自己曾经有过的青春年华，重新选择自己的生活道路和学术道路。

为什么相当一部分新生会处于自我迷失的状态下？因为他们是在应试教育制度、学校领导、高中教师和自己家长的"共谋"中逐步确立起自我意识的，而在这样的自我意识中，作为意识对象的自我往往是"虚假的"，而不是"真实的"。就像《红楼梦》中的贾宝玉，由于"贾"和"假"是同音的，贾宝玉实际上也就是"假宝玉"，而假宝玉也就是作者所谓的"青梗峰下的顽石"。新生们很容易陷入这样的幻觉，即以为自己作为"人"，一撇一捺，牢牢地站在地上，对自我的认识清清楚楚、明明白白，实际上，在应试教育制度、学校领导、高中教师和家长的共谋中形成并发展起来的自我，基本上处于虚假的状态中，它们与"真实的自我"之间的距离是如此之遥远，也许可以用光年来计算。

所谓"应试教育制度"，顾名思义，也就是以考试、升学率，尤其是全国重点大学的录取率为核心而确立起来的教育制度。这种教育制度既不关心高中生在受教育的过程中如何全面地提高自己的素质，也不关心他们如何获得真才实学，激活并发展自己的兴趣爱好，它唯一关注的只是高中生的考试，尤其是高考中分数的高低。也就是说，在应试教育制度的挑剔的目光中，高中生并不是一个有血有肉的人，而是一个抽象的数字，一个考分。

对于学校领导来说，他们的全部奋斗目标是使自己的中学升格为"区重点"（或"县重点"）、"市重点"（或"省重点"），甚至"全国重点"，而能否实现这样的奋斗目标，完全取决于他们的学生在各种考试中的表现是否出色，他们的学校是否拥有骄人的升学率，尤其是全国重点大学的录取率。因而比较好的学校在录取初中毕业生的时候就会设置各种条件，而在所有的条件中，最重要的条件就是初中生在班级里的排名和他各门课的考试成绩。

对于高中教师来说，他们的奋斗目标就是提高自己所教年级的学生在各种考试中的排名，尤其是全国重点大学的录取率。在这样的氛围中，班主任和辅导员关心的焦点是如何提高自己班级的学生在各种考试中的排名。事实上，他们每年都会绞尽脑汁，对自己班里学生的直升名额、报考大学的志愿进行"战略性的"协调，但其协调的动机不是让学生的专业与他们的兴趣对口，从而使他们最大限度地把自己身上的潜能发挥出来，而是尽最大可能提高全班的升学率，尤其是全国重点大学的录取率。在这样的语境中，不但"优秀的学生"可能变质为善于考试的学生，而且"优秀的教师"也可能变质为善于猜考题的教师。

对于家长来说，他们培养子女的最高目标也是让他考入全国重点大学。当子女学习不用功的时候，他们会表现出极大的愤慨。其实，真正在他们内心起作用的是在同辈人中间的虚荣感。"看，他的儿子进的大学那么差，而我的女儿进了全国重点大学。"

总之，在瞄准全国重点大学这一点上，整个应试教育制度、学校领导、高中教师和家长形成了"共谋"。于是，考不进重点大学的学生和家长十分沮丧，反之则欣喜若狂，犹如"范进中举"。然而，对于考进全国重点大学的学生来说，他们又会面对另一个困境，即虚假的自我。

二、摆脱虚假的自我

如前所述，多方"共谋"结果是，在学生中形成了普遍的虚假的自我，而要从这种虚假的自我摆脱出来，先得认清以下三点。

其一，考得好并不等于学得好。

我想，大家的高考成绩都比较高。一般说来，从高考分数的高低大致能够看出一个考生的智商的高低，但请大家注意，一门课考得好并不等于考生对这门课的掌握也一定是好的。按照我的经验，在一个班里，成绩好的学生未必就是今后最有出息的学生，而有出息的学生一般不会把分数看得很重，花大量时间去死记硬背，他们总是把时间花在刀刃上，努力掌握活的知识，即自己有兴趣，今后也有用的知识。简言之，要从"虚假的自我"中摆脱出来，先得破除"考得好＝学得好"的迷信。

其二，不要期望值过高。

作为高中生中间的佼佼者，大家都是在夸奖声中成长起来的。这样的声音听多了，不免产生飘飘然的感觉，就像古罗马统帅凯撒所说的

"我来，我看见，我征服"，也像拿破仑率领军队越过阿尔卑斯山时所说的"我比阿尔卑斯山高"。其实，虽然凯撒是战无不胜的军事统帅，却看不清身边发生的事情，最后被布鲁图斯等人刺死在庞培的塑像前；而拿破仑的加冕则表明，他对历史的理解又是多么肤浅。当然，凯撒和拿破仑都不失为伟大的历史人物。

大家进了重点大学，马上就会发现，周围强手如云。一个班里出现了许多"状元"，也就等于不再有"状元"了。就像目前的旅游景点，大家都说自己是"天下第一泉"，恐怕天下就不再有"第一泉"了。在重点大学中，尽管生源比较好，大家也都很努力，但任何一个学生要脱颖而出，也是十分困难的。统计学会告诉我们，命运注定全国重点大学中的绝大部分学生也只能像社会上的普通人一样，默默无闻地度过自己的一生，能够崭崭露头角的只是极少数人。

人们通常说"天才出于勤奋"，其实，这句话应该改为"天才大于勤奋"。"大于"部分就是一个人的天赋。光有勤奋，没有天赋，是成就不了大事业的。即使你每天拉 20 个小时的小提琴，你的水平能超过帕格尼尼吗？即使你每天做 20 个小时的实验，你能达到居里夫人的成就吗？假如你住在四楼，你已在楼梯上走了 15 年，你能告诉我：从底楼到你家门口的楼梯有多少级吗？你可能张口结舌，回答不上来。假如你是有心人的话，只要走一次数一下就知道了，全部时间不会超过一分钟。但如果你不动脑筋，即使你再走 15 年，你仍然不可能知道楼梯有多少级。由此可见，不动脑筋的"勤奋"就像把许多"零"叠加在一起，结果仍然是"零"。记得我在读高中时，有个同学曾经扬言："35 岁见高下！"听起来很有气势，但到了 35 岁，他早已销声匿迹了。在大学里，大家都是聪明人，绝不要犯高估自己的错误。换言之，大家都应该有自知之明，应该确定真正适合自己的、合理的奋斗目标。简言之，要从"虚假的自我"中摆脱出来，先得破除自己心中的过高的期望值。即使你不愿意抛弃不切实际的幻想，生活本身也会纠正你。

其三，弄清楚自我真正的兴趣和需要。

尽管大家都已达到成人的年龄，但一个公开的秘密是：在考什么大学、读什么专业、填什么志愿等问题上，大家往往是做不了主的，真正做主的是高中教师(尤其是班主任老师)和家长。如果说，教师注重的是升学率，那么，家长注重的则是子女读了哪所大学、哪个专业后，有可能找到一份轻松而高薪的工作。总之，大部分教师和家长很少会考虑到学生本人的兴趣、需要和感受。如果中国的家长都能设身处地替自己的子女考虑，贾宝玉大概也不会从大观园里出走了。乍看起来，教师和家长也经常倾听考生的意见，但实际上他们常常借口"高中生可塑性大"而一意孤行地贯彻自己的意图。因而在大学里，转学校(插班生)、转专业的事情时有发生。为什么？因为对原来的学校和专业不满意。

简言之，要从虚假的自我摆脱出来，先得从盲目的兴奋状态中清醒过来，至少得花半天时间把自己关在房间里思考一下：我究竟适合学习什么专业？我今后究竟想做什么？我究竟如何度过四年的大学生活？总之，只有冷静的反思才能克服自我迷失的状态，摆脱虚假的自我，找回真实的自我。

三、认识真实的自我

要找回真实的自我，我们还得诉诸理性思维。或许我们可以做一个实验，即先以这样的方式拷问自己：当我拿起一张集体照时，为什么我总是先寻找我自己的形象，并自然而然地以我的形象的好坏来评价整张集体照的好坏？为什么人们到自助餐厅就餐时，只要迟到一些时间，就会发现，盘子里留下来的都是最差的食品？为什么在新楼盘的热卖中，晚到的人们只能买到楼层最差、朝向最差的房子？难道人就是自私自利的动物？尽管在意识的层面上，到处听到的都是"公而忘私""先公后私"这类美丽的辞藻，但实际行动总会显现出另一个不同的自我。

我们不禁要问：我究竟是谁？或扩而言之：人究竟是什么？德国哲

学家叔本华认为，人是由一组器官构成的，每个器官都有自己的需要，因而人的欲望就像没有底的水桶，永远是装不满的。然而，能够满足人的欲望的资源总是匮乏的。这一供求关系的失衡决定了人生的三个状态：痛苦、幸福和无聊。当一个人心中充满欲望时，他就处于痛苦的状态中；当他的第一个欲望得到满足时，他会处于短暂的幸福状态中，但第二个欲望的产生又会立即把他抛回到痛苦的状态中；而当他的第一个欲望已经满足，而第二个欲望又尚未产生时，他就会处于无聊的状态中。叔本华甚至把整个人生理解为在痛苦和无聊之间摆动的钟摆。总之，他认为，人生在总体上是痛苦的、悲剧性的，只有在细节上才具有喜剧性的味道。无疑，叔本华的人生哲学具有某种悲观主义的倾向，但他打破了关于"理性（认识）第一性，意志（欲望）第二性"的传统哲学观念，肯定在人的生活中，意志（欲望）是第一性的，而理性（认识）不过是意志的奴仆和工具。

深受叔本华影响的奥地利心理学家弗洛伊德进一步探讨了人格的三重结构，即本我（Id）、自我（Ego）和超我（Superego）。在他的语境中，本我是指人身上种种非理性的本能和欲望，其中最突出的是性欲，而性欲所蕴含的能量则被称为力比多；自我是指人的理智，超我则是指内化为心中权威的宗教、道德、法律、政治等规范。这三者的关系是：本我好像一匹野马，自我好像一个骑手，而超我则好像攥在自我手中用以控制野马的缰绳。弗洛伊德认为，力比多的活动是服从能量守恒定律的，一个人若想在科学、宗教、艺术或哲学等领域里取得成就，就必须把力比多成功地升华到这些领域里。否则，力比多就会在日常状态（梦、爱情、婚姻和谋生的劳动等）或变异状态（变态、自杀、疯狂等）中被消耗殆尽。尽管弗洛伊德的理论听起来像天方夜谭，但它深刻地揭示了自我内在心理的动力机制。

深受弗洛伊德影响，但又在理论上另辟蹊径的美国心理学家马斯洛论述了每个人心理上的五个不同的需要层次：第一层是生理需求，如吃东西，以便能够活着；第二层是安全需求，即生命不受威胁；第三层是爱与归属，即爱情和婚姻，使种族得以延续；第四层是尊重需求，即人格受到尊重；第五层是自我实现，即自己身上的潜能得以实现。马斯洛的心理学试图从积极方面着手，揭示出个人自我实现的种种条件和可能性。

我们上面所列举的叔本华、弗洛伊德和马斯洛的理论为我们认识真实的自我提供了重要的启发。无论如何，人生苦短。如果一个人 18 岁前被父母抚养，60 岁后得到子女的赡养，那么中间只有 42 年的时间。在这段时间里，即使排除掉疾病、灾祸、意外等所占的时间，人至少得花三分之一的时间睡眠，其余三分之二的时间要读完学位，解决谋生问题，做出成就；也要谈婚论嫁，生儿育女；更要社会交往，建立各种联系。毋庸讳言，在这段短暂的时间里，大学生活的四年时间是异常宝贵的。只有找回并认识真实的自我，才能以最合理的、最有效的方式度过这四年生活。

四、实现真实的自我

如上所述，只有找回真实的自我，自我实现才不会流于空谈。当然，要使自我的理想和价值顺利地得到实现，一定要努力做好以下三方面的工作。

一是自我定位。

就像一条船在海上航行需要指南针和定位仪一样，大学生活也需要有明确的方向和准确的定位。自我定位主要涉及以下两个方面。一方面，每个学生必须对自我的实际情况，如我的能力、我的兴趣、我的现状、我的长处和短处有准确的把握。事实上，也只有这种自知之明，才能使我们在专业选择、研究方向和奋斗目标的确定上做出明确的定位。另一方面，每个学生都应该有自己的理想，都应该思考如下问题：我将来到底想从事什么工作？我究竟想成为什么样的人？作为可能性的动物，人永远是面向将来的。事实上，对任何人来说，只有先行地确定了将来的目标，才能对现在做出合理的、有效的设计和规划。比如，有个同学的理想是做一个科学家或理论研究者，那么，他就需要读完本科生、硕士生和博士生的全部课程，打下扎实的理论基础，并学会创造性地进行理论思维；如果另一个同学希望大学毕业后成为一家公司的管理者，那就需要在大学期间学习关于管理方面的相关课程；等等。许多学生在理想不明的情况下来设计自我，结果是事倍功半。总之，我们的现在是按照我们对将来的思考而加以塑造的。正是在这个意义上，马克思告诉我们，"人体解剖对于猴体解剖是一把钥匙"①。一个没有理想或理想不明确的人是无法对现在做出合理的设计的。在人的生命中，将来通常占据着决定性的地位。

二是自我限制。

大学生，尤其是重点大学的大学生，经常犯的一个错误就是滥用自己的时间和才智。一方面，他们觉得自己聪明，什么都能学好，什么都能做好，因而十分随意地投放自己的才智和精力；另一方面，他们觉得自己拥有充裕的时间，因而慷慨地把时间用于各种琐碎的、没有多大意义的事情上。其实，多中心就是无中心。一个人什么都喜爱，也就等于什么都不喜爱。鲁迅先生早已告诫我们，浪费他人的时间无异于谋财害命，而浪费自己的时间则无异于自杀。生命在时间中展开，也在时间中消失。

如果一个人希望在自己短暂的一生中有所造就，就一定要善于限制自己。歌德晚年在与秘书艾克曼的谈话录中表示，他过去没有好好地珍惜时间。比如，他曾经写过长达1000多页的颜色学方面的著作，提出了与牛顿不同的颜色理论。如果他从年轻时期起就能把全部时间都用在刀刃上，一定会在文学艺术上取得更大的成就。在歌德之后，黑格尔在《小逻辑》中阐述了类似的见解。他表示，化学、数学和西班牙诗歌都会引起人们的兴趣，但如果一个人希望自己有所造就，就必须把自己严格

---

① 《马克思恩格斯全集》第46卷（上），人民出版社1979年版，第43页。

地限制在专业的范围内，绝不能旁驰博骛。在知识和信息无限膨胀的当代，严格限制自己学习和研究的范围，具有特别重要的意义。

按照我的看法，学生们在治学中应该严格区分以下两个不同的领域，即了解的领域和研究的领域。前一个领域是宽泛的，在这个领域中，我们可以浏览各个学科的文本，获取各种前沿的信息，以便在研究思路和方法上得到启发；后一个是狭小的领域，我们对某些著作的精读和全部研究工作都在这个领域中展开。假如有人把这两个不同的领域混淆起来，比如说，到只应该了解一下的领域里去花功夫，做研究，结果不但分散了自己的精力，而且研究工作也会支离破碎，甚至迷失方向；反之，在应该深入地加以研究的领域里，如果只停留在粗浅了解的水平上，其研究成果也必定是肤浅的、浮光掠影的，绝不可能得到学术界的认同。总之，只有把自己的主要精力和时间限制在自己最有兴趣和最有能力做好的狭小领域里，才有可能在短暂的人生中有所成就。众所周知，太阳光线在平行照射的情况下是不可能产生很大的热量的，只有通过放大镜把光线聚集到焦点上，才会产生巨大的热量。我们应该学会凝聚自我，否则，在大千世界的形形色色的现象的诱惑下，自我必定化为碎片。在这个意义上可以说，一个平庸的人的自我必定是一堆碎片！

三是自我与他人的关系。

众所周知，每个人的自我都不可能是英国小说家笛福笔下的、生活在绝望之岛上的鲁宾孙。即使是鲁宾孙，后来也有星期五伴随他。正如德国哲学家海德格尔所说，每个人的存在本质上都是"共在"（Mitsein），即与他人的共同存在。在这个意义上，处理好自我与他人的关系至关重要。中国哲学家冯友兰在《贞元六书》中谈到人生的四个境界，即自然境界（像其他动物一样只考虑吃喝拉撒）、功利境界（我为人人，人人为我）、道德境界（从善去恶）和天地境界（物我两忘）。我们应该确立以尊重他人人格和权利为核心的人文精神，努力使自己成为德才兼备的人才，成为对国家和人民有用的人才。同学们，生命是短暂的，时间是宝贵的。让我们共同努力，为国家和人民争光。

认识与超越：成功的必由之路[①]

一、自我之认识

我们在生活中无法回避地要使用一个字："我"，或者"自我"。这个"自我"本身在某种意义上就构成了我们生活中的核心。比如，一个人拍了集体照，拿到照片后首先寻找的肯定是自己在照片中的形象，而且，通常是以你自己的拍照形象来判断此集体照的好坏。如果你到社会上买一套房子，如果房子卖了有一段时间了，你会发现剩下房子在层次上、朝向上都是比较差的，这就是前面好的房子被"自我"挑走了。如果你去吃自助餐，没有新增食品，你又是晚到者，留在盘子里的总是比较差的食品。如果你走进教室、走进汽车、走进电影院，我们排除其他可能有的因素，一般来说留下的都是比较差的座位。这就表明：人在社会生活行为之中，都有着一种以自我考察和自我利益为中心的行为和思维倾向。西方有的人甚至提出在人的身上有一种自私的基因。这个基因决定着人如何进行思维、如何进行行

---

① 原载杨介生主编：《人文精神与工商文明》，上海社会科学院出版社 2009 年版，第 41—70 页。——编者注

动。我们在英文中经常接触到一个单词，就是 interest，中文意思就是兴趣，也可翻译成利益。如果把这个单词的两种不同含义统一起来，就是人总是对和自己利益有关的东西产生兴趣。

人的趣味本身是自我化的一种倾向。美国教育家卡耐基做过两个有趣的实验，第一个是通过对纽约 500 次电话记录进行调查，发现在记录中出现最多的是"我"的概念，如"我希望……""我要求……""我需要……"出现了 3990 次。在一般的情况下，人们在电话中都会这么表述："我希望……""我要求……""我需要……"所以电话本身就构成我们肢体延长的一个部分，向外界索取我们的需求。因为人就是一种器官：眼睛要看好的，耳朵要听好的，嘴巴要吃好的，全身的器官都寻求对象化。电话不过是人的器官系统需求对象化中间的一种工具。卡耐基还对在纽约看"病"的人的状况进行调查，发现有 10% 的人没有任何实质性的毛病，他们去看医生只是为了倾诉内心的某些想法，因为他们在生活中很孤独。在西方专门有一种所谓的谈话服务，一个孤独在家的老年人雇一个青年人到他家去谈话，每个小时多少多少美元。青年人在谈话中要发挥两个功能：一个是如何使倾诉者感到安慰、舒服；另一个是谈话的人要有一种倾听的美德。在我们这个时代，倾听成为一种美德，就如古代圣人的"圣"的繁体写法——"聖"，把耳朵写在前面，旁边一个口字，下面一个王字，所以圣人之为就在于倾听。

倾听是我们这个时代所缺乏的，如今人人都想去表达自己的观点，不想去倾听。卡耐基讲过这样一个故事：有一天，一位姑妈邀请她的侄儿到家里，姑妈很孤独，她有一个儿子和一个女儿，但他们平时很少去看望她，而丈夫又刚刚去世不久。侄儿去了以后，姑妈与他谈了 3 小时，其中就谈到她年轻时候在世界哪些地方游览过，并一一展示那时买的纪念品。侄儿边看，一边真诚赞叹姑妈年轻时拥有的好眼光。3 小时的倾听结束之后，姑妈把他领到车库的一辆非常豪华的轿车旁，对侄儿说："这辆轿车就送给你了"。侄儿当时就很奇怪，姑妈自己有儿子、女儿，为什么送给他？这就是因为他能倾听、能够理解。

在现在这个"时间就是金钱"的社会中，我们会用 2 小时倾听一个企业家的内心想法吗？反过来，企业家愿意倾听属下员工的内心感受吗？如果你有倾听美德，你就没有什么事情做不成。"倾听"这种精神诉求，可理解为"自我"的生存内涵。你给他一个机会来听他倾诉，那么他什么东西都愿意给你。现在人们连倾诉的机会也没有，这个倾诉就是自我要表达内心焦虑的一种方式。奥地利心理学家弗洛伊德有一种治疗方式，叫 talking cure，即谈话疗法。特别是有精神性疾病或者焦虑症、忧郁症的病人，他的自我就需要通过语言把他的想法陈述出来。所以心理分析学家的一项工作就是静静地听病人倾诉。一旦这个病人把他心里积累的东西倾诉出来，那么他的疾病就会有好转。所有这些例子都表明"自我"需要倾诉。在这个社会中，面临着各种压力，到哪里去倾诉？所以有首歌中这样唱道："常回家看看。"这就是要子女常回家看看。对你的父母，不光只是给他们寄金钱、安顿在很好的住宿环境就完了。他们是精神的存在物，不是只有物质上的享受就会很幸福地生活。这种精神上的安慰和安顿就是要我们理解"自我"的生存内涵。这个自我本身对每个人是如此之重要。莎士比亚的一部剧本写到罗马帝国创立者凯撒大帝。当凯撒越过卢比孔河，向当时的统治者宣战的时候，他可以说是所向无敌，很快战胜了统治者。他当时很有名的三句话是：我来、我看见、我征服。这是何等的气势！法国的拿破仑，后来也做了皇帝，他也有一句名言：我比阿尔卑斯山高。但是拿破仑这句话也有一个"我"字，但这个"我"字却反映他的自卑情结。拿破仑的个子并不高，所以他强调越过山顶的时候高于阿尔卑斯山。所有这些例子都表明人们对"我"字非常看重，于是我要问，人们每天都在不停地使用"我"字，但对"我"字真正了解没有呢？

我们知道，台风中心恰恰是没有风的，在最应该思考的地方，人们没有在思考，而是都在呼呼大睡。人们最熟悉的东西就是他们最不知道的东西，正如黑格尔的名言"熟知的东西并不是真知的东西"。举几个日常生活中很简单的例子。我们把"脚踏车"称为"自行车"，这个错了，应该称为"助动车"，因为它不会自己行走，而要用脚去助动。但是现在叫"助动车"的车应该叫"自行车"。因为你把马达打开它自己就会走。譬如我们说一登上高楼有恐高症，恐高症这个名字就是错误的，应该叫"恐低症"，什么叫恐高症，难道说你站在地上，看见飞机在空中飞你就害怕了吗？从来不害怕，你恐高吗？根本不，你只是恐低。如果我要走进房间，那个地方写着不准抽烟，我觉得这事情根本不能难倒我。如果我点燃了一根烟夹在手里没有抽它，那是可以的。你并没有许可我，你只是说不许抽烟，没有说我不许拿着一根点燃的烟，但它同样是在污染。另外如果我在抽烟，而这根烟是熄掉的，我没有造成污染，为什么我就不能抽烟？所以精确的表述可能还要我们去动脑筋。一路分析下去，这样的表述都是很滑稽的。我们说男女之间的情爱关系非常好的时候是一对鸳鸯，其实天知道鸯是不是在不断更换鸯，但我们肉眼看不出鸯的差别，所以，你这个比喻到底是指他们没有感情，还是指他们感情非常深？有的时候我们看到一个人犯错误，我们就使用一个概念，我们说"这个人堕落了"。你这不是在表扬他吗？因为一个人只有站在高处才有资格堕落下来，他原来就没高度，只是在平地上的移动，所以不能称为"堕落"。维特根斯坦在《论确定性》著作中讲过一句名言：有牢靠基础的信念的基础是没有基础的信念。这听起来像绕口令，就是说我们每个人要有目的地存在。哪怕我们要走 50 米到卫生间或到其他地方去，都会受到我们观念的支配。这个观念的支配本身先要有你这样一个观念，然后再有你下面的一个行动。观念本身都是要经过大脑考虑的，如果大脑没有的东西，那么你根本就不可能付诸行动。就像如果你没有出国的愿望，你也就不会有出国的行动。所以我们发现，对于我们如此熟悉的东西，我们并不真正地知道。"自我"的概念也如此。就像一个企业的工程师，虽然他夸口"这个工作我已经干了几十年，非常有经验了"，但是这句话翻译出来就是，他在这个领域再也无所作为了，因为他对这太熟悉，就对周围环境失去了任何批判、反省和思考的本领，他是按照自己的习惯生活在世界中的，他的大脑已经消失了。这样看来，我们不断使用"我"，但还是很陌生。所以要成为成功人士，就要不断地反省自我。我们常常说自我的最大敌人是自我。也就是说，一个人如果对自己缺乏自知之明，不能深刻地反省自我、超越自我，那么这个人是很难取得成功的。即使是在某一个阶段取得成功，他在以后的阶段也不能巩固自己已经取得的事业。

在当代社会中认识自我，又有以下四个层面。

第一，改革开放和社会转型使每一个自我处于前所未有的巨变之中。

我们被抛进了各种非常动荡的生活之中。也许有的人之前并不起眼，但在改革开放后经商致富，成了人们崇拜的对象；也许有人今天还是领导高官，明天却成了阶下囚；也许有人出国了；也许有人在生活中破产了、下岗了。人们在这种无穷的变数之中，如何面对生活情景的"自我"，以一种韧性来适应生活中发生的巨变？

第二，独生子女本身都有自我中心化的心理倾向。

现在一些青年人在思维和行为上有很多奇怪的表达。2001年，《南方周末》登载：南方一所重点大学，一个独生子因无法适应集体生活和住宿环境(宿舍没有空调)，第三天晚上仍然睡不着，他就跳楼自杀了。独生子女现象所造成的性格、心理和行为上的变化都值得我们对自我本身进行反省。

第三，科学技术的高度发展。

人体克隆、试管婴儿、器官移植等现象的出现也对自我提出了挑战。如果一个人的器官如肝脏、肾脏被移植，那我们还可说他保持着自我。但如果说他像《封神榜》中的申公豹一样连脑袋也换掉了，那么他还是不是原来意义上的自我？如果脑袋这个器官也可移植，那么这个自我应该是怎样的自我？另外，电脑的发展改变了现在的人际关系。有的人成天都携带着手提电脑，最后成了依赖，成了网虫。以至于一个小孩去医院看病，医生对他说你身上有病毒要打针，这个孩子天真地问医生："我又不是电脑，怎么会有病毒?"这都反映了随着电脑这种通信技术深入人们的生活，人与人之间面对面交流越来越缺乏了。人人坐在房间对着电脑这个终端，成了德国哲学家莱布尼茨笔下的"单子"：呆滞，没有窗户，相互之间都是封闭的。所以孤独成了当今现代人的普遍感觉。这种孤独不是说在人群中就会消失，在人越多的地方，可能这种孤独更加厉害。就如中国诗词中所讲的蝉鸣，我们走进一个森林，听到知了在叫，我们就感觉到这个森林更加幽静。我们在人声越是嘈杂的地方越是感到孤独，这是现代人的一种感觉。这关涉自我如何来克服自己的孤独。

第四，经济的发展造成了物对人、商品对人的普遍的统治。

在我们当前的商品经济的负面因素的引导下，存在对物品的一种普遍崇拜。20 世纪 60 年代法国荒诞派剧作家有一个剧本《新房客》，就是讲一对夫妇要搬家，结果在巴黎搬家时，他们的家具是如此之多，以至于塞纳河都漂浮着家具，街道上塞满家具，楼梯上也都是家具，最后他不得不把天花板拆掉，用吊车把家具吊进去。这个小说的夸张描述表现了物的无限丰富和对人构成的统治。法国社会学家莫斯，他专门研究过礼品。礼品是所有物品中最古怪的东西，因为礼品就是为他人呈现的，因而礼品就反映了人与人之间的关系。在我们当前的礼品经济的负面因素的引导下，不仅存在着对物品的一种普遍崇拜，而且物品本身有着一种虚假化的倾向，很多商品都是假的。我们可用三句话来概括虚假的普遍程度。第一句话：除了辞典中的"假"字是真的，其他都是假的。第二句话：除了假头发是真的，其他都是假的。假头发这个概念本身是错误的。我们不能说张三戴着假发，我们只能说张三戴着李四的头发。第三句话：除了骗子是真的，其他都是假的。所以中央电视台"焦点访谈"栏目曝光了某地生产假冒伪劣产品，但那个地方做梦也没想到生意比原来更好了，为什么？因为原来不知道假货什么地方买，现在总算知道了。那么为什么假货有一种客观的市场需要？因为人们购买礼品的消费心理有两个方面决定着假货市场将长期存在：第一，送礼的礼品一定要买名牌；第二，不愿多出钱。我们可以从理论上去批判，但我们不能取消某些人的消费取向。这里所看到的、所体现的是物对人的统治。我读了前几天的报纸，感到很生气。杭州某银行有位女收银员为保护装有 5000元的银箱，身上被歹徒刺几十刀身亡。然后各大报纸就纷纷表扬她。这种表扬是错误的。货币是物质的东西，不要说 5000 元，就是有 5 亿元人民币，此时要做的是尽量保全自己的生命，记住歹徒的特征，然后再想办法把银箱取回来。如果说主体已经死亡，那么谁能记住歹徒的面目模样？我们崇拜的革命家列宁是如何处理类似事情的呢？有一次他乘一辆车在路上被强盗包围，列宁就把汽车等全部交出去，两周后将这批强盗通通抓获。这就是列宁曾讨论过的妥协。有的时候我们要妥协，是人的生命重要，还是人所生产的物品、金钱、财富重要？这是物统治人的世界。

在现实生活中，物统治人的现象比比皆是。法国哲学家萨特到波兰（原来也是社会主义国家）参观，看见工厂里写着一句话"结核病妨碍生产"。难道生产的产品比工人生结核病更为重要吗？他们的人文精神到什么地方去了？再看我们司空见惯的工厂标语"安全为了生产"。安全仅仅是为了生产吗？人的安全，人不生病，就是为了增加产品吗？这是何等缺乏人文意识的一种表达！当然，我们有些东西写得不仅缺乏人文精神，连基本常识也没有。就像交通方面的"人车分离，各行其道"。这表述就不清楚，难道"人车分离"是让驾驶员跳下车来，让车自己走吗？正确的表述是"行人和车辆分离"。而且我们的一个悖论就是路上的牌子写着：驾驶员在驾驶车辆时要集中思想。但是，如果驾驶员看这块牌子，首先要分散他的思想。这表明我们在现代社会中，特别是在物的统治、技术高度发展、人们普遍孤独的情况下，我们更要认识自我。所以不管你是企业家、银行家、律师、教师，"认识自我、超越自我"都是我们走向成功的必由之路。

在中国甲骨文中，"我"字左边是一个锯子形的东西，右边是一个武器，这两个东西都是古代人带在身边的东西。"我"字本身从字形上分析，就是这么一个武装到牙齿的存在物。这使我想起了西班牙作家塞万提斯笔下的唐·吉诃德，服装是盔甲，休息是战斗。他穿着盔甲，挺着长矛，骑着一匹瘦马到处去挑战。我们这个"我"就像唐·吉诃德一样，全身都是武器。这是"我"的甲骨文泄露给我们的秘密。从西方的角度来说，从古希腊开始，在他们神庙里就写着这样的话："认识你自己。"这是神的启示，要人们对自己进行认识。早期西方人在基督教背景下形成了对自我的认识。在《圣经》中有很明确的表达：人是由上帝创造的，人和地球在宇宙中间，处于中心的位置。当时流行的天文学理论是亚里士多德和托勒密的体系，根据这个体系，地球位于中间，太阳围绕地球转。这一理论和我们日常生活中的观察是一致的：天气晴朗时，早晨太阳从东方升起，晚上从西边落下。所以我们自然就认为太阳围绕我们旋转。其实这是错误的，根本不能用，但有些还保留在文学用法之中。

在当时"自我认识"构成上，很难去控制的是两个理论：一个是"地心说"，上帝、人、地球处于宇宙的中心点上；另一个是"神创说"，就是神或上帝创造了人类。这两个理论牢牢地禁锢着人们对自我的正确认识，所以后来有些学者提出了新思想来冲破这两个框框。哥白尼、伽利略和布鲁诺提出"日心说"，指出不是太阳围绕地球旋转，而是地球围绕太阳旋转，这样就在空间范围之内把上帝的存在和人都边缘化了，人和上帝都不在宇宙的中心，人们所处的地球不过是围绕太阳旋转的一个行星。因此，当时的宗教势力对伽利略进行迫害，强迫他将手放在《圣经》上宣誓，否定"日心说"，因为这威胁到宗教理论的存在。但是不论如何，"地心说"被打破了。人、上帝、宗教在世界和文化中被边缘化了。没有这个前提，近代人不可能正确认识自我究竟是什么。在这样一种情境中，近代人才能够认识到自我。法国一位思想家又补充了另外一句："人在宇宙中间虽然是一颗微粒，但人的大脑可以包容和思考整个宇宙。"另外，达尔文的演化理论表明了人不是由上帝创造的，而是从高等动物发展过来的。这样一来，原来觉得自己的出身光芒四射的人突然发现人是如此之粗鄙，人不过是从动物演化而来。所以，中国古代思想家孟子说："人之所以异于禽兽者几希。"①"几希"，就是几乎没有什么差别。所以我们批评人渣是说成"衣冠禽兽"。其实这句话的含义比我们设想得更广。

按照德国哲学家费尔巴哈的说法，"人，半是天使，半是野兽"。我们在承认一个女性身材好的时候，强调她有着魔鬼般的身材，这只是承认了人与野兽在外形上的某种类似，但其实更可怕的是某些人有着魔鬼般的心。所以古埃及人的形象是：脑袋是一个女性，身体是一头狮子。中国传统的鱼美人的形象，实际上也是人的真正形象。如果我们现在看到一张照片，拍着一个现代人，穿着整齐的服装，其实没有比这张照片更不像人本身的了。真正像人的照片应该是鱼美人，或是古埃及的羊人，这才是真正人的本质。不管如何给"人"下定义，它的总概念都是动物，如政治动物、社会动物、理性动物、符号动物等，人能离开动物吗？英国伦敦动物园的工作人员非常有新意：他们将8个人关进笼里，实际上也就是真正的动物被关进去了。我们现在好多哲学家写著作说人与动物的差别，这个说法就是错误的。《人与动物的差别》的正确表述应当是"人与人以外的动物之间的差别"。这个我们很熟悉说法的错误引起了一系列的麻烦，也许星期天你再也不能带着小孩到动物园参观了。在动物园没有把人关起来的前提下，动物园需要更名为"人以外的其他动物园"。另外，人们号称监狱的单位，关着的是不是也是一种高等动物？文明是如此之可怜！我们取得的进步只是我们造了好多高楼大厦，但外面围着好多的铁栅栏、铁网、铁门、铁锁，这些与监狱的铁栅栏、铁网、铁门、铁锁相比，唯一的差别就是前者是用钢铁做成的。古埃及的法老，他们在死了之后把他们自己的尸体放在石棺里面，封闭在金字塔中；但我们现代中国人有的在活着的时候就把自己封闭在水泥方块中，有哪个人不为自己在大城市中占有一个 apartment 而高兴？其实就是人成为了水泥生灵，处在这个高楼中的一个单元，四面都是水泥，然后住

---

① 《孟子·离娄下》。

在里面感受到自己是何等幸福！你是把自己囚禁在水泥围栏之中啊！德国哲学家斯宾格勒在20世纪第一次世界大战时就写过一本《西方的没落》，认为任何一种伟大的文明都生长于自然的生趣盎然之中，最后在城市的石化之中夭折、凋零，直至死亡。古代的石化环境可以从埃及神庙、古罗马竞技场中看到；现代的石化环境就是水泥。我们住在水泥堆积的方块中，再加上铁栅栏、铁网、铁门、铁锁，然后我们就感到幸福，接着就抱怨自己的孩子没有艺术细胞。难道铁栅栏、铁网、铁门、铁锁能够产生艺术吗？所以，法国一位浪漫主义哲学家强调说，小孩真正要教育好，就要将他们放到农村，让他们去听鸟语花香，潺潺流水，去识别各种动物和植物，这样他的艺术细胞才有可能产生。但是我们呢，我们只是从草地上捡来几块草皮贴在我们的窗下，种几棵像筷子一样长不高的树，然后我们讨论"人与自然的和谐"，这听起来是多么的矫揉造作！我们现在的人可怜到什么程度？古希腊的哲学家认为，水、阳光和空气对人的健康是不可缺少的。但是在当代，这些都成了稀缺资源。我们必须在"五一""十一"长假时乘飞机或坐车去几百公里、几千公里以外才能到达澳大利亚大草原、中国的神农架或者是大小兴安岭去重温与自然的旧梦，多么可怜！更可怜的是，苏州墓区的墓碑漫山遍野，其中有一种叫"活人墓"。黑格尔就讲到过人的两次死亡，认为更可怕的是肉体死亡之前的精神死亡。比如一个在精神上不愿意学习、了解任何新的东西的人就是属于精神死亡。现代人接受的教育基本上都是终身教育，如果有人某天不愿再接受新东西，那么这个人在精神上已经死去。

从上面对哥白尼和达尔文等展开的叙述中，我们可以看到，他们的理论在根本上为我们创造了条件，使我们有机会能够正确看待我们的"自我"究竟是一个什么东西。而第一位以正确的眼光来看"自我"的是德国哲学家叔本华，他的伟大就在于指出了悲剧性的命运是每一个人的命运。古希腊的悲剧作家中有三大家，他们所写的都是帝王、公主和王子的命运。在莎士比亚及其他一些作家所写的作品中也都有反映。叔本华表明，悲剧性的命运是我们每一个普通人所必定面对的结果。叔本华分析了人生中的三个概念：痛苦、兴奋和无聊。他认为人生的主要旋律是痛苦。人是由器官构成的，所以人的生存意志和全身器官都追求欲望的实现。古希腊的神话中有对人的比喻，就是人的欲望是无穷无尽的，是一个没有底的水洞。这就决定了人基本上是痛苦的、悲剧性的。因为周围环境能够满足欲望的资源是有限的，比如说，100 个人想进大学某专业学习，而这个专业只能录取 20 个人，那 80 个人的意志必定要被否定，这就构成了人生的主要旋律——痛苦。什么是幸福？幸福是人生中欲望的实现或得到了满足。什么叫无聊？无聊就是你的第一个愿望被满足，而第二个愿望还没想出来。就像一条船在水中走，没有桨、没有帆、没有指南针。如果你碰到一个无所事事的人跑来跟你聊天，那个人多半是处在无聊的状态中，因为他的生活失去了目标。

人生的本质就是一种悲剧，因为人充满了期待与欲望，而这种期待和欲望是无法得到完全满足的，所以我们很难得看到人的笑容。那么如何使人减轻自己内心的压力和痛苦？叔本华主张：要取消自己的生命意志。所以他学习佛教和基督教。这就是通常讲的"知足常乐"，就是一旦把器官的欲望给消除掉，痛苦就没有了。叔本华的理论对自我的解读，其实是颠倒了理性统治意志的传统观念，揭露了一个真相：我们的理性实际上只是意志的奴仆！所以我们经常发现社会上有犯罪的案例。那就是犯罪嫌疑人的生存意志要追求享受，比如他希望一年之后他能积累到多少财富，劳动致富，他觉得达不到，接着就抢银行、走私、贩毒。正常人和罪犯的差别就在于理性是否占主导地位，所以人的自我是动态的内部斗争过程。

而对"自我"做出立体分析的是奥地利心理学家弗洛伊德，他认为"自我"有三个部分构成：超我（自我相信的道德、宗教、政治、法律上的戒律和规则，作为权威内化于心中）、自我（一个人的理性在生活中调节自己的行为和行动、思维）、本我（自我中间隐藏着的本能，欲望、情趣、情感）。打个比方，"本我"就像一匹野马，骑在马上的骑手就是"自我"，这个"自我"操纵着的缰绳就是"超我"。

大家也许看过夏洛蒂·勃朗特的《简·爱》。书中男主人公罗彻斯特先生曾和一位出身西班牙贵族的女性结婚，但那个家族有精神病史，所以没多久他的妻子就犯了精神病，被罗彻斯特先生关入阁楼，还雇用一名女工来看管，但这疯女人经常跑出来，一次跑出来将房子烧掉了。简·爱是到罗彻斯特先生那里担任家庭教师，并且最后与他产生了恋爱关系，这里所写的"疯女人"比喻的真相就是：我们每个人心中都关着一个疯女人。这个"疯女人"就是心中的本能、愿望、意志、情趣、激情，这是在我们的胸腔里面的犯罪嫌疑人，所以外观看上去这个人面容很平静，但正所谓"静水深流"，他心里可能像一口大锅在沸腾，他"本我"中的欲望就是要穿破出来，要去实现自己的理论。"本我"只知道一个原则：快乐原则。比如说我在外面买东西时，我的胃很紧张，食品一进去，感觉神经就松弛下来。而"自我"的原则就是现实的原则，因为"自我"要审视实际情况。

弗洛伊德又进一步分析认为，人最强烈的愿望就是性欲。若人的性欲受到压抑，它会转向何处？

第一可能是晚上做梦，使无法实现的愿望在梦中得到满足。弗洛伊德曾出版过《梦的解析》，对此进行研究。有的事情分析起来会让人大吃一惊，鲁迅先生说过：鲜花是植物的性器官。我们看到的纪念塔、喷水池，实际上也反映了人们对其的一种欣赏。尼采说："在这个世界上，只有人是美的，这是审美的第一真理。""在这个世界上，只有本能退化的人是丑陋的。"这两句话就限定了审美的全部真理。所以他认为世界本身根本没有任何美可言。这个"美"都是人给予的。所以他把"美"理解为人的族类虚荣心。我们认为从自然界发现的东西其实是我们自己伸进自然界去的。弗洛伊德也讲到，人们平时看到女性会用 attractive 来形容她们，他认为，美的东西是建立在性刺激的基础上的。

第二是正常的性生活。通过正常的性生活，把性能释放出来，繁衍后代，那么人的理性就能达到一种平衡。

第三是日常生活中的口误。就如我上次去苏州某大学开会，会议一开始，主持人就在台上说："我现在宣布，会议结束。"其实这可能正反映他内心中的真实想法。口误本身可以得到解释，它是你内心不愿说出的愿（欲）望在你口中不自觉地流露。在希特勒统治时代，所有的报纸都用德文写着："希特勒万岁！"有一个人在排字上出了错误，在德语"希特勒"后加了几个德语字母，然后意思就成了：给希特勒看病。这就是说，他在潜意识中就认为希特勒有毛病，要给他看病。

第四是性变态。比如说有的男性在车上割破女性的服装，或专门收走女性晾在外面的内衣，这种一般称为"恋物癖"。在某地的校园周围就有一些高中、大学的女生把她们用过的内衣内裤卖给别人，有一些男性也去买，这是一个公开的贸易市场，这些男性为什么去买？除了"恋物癖"，还有"恋尸癖"。不久前我参观俄罗斯的一个非常漂亮的宫殿，在那里居住过的一个女王就患有这种疾病。

第五是在欲望的压抑和沉淀中变成精神病。有的是在变疯前没有得到他人的尊重。比如德国哲学家尼采，他在 1889 年因梅毒变疯，在疯癫后还表示社会要尊重他。德国有位天才诗人到商人家去当家庭教师，后来爱上了商人的妻子，女主人死后，诗人也就疯了，之后还活了 30 多年，诗人甚至疯了以后还希望别人称他为"陛下"，在这样的疯狂中追求满足感和尊重感。

第六是潜意识中的欲望受到阻碍后自杀，特别是在性爱受到阻碍无法发挥之后。德国诗人歌德写了《少年维特之烦恼》，一半是歌德自己的爱情故事。当时有的欧洲青年人在自杀时身边都带有《少年维特之烦恼》，一如有的美国青年人自杀后身边都能找到《麦田里的守望者》一样。谋杀里根总统的欣克利开枪之后，保安在他身上也搜出了一本《麦田里的守望者》。

第七是升华。升华就是把非常强烈的愿望，特别是性欲转移到艺术创作、科技创造、宗教体悟中去，这样就产生了伟大的科学家、艺术家和高僧。

所以弗洛伊德的理论本身，使我们认识到"自我"的复杂性。总结起来，"自我"是包括意识和无意识，包括人的对内体验和对外经验的人格上、心灵上的统一体。如果一个人不能达到各个层面的统一或者是处在病态的状况之下，那么他身上可能会出现种种病态或精神上的分裂。正是这种人格的统一构成了"自我"的统一性和延续性，正如德国诗人所写："我要忠实地停留在我自己的这个世界上，我就是我的地狱和天堂。"

二、自我之困境

我要讲的第二个问题就是自我的困境。在现代社会中，自我的困境可概括为以下三个方面。

第一，"自我"的理性和欲望冲突的激烈程度。

歌德在《浮士德》中讲过：浮士德的胸腔里跳动着两颗相反方向的心。马克思在《资本论》中也认为，任何一个赚钱的资本家胸腔里都跳动着两颗心：一颗心告诉他，你不能去消费，你必须把钱重新积累起来扩大生产规模，以便赚取更多的钱，把享受留在后面；另一颗心告诉他，生命是短暂的，明天你或许就死亡了，把你的钱扔到娱乐场所里去吧。这就说明了自我内部理性和情感的冲突是一个永恒的冲突。所以我们每个人都是浮士德。

马斯洛提出的需求层次理论认为，最低层次就是生理需求，人在饥饿时什么都能做出，有句俗话说得好："民以食为天。"第二层是安全需求，第三层是社交需求；第四层是个人得到尊重；第五层是自我实现。第四层次说到人对自我尊重的追求，所以我觉得"经济人"的假设不能成立，因为任何一个人在经济活动中进行投资的时候，我认为他首先考虑的是自己的生命和投资行为中的安全性，然后考虑的是尊重经济活动的经济能力规则，接着考虑的是自己的经济行为是在合法的平台上还是在非法的平台上进行的。人权、人格从来都不是大的概念。譬如，一些城市中搞建设，就要涉及动迁问题。有人不同意动迁，那也是绝对动不了的。马克思的理论，归根到底就是为了人的自由和解放，阶级斗争只是它的手段。我们曾经本末倒置，把阶级斗争作为目的。

第二，自我中间的实用理性和人文理论之间的关系。

中国人用得最多的一个字就是"用"字。甲骨文中"用"字就是一个架子上有个分叉树枝。中国人非常重视"用"。中国人的实用理性往往体现在最应该缺少实用理性的地方。比如在宗教上，人们还是淹没在"用"的利己主义中——崇拜上帝，尊重佛陀，就不是出于真心的崇拜，而是出于某种实用的意识。中国有句古话"无事不登三宝殿"，就是这个道理。而平常说的"出于公心"，只是一个修辞学上的概念，其实，能够使一个人把国家、集体、个人的利益放正确就可以了。我们不要把语言一概理解为表达思想的工具，语言在很多场合下是掩盖思想的工具，语言本身成了一种修辞学。譬如你进入一个餐馆，点了老鸭汤，你能确定端上的就是老鸭吗？什么是老？什么是小？这根本就是一个搞不清楚的概念。一个心血管有毛病的人买了深海鱼油来吃，吃得还津津有味。这是深海的鱼吗？它是游在 2000 米以下的还是 2 米以下？我们在语言中是见什么语言相信什么语言，所以我们从来不生活在实践上，我们只生活在世界的语言表达之中。比如成语所讲的"当局者迷，旁观者清"，但我们是否思考过这句话的愚蠢呢？比如一位魔术师在表演时，他是当局者，你是旁观者，那么是谁清楚呢？一个骗子在行骗时，你是旁观者，是你清楚还是他清楚呢？我到美国时参观过不少华人的教堂，特别是中国的很多科技工作者到那边都很相信基督教。有个人这么向上帝祷告：感谢上帝，我女儿的签证终于出来了！有好多人都忧心忡忡地跟我说起中国有那么多在美国的科技工作者都相信基督教。我只是笑笑，我说这些人根本就是无神论者，他相信的是实用理性，他可能把上帝理解为他使用的一个工具。那个人对上帝的祷告，不但不能证明他相信上帝和基督教，而是证明他是一个无神论者。他的这句话翻译出来，要表达的意思就是：上帝啊，如果你不能解决我女儿的签证问题，我是根本不可能信仰你的。这才是他要表达的真正含义。

　　我们说"美"字拆开就是"羊""大"。古人吃羊，肥硕的大羊是美的。中国人的审美中总是带着一种味觉。可以对一个漂亮的女孩说"秀色可餐"，可以把打官司也说成是吃官司。那么在哲学上也一样，我们有好多年轻人要学哲学，他们的父母跟子女都提出的一个问题是：哲学有什么用？我开玩笑说：哲学之用，乃是无用之用，是为大用。有一次我请几个美国教授吃饭，我问他们吃饱了没有，他们客气地说饱了。后来我跟他开玩笑："你的发音这么嘹亮，上面器官是空的，像小提琴琴箱一样，所以你还没吃饱。"他就说："我的胃已经饱了。"我又开玩笑说："你在吃东西之前，你的胃充满着空气。"不能说"我要空腹吃什么"，因为腹永远不会是空的，所以空腹这个概念就是错误的。我们在敬酒时说，你的酒杯是空杯，其实空杯是一个错误概念，杯子里充满了空气，不是真空。所以哲学要揭示的不是我们说的实用理性，而是一种空灵的境界。就如刚刚装修好的房子不是要把所有的东西堆在里面，而是要显出一种空灵感。如果一个人的精神被经营、投资、计算塞满了，他这个人根本就不再是一个人，他只是移动着的一张写字台或是一个物品。比如说他跟女朋友去约会，他也要考虑到我投资多少，我的成本多少，我今后收益如何。这样，爱情在开始之前就已经死亡，这就太可怕了！你在家里和父母之间也能这样计算吗？所以市场经济是一个有限的原则，在好多领域中它是无效的。我们的思想要顺应市场经济，也要超越市场经济。不是所有的事情都是只要满足市场经济本身，我们就能做好。有些事情是需要我们通过反对市场经济、超越市场经济才能做得更好。所以正因为我们的实用理性太强大，我们的人文理性就被边缘化。现在，若一个人的想象力离开了他的物质利益，我们就无法想象。我们能不能走向一种空灵的精神境界，朝公理的方向来思考：人为什么要活在世界上？什么样的人生才是有意义的人生？人应该如何与他人相处？所有这些涉及人文情感的问题都超越了我们的视野。在这个意义上，人与其他动物的表现形式，如果是停留在单纯的实用理性上，那就差不多，就像英国作家写的猪，他一边在地上走路，一边东嗅西嗅，从来不抬头看。人之所以为人，人与其他动物的不同就是他有一个空灵的精神世界，通过对艺术、宗教、哲学的追求来安顿自己的灵魂，而不是说满足了所有器官的吃、喝人生就完成了。若是这样，就是把自己贬低为一个动物了。

第三，自我和他人的关系。

因为我们是社会存在物，所以我们生活在世界上，就是要和其他人发生一定的联系。我这里所讲的是自我和两种人之间的关系。一个是自我和家庭外面的社会上的其他人之间关系。中国传统的关系叫天地君亲师，就写明了亲属之间、师生之间、朋友之间的关系。现在，和社会上的人接触有各种各样的可能性。比如现在党员学习班、旅游团等，都会使人建立一种人际关系。但不论是古代人还是当代人，人性都没有发生变化。人与人之间，自我与自我之间的关系是何等可怜！德国哲学家叔本华举了一个豪猪的例子，说豪猪身上长满很长的刺，在冬天要相互靠近取暖，但一旦靠近，刺又会碰到对方，所以它们又保持着一定距离，不远不近。实际上，这个比喻就是人和人之间的距离感：不能太近，又不能太远。太远了他们会感到孤独，太近了他们又要相互伤害。所以我们有时在海关、银行、飞机场碰到的"一米线"，也正反映了人与人之间的距离感。我们有时还要为此调侃自己，美其名曰：距离产生美。但这实际上说出了人与人之间必须要保持一定距离的那种无奈感觉。有的时候，我们想在主观上消除这种感觉，所以我们老是媒体上书写"近距离采访""零距离采访"，这种关系体现了自我和其他自我之间的一种关系，这其中，自我有一种可怕的被妖魔化的趋向。

捷克小说家米兰·昆德拉说出了一个真理：我们在反省历史的时候，更深刻的认识是，要认识到，我既是一个受害者，同时又是一个施害者。作为施害者，就是把不好的东西强加到其他人身上。除非一个人精神处在分裂的状态下，他可能身不由己，只要他的理性是健全的，他的身体从来都是服从他理性认识的最后决定的。不要推卸责任，这是你应该负的责任。这个世界上没有身不由己的事情，对于一个健全的人来说。如果我的上级让我出来担任领导工作，如果我不做，可能得罪他；如果我出来做，我就对人家解释：哎呀，我也是身不由己。但是如果我连得罪他都不怕，我就可以不做。为什么你要身不由己？我们把责任推卸到最干净的地步时，有一个概念叫"鬼使神差"，不知道怎么样，鬼使神差地我就杀了一个人，好像这是鬼神杀的，不是我杀的，把责任推卸得干干净净。当我们碰到自我做了什么好事的时候，又用了一个利己主义的概念，我们说"神不知鬼不觉"地做了什么事情，又可以把鬼神推得远远的，因为好事只能是我一个人享受。做了坏事就是"鬼使神差"，做了好事就是"神不知鬼不觉"。如果神"不知"鬼"不觉"，他还是神和鬼吗？如果他也没有这个知觉的话，他和普通人还有什么差别？这反映出自我本身的一种自怜和一种自我中心化的倾向，这种倾向导致在处理个人自我的家庭内关系的时候很容易出问题，特别是一些成功人士，在事业上取得成功以后，他在过去的情景下组成的家庭、各种各样的关系就处在风雨飘摇的状态之中。所以经常也有人说"喜新不厌旧"，都是探讨成功人士在成功以后的家庭关系。在家庭关系之中，人与人之间也存在一种距离感。我去台湾地区讲学的时候，和台湾的学者交谈，台湾人现在两代人之间的距离感就是有几个 block，几个街区。过去在台湾，父母住在第 10 层，子女住在第 2 层，父母每天到子女家去，子女就不胜其烦，因为他要有独立性。所以最后关系调节下来，两代人之间的距离就相差几个街区，比如说儿子住在这个公寓，父母住在几条街外的另一个街区，父母要想找儿子，这个很困难，但如果有紧急的事情，出租车起步价就到。这就是现代社会，两代人的真实距离，现在有好多上海人也是这样。很多人形容夫妻之间感情好，叫"相敬如宾"，其实仔细想下去，还有什么比主人和宾客之间的关系更为疏远？如果一个家庭被形容为"相敬如宾"，我看它大概已经处在死亡阶段了，它已经没有活力了。因为家庭，特别是夫妻之间的感情是以情感、爱情作为基础的，是以感情不破裂作为基础的，而不是以一种外在的礼仪作为基础的。所以在宾馆，如果你在门口见到"宾至如归"这个口号，你不要认为他和你很亲了，"宾至如归"这个口号是提醒我们所有住在宾馆里的人，我和你之间的距离非常遥远，你只不过是借住在我这里，"宾至如归"只是修辞学意义上的一个说法，这个说法只是肯定我和你之间有距离，我们是两个不同的东西。当然外国人也喜欢讲 at home，像在家中一样，你在家中就一定是很好的吗？如果在家中一切都是很好的，贾宝玉为什么要走出大观园去做和尚？巴金的小说《家》《春》《秋》里面的觉民、觉慧为什么要从家中走出去？钱锺书《围城》中的方鸿渐为什么要从方家走出去？现在农村里的那么多农民为什么要走到城市来？at home 中的 home 里面充满了矛盾。所以有的人要走出来，不是在家里面就舒服。如果在一个温馨的家里，那是很舒服，但是可能在另一个环境中就不是这样，这就体现了一种距离感。法国有个荒诞派剧本叫《秃头歌女》，是尤涅斯库创作的，最能反映当前普遍物化状态之下西方人在家庭关系当中的无奈。一个中年男人乘火车去一个城市，碰到了一个中年妇女，两个人开始聊天，结果发现他们去同一个城市、同一个街道、同一个大楼、同一层、同一房间、同一张床。原来他们是夫妻。这个故事以夸张的手法强调了这一对夫妻之间精神上遥远的距离，可以用光年来计算。所以，"零距离"谈得越多，越是表明距离之遥远。

至于这种我们现在谈到的夫妻之间的关系，它本身就有一个历史发展的过程。恩格斯在《家庭、私有制和国家的起源》中考察过这个过程，最早的人类就像动物一样，在森林中间，完全是群婚的，任何一个男性可以和任何一个女性有性关系，这样繁殖出来的有些后代智商非常低，所以在发展的过程中，首先禁止两代人发生性关系，接下来禁止同一氏族的人发生性关系。今天在云南泸沽湖边上摩梭人仍然有走婚制度，在走婚制度之中，孩子不知道自己的父亲是哪一个人。在世界上，现在人类还有一夫多妻制、一妻多夫制，形式最多的还是一夫一妻制。《古兰经》就规定一个男人可以有四个妻子。所以有一次英国移民局深感头疼，因为他们要从土耳其引进一个工程师，但是这个工程师有 4 个妻子，包括所生的小孩，整个家族的人加起来有 99 人。也就是说，要引进一个人必须把另外 98 人引进来。人类的一夫一妻制将来如何发展，恩格斯也没有给出充分的结论，他认为一夫一妻制在通常情况下仍然不是建筑在严格的纯粹的性爱基础上的。好多婚姻是政治婚姻，比如过去两个王国要联合起来就在子女中实行婚配；有的是考虑财产，有的是考虑其他因素。纯粹建立在性爱基础上的婚姻在当代仍然只占一部分。如果我们从这样的角度来看《红楼梦》，我不知道我们应该对贾母采取什么样的态度，贾宝玉的困难就在于不论是和林黛玉还是薛宝钗都是近亲结婚，所以从优生学的角度来看，贾宝玉做的事情全部都是错的。《红楼梦》在优生学上绝对是不成功的。今天，在青海和甘肃的一些地方，农村中人们的婚姻对象选择的范围不超过方圆 15 里，所以生出大量的低能儿和傻瓜。所以，人口的数量在增加，然而质量堪忧。在中国有一些家庭婚姻已经死亡，这反映了在变动的社会中自我和他人，包括家庭内部成员之间可能出现的各种各样的变数。如何正确地处理这些变数，部分的答案在接下来的第三部分中。

三、自我之超越

走出自我的困境在现代社会之中有三个前提。

第一个前提：要有自知之明。实际上，最难的就是人能够科学地了解自己的真实情况，同时也很难正确地了解其他人。比如说，上海的很多家长给他们的子女买钢琴，都认为自己的小孩具有艺术天分，所以千方百计要训练他。这就是缺乏自知之明的表现。事实上绝大部分家庭的子女的一生都是平凡的，他们的平凡是实际生活中的真相。一个人如果对自己没有明确的认识，而是处在漆黑的状态之下，那么他做事情做得越多，离失败就越近。

第二个前提：扬长避短。但是，生活中经常出现的事情就是，一个人一生都在发展他的短处，而忽略了自己的潜能和长处。我的一个师弟，他妻子原来是浙江越剧小百花剧团里非常著名的青年演员。受出国潮的影响，她盲目冲动，鼓励丈夫到美国出国留学，自己到美国的饭店里洗碗，结果手指给洗碗机切掉了。接下去，她的丈夫有了女朋友，家庭完全破碎，她回来了。但是对于她发展越剧才华最有利的青春和时间流逝了。聪明人要发扬自己的长处，避免自己的短处。

第三个前提：限制自己。因为在现代社会中间，信息爆炸，知识爆炸，一个人绝对不可能小提琴第一名、游泳第一名、篮球第一名……生命是短暂的，一个人一生就是从篮子里到盒子里，从摇篮到骨灰盒。如果我们说一个人16岁之前被养起来，60岁以后被养起来，中间一共只有44年，三分之一的时间在床上睡觉，三分之二的时间中还有数不尽的事情，要读完所有的学位，要找到一份好的工作，要建立社会关系，要组成家庭，要生小孩，要在事业上有所造就，还有可能染上各种各样的疾病，随时都有可能取消他的时间。他有多少时间能够用在对某一个问题的研究思考上、用到某一个事业上？不要浪费自己的聪明，不要认为自己什么事情都可以做。5年经商、5年做学问、5年做行政工作，最后白发苍苍，一无造就。一个人的本事就在于几十年做一件事情。比如说一个人画水仙花就画一生、画马就画一生、画老虎就画一生，也许才能真正有所成就。打个比方，普通情况下太阳光线的热量不大，但是你要拿一个放大镜把太阳光线聚焦在一个焦点上，就能够让一张纸片燃烧起来。人的精力也是这样，如果处在散射的状态下，那么一生什么事情也做不成。必须用放大镜聚焦在某一个点上，锲而不舍地做下去。马克思的女儿曾经问马克思19个问题，其中有一个问题就是对于事业的态度，马克思的回答就是"头破血流也不回头"，就是认准了这条路走下去，就有可能获得成功。鲁迅先生说，浪费自己的时间就是自杀，浪费他人的时间就是在谋财害命。因而必须要限制自己，要知道一个人的本事就在于几十年做一件事情。

在以上三个前提下，我来谈三种思维和行动的方式。

第一种就是有效地进行思维和行动。我们的思维和行动分为两种，一种是有效的，一种是无效的。比如说，在物理学上，有许多物理学家试图制造出永动机，能够永远动下去，这个是违背能量守恒定律的，是不可能的，这就是无效思维；比如说一个人在原始森林中迷失了方向，也许你可以沿着河边小溪走下去，或者根据太阳的照射，根据树干是否有青苔来判断方向的南北东西，但是如果你学习到的所有知识都不能够帮助你走出原始森林，那么你过去学到的知识全部都无效。所以人必须有效地思维、有效地行动。要做到这一点必须确立以下几个意识。

第一，树立角色意识。一个人的角色是多种多样的。一个人在家里是父亲、是丈夫，在单位里他是老总，在学校里他是学生。在每一个不同的社会角色中，他都要维护这个角色的本色。很多人的思维之所以无效，就是因为把角色串起来了。比如说，他在单位里是总经理，他用总经理对待属下的态度回去对待他的妻子，这就错了，经理的角色只能用在单位里，丈夫的角色只能在家庭里。角色是不能乱的，只有扮演好不同的角色才能够确保你在生活中的思维和行为有效。

第二，必须确立换位意识。因为人总是自我中心化，换位意识就是你和任何人接触都要从人家的立场上来思考问题。只有这样，人家才有可能从你的立场上来替你思考。所以，卡耐基讲到一个推销员到一家公司向一个经理去推销商品，那个经理和他谈了5分钟。推销员回到家里回想那5分钟的谈话，记得当时经理的秘书走进来给了经理几张邮票，说："给你女儿的。"推销员就开始推想，这个经理的女儿大概在集邮，而且这个经理本人对集邮也很有兴趣，所以就去买了一些资料，对邮票的基本知识作了研究。第二天，当他又去找经理时，就先送上几张邮票，说这个送给你女儿，然后根据他的集邮知识跟经理谈，5分钟变成了3个小时，经理拍拍他的肩膀，说："在我这里吃午饭。"这个推销员和他吃午饭时，继续谈邮票，没有一个字谈到他要推销的商品。等到饭吃完了，起身告辞的时候也没有谈到商品，但是这个经理拍拍推销员的肩膀，说你要推销的东西我全部都吃下来。所以问题在于你能不能站在他的立场上，从他的习惯、爱好出发来思考问题。人与人之间的关系就像两座山一样，很难碰起来。假设你想去找一个人说想要一份工作，家里如何困难，你知道他为什么要来理解你；他为什么要把这个工作提供给你吗？你知道他心里在想什么吗？你什么都不知道，他怎么会替你着想？这就是换位思考。

第三，确立情境意识。在不同的情境之中应该有不同的思维和表达。比如说，有人告诉我们一条道德规则：不去杀人。这是对的，但是有的时候，可以去杀人。比如你晚上12点在街上走，一个歹徒拿着一把刀向你的胸口刺来，你为什么不可以杀他？因为你不杀他，就会被他杀掉。如果你参军了，在战场上去打仗，你拿着枪能不把对方杀死吗？我们再说一条道德律令：人不能说谎。但人有时候可以说谎，比如说两方对阵，你是我方的情报员，被对方俘虏了，你是老老实实交代我方的情况还是对对方说谎？这个道理清清楚楚。所以人有的时候可以说谎，人必须根据不同的情境来灵活地表达。中国儒家讲男女授受不亲，但如果在河边走，一个女性掉到河里，你无论如何要伸出手把她救出来，虽然一般常态下是授受不亲没有接触的。因此，人一定要灵活运用思维，一个人如果只信奉原理，不会变通，这个人就是教条主义者；一个人如果不信奉任何原理，只会变通，这个人就是机会主义者。所以我们要有效思维，就是要去掉教条主义，去掉机会主义，既相信一定的理论，也要学会变通。

第四，确立风险意识。因为这个社会中各种各样的偶然性都可能发生。法国哲学家萨特在《论偶然性》中讲到一个经典故事：一天晚上一个私人医生接到通知去出诊，这个医生就背着药箱出去了，住在他不远的地方有一个管道修理工也接到一个通知，说某一个地方水箱坏了要他去修理，所以他也背着工具包匆匆忙忙出去了。等到医生走到管道工修理水箱的大楼底下时，管道工的榔头掉下来把医生给砸死了。很多偶然性的事件交汇成一个事故。世界是充满偶然的。我们一定要有风险意识。很多国外的企业家到中国来，他们有一个风险意识，就是说投保之后，如果我的企业在生产过程中由于不可抗拒的原因而停止生产，我能取得一定的赔偿。但是中国的企业家不肯花这个钱，他想，我怎么会停止生产，我为什么要保这个险？终于倒霉的事情来了，2003年非典流行的时候，很多企业停止生产，外商都得到了巨额赔偿，中国企业只能愕在一边，因为缺乏风险意识。他认为每一天都是安安全全的，一个人脑子里任何一个神经的变动，一个血管的变窄，都有可能使一个人突然死亡，突然变傻。一位民航空中乘务员就是因为大幅度运动的时候，往气囊上一撞就变成了植物人，永远躺下了。人生是一个变数，没有风险意识就不能适应这个瞬息万变的社会。

第二种就是有创造性地进行思维和行动。有效的思维和行动不一定有独创性。那么如何来进行独创性的思维和行动？也要确立几个意识。

第一，就是确立学习意识。我们要博览群书，要学习前人的研究成果。但是学习前人的成果不是为了跟着前人的东西走，只有当一个人能够对其中某些东西进行批判的时候，他的自我才从水中浮现出来。所以一个人说他学到的东西越多，其实可能他的自我丧失得就越厉害。博览群书有必要，这个必要就在于你只有了解前人的东西你才知道你现在做的东西有没有新意。如果对旧的东西不知道，怎么知道你的东西是新的？这在2000年前就有人谈得清清楚楚了。不了解前人的研究，创造性的思维根本上就是不可能。

第二，就是要确立批判意识。特别是我们在哲学上强调一种前提性的批判意识。我给大家举几个例子。1993年，我带领复旦大学的辩论队参加在新加坡举行的国际大专辩论赛，和台湾大学队辩论"人性本善"，我们是反方，观点是"人性本恶"。台湾大学队说，正是因为人性本善，我们才可能放下屠刀，立地成佛。我们队员就说，既然人性本善，屠刀是怎么拿起来的？这个就是前提性的、创造性的反思。对方无言以对。赛后，我对队员们说，你们还有两个问题没有问，你应该问他：如果人性本善，屠刀是怎么生产出来？既然人性本善，屠刀是怎么设计出来的？这个就是前提性的批判。冯友兰《中国哲学简史》中讲到一个故事：一个小和尚当着老和尚的面把痰吐在佛像的脸上。老和尚勃然大怒，说："你怎么这么没有礼貌?"小和尚就说："师傅,你不是教导我们佛无处不在吗?既然佛无处不在,我往任何地方吐都是吐在他身上。"老师傅一句话也说不出来。这就是创造性的批判思维。禅宗六祖惠能走到门外,两个小和尚在争论"风吹幡动",一个小和尚说,幡在动,另外一个小和尚说是风在动,惠能说你们都错了,是心在动。你心动了,才有幡动,风动。这是一种批判性地考察事物的观点。

第三,确立逆向思维的意识。德国学者马尔库塞 1964 年出版了《单向度的人》,就是说现代社会中的人只能对社会进行肯定,缺乏对社会进行一种批评性的怀疑式的逆向思维的能力。我们平时也缺少这样的能力。天热,我们说把窗子关起来不要让蚊子飞进来,那你有没有考虑过房子中的蚊子要如何飞出去?考试,父母叮嘱孩子做完检查,把做错的改对,那父母有没有想过,做对的也可能改错。有一家企业快破产了,一个员工说我有一个 idea 卖给你,100 万美元,经理说不行,50 万美元,也不行,后来没谈成,这个人就辞职到另外一家公司,把自己的观点卖出去,那家公司就兴盛起来了。原公司经理很生气,就去告那个职工,说他这个观点是在我这里工作的时候形成的,产权属于我,这个经理犯了逆向思维的错。员工的思想是你的吗?如果员工中有人正想着犯法去抢银行,这也是你的观点吗?如果明天打算去谋害总统,这个观点也是你的吗?所以说他没有多向度地来思考这个问题。

第四,需要一种冰点的意识。社会上流行热点分析,别人炒热了,你去凑个热闹,这是模仿,不是创造性的观点。我们还经常说跟踪研究,听上去就英雄气短,因为跟踪,只能是在人家后面,从来没有跟到前面去的。贵在研究冰点,研究在社会上不受重视的,却注定会通过自己的研究成为普遍关注的热点问题,这才是原创性。

第五,要确立表达意识。表达意识本身就非常重要。生活中普遍缺乏正确表达思想的表达意识。比如,科学技术是第一生产力的准确表达应该是"已经进入生产过程的科学技术是第一生产力",如果还没有进入生产过程,还没有转化进去,怎么能成为第一生产力?一个 80 岁的老人躺在床上是首要的劳动力吗？准确的表达应该是"进入劳动过程的劳动者是首要的劳动力"。我们对任何一个思想的表述都应该是非常严格、非常精确的。实际上，在生活中很多表述都是不精确的。2005年2月，上海有个学者写了一篇文章《情人的变迁》，谈到古代情人之间怎么称呼，现在怎么称呼。这篇文章实际上正确的名字应该是"情人概念含义的变化"。"情人的变迁"的意思是说这个作者以前有一个老的情人，现在有一个新的情人了。还有我们讲到的"以人为本"，"以人为本"对"以物为本"来说它是一个发展，但是，把"以人为本"变成套话也不行。如果一个企业家起用了一批坏人，也是"以人为本"，坏人也是人啊，但你能把企业搞得更好吗？"以人为本"把什么都说出来了，同时什么都没有说。一幢大楼建造出来，如果没有无障碍设施，那么你的"以人为本"就是以健全的人为本，你没有考虑到残疾人的人权。所以，正确地表述自己的思想，是非常重要的。这里开个玩笑，荷兰哲学家斯宾诺莎说过一句名言"规定就是否定"，比如我们说"你的照片真漂亮"，你应该补充一句你的人比你的照片更漂亮，你不补充，就蕴含着另一个意思就是他只是照得漂亮，本身不漂亮。必须表述出你可能带着的否定性的东西，不然结果可能适得其反。因为任何肯定中间都带着否定。

第三种就是建立超越性的思维和行动。我们在日常生活中要成功就必须要有效地进行思维，我们要取得更大的成功就是要进行创造性的思维。人生活在两个世界里，一个就是日常世界，另一个是宗教、哲学和艺术向我们展现出来的另外一个世界。一个人物质生活好了，并不代表他在精神上就是一个有境界、有品位的人。人还需要第三种思维和行动，就是超越性的思维和行动。在超越性的思维和行动中间要确立三个意识。

第一，确立出世的意识。我们平时都是入世的，像工蜂和蚂蚁一样整天为各种事而忙忙碌碌。如何确立出世的意识？我理解的"出世的意识"就是两句话，也是我自己的座右铭。第一句话，"做一件事情"，这是入世的精神，因为一个人活在世界上蹉跎过去很可惜，总要做一件事情。第二句话，"不要把自己做的事情看得太重要"，这个就带有一种出世的精神。要避免把自己安顿在重要性被夸大的境地。要想到自己没那么重要，有这种出世精神，心里的紧张就消除了。冯友兰曾教导我们要用出世的精神来做入世的事情。

第二，要确立应变的意识。应变的意识就是要随着年龄的改变而改变自己的处世、思考和行动的方式。孔子说过"三十而立，四十而不惑，五十而知天命，六十而耳顺，七十而从心所欲，不逾矩"①，"五十而知天命"，就是我们年轻的时候都自以为能够改变世界，后来才意识到在历史中起作用的是一种冥冥中的天命，这是一种看不见的手，个人的力量是很有限的。"六十而耳顺"，就是六十岁的时候，你恭维我、骂我、和我吵架我都不动心。"七十而从心所欲，不逾矩"，就是我无论做什么事情都符合规则，不需要什么人再来叮咛我。人生有三个阶段，第一个阶段是审美阶段，人在年轻的时候把审美、美感作为最高追求。中年时就进入苏格拉底的阶段，因为苏格拉底主张伦理、遵守伦理规则、道德规则，人在中年的时候很注意相互之间的规则。人到老年的时候，有一种自然而然相信命运的倾向。人生是一个变化的过程，我们需要适应这个变化。一生中需要根据年龄来进行不同的思维。

第三，确立境界意识，或品位意识。做事情要做得有境界，做企业家、做律师、做新闻记者……做什么事情都要做得有境界。王国维在《人间词话》中讲到做学问的三个境界：第一个境界是"昨夜西风凋碧树，独上高楼，望尽天涯路"，第二个境界是"衣带渐宽终不悔，为伊消得人憔悴"，第三境界是"众里寻他千百度，蓦然回首，那人却在，灯火阑珊处"。第三个境界就是做人的安身立命的境界。冯友兰提出人生四大境界：自然境界、功利境界、道德境界、天地境界。自然境界就是人像其他动物一样生活，只知道吃喝住的物质享受。功利境界就是达到了我为人人、人人为我的境界，稍高一点，道德境界就是有一种崇高的道德来

---

① 《论语·为政》。

指导自己的行为，天地境界就是要达到那种"天地与我并生，万物与我齐一"的感觉，胸怀非常大，能够包容宇宙，和宇宙之间互动。所以我们的人生应该走向一定的品位和高度。应该留下一个非常大的精神空间去探索艺术、去追问宗教、去学习哲学、去了解人生意义、去关注人类的最终发展。这样的生活本身才有意义。任何一个企业家在自我成功的同时，都必须考虑地球上整个人类今后的命运是什么，比如环境污染，和每个人的命运息息相关。只有我们为人类思考、为人类工作，达到这个境界，高尚的人们在我们的骨灰前面才会洒下热泪。

很高兴有机会能够在这里参加上海温州商会主办的"人文东方"系列讲座，对我来说这也是一个非常宝贵的学习机会。温商群体是成功者，不但实践上有丰富的经验，而且在思想文化上也有很深刻的感悟。所以我非常感谢杨介生会长的安排，讲座后半部分的互动环节对我来说是宝贵的学习机会。

2010年

我们应该如何思维①

　　作为理性存在物，思维构成人区别于其他动物的根本特征。只要一个人理智健全而又没有处于熟睡、梦游、酒醉、昏迷、极度惊吓等特殊状态下，他总是在思维。我们总说"三思而后行"，表明在行动之前反复思考的重要性。而捷克小说家米兰·昆德拉则认为："人一思考，上帝就发笑。"意思是：人这点小肚鸡肠，弯弯绕，还没有启动，上帝就已看明白了。不管如何，人们都把思维理解为对具体事情的思考。实际上，这也是普通人对思维的理解。我今天在这里讲"思维"，指的并不是这类思维，而是指思维对自身的思维。这究竟是什么意思呢？

　　其实，人们很容易把"我思考某事"与"我思考我自己是如何思考某事的"这两种不同的思维区分开来。前者把"某事"作为"我"思考的对象，后者把"我自己是如何思考某事的"这一思维方式作为"我"思考的对象。我今天讲的是后一种思维，实际上就是对人们日常生活中的思维方式进行批判性的考察。尽管人们天天都在思维，但人

　　①　此文源于作者 2010 年 5 月于复旦大学所做的学术讲座（题为"生活态度和思维方法"），以及 2010 年 12 月 9 日于广州大学所做的学术讲座（题为"我们应该如何思维"）。原载《解放日报》2010 年 12 月 26 日。收录于俞吾金：《俞吾金讲演录》，长春出版社 2011 年版，第 204—221 页。——编者注

们却很少去反思，自己是如何进行思维的，而如何进行思维涉及的正是思维方式的问题。犹如人们用自己的眼睛去观察世界万物，但对自己眼睛的生理结构却茫然无知一样，人们天天都在思考具体事物，但对自己如何思考具体事物的方式却一无所知。今天讲座的主题"我们应该如何思维"就是批判地反思人们日常思维方式的结果，它将按照以下三个方面，以递进的方式展开。

一、有效思维

如果从有用性的视角来观察人类的思维，人类思维可以划分为两大类型：一是"无效思维"，二是"有效思维"。前者是指不产生积极效果的思维，后者是指产生积极效果的思维。

按常理讲，人人追求的都是有效思维，谁也不希望自己的思维一无所成。但在日常生活中，确实存在着大量无效思维。比如，不少物理学家前赴后继，致力于对永动机的构思和制造，但是，按照能量守恒定律，永动机是根本不可能存在的，因此，制造永动机的任何构想实际上都是无效思维。如果我们稍稍留意，就会发现，不少文学作品的主题是讽刺、谴责无效思维。比如，西班牙小说家塞万提斯笔下的唐·吉诃德总是想着如何去恢复早已风光不再的骑士生活方式，由于他的思维是无效的，所以他的全部行动最后都以失败而告终。又如，俄罗斯小说家冈察洛夫笔下的奥勃洛摩夫，每天从早到晚穿着睡衣，头脑里构思着改革自己农庄的种种计划，但由于他从不付诸实践，所有这些思维上的劳作注定都是无效的。再如，脍炙人口的寓言故事《卖牛奶的小女孩》也是对无效思维的生动批判。一个女孩头上顶着一罐牛奶向市场走去。她的想象力开始急速地运转起来：她在市场上卖掉了牛奶，买进了小鸡，小鸡长大后孵出了鸡蛋，她卖掉鸡蛋，又买进了小鸡……她变成了全村最富有的女孩。在晚会上，村里最英俊的男孩前来邀请她跳舞，她把扶着牛奶罐的手向他伸去。结果，牛奶罐掉下来了，牛奶泼到地上，白日梦消失了。一切都是空的。

在通常的情况下，人们都会竭力避免无效思维，追求有效思维。那么，如何才能使自己的思维变得有效呢？在我看来，应该确立以下六种意识。

一是 law（规律、法律）意识。

为什么这里要借用 law 这个英文名词呢？因为 law 有两种不同的含义：一种是"规律"，如自然规律、社会发展规律、市场经济运作的规律等，这些规律是客观存在的，人们只能发现它们，但不能创造它们；另一种是"法律"，法律是人们自己制定（创造）出来，又必须加以遵守的基本准则。在汉语中，我们找不到兼具上面两种含义的对应词，所以只好用 law 这个词。人们必须清醒地意识到，与思维打交道的外部世界是有规律的；同样地，与思维打交道的人际关系（也包括人与物的关系、物与物的关系等）是受法律制约的。只有当人们的思维同时遵循外部世界的规律和人际关系中的法律时，才有可能达到预期的效果。

就自然规律，如重力规律而言，一个不会游泳的人掉进深水会被淹死。如果哪个人的思维要与这条规律抗衡的话，结果一定是不妙的。① 就社会发展规律而言，民主政体的现代社会对专制政体的传统社会的取代是不可逆转的历史潮流。但袁世凯偏要逆历史潮流而动，复辟称帝，结果在一片讨袁声中一命呜呼。就市场经济规律而言，人们的经济行为也是"顺之者昌，逆之者亡"。如果一个人不做深入的市场调查，拍拍脑袋就决定做什么生意，几乎没有不失败的。反之，如果一个人对于市场情形和消费心态都获得了准确的信息，做生意成功的概率就会很高。比如，以前的金华火腿都是整只出售的，消费者不但无法选择自己想要的分量，而且携带也不方便。后来有人出点子，改为小包装，一下就打开

---

① 这里所说的"深水"不包括以色列和约旦交界处的死海、阿萨勒湖（Lake Assal）等特殊的水域。由于这两个湖的湖水盐分特别高，因此人无法沉到水底。

了市场。又如，一个台湾商人发现美国人做事大大咧咧的，特别是他们随身携带的雨伞走到哪里就丢到哪里。于是，生产了一批2美元一把的雨伞，赚了一大笔钱。就法律而言，凡是遵守法律的思维和行为才能获得合法性，否则就是非法的。西方国家的父母教育自己的子女，第一条就是要他们把"合法的"（legal）思维和行动与"违法的"（illegal）思维和行动严格地区分开来。1997—1998年，我在哈佛大学访问，有一次去密歇根大学看望一个老同学。他见到我非常高兴，叫他的女儿到附近商店里去买一瓶酒，他的女儿当时9岁，马上回答父亲："爸爸，我不能去买酒，那是违法的。"这种从小就以合乎法律的方式进行思维的习惯的培养非常重要，也确保了小孩长大后能成为一个合格的公民。

所有这些例子都表明，人要使自己的思维变得有效，就必须克服自我中心主义，牢固确立law意识，既遵循客观规律，也遵守相关国家或地区的法律。

二是情境意识。

比较起来，在人类自己制定的准则中，"法律"（law）是最根本的，即使不赞成也得照办，而由政府、团体、单位或公司颁布的"规则"（rule）或"规范"（norm）则不具有法律这样的刚性，但对人们的思维和行为也具有重要的约束力。所谓"情境"（situation），是指人们生活中可能遭遇到的各种特殊的情形。一旦处于这样的情境之中，人们就应该学会变通，从特殊情境出发，灵活地对待平时信奉的"规则"或"规范"。在这个意义上，情境意识也就是灵活变通的意识。

中国古人把自己信奉的规则或规范（当然包含道德规范）称作"经"，把具体情境中的变通称作"权"，从而把"经"与"权"的统一理解为有效思维必须遵守的原则。比如，尽管儒家主张"男女授受不亲"（经），即男女间肢体不能接触，但如果一个女人掉到河里，一个男人经过，当然应该伸出手去把她拉上来（权）。如果这个男人执于经而不会权变，那就太迂腐了。《吕氏春秋·察今》中记载的"刻舟求剑"的故事、《韩非子·五蠹》中记载的"守株待兔"的故事，实际上都是古人对这种情境意识匮乏的僵化思维方式的嘲讽。

在变幻莫测的日常生活中，这种善于变通的情境意识在建立有效思维的过程中起着十分重要的作用。比如，几乎所有的宗教学说和道德理论都把"不许说谎"作为重要的道德规范（经），然而，在有些特殊的情境中，人们却不得不放弃这样的道德规范。比如，两军对阵，我方的机要员被对方俘虏了。对方对他进行审讯，要他把他所知道的全部情报都交代出来。在这种情境中，机要员是根据"不许说谎"的道德规范，把自己知道的情报原原本本地告诉对方，还是对对方说谎？我想，大家都会赞成这个机要员说谎。否则，大家就会称他为"叛徒"。再如，在体检时发现，某人的父亲得了癌症，且已到晚期，没有几天可以活了。某人是按照"不许说谎"的道德规范把病情毫无保留地告诉他父亲，还是对他父亲说谎？我想，绝大部分人考虑到病人心理上的承受能力，不得不对病人说谎。这两个例子表明，"不许说谎"并不是绝对的，人们得根据具体情境进行变通。同样，"不许杀人"也是可以变通的。比如，当一个歹徒为了劫财而试图置你于死地时，你在正当防卫中失手把他杀死，是正当的。

在某种意义上，情境意识是对 law 意识的一种变通和补充。一个人如果只守住经，在变幻莫测的具体情境中不会权变，他的思维方式就是教条主义的；反之，一个人如果不信奉任何经，只会在具体情境中变来变去，他的思维方式就是机会主义的。显然，如前所述，正确的思维方式是把"经"（原则性）和"权"（灵活性）辩证地结合起来。

三是角色意识。

按照社会学的观点，每个人在社会生活中都充当着不同的角色，而对同一个人来说，他又在不同的情境中充当着不同的角色。比如，某个中年男子，对于他所在的公司来说，他是总经理；对于他的妻子来说，他是丈夫；对于他的儿子来说，他是父亲；对于桥牌俱乐部来说，他是一个成员。由于他的社会生活的丰富性，他还可能充当其他的社会角色。这个男子应该明白，如果他想让他的思维在不同的情境中都有效，就必须严格按照不同情境中的角色进行思维，绝不能混淆不同情境中的不同的角色。道理很简单，如果他把总经理对待下属的思维方式搬用到他的妻子或儿子的身上，几乎没有不失败的。另外，特别是在政治生活中，他不能超越自己的角色，以越俎代庖的方式进行思考，否则，必定会引起别人的猜忌。中国人说的"不在其位，不谋其政"就是这个道理。

在丰富多彩的日常生活中，人还有可能充当各种临时的角色。比如，张三组织了一个晚会，他自然充当了主人的角色，他邀请李四参加晚会，李四也就充当了宾客的角色。中国人不赞成"喧宾夺主"，就是希望宾客要守住自己的角色，不要去抢夺主人的风头。不然主人会不高兴的。记得卡耐基曾经说过一个故事：一个阅历丰富的中年人带着一个青年人去参加一个晚会。主人在对宾客演说时，引用了莎士比亚的一句名言，但把出处搞错了。青年人马上打断了主人的话，说他说错了。但同去的中年人却说主人是对的，倒是青年人记错了。晚会结束后，在回家的路上，青年人对中年人说：你明明知道主人说错了，为什么反说我错了？中年人回答道：在晚会上，宾客必须维护主人的权威，否则大家会不欢而散。另外，即使你想指出主人的错误，也应该悄悄地对他说，在大庭广众羞辱一个人，他会记恨一辈子的。青年人听后点头称是。由此可见，守住相应的角色进行思维，思维才会产生实际的效果。

四是换位意识。

人是社会动物。人的思维中的相当一部分内容涉及与他人的交往。如何使交往的愿望达到预期的效果？换位意识的重要性自不待言。我们知道，在通常的情况下，一个人思考问题总是从"我"开始的。"我想""我打算""我希望""我请求"等，在自发的思维方式中，人始终执着于这种自我中心主义。奥地利著名心理学家弗洛伊德认为，这种自我中心主义是以心理上的"自恋"为基础的。然而，在日常生活中，尤其是在寻求与他人交往的思维中，这种自我中心主义的思维方式几乎都是无效思维。为什么？因为每个人都像一只黑箱。当一个人与其他人交往时，看起来他们之间的距离非常近，伸手就可以触摸到，然而，在两个人相互之间并不了解的情况下，他们之间的实际距离却非常遥远，就像两只黑箱，大家都看不透对方。在这样的情况下，任何一方向另一方提出要求，几乎都不可能被对方接受。只有换位意识才能真正拉近两个人之间的距离。所谓"换位意识"，就是一方主动地站到对方的立场上进行思考，甚至出主意帮对方解决他面临的问题。这样一来，双方建立了感情上的联系，对方也就愿意帮助提出要求的一方解决问题。

卡耐基曾经举过这样的例子。推销员试图向另一家公司的总经理推销自己公司的产品。总经理在电话中对推销员说："好吧，你明天上午来。我给你5分钟的时间介绍你的产品。"第二天上午，推销员到了总经理的办公室，刚介绍完产品，总经理就对他说："你走吧，本公司不需要你的产品。"回到家里，由于推销失败，推销员感到很沮丧。他回想了自己推销产品的整个过程，发觉当时自己主要是在介绍产品如何好，但自己对总经理完全缺乏了解，甚至不知道总经理是否会对这种产品产生兴趣。在这种信息极度不对称的情况下进行推销，成功的概率确实是非常低的。他突然记起，在他和总经理进行的5分钟谈话的过程中，总经理的女秘书曾经进来过，把自己从国外带回来的邮票作为礼品送给总经理的女儿。这个细节使推销员得出了如下的结论：总经理的女儿是集邮的，总经理也很愿意为他的女儿收集邮票。由于推销员经常在国外出差，因而积累了许多珍贵的邮票。推销员又找来了集邮知识方面的书籍，在背景知识方面做了充分的准备。

过了一段时间后，推销员又打电话给总经理，表示要与总经理谈谈。总经理知道推销员又来推销产品了，但拗不过面子，就说："我还是给你5分钟时间。"第二天，推销员在约定的时间到达总经理的办公室。但这次他变得聪明了，根本不谈自己的产品，而是先馈赠自己积累起来的珍贵的邮票，希望总经理带给他的女儿。然后，开始与总经理谈论集邮方面的趣闻，并了解总经理的女儿在集邮方面的想法。由于有了共同的兴趣，不知不觉间，谈话持续了3个小时。总经理对推销员说："我请你吃午饭。"在午餐期间，他们继续交谈，十分投机。午餐后，推销员起身告辞，从早晨开始，他还没有一个字说到自己的产品，但总经理却拍着推销员的肩膀说："你推销的产品我都'吃'下来了。"推销员听了不免一阵惊喜。

在这个有趣的故事中，为什么推销员的第一次推销会失败？因为他的思维方式完全是自我中心主义的，他只考虑要把自己的产品推销出去，完全不考虑对方在想什么。为什么推销员的第二次推销会成功？因为他运用了换位意识，在帮助总经理的女儿集邮这一点上与总经理建立了感情上的联络和思维上的共识，从而不着一字，便使推销获得成功。

卡耐基还谈到另一个有趣的故事：某人到邮局去处理业务，总会遇到邮局的一位女工作人员。这位女工作人员不仅长得丑陋，工作态度也十分粗暴。他于是就考虑能否改变这位女工作人员的态度。有一次，他去办理邮政业务，接待他的正是这位女工作人员。他仔细观察她，发觉她确实很丑陋，但她的秀发却非常漂亮。于是他随口对这位女工作人员说了一句："我从未见过像你这样漂亮的头发。"谁知，这句话不但使这位女工作人员脸上第一次露出了笑容，使她利索地为他办完了邮政业务，而且改变了这位女工作人员的一生。也许这位女工作人员看到了生活中的希望，从此她一改以往的粗暴作风，始终以微笑示人，办事又快又准确，获得了人们的赞扬。

所有这些例子都表明，在与他人进行交往的思维和行为中，一个人的换位意识是多么重要。善于肯定他人的优点、善于关心他人正在思考的问题、善于解决他人面临的困难，最后的结果必定是"双赢"。在某种意义上，换位意识也是对角色意识的补充。在日常生活中，如果一个人既能保持自觉的角色意识，又能设身处地地做换位思考，那么无效思维绝不会与他结伴而行。

五是风险意识。

所谓"风险"（risk）就是在人类生活中出现的种种意外的困境、危机与凶险。我们大致上可以把风险分为三类：第一类是自然灾害，如地震、海啸、飓风、旱灾、水灾、虫灾、禽流感、疯牛病、泥石流、山体滑坡、火山喷发、森林大火等；第二类是社会灾难，如贩毒、欺诈、卖淫、瘟疫、暗杀、战争、艾滋病、核泄漏、拐卖儿童、恐怖主义等；第三类是个人生命的危险，如吸毒、癌症、癫狂、失踪、猝死、自杀、车祸、轮船沉没、飞机失事等。在古希腊神话中，狄奥尼修斯国王请他的大臣达摩克利斯赴宴，命令他坐在用一根马鬃悬挂起来的一柄利剑之下。"达摩克利斯之剑"（the Sword of Damocles）由此得名，它生动地启示我们：个人的生命每时每刻都处于死亡的威胁之下。中国人说："不怕一万，只怕万一。"又说："天有不测风云，人有旦夕祸福。"我们担忧的正是突然降临的意外风险。《列子·天瑞》记载的"杞人忧天"的故事也表明了古人对可能发生的意外灾祸的恐惧。

然而，在日常思维，尤其是未经生活磨难的青年人的日常思维中，缺少的正是这种风险意识。人们习惯于把"逻辑上的可能性"等同于"生活上的可能性"。这两个概念究竟是什么意思呢？我这里举一个例子大家就会明白。某人做小贩，第一天赚了 50 元钱，非常高兴。晚上，他就像卖牛奶的女孩一样盘算起来：如果一天赚 50 元，10 天就赚了 500元，一个月平均按 30 天算，就赚了 1500 元，一年平均按 360 天算，就赚了 18000 元，10 年就可以赚 180000 元。算到这里，他不由笑逐颜开了。然而，他并不明白，他这里计算的只是"逻辑上的可能性"，即理想状态下的可能性，至于"生活上的可能性"完全是另一回事，因为生活中充满了各种意外的风险：或者是他刚做了几天小贩，就进了假货，被人告上法庭，取消了做小贩的资格；或者是他刚刚有了一点积蓄，突发的通货膨胀就使这笔钱成了废纸；或者是他在做生意时被汽车撞成了残疾人；或者是战争发生了，他应征入伍了。凡此种种，不一而足。

这个例子启示我们，实际生活是充满风险的，生活上的可能性与逻辑上的可能性完全是两回事。只有牢牢地确立风险意识，才能对各种意外应付裕如。比如，外国人到中国办企业，一般都会就一类意外情况即企业由于某种不可阻抗的原因停止生产的情况进行投保。中国本土的企业家都觉得外国人蠢，怎么可能停止生产？有必要去买这个保险吗？

2003 年，非典病毒流行，许多工厂被迫停产。外国企业家得到了大笔保险金，中国企业家却什么也得不到。这时他们才明白，居安思危有多么重要。

中国人说："人算不如天算。"又说："百密难免一疏。"人的思考、推理、筹划即使十分严密，也无法把所有可能发生的意外都考虑进去。《礼记·中庸》告诉我们："凡事豫则立，不豫则废。"只有未雨绸缪，确立风险意识，才能在筹划中留有充分的余地，以确保思维达到预期的效果。

六是表达意识。

众所周知，思维是以语言为载体的。一方面，思维必须通过语言才能进行；另一方面，思维也必须通过语言才能表达出来。在某种意义上，只有在表达中，思维才成为现实。假如一个人正在思考，但他什么话也不说，我们就无法判断他正在思考什么，以及他究竟思考得对不对。要言之，我们只能根据一个人的语言表达去了解他的思维情况。在这个意义上，我们也可以把表达看作思维的一部分，把表达意识看作有效思维中的一个重要环节。我这里所说的"表达意识"是指通过语言，把已经考虑好的想法准确地、合情合理地表达出来。

这里所说的"准确"究竟是什么意思呢？按照我的理解，有两方面的含义：一方面是指该精确的地方必须精确，另一方面是指该含混的地方必须含混。先来看前一个方面。举个例子，甲发短信给同学乙，约定10：00在某大学图书馆门口碰头。但甲并不清楚，该图书馆有三扇门。结果，约定的时间到了，甲在 1 号门等，乙则在 3 号门等。这类错误在日常生活中经常发生，源于语言表达中的"不准确"。再来看后一个方面。比如，丙和丁一起散步，丙忘了戴手表，随口问丁："现在几点？"丙的目的是想大致了解一下时间，如果丁这样回答他，丙一定会觉得很滑稽："现在是晚上 8 点 12 分 33 秒。"因为他只要一个含混的时间，丁何必说得那么精确！在英语中，某些不定代词，如 someone（某人）、something（某些东西）等本身就被用来指称不确定的人和不确定的物。

举例来说，有个办公室失窃了，但大家既不知道什么东西失窃了，也不清楚窃贼是谁，只好含混地表达："办公室里的某些东西被某人偷走了。"总之，准确的表达意识要求从实际情况出发，该精确时精确，该含混时含混。

上面所说的"合情合理"究竟是什么意思呢？按照我的理解，就是在表达中应该处处顾到全局，不要因为强调一种倾向而忽略了相反的倾向。否则不但可能导致无效思维，还可能暗中与别人结下梁子。比如，一位中年女子见自己熟悉的一群女孩迎面走来，其中的 A 显得特别漂亮，她情不自禁地对她们说："A 今天真漂亮"。殊不知，这句话只有 A 听了高兴，其他的女孩都被得罪了。因为这句话的潜台词是："除了 A，其他女孩都不漂亮。"又如，B 看了他女友 C 的照片后说："你的照片真漂亮"，C 听了并不高兴，因为 B 只是肯定她上相，并没有说她本人也是漂亮的。所以，B 应该这样说："你的照片真漂亮，但你本人比照片更漂亮。"这样表达，不仅合情合理，简直可以说是天衣无缝了。再如，卡耐基在他的著作中讲到一个有趣的故事：有一天，美国实业家洛克菲勒去视察自己旗下的一家工厂，发现三个青工正站在"不许抽烟"的牌子下抽烟。如果洛克菲勒上去训斥他们，甚至把他们开除，也并不是离谱的事情。但他没有这样做，而是微笑着走到三个青工面前，从自己口袋里取出雪茄烟，每人发了一支，笑着说："小伙子们，如果你们到吸烟室里去抽烟，我将感谢你们。"三个青工兴高采烈地走了。一场剑拔弩张的冲突就被洛克菲勒合情合理的表达化解了。

既然思维只能通过语言表达出来，重视表达意识就是题中应有之义了。如果不注意语言表达问题，思维所期待的效果必定会大打折扣。

二、创造思维

假如一个人在日常生活中有效思维的概率很高，这并不意味着他已达到创造思维的境界。创造思维蕴含着有效思维，但又不能归结为有效思维，因为要创造性地运用自己的思维，还需要更高的智慧。在我看来，创造思维并不是高不可攀的。如果人们自觉地确立以下四种意识，不但会接近，甚至完全有可能进入这种思维方式。

一是学习意识。

按照我的看法，"学习"有两种形式：一种是狭义的，即学校里的学习；另一种是广义的，包括获得知识、信息和感受的一切学习形式在内。我这里说的"学习意识"是指广义的学习。不是说拿到博士文凭就可以不再学习了，而是要终身学习。活到老，学到老。

为什么提倡创造思维先要确立学习意识呢？道理很简单。因为创造的本质就是创新，即从旧的东西中做出新的东西，不学习、不了解旧的东西，又如何去创造新的东西呢？有些学者夸口说自己在什么问题上提出了新观点。其实，他连这个问题的研究前史都不清楚，怎么知道自己的观点是新呢？"新"与"旧"是相比较而存在的，连什么是旧的观点都没有搞清楚，怎么可以说自己的观点是新的呢？极有可能的是，他们重复的是 500 年前，甚至 2000 年前的旧观点，却误认为是自己提出的新观点。更可笑的是，不少大学的博士论文、硕士论文在封三上印有一个"原创性声明"，从内容看，这个声明强调的是作者没有抄袭、剽窃，论文是独立完成的。然而，一篇没有抄袭、剽窃的论文就是有"原创性"的论文吗？这不是在乱用"原创性"概念吗？其实，在我们这个"教授、博士满街走"的时代里，最使教授和博士们感到窘迫的问题是："在您那么多的论著中，您究竟在哪一点上创造性地推进了前人的观点？"

我在这里之所以如此强调学习意识，因为学习意识是创造思维的前提，只有尊重前人和同时代人已有的成果，才可能在这些成果的基础上推陈出新。总之，我们应该站在前人和同时代人的肩膀上思考问题，而不是撇开他们思考问题。否则，创造思维与胡思乱想又有什么区别？

二是问题意识。

如前所述，确立学习意识，特别是终身学习的意识是十分重要的，但如果只有学习的愿望，从不对自己学习的东西产生疑问，这样的学习是没有用处的，就像俄国喜剧作家果戈理笔下的乞乞科夫的跟班，只满足于阅读这种形式，但从不去思索自己阅读这些东西究竟有什么意义。完全可以说，学习意识的灵魂是问题意识。

无论是观察自然现象，还是探究社会历史现象；无论是阅读文本，还是听别人做讲座，总会有一些疑惑（问题）从我们心中产生。在许多人那里，这些问题并没有被提出来，而是像肥皂泡一样自生自灭了，或者说，烂在心中了。其实，这些问题是人们思维中最珍贵的东西。不少大思想家，如笛卡尔、牛顿、康德、黑格尔、弗洛伊德等，从小就养成了把自己心中的问题记下来的习惯。或者自己去翻阅文献，寻找答案；或者向懂行的人请教，探讨造成疑问的根源；或者通过自己的思考来解决问题。牛顿通过对苹果坠地现象的思考而发现了万有引力定理，瓦特通过对蒸汽顶开水壶盖子的现象的思考而发明了蒸汽机。虽然这些传说包含着后人附会的成分，但当事人善于捕捉问题、勤于思索的习惯是无法加以否认的。据说，在弗洛伊德的书房里，悬挂着奥古斯丁的名言："如果怀疑，立即去求证。"其实，中国人所崇尚的"学问"，既包含"学"字，也包含"问"字。没有问题，何来学问！由此可见，问题意识对于创造思维来说是不可或缺的。

勤于思索的人会在学习中记下许多问题。随着学习的持续和知识的增加，就会发现，有些问题是没有意义的，甚至是荒谬的，但总会留下一些有深入探索必要的问题，它们是创新思维的突破点。比如，在大学哲学系学习的本科生，四年学习下来，主要学习的是哲学教科书、教师讲课的内容以及与哲学相关的学术期刊。久而久之，蕴含在教科书、讲课内容和学术期刊中的问题域就把学生们的思维牢牢地控制住了。假设这个问题域是由 12 个基本问题组成的，那么学生们的思维大致就在这些问题中打转。这从他们学士论文的标题中就可以看出来。事实上，一届届本科生、硕士生和博士生，在学位论文的标题上存在着大量的重复。显而易见，只有平时在学习过程中具有强烈的问题意识和问题积累的学生，才有可能突破问题域对自己思维的限制，创造性地提出第13个问题，使这个原来处于边缘状态的问题上升为整个哲学界关注的热点问题。在某种意义上，新提出来的问题越是基本，越是重要，提出者的创造能力也就越强，其影响也越是深远。

总之，问题意识的重要性是不言而喻的。按照《胡适日记》中的记载，王云五先生年轻时非常用功，每天规定自己读多少页书，但不知为什么，读来读去，头脑中竟一片空白。他去找胡适请教。胡适告诉他，一定要带着问题读书。问题是材料的灵魂，有了问题，材料就有了生命；没有问题，材料就是一堆死的东西。王云五听了，茅塞顿开。后来，他也成了学问家。由此可见，没有疑问或有了疑问不加以解决的学习，就像把无数"零"加在一起，结果仍然是"零"。问题意识是通向创造思维的桥梁。

三是批判意识。

如果说，学习意识为创造思维打下基础，那么，批判意识就是对这个基础本身进行清理。我们甚至可以把"批判"理解为否定意义上的创造。尤其是哲学上的批判，直接诉诸一个观点乃至一个思想体系的理论预设，因此非常深刻。比如，冯友兰先生在《中国哲学简史》中提到禅宗中的一个小故事：一个机智的小和尚当着老和尚的面，把一口痰吐在佛像的脸上。老和尚指责他，他振振有词地回答："师傅，您不是说佛无处不在吗？既然如此，我不管往哪里吐痰，都会吐到佛的身上。"在这里，小和尚的驳斥直奔老和尚观念的理论预设——佛无处不在。尽管强调"佛无处不在"充分肯定了佛的法力无边，但同时也给佛带来了不少麻烦。同样，塑造千手观音像的目的也是强调观音的全能，但同时却反证了她的无能。为什么？因为尽管她有一千只手，人间还是有那么多不平事。这不是反证了她的无能吗？其实，生活的辩证法是：抬高某人必定也包含着对某人的蔑视，因为被抬高者在被抬高之前必定站在低处；同样地，贬低某人也必定包含着对某人的尊重，因为贬低者在被贬低之前必定站在高处。又如，一个青年人向大发明家爱迪生夸口，他发明了一种溶液，可以溶解任何固体物质，他决定把这种溶液带给爱迪生鉴定。爱迪生笑着问他：如果您发明的溶液可以溶解任何固体物质的话，您要把它放在什么容器中带给我呢？青年人为之语塞。其实，爱迪生的问题也直奔那个青年人的理论预设——新发明的溶液可以溶解任何固体物质，而盛放溶液的器皿又是用固体物质做成的。这不是自相矛盾吗？总之，批判意识就像拆毁基地上的旧建筑物，而旧建筑物被拆毁得越彻底，新建筑物也就越可靠，创造思维的幅度也就越大。

四是逆向意识。

在日常生活中，人们的思维通常只能顾到一个维度，而自觉地或不自觉地把相反的维度掩盖起来了。在这样的情况下，逆向意识常常会揭露出被掩盖着的相反的维度，从而为思维注入新的契机。

比如，住在同一个宿舍的甲对乙说："快把纱窗关起来，不要让蚊子飞进来。"甲的话表明，他考虑的只是问题的一个维度，即不要让蚊子飞进来，但他完全没有考虑到问题的另一个相反的维度：把纱窗关住后，房间里的蚊子又如何飞出去呢？又如，在应试教育的环境中，子女的考试是最让父母揪心的事情。因此，几乎所有的父母都这样叮嘱自己的子女："试题答完了，不要马上交卷，要仔细核对，把做错的改正确。"其实，这些父母的思维都是单向思维。他们只考虑到，子女应该利用考试中富余的时间，把做错的题目改正过来，但他们完全没有考虑到相反的可能性，即子女也有可能把原来答对的题目改成错的。其实，《战国策·齐策二》中记载的"画蛇添足"的故事就是把对的结果改成错的结果的范例。我们知道，在现代考试中，英语的选择题有的是凭直觉进行选择的。如果有许多时间让你斟酌你已做出的选择是否正确，你可能会把正确的选择改成错误的选择。再如，有的门卫思考问题也常常是单向的：只要看见有人往单位里搬东西，他们就幸福地闭上了眼睛，以为单位里的财产增加了；反之，只要看到有人往外搬东西，他们就瞪大了眼睛，检查得很仔细，生怕单位里少了什么东西。其实，他们也应该有这样的逆向意识，即搬进单位里的不一定是好东西，可能是赃物、毒品、炸弹等；反之，搬出单位的也不一定是好东西，也可能是污物、废品、垃圾等。

　　总之，逆向意识要求人们的思维不局限于一隅，而是灵活地跳跃到不同的端点上去，从而为思维开出一条新路。据说，司马光小时候和朋友们一起玩，一个小朋友爬到一口盛水的大缸上，不小心掉进去了，有被淹死的危险。所有其他的小朋友都是同一个思路，即爬到缸沿上去，把他救起来。但聪明的司马光发现，用这种方式进行救援是不现实的。一方面，大家爬到缸沿上去本身也很危险；另一方面，大家都是小孩，力气小，怎么可能把正在水中换气的小朋友救上来？弄得不好，还会掉进去第二个、第三个。突然，一条相反的思路涌上司马光的心头：如果用石头砸破缸的下部，水流出来了，小朋友不是得救了吗？果然，一切都如司马光预期的那样，唯一的遗憾是那口大缸被砸坏了。不难发现，逆向意识常常会创造思维上的奇迹，实际上，它本身就是创造思维的特殊表现形式。

　　综上所述，创造思维比有效思维的要求更高，但创造思维并不是不可企及的。孔子说："学而不思则罔，思而不学则殆。"[①]只要善于学习，勤于思索，创造思维就会降临到我们身上。

三、超越思维

　　在某种意义上，人类生活在两个不同的世界中：一个是"日常生活世界"，开门七件事——柴、米、油、盐、酱、醋、茶，人们不得不为自己的生存和发展进行筹划，到处奔波，而他们费尽心机进行追求的无非是财富、权力、美女和名誉。然而，或早或迟，人们的生存会出现裂口，如甲在一场偶然的车祸中变成残疾人，乙的小孩突然得了白血病，

---

　　① 《论语·为政》。

丙在生意场中被合伙人骗得倾家荡产，丁被自己的恋人无情地加以抛弃，等等。在所有这些裂口中，每个人都无法回避的一个裂口是死亡。在日常生活世界中，人们全身心地致力于财富和权势的追求，忘记了周围隐藏着的这些裂口。一旦它们突然出现在脚下，人们的思维就会超越日常生活世界，进入到我称为"生命意义世界"的另一个世界中。在这个世界里，人们开始拷问自己："我活着究竟有什么意义？"显然，人们对生命意义的思考就是超越思维。

对于普通人来说，他们的思维是很难跃居到超越思维的层面上去的，即使由于遭遇到生存的裂口而跃居到这个层面上，也会很快从"生命意义世界"退回到"日常生活世界"中。比如，某人中年丧妻，一度痛不欲生，但一年后续了弦，又恢复到平静的日常生活中。然而，在我看来，日常生活世界就像一条隧道，而生命意义世界就像一个燃烧着的火炬。只有自觉地用火炬去照亮隧道，人生才不会在浑浑噩噩中度过，也不会跌入自以为聪明，其实很愚蠢的窘境中。王熙凤就是只生活在日常生活世界中的人，所以《红楼梦》说她"机关算尽太聪明，反误了卿卿性命"。

其实，在中国传统文化的语境中，"聪明""精明"之类用词基本上都是贬义词，因为中国传统崇尚的是大音希声、大智若愚、大巧若拙、大辩无言、大器晚成的格局，而这些格局涉及第二个世界，而与第二个世界对应的则是超越思维。在我看来，有效思维和创造思维都属于第一个世界，只有超越思维才属于第二个世界，而要把自己的思维提升到超越思维的层面上，确立以下三重意识是必要的。

一是张力意识。

我这里说的"张力"是指"入世"和"出世"之间的张力。在我看来，中国文化之所以源远流长，就与其"儒道互补"的特征息息相关。儒家有"入世"情怀，主张天下兴亡、匹夫有责，提倡知行合一、经世致用，甚至"知其不可而为之"，以造福于国家社稷和天下百姓；而道家则有"出世情怀"，主张无为而治、与民休息，每当政道蔽塞、吏治腐败，则倡导退隐山林、修身养性、著书立说。这种"儒道互补"的格局既使中国文化生生不息，拥有顽强的生命力，又使中国知识分子能进能退、能屈能伸，在立德、立功、立言的广阔空间中施展自己的才华。晋代思想家陶渊明不愿为五斗米折腰，宁可悠然自在地退隐于山林之中，其《归去来兮辞》《桃花源记》《饮酒》等诗，真乃千古绝唱。

在实际生活中，经常可以遭遇到以下两种人。一种人只具"入世"意识，什么东西都是拿得起，放不下，甚至把名利看得比自己的生命还重要。他们只知道自己活着，却从来舍不得花点时间去想一想："我为什么活着?"《儒林外史》中的严监生，在弥留之际，为了两根灯芯草，竟然不肯断气。《红楼梦》中的王熙凤心狠手辣，拼命敛财，甚至偷偷地放高利贷，结果却是"纵有千年铁门槛，终须一个土馒头"。这种人只知"埋头拉车"，不知"抬头看路"，终其一生，就像工蜂或蚂蚁一样忙忙碌碌。另一种人只具"出世意识"，在道教、佛教、基督教或其他宗教思想的引导下，他们的全部思想和热情都沉浸在超越世界中，不但"看破红尘"，甚至把自己的身体也视为"囚禁灵魂的监狱"，最好舍弃自己的生命，或羽化而登仙，或立地以成佛。虽然这种人不会成为实际生活中的阴险狡猾之徒或好勇斗狠之辈，但他们对实际生活却毫无贡献，仿佛从来就不是地球村的居民!

在我看来，只有在入世与出世之间保持张力意识，才可能避免上面提到的这两个极端。我自己的座右铭是："做一些事情，但不要把自己做的事情看得很重要。"前面一句话的意思是：既然人生在世，就应该有入世精神，应该努力做好自己想做而又有能力做好的事情，绝不像普希金笔下的奥涅金，把"无所事事"作为人生的指南；后面一句话的意思是：自知者明，千万不要夸大自己所做的事情。正如杜甫所说："会当凌绝顶，一览众山小。"只有出世情怀才能使人高瞻远瞩，谦虚谨慎。作为哲学研究者，当我走进图书馆，看到前人和同时代人留下的汗牛充栋的著作，感到自己是如此之渺小。我们知道，牛顿在科学上有伟大的发现，但他却谦虚地认为，自己就像一个在海边沙滩上玩耍的小孩，不过捡起了几片贝壳而已。

孔子在《论语》中说过："吾十有五而志于学，三十而立，四十而不惑，五十而知天命，六十而耳顺，七十而从心所欲，不逾矩。"①按照我的理解，从"十五"到"四十"，主要是对入世的领悟；从"五十"到"六十"主要是对出世的领悟；"七十而从心所欲，不逾矩"则主要是对入世和出世关系的领悟。在这方面，孔子的人生具有典范性的意义。

二是品位意识。

人与其他动物不同之处在于：其他动物的生命只有一个维度，即吃、喝、拉、撒；人的生命却有两个维度，虽然人像其他动物一样，也要吃、喝、拉、撒，但这些行为并不是人活着的最高目的，人的生命的第二个维度就是向精神世界延伸，过有品位的生活。这里说的"品位"主要是指丰富的精神生活，而品位意识则是对这种精神生活的自觉的认同和追求。

丹麦哲学家克尔凯郭尔把人生划分为三个阶段：第一阶段主要是审美，对应于青年时期，这个时期把审美价值理解为最高价值；第二阶段主要是伦理，对应于中年时期，这个时期把伦理价值理解为最高价值；第三阶段主要是宗教，对应于老年时期，这个时期把信仰理解为最高价值。在我看来，审美对应于艺术，伦理对应于道德，信仰对应于宗教。品位意识就是对艺术、道德、宗教这些精神领域的自觉的了解、参与和投入，甚至在这些领域里具有相当高的修养。马克思说过："对于没有音乐感的耳朵说来，最美的音乐也毫无意义。"②在这里，"没有音乐感的耳朵"是与没有品位的精神生活联系在一起的，反之，有音乐感的耳朵则是有品位的精神生活的标志之一。

列夫·托尔斯泰小说《复活》中的贵族涅赫留朵夫，作为有名望的中年男子，参加了法庭陪审团。在法庭上，他突然发现，罪犯玛斯洛娃原

① 《论语·为政》。
② 《马克思恩格斯全集》第 42 卷，人民出版社 1979 年版，第 126 页。

来是他姑妈家的女佣，而他年轻时在姑妈家里做客时曾经勾引她，以致她被姑妈赶出家门，堕入风尘，后来又成了罪犯。回忆这段历史，涅赫留朵夫受到了良心的谴责，感到自己负有不可推卸的责任。当法庭宣判玛斯洛娃流放西伯利亚后，他决定随她去服刑。涅赫留朵夫对自己青年时期荒唐行为的忏悔表明，他中年时期拥有强烈的道德观念，而他愿意服刑正表明了他具有强烈的品位意识。

中国人说："物以类聚，人以群分。"一个具有品位意识的、趣味高尚的人是不屑与趣味低俗、见解庸俗的人为伍的。事实上，随着品位意识的提高，人们的思维空间必定越来越多地向超越思维敞开，其精神生活也变得越来越丰富。

三是境界意识。

如果说，"品位"涉及艺术、道德和宗教，那么，"境界"则涉及哲学。"境界"乃是人们在超越思维中追求的最高目标。当然，境界本身也有高低之分，从哲学上看，人们追求的应该是最高的精神境界。那么，精神上的最高境界究竟是什么呢？

冯友兰先生在《新原人》中提出了人生的四个境界，即自然境界、功利境界、道德境界和天地境界。自然境界是最低的境界，人只是满足于吃、喝、拉、撒的自然愿望；功利境界高于自然境界，但仍然纠缠在利害关系中；道德境界又高于功利境界，肯定了良心和德行的重要性；天地境界最高，所谓"天地与我并生，而万物与我为一"①是也。

在《人间词话》中，王国维先生从不同的角度肯定了境界的重要性。他指出：古今之成大事业大学问者，必经过三种之境界。"昨夜西风凋碧树，独上高楼，望尽天涯路"，此第一境也。"衣带渐宽终不悔，为伊消得人憔悴"，此第二境也。"众里寻他千百度，蓦然回首，那人却在，灯火阑珊处"，此第三境也。② 在王国维先生看来，第三境才是做大事

---

① 《庄子·齐物论》。
② 参见王国维：《人间词话》，四川人民出版社1981年版，第31页。

业、大学问者追求的最高境界。

综上所述，有效思维、创造思维和超越思维，对于理智健全的人，尤其是有志者来说，都是不可或缺的。事实上，只有兼具这三种思维方式的人，才会拥有丰富多彩、卓尔不群的人生。

2012年

"零"的畅想①

　　在汉语中，也许没有一个字比"零"更不起眼、更边缘化了，而它自身似乎也显露出自我放逐、自我否定的修辞学含义。然而，鲜为人知的是，在书写史上，"零"的历史竟然可以追溯到甲骨文。在古语中写作"霝"，兼有"霖"（大雨淋漓）和"零"（稀疏雨点）的意思。许慎的《说文解字》有言，"零，馀雨也"，指大雨过后落下的稀疏雨点。

　　有趣的是，"零"的原初含义就像一只看不见的手，划定了自己被阐释的空间。除了充当姓氏，"零"的第一个基本含义是几近于无的稀少、孤单，如"零星""零落""飘零""凋零""涕零""孤零零"等。宋代诗人陆游在《卜算子·咏梅》中曾经写道：

　　　　驿外断桥边，
　　　　寂寞开无主。
　　　　已是黄昏独自愁，
　　　　更著风和雨。
　　　　无意苦争春，
　　　　一任群芳妒。

---

　　① 此文为作者在复旦大学所做讲座的讲稿。原载《文汇读书周报》，2012 年 8 月 17 日。——编者注

零落成泥碾作尘，

只有香如故。

　　尤其是"零落成泥碾作尘"一句，写尽梅花的寂寞、孤单、清高和凄苦。

　　"零"的第二个基本含义是空白或否定，这种含义后来又与传入中国的阿拉伯数字中的"0"相互缠绕和强化，形成了一条不断膨胀着的零修辞链，如"零分""零吧""零距离""零容忍""零作为""零志愿""零游戏""零的突破"等。一般说来，喜欢使用零修辞的人都显得过于自信，以至于把自己的情绪误认作智慧。以"零距离"这个表达式为例，经常有记者在媒体上表示，自己对某某明星进行了"零距离的采访"。其实，只要他们冷静地思索一下，就会发现，"零距离"的含义是没有任何距离。如果两个人之间没有任何距离，他们在干什么？试比较一下，即使在银行、机场、ATM机前排队时，还应站在"一米线"外呢？由此可见，不被受访者认同的"零距离"实际上是语言暴力，是修辞中的恐怖主义！

　　当然，"零"并不是德国诗人歌德笔下的魔鬼靡菲斯特菲勒斯，总是与否定和晦气作伴。在数学中，"零"就为自己争得了世袭的皇冠。众所周知，没有"零"，不但正数和负数无法界定，甚至连坐标系统也无从建立。正如恩格斯所说：没有"零"，也就没有数学。即使在计算机系统广泛使用的二进位制中，"零"也起着半边天的作用！

　　在考察了"零"的基本含义后，我们再来探索"零"的引申含义。

　　第一，与"零"（0）的外形相似的是"蛋"。不幸的是，"零"蕴含的肃杀之气也感染了"蛋"。日常用语中如此频繁地出现的"完蛋"便是一例。蛋，卵也。古人说"覆巢无完卵"，可见"完卵"或"完蛋"应该被解读为完美无损的状态。对于糟糕的事，人们应该说的是"破蛋"，而不是"完蛋"。退一万步说，即使是"破蛋"有时也会赢得意外的荣誉。哥伦布发现新大陆后，许多人嗤之以鼻。哥伦布笑着取出一个煮熟的鸡蛋放在桌子上："各位，谁能使它立起来？"人们一个接一个地尝试，都失败了。

哥伦布接过鸡蛋，磕破了鸡蛋的一端，它便稳稳地站立在桌子上。周围传来一片嘘声，哥伦布慢条斯理地说："是的，这确实很简单，但在我这么做之前，为什么你们就想不到呢?"

第二，与"零"(0)的外形相似的是"圆"或"圆圈"。记得唐代诗人王维在《使至塞上》曾经写道：

> 大漠孤烟直，
> 长河落日圆。

诗中一个"直"字和一个"圆"字，展示出塞外的绮丽风光，令读者难以忘怀。而黑格尔则在哲学与"圆圈"之间建立了不朽的关联。他在《小逻辑》中说出了自己的发现：

> 哲学的每一部分都是一个哲学全体，一个自身完整的圆圈……每个单一的圆圈，因它自身也是整体，就要打破它的特殊因素所给它的限制，从而建立一个较大的圆圈。因此全体便有如许多圆圈所构成的大圆圈。[1]

在后黑格尔哲学的空间中，哲学和圆圈建立了不解之缘!

第三，与"零"(0)的内涵最为相洽的是诗、佛学和哲学所推崇的"无"的意境。王维在《送元二使安西》中写道：

> 劝君更尽一杯酒，
> 西出阳关无故人。

一个"无"字倾泻出作者心中海涛般起伏的乡愁。据说，禅宗五祖弘

---

① [德]黑格尔：《小逻辑》，贺麟译，商务印书馆 1980 年版，第 56 页。

忍之所以把自己的衣钵传给慧能，因为他写下了千古名偈：

菩提本无树，
明镜亦非台，
本来无一物，
何处惹尘埃？

两个"无"字，使他的精神境界远远超过了竞争对手神秀。而老子则在《道德经》中展示了更深远的精神境界：

三十辐，共一毂，当其无，有车之用。埏埴以为器，当其无，有器之用。凿户牖以为室，当其无，有室之用。故有之以为利，无之以为用。①

文中四个"无"字，信手拈来而又环环相扣，展示出老子高屋建瓴的博大胸怀和对生活真理的深邃洞察。环顾历史，无人能出其右！

总之，在汉语词大家族中，"零"既显得轻佻，又表现庄重；既停留在边缘，又活跃在中心；既是恭顺的臣仆，又是骄傲的君王；既是否定的化身，又是完美的象征。我忽发奇想，如果"零"有自我意识的话，它一定会像德国诗人席勒的剧作《强盗》中的卡尔一样宣布：

我要忠实地停留在我自己的世界上……我就是我自己的地狱和天堂。

_____

① 《老子·十一章》。

2013年

"哥白尼式的转变"[①]

作为哲学系的教师，我原来的生活是十分平静的，但 1993 年的首届国际大专辩论赛却打破了这种平静。比赛是 1993 年 8 月在新加坡举行的，而复旦大学辩论队则是在 3 月组建起来的。由于学校指定我担任辩论队的领队兼教练，我也由此而卷入了一场"旋涡"之中，既成了队员们艰苦训练的见证人，又成了他们获得团体冠军和最佳辩手喜悦的分享者。这一切恍如发生在昨天，20 年竟已悄然逝去，我们已不知不觉地置身于 21 世纪。如今，队员们都已步入中年，在各自的领域里取得了不凡的成就，而我也已过耳顺之年，常常有心有余而力不足的感觉了。

在回忆 20 年前的辩论赛时，我常常会问自己：究竟是什么原因使复旦大学辩论队获得团体冠军和最佳辩手？原因当然是多方面的，如队员们的素质都很好，反应都很快，在比赛前也受到了系统的训练，初赛、半决赛和决赛又恰巧都是反方，而反方更易得到听众和评委的同情与支持，等等。毋庸置疑，我丝毫不否认上述原因的重要性，但最具实质性的原因究竟是什么呢？我想了很久，终于有了答案。我认为，最重要的原

---

① 原载《书城》2013 年第 11 期。——编者注

因是，在训练的过程中，我们的思维方式发生了一个根本性的转变，如果借用天文学史的语言来发达，不妨把这个转变称作"哥白尼式的转变"。众所周知，在古代西方流行的是以亚里士多德、托勒密为代表的"地心说"（地球是中心，太阳是围绕地球而旋转的），哥白尼推翻了这种学说，针锋相对地提出了"日心说"（太阳是中心，地球是围绕太阳而旋转的），使原来无法解释的一些天文现象得到了合理的说明。后来，德国哲学家康德在《纯粹理性批判》第二版序言中借用了哥白尼革命的比喻，表明自己的思维方式与传统的思维方式之间存在一个根本性的转变。

为什么说思维方式的转变在辩论中起着根本性的作用呢？要了解这一点，就先得对辩论进行分类。按照我的看法，辩论可以分为两类。一类是实用性的辩论，如法庭上的争论、求职中的对话、谈判中的争执、学术上的讨论、总统候选人之间的论战等。在这类辩论中，双方各自持有自己的观点，并努力为自己的观点辩护。任何一方，只要既能清楚明白地阐述自己的观点，又能驳倒对方的观点，就会成为赢家。另一类是游戏性辩论，即辩论双方的观点不是由双方自主地决定的，而是通过抽签来决定的。假设一支辩论队的所有队员都信奉"人性本善"的观点，但在抽签中却抽到了"人性本恶"的观点，也就不得不为"人性本恶"辩护了。毋庸置疑，新加坡辩论赛属于游戏性的辩论，这类辩论的立场不是自主地加以确定的，而是由抽签加以确定的，双方的输赢也是由评委通过投票的方式加以决定的，而评委又是受听众的反应（包括情绪性的反应）影响的。显然，明白这些道理，对于辩论的制胜之道来说，具有根本性的意义。

记得刚开始训练时，大家都没有意识到这两类辩论之间的差异，队员们都热衷于在辩论中阐明自己的观点，压倒对方的观点，以为这就是在进行辩论了。也就是说，他们把游戏性辩论的中心理解为自己，以为只要每个队员发挥好了，整个辩论队发挥好了，就稳操胜券了。其实，游戏性辩论的中心绝不在任何一支辩论队那里，而是在受听众情绪左右的评委那里。辩论队以为自己发挥得很好,其实是没用的,唯有评委认为它发挥得好,它才算真正发挥得好。也就是说,要在游戏性辩论中赢得胜利,复旦辩论队在思维方式上必须有一个根本性的转变,从"以辩论队为中心"的思维方式转变到"以评委—听众为中心"的思维方式上来。在评委和听众的关系中,评委同时也是听众,换言之,评委是听众的一部分;反之,听众并不一定是评委,听众中只有极小部分人可能成为评委,但不是评委的听众对辩论过程的反应会对同时作为评委的听众产生重要的影响。

那么,如何才能使评委—听众对我们的辩论队产生良好的印象呢?我认为,关键在于提升辩词的质量。所谓有质量的辩词,对于听众和评委说来,就是既合乎情理又出乎意料的那些辩词。"合乎情理"表明,它们是合乎理性的,因而绝不可能是荒谬的,而"出乎意料"又表明,听众和评委都没有想到居然可以这么说。比如,在决赛前,台湾大学队抽签得到的立场是"人性本善",复旦大学队也就只能为"人性本恶"辩护了。当对方队员说:"因为人性本善,人人都可以随时放下屠刀,立地成佛。"我方队员马上起来反驳:"既然人性本善,屠刀是怎么拿起来的?"我方精彩的辩词立即在全场听众和评委中引起了热烈的掌声。为什么?因为我方队员巧妙地抓住了对方辩词中的逻辑矛盾:你不是说可以随时"放下"屠刀吗?而"放下"的前提是"拿起"。既然人性本善,你又是怎么把屠刀拿在手中的?显然,我方队员的这一机智的反驳是出乎听众和评委的意料的,所以他们除了鼓掌,还能做什么呢?事实上,任何一个辩论队只要能够在游戏性的辩论中因为高质量的辩词而获得多次掌声,那么它的胜利是不会有什么异议的。这充分表明,思维方式的根本转变对复旦大学队在新加坡的夺冠来说,具有多么重要的意义。

新加坡赛事结束后,由于不久后出任上海教育电视台台长的张德明先生的推动,国内掀起了大学生辩论的高潮。为此,我经常受到邀请,担任各种辩论赛的评委和决赛的点评专家;不少大学也相继成立了演讲与辩论协会,邀请我去做题为《辩论的艺术》的讲座,也有多家出版社策划出版辩论和演讲方面的丛书或词典，邀请我担任主编。对于这类邀请，我只是选择性地加以回应。尽管大学生的赛事方兴未艾，但我早已清醒地意识到，我的思维方式再度面临着根本性的转变，即从半年多来的、以辩论为中心的思维方式返回到以前的以教学和科研为中心的思维方式上去。一开始这么做似乎并不容易：一方面，通过这段时间的工作，我逐步对演讲和辩论产生了兴趣；另一方面，社会上也对从事这方面探讨的人才有客观上的需求，甚至有人鼓动我建立演讲与辩论的培训公司，公司必定会生意兴隆。然而，正如古人所说的："知人者智，自知者明。"经过认真的自我拷问，我发现，尽管这段时间我的心有点"变野"了，但我真正感兴趣的仍然是自己的专业——哲学，即使我对辩论和演讲产生了一定的兴趣，这类兴趣多半也与我从哲学上喜欢逻辑和语言分析有关。于是，我拒绝了来自辩论赛方面的一切诱惑，迅速地恢复原来的角色，退回到自己的书房中。然而，新加坡辩论赛产生的社会影响是巨大的。之后，每当我受到邀请外出做哲学讲座，主持讲座的人总不会忘记介绍我是"复旦大学辩论队的教练"。为了改变学术界的朋友和听众们的这种思维定式，我不得不在诸多演讲中加上了"开场白"：我希望大家忘记我是辩论队的教练，以便记住我是哲学系的教师……

遗憾的是，这个开场白收效甚微，或许是因为我在哲学上并没有什么值得骄傲的建树。然而，未曾料到的是，另一种危险也开始悄悄地逼近我了。1995—1997年，我出任复旦大学哲学系主任，由于工作繁忙，许多科研计划都停下来了。当时我还不以为然，认定系主任的工作还没有脱离学术。但不久以后，学校又要我兼任复旦大学发展研究院的常务副院长（院长为杨福家校长）。这样一来，我用在专业上的时间就越来越少了。杨福家校长于1999年卸任后，新上任的校党委副书记张济顺有一次找我谈话，希望我出任复旦大学研究生院院长。这时候，我才突然意识到，我的人生道路又走到了一个新的十字路口：今后是以行政工作为中心，还是退回去仍然以教学和科研为中心？我反思了前几年的生活历程，发现自己差不多已被卷入行政工作的旋涡中去了。于是，我毅然决然地回复了张济顺副书记，表明我不愿出任研究生院院长的工作。现在回过头去看，我当时的选择显然是正确的。

只要我们细心地观察生活，就会发现，思维方式的转变无处不在，它也发生在我专业工作的范围内。1993年晋升为正教授后，我把工作重心转移到研究生教学上。经过多年的实践和反思，我突然发现，这种重研究生教学、轻本科生教学的思维方式是有问题的：一方面，从生源上看，本科生普遍地优于研究生；另一方面，本科生正处于打基础的时期，因而上好本科生的课程具有更为重要的意义。这个时候，正好教育部也颁发文件，强调教授应该给本科生上基础课。于是，从2006年开始，尽管我每个学期还继续上研究生的课，但我的教学重心已转到本科生那里：每年春季学期上"哲学导论"课，秋季学期上"康德《纯粹理性批判》精读"课。这一转变不也正是在人才培养上的思维方式的根本转变吗？

更有趣的是，在上"康德《纯粹理性批判》精读"课时，我对康德提出的思维方式上的"哥白尼式革命"的比喻进行了深入的考察，结果发现，康德倡导的并不像他自己所认为的那样，是思维方式上的哥白尼式革命，恰恰相反，他倡导的是一种反哥白尼的思维方式。众所周知，在《纯粹理性批判》的第二版序言中，康德曾经指出：

> 迄今为止，人们假定，我们的一切知识都必须遵照对象；但是，关于对象先天地通过概念来澄清某种东西以扩展我们的知识的一切尝试，在这一预设下都归于失败了。因此，人们可以尝试一下，如果我们假定对象必须遵照我们的认识，我们在形而上学的任务中是否会有更好的进展。这种假定已经与对象的一种在对象被给予我们之前就应有所断定的先天知识所要求的可能性有更大的一致性。这里的情况与哥白尼最初的思想是相同的。哥白尼在假定整个星群都围绕观察者旋转，对天体运动的解释就无法顺利进行之后，试一试让观察者旋转而星体静止，是否可以更为成功。如今在形而

上学中，就对象的直观而言，人们也可以用类似的方式作出尝试。如果直观必须遵照对象的性状，那么我就看不出人们怎样才能先天地对对象有所知晓；但如果对象(作为感官的客体)必须遵照我们的直观能力的性状，那么，我就可以清楚地想象这种可能性。①

康德的上述论断常被人们称作哲学思维上的"哥白尼式的革命"(Copernican revolution)，而康德本人也以此自诩。其实，令人难以置信的是，不但康德哲学的研究者们从未认真地思索过康德哲学的思维方式与哥白尼的思维方式之间的真实关系，甚至连康德本人也从未对这一关系作出过认真而深入的反思。在我看来，康德对自己的思维方式与哥白尼的思维方式之间的类比只在下面这一点，即把流行的思维方式加以颠倒的意义上是有效的。按照亚里士多德、托勒密主张的"地心说"，地球是静止的，太阳则是围绕地球旋转的，而哥白尼倡导的"日心说"则颠倒了这种传统的思维方式，主张太阳是静止的，地球则是围绕太阳而旋转的。同样地，在传统的哲学思维方式中，对象始终是中心，主体则始终是围绕对象旋转的，而康德倡导的先验哲学则颠倒了这种传统的哲学思维方式，主张主体始终是中心，对象是被主体所设定并围绕主体旋转的。也就是说，只是在对传统思维方式的颠倒上，康德与哥白尼在思维方式上引发的革命是一致的，但是，一旦超出单纯形式的外观的范围，他们两个人的思维方式不但不是一致的，而且在实质上是完全对立的。

毋庸置疑，在天文学史的语境中，"地心说"肯定的是观察者的中心地位和静止状态。由于观察者置身于地球之上，他视自己和地球为整个宇宙的中心，而把太阳视作围绕地球旋转的行星。如果天气晴朗，太阳每天早晨从东方升起，晚上又向西方下坠，这似乎也在印证太阳围绕地球旋转的假设。我们不妨把这种传统的思维方式称为"观察者中心论"。正如法国哲学家狄德罗在批评英国哲学家贝克莱时所说的："在一个发

---

① [德]康德：《纯粹理性批判》，李秋零译，中国人民大学出版社 2004 年版，第 15 页。

疯的时刻，有感觉的钢琴曾以为自己是世界上唯一的钢琴，宇宙的全部和谐都发生在它身上。"①与此相反，哥白尼的"日心说"所要推翻的正是这种"观察者中心论"，在这个意义上可以说，哥白尼的思维方式实际上是一种"对象中心论"，因为他取消了地球和地球上的观察者的中心地位和静止状态，主张让观察者观察的对象——太阳静止下来并成为宇宙的中心，而让地球作为行星围绕太阳而旋转。这种"对象中心论"，究其实质而言，就是"反观察者中心论"。

按照上面的视角去考察哲学史，我们就会发现，在哲学史的语境中，传统的哲学思维反倒是与哥白尼的"日心说"的思维方式一致的，因为它们都主张"对象中心论"或"反观察者（主体）中心论"，即主张对象处于中心地位和静止状态中，观察者（主体）是围绕对象而旋转的。与此相反，康德的思维方式实质上是与亚里士多德-托勒密主张的"地心说"的思维方式一致，因为它们都主张"观察者（主体）中心论"，即主张观察者处于中心地位和静止状态中，而对象是围绕观察者（主体）而旋转的。

于是，我们发现，康德的思维方式与哥白尼的思维方式只有在外观上、形式上是类似的，即它们都颠倒了各自语境中的传统的思维方式，但就其内容和实质来看，康德的思维方式与哥白尼的思维方式又是相反的。所以，假如我们要从内容上、实质上对这两种思维方式的关系作出比较的话，就不应该把康德在思维方式上的革命理解为"哥白尼式的革命"，而应该理解为"反哥白尼的革命"（anti-Copernican revolution）。这样的结论恐怕是康德和他的许多研究者都始料未及的，但事实正是如此。

近年来，思维方式的转变又在我的学术生涯上获得了新的意义。差不多可以说，作为77级的学生，从我跨进复旦大学校门的时刻起，我感兴趣的就是外国哲学。后来，又对以卢卡奇为肇始人的国外马克思主义产生了兴趣。三十多年来，我一直在这些领域里耕耘，但近年来，我

---

① 《狄德罗哲学选集》，江天骥、陈修斋、王太庆译，商务印书馆2009年版，第145页。

的兴趣却越来越多地转向中国哲学：一方面，中国哲学源远流长，博大精深，其中有许多问题引发了我的兴趣；另一方面，从斯宾格勒的《西方的没落》到海德格尔与《明镜周刊》记者的谈话中说的"只还有一个上帝可以救度我们"，都在一定程度上反映出西方人对自己的哲学文化传统的悲观情绪。那么，在中国文化中，是否隐藏着一种拯救世界文明的伟大精神力量呢？这也正是我希望通过对"道"这一中国哲学的核心概念的探讨而试图加以解答的问题。总之，我在反思中意识到，我的思维方式再度处于从以西方为中心的研究思路向以中国为中心的研究思路的根本性的转变中。现在我还无法估量这种转变对我来说意味着什么。

路漫漫其修远兮，吾将上下而求索。有趣的是，连我自己也没有料到，这种求索已被置于全新的基础和出发点上。

2014年

人生，为什么需要哲学[①]

　　哲学家冯友兰先生曾说过，哲学就是对人生意义的探究。在历史的长河中，一个人从出生到死亡，就像流星从天际划过。怎样使自己短暂的人生获得意义？换言之，怎样使自己不虚度此生？这些是我们每一个活着的人都应该思索的问题。正如古希腊哲学家苏格拉底所说，未经反省的人生是不值得过的。我们应该学会反省自己的人生，使它变得更有价值，更有意义。

　　你想有什么样的人生？

　　在德国哲学家康德的墓碑上，刻着如下两句话：

> 在这里，伟大导师将流芳百世，
> 青年人啊，要想想怎样使自己英名永存！

　　生命之所以珍贵，正因为它是短暂的。黑格尔曾经说过，转瞬即逝的玫瑰并不逊于万古长存的山岭。虽然玫瑰生存的时间非常短促，但它火一般的生命和鲜艳亮丽的色彩，与冷漠的山岭比较起来，更令我们羡慕。在某种意义上，无所事

[①] 原载《新华日报》2014 年 12 月 10 日。——编者注

事的人生乃是对生命的亵渎。实际上，人生不但是短促的，而且也是由一系列三岔路口构成的，每个路口都需要行路者做出准确的选择，而准确的选择需要眼光，这种眼光则来自哲学。

深入考察后发现，当前流行的人生观主要有以下四种不同的类型。

一是小市民式的人生观。"人不为己、天诛地灭"乃是这种人生观的座右铭。法国国王路易十五的名言"我死后哪怕洪水滔天"，说出了这类人的共同心声。他们就像马克思批评的那个脚上长着鸡眼、站在路边的粗汉，在他看来，凡是踩到他鸡眼的人都是世界上最可恶、最卑鄙的人。由于只看到自己鼻子底下的利益，这类人永远处于"小肚鸡肠"的状态中。就像契诃夫笔下的那个小职员，由于打喷嚏而把唾沫溅到上司的脸上，从此一直处于惶惶不安的状态中。

二是得过且过的人生观。这种人生观缺乏明确的人生目标和抱负，就像一条小船，没有桨、没有橹，也没有罗盘，只是随波逐流而已。他们只有权利意识，没有相应的担当意识和责任意识。从哲学上看，人是可能性的动物，而可能性正是通过人对未来的规划而得以展开的，一个没有抱负、从不规划未来的人，他的人生只能是一个空壳，是一个没有任何意义的抽象符号。

三是悲观脆弱的人生观。从哲学上看，这样的人生观缺乏对挫折的承受和回应的能力。契诃夫在《生活是美好的——写给企图自杀的人》的短文中曾经启示我们，一个人在生活道路上遭遇到任何挫折乃至打击时，应该设想出更糟糕、更痛苦的结局。这样一来，精神上和心理上的压力就会缓解，生命的承受力和韧性就会增加。

四是有抱负、有责任、有气节的人生观。从哲学上看，一个有抱负、有追求的人生才是有高度的人生，处理人际关系时具有担当意识和责任意识，在生死考验面前保持自己的气节。文天祥《过零丁洋》中的名句"人生自古谁无死，留取丹心照汗青"令人肃然起敬，而岳飞留下的《满江红》更是气贯长虹、豪情满怀，今天读来，仍然令人感到荡气回肠。

一、志向决定思想高度

中国古人说："取法乎上，仅得乎中；取法乎中，只为其下。"[①]如果说，每个人在思想上都有自己的高度的话，那么，这个高度绝不可能超出他自己确定的志向。易言之，每个人的思想高度都是由他的志向的高度决定的。历史和实践都表明，必须先确立志向，然后才有可能实现这一志向。

有人把赚钱、成为亿万富翁、过名车别墅的生活理解为自己的志向。然而，从更高的标准出发，就会发现，这样的志向和欢乐毕竟是"自私的"。我们可以比较一下，马克思在 17 岁那年写下的《青年在选择职业时的考虑》一文中已经确立了远大的志向：

如果一个人只为自己劳动，他也许能够成为著名学者、大哲人、卓越诗人，然而他永远不能成为完美无疵的伟大人物。

如果我们选择了最能为人类福利而劳动的职业，那么，重担就不能把我们压倒，因为这是为大家而献身；那时我们所感到的就不是可怜的、有限的、自私的乐趣，我们的幸福将属于千百万人，我们的事业将默默地、但是永恒发挥作用地存在下去，而面对我们的骨灰，高尚的人们将洒下热泪。[②]

这是何等远大的志向和何等高尚的情操！后来，马克思在柏林大学攻读哲学时一度陷入"志向危机"。通过深入的反思，他很快就告别了迷惘，确立了为实现共产主义事业而奋斗终生的伟大目标和志向。马克思

---

① （唐）李世民：《〈帝范〉后序》。
② 《马克思恩格斯全集》第 40 卷，人民出版社 1982 年版，第 7 页。

去世后，他的遗骸被埋葬在伦敦的海格特公墓中，墓碑上镌刻着马克思的名言："哲学家们只是用不同的方式解释世界，而问题在于改变世界。"[①]每天都有来自世界各地的游客络绎不绝地去瞻仰马克思的墓地，他们对马克思的人格和灵魂都怀着深深的敬意。

志向并不是越高越合理，而是因人而异的，即不同层次的人拥有不同层次的志向，绝不能划一而论。这就启示我们，志向应该具有适度性。志向太高，怎么努力也实现不了，必定会产生沮丧情绪；反之，志向太低，不需要努力就能实现，又会浪费才华。所以，正确的做法是：每个人都应该根据自己的实际才华来确立自己的志向。老子说："知人者智，自知者明。"[②]古希腊的德尔斐神庙门前也镌刻着"认识你自己"的箴言。可见，正确地了解并评价自己是一件很困难的事。只有正确地认识自己，才能确立起适合于自己的志向。

二、活出自己的境界

我们每个人都生活在两个不同的世界中。一个是日常生活的世界，每天起床就会遇到"柴米油盐酱醋茶"的问题。其实，大部分人一生的时间大多消耗在谋生的劳动中。这个世界是人类生存的基础，是每个人都无法回避的。另一个是安顿灵魂的世界。在这个世界里，人们不得不像后印象派画家高更一样，在一幅关于塔希提人生活的绘画中追问自己：我们来自何处？我们是谁？我们打算到哪里去？假如以我们更熟悉的方式来提问，那就是：为什么我们生活在这个世界上？人生的意义和价值究竟是什么？

比较起来，前一个世界就像一条黑暗的、没有尽头的隧道，人们在

---

① 《马克思恩格斯全集》第 3 卷，人民出版社 1960 年版，第 6 页。
② 《老子·三十三章》。

里面摸索着往前走；后一个世界就像一把熊熊燃烧的火炬，它照亮了黑暗的隧道。中国古代流传下来的根深蒂固的传统——实用理性的传统仍然牢牢地束缚着当代中国人的思想。"无事不登三宝殿"这句谚语表明，与其说普通人是在"拜佛"，不如说他们是在"用佛"。总之，普通人把后一个世界理解为前一个世界的延伸，而从未意识到这两个世界之间存在的巨大差异，因而始终停留在佛教所说的"无明"状态中。事实上，只有以超功利的方式进入后一个世界，通过认真的反思，领悟了生的真正意义，前一个世界才会被火炬所照亮，才会变得美好起来。要言之，一个人的思想只有自觉地、超功利地居留在后一个世界中，他的人生才能活出高度、活出境界来。

众所周知，通向后一个世界的"洛西南特"（唐·吉诃德的坐骑）主要是艺术、伦理、宗教和哲学。当人们摆脱日常生活中的种种欲求，自觉地接触并深入到这些学科中时，不但他们的修养会发生重大的变化，而且他们的思想境界也会在潜移默化中得到大幅度的提升。而正因为有了思想境界的大幅度提升，康德才有可能提出下面这样的问题：我能知道什么？人应当做什么？我可以期待什么？人是什么？事实上，康德一生写下的论著都是围绕着对这些重大问题的解答而展开的。

人生是短暂的，而唯其短暂，它才具有无与伦比的价值。每个人都应该尊重自己的生命，珍惜自己的人生。要使人生变得更美好，就必须自觉地确立自己的志向，并为此而奋斗。在奋斗的进程中，人只有不断地追问存在的意义，努力地安顿好自己的灵魂，才能活出自己的境界和高度来。

2016年

漫谈汉语的歧义[①]

与西方语言，特别是语法上十分严格的法语和德语比较起来，汉语在使用中具有更大的不确定性。如果从积极的方面看，这种不确定性可以被理解为灵活性；但如果从消极的方面看，它就只能被理解为模糊性或歧义性了。我们在这里主要考察汉语的消极的方面。这种消极的方面在汉语的句子、词组和语词中都有自己的表现。

我们先来考查句子的歧义。某市 1999 年"高中毕业会考适应性调研测试"中有这样一道题："'（妻子）晚餐还多做了两个丈夫喜欢的菜'一句有歧义，请写出你的两种不同的理解。"有关方面提供的标准答案是："①（妻子）晚餐做的菜，两个丈夫都喜欢吃；②晚餐妻子做了丈夫喜欢吃的两个菜。"这道别出心裁的试题引起了争论。据说有关方面承认，由于把注意力集中在语言和语法上，没有考虑到在人情、法理上可能对学生产生的误导。[②]

如果我们撇开出题者的这种买椟还珠式的形式主义态度，姑且从试题的表达方式去看，这个

---

① 原载俞吾金：《哲学随感录》，北京师范大学出版社 2016 年版，第 211—216 页。——编者注

② 文凡：《一个妻子两个丈夫？》，《文汇报》1999 年 1 月 28 日。

句子确实存在着歧义，关键在"两个"这个数量词上。如果"两个"是修饰名词"菜"的，那就成了"两个菜"；如果是修饰名词"丈夫"的，那就成了"两个丈夫"。这种歧义的存在是显而易见的，由此可以看出汉语把语词比较随意地叠加起来的语法结构的灵活性和模糊性，也可看出汉语由于缺乏名词的单复数区分而比较容易产生的歧义性。"（妻子）晚餐还多做了丈夫喜欢的两个菜"这句话在英语中就不会产生歧义。我们只要看"丈夫"这个词是 husband 还是 husbands，"菜"这个词是 dish 还是 dishes 就行了。

在这里，令人不解的倒是出试题者竟把"两个丈夫"作为第一个标准答案。实际上，"两个丈夫"甚至更多的丈夫，只有在一妻多夫制的社会中才是现实的，而在当今社会中出现的概率是相当小的。由于法律禁止重婚，一个女人只有在违法的情况下才可能同时有两个丈夫。当然，也可能出现另一种情况：妻子的前夫来访问，妻子同时做菜给"两个丈夫"吃。但在这种情况下，"两个丈夫"的提法在法理和逻辑上也是说不通的，因为前夫已经与妻子解除法律关系，他可能成为其他妻子的丈夫，但却不再是这个妻子的"丈夫"了。与"两个丈夫"比较起来，似乎更应该把"两个菜"作为第一标准答案，因为这种现象在生活中倒是常见的。显然，出试题者的思维方式有点外星人的味道，他们仿佛从来没有在地球上居住过。

又如，在当代生活中，人们可以在各种场合下见到这样的祈使句："不准抽烟！"但我们几乎从来没有深思过，"抽烟"有两种不同的状态：一种是抽点燃着的烟，另一种是抽未点燃的或已经熄灭的烟。后一种状态听起来像神话，但在生活中却是经常可以碰到的。有人可能是出于习惯；有人可能是出于无奈——用嘴巴含着烟，但一下子又找不到火柴；有人把这种状态作为戒烟的过渡状态；也有人则为了炫耀自己；等等。显然，法律或行为规范不许可的是"抽烟"的前一种状态，而不是后一种状态，因为后一种状态并没有污染空气。此外，还有一种情况是：假如一个人手里拿着一支正在燃烧着的香烟，或他干脆把这支正着燃烧着的香烟搁在桌子上或丢到地板上，由于香烟正在燃烧，所以空气被污染了，但这个人并没有抽烟，也就是说，他并没有违背"不准抽烟!"的禁令。

因此，我们发现，"不准抽烟!"这个句子至少在意义上是模糊不清的，当人们在法律上使用这个句子时更需要谨慎。令人啼笑皆非的是，有的地方，如会议室里挂着"不准吸烟!"的牌子。显然，想出这四个字来的人没有考虑到，"吸烟"和"吐烟"是两个不同的行为方式。假如有人在走廊上狠狠地吸进一口烟，到会议室里再把它吐出来的话，他显然没有违背"不准吸烟!"的原则。

让我们再回到"不准抽烟!"这个主题上来。假如人们把这个祈使句改为"不准抽点燃着的烟!"，那就比较严格了。我们发现，英语中的表达方式 No Smoking 倒是十分严格的，因为 smoking 是动词 smoke 的动名词，它暗示我们，No Smoking 只禁止正在燃烧的烟，不管它是否处于被抽的情况下。

再如我们在马路旁的警语牌上经常可以读到这样的句子——"人车分离，各行其道。"这个句子听起来也是很顺畅的，但一加考究，就发现它的含义是模糊不清的。在创制这个句子的人的心目中，"人"显然是指行人，说行人与车辆不要挤在一起，这是无可厚非的；但说"各行其道"，在语义上是不明确的。除非行人都在上街沿走，车辆都在马路上走，"各行其道"才是可能的，但行人在穿马路时，就会与车辆争道（这里当然排除了立交形式的马路，因为在这样的马路上，提倡"人车分离，各行其道"是没有任何意义的）。在这种情况下，车辆和行人都"行"是不可能的，总得有一方停下来，让另一方先"行"。所以在平面交叉的马路上，车辆和穿马路的行人同时"各行其道"是不可能的。

由于这个句子说的不是行人与车辆分离，而是"人车分离"，所以在语义上的模糊性就显得更为触目了。因为所有的车辆都是人在驾驶的（在这里把无人驾驶的自动车排除在外），难道叫司机都跳下来与他们所驾驶的车"分离"吗?

汉语的歧义不光出现在句子中，也出现在各种词组中。这里姑且不讨论像"打扫卫生""恢复疲劳"这样的词组在语义上的含混性①，因为大家对它们已经比较熟悉。我们不妨看看那些在日常生活中经常碰到的，但还没有进入我们的反思视野的一些词组。如"救火"这个词组与"灭火"比较起来，在语义上就显得不明确。实际上，在火灾中，人们要抢救的不是"火"，而是人或财物。所以，"救火"这个词组至少从字面上看是令人百思不得其解的。又如"纠正"这个词组与"纠偏"比较起来，其含义也是模糊不清的。假如"纠"字与"正"字的关系同"纠"字与"偏"字的关系一样，都是动宾关系，那就显得荒谬了。因为正确的东西是不需要"纠"的，偏颇的东西才需要"纠"。再如"洗头"这个词组与"洗发"比较起来也是意义不明的。严格地说来，人们洗的并不是"头"，而是头发和一部分头皮。同样地，像"食品的安全"这样的提法也是很怪的，其实，"食品"本身无所谓"安全"或"不安全"的问题，因为它们是无生命的，"安全"应该是对这个食品的消费者来说的，所以正确的表达方式应该是"消费者的安全"，而不是什么"食品的安全"。总之，这类意义含混的词组在日常用语中是不胜枚举的。

汉语的歧义不光出现在句子中，也经常在语词中显露出来。比如，汉语中"宽"字和"紧"字的含义正好是相反的，但令人困惑不解的是，在日常语言中，"管得宽"与"管得紧"竟是同一个意思。又如，"胜"与"败"的含义也是对立的，但在叙述战争或体育比赛时，说"甲大胜乙"与"甲大败乙"竟也具有同样的意义。再如人们常把"滑铁卢"作为失败的同义词来使用。事实上，这个词的含义是不明确的，因为对于拿破仑来说，"滑铁卢"是失败的象征，但对于惠灵顿来说，"滑铁卢"则是胜利的标志。

在汉语的复合词中，人们也会遭遇到类似的事情。如"现代性伦理"

---

① 对它们的讨论，参见俞吾金：《思考与超越——哲学对话录》，上海人民出版社1986年版，第210页。

这个复合词就既可被理解为"现代的性伦理"（英语为 modern ethics of sex 或 modern sexual ethics），也可被理解为"现代性的伦理"（英语为 ethics of modernity），前者是关于性问题的伦理思考，后者是关于现代性问题的伦理思考，两者在内容上是判然有别的。只要我们对照英语的表达方式，就可以清楚地认识到这两种不同的理解方式之间存在着的巨大的差异。但在汉语中，我们必须对照上下文才能看出"现代性伦理"这个复合词指称的实际内容。又如，"私生子"这个复合词的意义也是模糊不清的。如果人们盲目地接受这个词，那似乎就应该把非私生子称作"公生子"了。然而，"公生子"岂不是一个更可怕的概念吗？所以，完全应该抛弃"私生子"这个含混的概念，用"非婚生子"取而代之。

同样地，近年来报刊上频繁出现的"跨世纪人才"这个词也是一个意义不明确的词。我想，创制这个词的初衷大概是用它来指称少数年轻有为或年富力强的优秀人物，但细细地推敲下去，发现这个词极易引起误解。因为这个词是由两个部分——"跨世纪"和"人才"组成的。也就是说，只要是"人才"而又能活到 21 世纪的，本质上都是"跨世纪人才"。这样一来，创制这个词的初衷就与这个词在语义上应该指称的内容发生了冲突。如果我们从否定方面进行分析，"跨世纪人才"这个词的荒谬性就更显而易见了。因为"跨世纪人才"是相对于"非跨世纪人才"来说的。那么，"非跨世纪人才"又是什么意思呢？是指活不到下个世纪的"人才"吗？事实上，是"人才"而又能活到下个世纪的都是"跨世纪人才"。

再如，在 1998 年年底，举行"庆祝改革开放 20 周年"的活动成了一种时尚。某电视台举行了题为"跨越 20 周年"的座谈会。我当时就给主办者提意见，说"跨越"这个词用在这里不妥。因为"跨越"这个词的本义就是"跨过去"或"越过去"的意思。比如说，"跨越战壕"显然是指从战壕上方越过去，似乎不能理解为从战壕的这一边爬下去，再从另一边爬上去。所以，一用"跨越"这个词，主办者就做了一件与其本意正好相反的事情。换言之，主办者的初衷是要大家谈谈 20 年中的变化，但既然是"跨越 20 年"，实际上就是叫大家撇开 20 年、不谈 20 年而谈其他东西。

所以，比较贴切的表达应该是"走过 20 年"。在粗心的人看来，"跨越"与"走过"似乎没有什么本质的差别，但在这里却表明了截然相反的意思。

当然，肯定汉语在使用中具有歧义，目的并不是像有的学者那样，干脆主张废弃汉字，甚至使汉字拉丁化，而是为了更好地把握汉语，并在用汉语表达自己的思想时，尽量避免不必要的差错。

印度印象^①

　　从小时候起，在我的印象中，印度就是一个遥远而神秘的国度。然而，命运却给了我意想不到的机会，使我两次有机会踏上这片令人神往的土地。第一次是 1999 年 12 月，我参加了由"国际价值与哲学学会"与印度多个大学、研究所联合主办的、题为"中国佛教的印度之根"（The Indian Roots of Chinese Buddhism）的国际学术研讨会，历时三周，既参观了新德里、加尔各答、瓦拉那西（泰戈尔故乡）、阿格拉（泰姬陵所在地）、海德拉巴等城市，也瞻仰了鹿野苑、菩提伽耶等佛教圣地，从而对这个神秘的国度留下了初始的印象。那次回国后，由于学术工作的繁忙，无暇把当时的一些想法整理出来。第二次机会是在 7 年后降临的。2007 年 1 月 5 日至 13 日，上海玉佛寺觉醒大和尚发起并组织了"上海佛教界赴印度圣迹参访团"，我有幸参加了这次"天竺·心之旅"，再度踏上了印度的土地，访问了新德里、瓦拉那西、鹿野苑、菩提伽耶、巴特那、那烂陀、王舍城等处。不但加深了对印度这个国家的认识，也加深了对佛教历史和教义的领悟。

---

　　① 载俞吾金：《哲学遐思录》，北京师范大学出版社 2016 年版，第 366—370 页。——编者注

在我的脑海里，对印度的第一个，也是最深的印象，莫过于在瓦拉那西的那个早晨所见到的街道上的景象。记得那天早晨，天还没有亮，morning call（叫早服务）就把我们叫醒了。六点整我们从宾馆乘车出发，不久便到了一处停车场。这里距离恒河边还有一段不算短的路程，是由窄窄的街道构成的，汽车无法开进去。于是，我们排着长长的队伍，以"急行军"的方式，在朦胧的晨光中，向恒河边走去。或许可以说，这段路是一个人生命中最难忘记的一段路。

　　街道上空弥漫着一股臭烘烘的气味，不少流浪汉睡在路边阴沟旁。他们把自己的身体，甚至脑袋都裹在肮脏的、发黑的毯子或衣服里，仿佛地上扔着许多袋马铃薯。在这些睡着的、没有声息的流浪汉近旁，有时也能见到同样肮脏的、扑在地上打盹的狗，或悠然自得地行走在街上的牛。在街道的两边，布满了积水、牛粪、垃圾和随风飞舞着的塑料袋。在街道上，各种人力车和助动车飞快地、川流不息地在熹微的晨光中滑动，常常和我们擦肩而过，我们不得不小心地避让它们。街道两旁的商店大部分还没有开，只有几家饮食店冒着热气，门前的小桌周围，坐着一些匆忙进食的男人。他们用漫不经心的眼光打量着我们的队伍。触目可见的都是伸手向你乞讨的人，也有的残疾人趴在地上，借助自己的双手行走着，甚至在灰尘中滚动着，用充满乞求的目光注视并追随着观光者，那种可怜的模样，真使人惨不忍睹。在恒河边的石阶上，坐着许多苦行僧。他们也与流浪汉一样，把自己裹在肮脏的布片里，只露出一双闪闪发光的眼睛，又黑又瘦的手中攥着一个饭碗或小钵，伸手向观光者乞讨……

　　街道上的景象使我想起了7年前我来这里时的情形，几乎完全一样。我心里不禁一阵纳闷：为什么7年来这里的情形毫无变化？为什么一个拥有伟大而悠久文明的国家会让它的百姓沦落到这个地步？在这个充满神秘色彩的国家里，或许从佛陀的时代起，乞讨就并不令人感到羞耻，甚至完全是正常的事情，然而，一个社会却不能只有乞讨者。退一万步说，即使乞讨要获得成功，也必须先有东西被生产出来。对于一个社会来说，关键是拥有自己的勤劳的生产者。记得德国社会学家马克斯·韦伯在《新教伦理与资本主义精神》一书中叙述"新教伦理"的表现形式时，就谈到"勤劳""节俭"等品德。事实上，对一个国家来说，要是它的民众缺乏这样的品德，而以乞讨为荣的话，现代化是很难发展起来的。在我国的新闻媒体上，不少专家撰文，把印度看作是中国在亚洲的最强大的竞争者，我却从来没有被这样的见解困扰过。在我看来，瓦那拉西的这条窄窄的街道就是一个明证。在这个早熟的文明中，只要不洁和乞讨还是一种普遍的受尊敬的生活方式，现代化就不可能成为真正的文化上的自觉。

我对印度的第二个深刻印象是在我们从菩提伽耶乘车赶往巴特那的公路上形成的。事实上，这两个城市之间的距离只有一百多公里，如果公路建得好而且路上不拥堵的话，恐怕最多花 2 个小时就能够到达了，然而，遗憾的是，我们花了七八个小时。实际上，我第一次来印度时，就已经听人说起，印度的公路系统还是英国人建造并留下的。有的公路路段由于年久失修，坑坑洼洼，行车非常困难，到下雨天就更不用说了。然而，更令人难以理解的是，这些城市之间的公路都是不画线的。也就是说，去的车在这条路上走，来的车也在这条路上走。即使在途中想停车的话，也没有专门的停车场，因而车只好停在路边，这对其他车辆的行驶来说，造成了诸多不便。更匪夷所思的是，连摩托车、自行车、牛车、牛、羊、狗也都在这唯一的道上走。在这样的路况下，汽车怎么开得快？尽管驾驶员们都是"勇士"，能够在人堆里、车堆里熟练地开着大客车往前闯，但在狭窄的公路上经常发生的汽车堵塞、交会车、避让动物、避让大坑、穿越集市、穿越修路地段等，这使任何车辆都只能像蜗牛一样在公路上爬行。

从印度公路的路况，我自然而然地联想到作为中国文化核心观念的"道"。在汉语中，"道"的原始含义是"路"，而"路"的本来含义则是通达、畅通。这充分表明，"道"的本真精神体现在通达和畅通中。古代大禹治水，强调的就是疏导而不是堵塞，而疏导这种做法正是"道"的精神的集中体现。在当代社会中，"道"的精神获得了更加全面的表现形式。事实上，任何社会要得到健康的发展，就需要建造并疏通各种各样的路。这里不仅有水路、陆路，还有空中之路；不仅有电话、电报、电传、电视，还有电脑和互联网；不仅有"看得见的路"(visible way)，也有"看不见的路"(invisible way)，而在"看不见的路"中，最重要的是人与人之间的政治关系之"路"的疏通。对于民主社会的建设来说，这样的"路"比什么都重要。德国哲学家哈贝马斯的"交往理论"(theory of communication)实际上体现的也正是这种"道"的精神。从当代印度城市间公路的普遍堵塞可以看出，其文明中缺失的正是中国文化中的"道"的精神。中国人在改革开放中越来越清醒地认识到这一精神的重要性，而印度人似乎还没有充分地意识到这一点。

我对印度的第三个深刻的印象是，尽管我们瞻仰的大多是佛教的圣地和圣迹，尽管我们在鹿野苑，尤其是菩提伽耶见到了不少虔诚的佛教徒，但还是隐隐地感觉到，佛教在印度的衰微。调查资料表明，在当代印度社会中，有80％以上的人信奉印度教，而信奉佛教的人只有0.2％左右。为什么佛教在自己的发源地会渐渐地被边缘化？一路上我不断地思索着这个问题。按照历史书的记载，在印度，佛教创立于公元前6世纪，到公元12、13世纪差不多销声匿迹了。之所以导致这种结局，其直接原因有二：一是中亚的信奉伊斯兰教的王朝对印度的征服及对佛教庙宇的破坏和对佛教徒的残杀；二是印度佛教在其发展后期越来越注重神秘的宗教仪式(据说西藏的密宗正是在其后期倾向的影响下形成起来的)，正是这种倾向导致它失去了大量的信徒，从而其影响也日渐衰弱。但在我看来，佛教在印度的衰亡似乎还有更深刻的原因：一方面，它的教义把生命和欲望作为绝对的恶的东西加以排除和否定；另一方面，修行并达到佛性的困难使许多人望而却步。而佛教传播到中国后，之所以获得了那么多的追随者，因为中国的佛教教派，尤其是禅宗，结合本土文化，对生命、欲望和对佛性的领悟作出了更合乎情理的阐释。

当然，值得欣慰的是，虽然佛教在印度已经一蹶不振，但它对中国和东南亚诸多国家却产生了重大的影响。事实上，它的顽强的生命力正体现在它对自己教义的不断反省和更新中。觉醒大和尚在谈到这次"天竺·心之旅"的"缘起"时，曾经提出了如下的希望："谨望各位有缘人见贤思齐，长随佛学，道不远人，努力精进，以期不虚此行，不负此生，则佛教幸甚，众生幸甚!"这个希望不仅显示出他自觉地接续、承继佛教伟大传统的决心，也表明佛教和佛学在中国这片广袤的大地上依然拥有经久不衰的生命力!

附 录

1970年

英雄劈地战严寒[①]

　　宽阔的"一二五"工地，一夜间披上了厚厚一层白雪，尚未破土的潮湿地面，结得硬绷绷一片，显出一股凛然不可侵犯的傲气。

　　离施工现场不远，有几间简陋的工棚。这里，就是承担"一二五"工程第二战役主攻任务的华东电力建设局一公司机械化站。机械化站的同志们正聚集在一起，热烈地讨论第二战役的作战计划。

　　第二战役的具体任务，就是挖除主厂房一万二千余方的基土。根据整个工程进度的安排，这个任务必须在十天内完成。

　　一万二千余方土，堆起来就像一座国际饭店那么高的"山"。在十天时间里，要挖掉这样一座"山"，这是一项艰巨的任务。两年前，在安装某电厂一台十万千瓦汽轮发电机组时，在人员机具集中、气候条件良好的情况下，仅挖一万不到的土方，就用了整整四十多天时间。现在，这个公司同时承担着十余项支内工程，人员、机具分散于全国十余个施工点，气候条件又差，土方增加了两千多，时间却只有十天，这个难题，摆在人

---

　　① 原载上海"一二五"工人写作组：《"一二五"赞歌》，上海人民出版社 1970 年版，第 24—31 页，署名"宇岑文"。——编者注

们面前。怎么办？

有人提出：人员、机具太少，向其他施工点调。

这显然不行！从远在几百公里、几千公里之外的其他施工点调人和机具，十天时间也不够，何况，这些施工点也都承担着重要的任务。

又有人提出：时间太紧，向其他兄弟单位求援。

这似乎可行，然而，兄弟单位同样承担着艰巨的战斗任务，岂能再加重他们的担子？

这时，个别人动摇了，说："十天挖完一万二千方土，恐怕做不到！"

"做不到？为什么做不到？"老工人周浩刚猛地站了起来。他挺立着高大的身躯，眼睛冒着火花，声若洪钟地说："我们干的是无产阶级革命，干革命就得迎着困难上！"

"说得对！周师傅，你说到我们心里了。"工人们异口同声地欢呼起来。

坐在一旁的站革委会委员老张，摆着两只手说："大家静一静，让老周说下去！"

屋子里一下子又静了下来，几十道热烈的目光注视着周浩刚。

周浩刚在同志们的注视下，反而局促起来，激动的心情，万千的话语，一时说不上来。这个在旧社会给地主放过牛，讨过饭，做过苦工，苦大仇深的老工人，解放后在电力建设战线上转战大江南北，身经百战的共产党员，为接受这个具有"备战、备荒、为人民"伟大战略意义的任务而激动，也为必然要碰到重重困难而焦急。昨天晚上，他得知这个消息后，一夜未曾合眼。夜深人静，他凝坐在灯下，专心致志地认真学习《毛泽东选集》，学着，琢磨着。他想：愚公能移山，我们为什么不能从地下挖"山"？毛主席说："现在也有两座压在中国人民头上的大山，一座叫做帝国主义，一座叫做封建主义。中国共产党早就下了决心，要挖掉这两座山。"他联想到八年前，在某电厂安装工程中，同志们为了加快建设速度，提出了一项项技术革新的建议，可是，那些苏联"专家"却嘲笑说："兔子总不能比汽车跑得快，中国嘛……不能好高骛远。"同志们气愤极了，大家齐声用毛主席的伟大教导回答他们："中国人民有志气，有能力，一定要在不远的将来，赶上和超过世界先进水平。"同时，不顾苏联"专家"的反对，自己干了起来。不料，那些苏联"专家"竟赶到现场，指着工人们的鼻子训斥："太不像话，立即停止！"当时的一些持有保守思想的人，为了迎合苏联"专家"，竟命令工人们停职检查……想到这些，他不由得怒火中烧，义愤填膺，久久不能平静。

"周师傅，你说下去！"同志们催促着。

周浩刚强抑制住激愤的心情，语重心长地说："同志们，不是做不到，是有人希望我们做不到。八年前，那些苏联'专家'，不是横一个'不行'，竖一个'做不到'？后来，他们又突然中途撤走，拿走全部图纸资料，使工程造成严重损失。现在，我们就要以实际行动狠狠回击他们！"

一席话，如同一颗星火点燃了一堆干柴，冲天怒火，熊熊燃起，极大地激发了革命工人为工人阶级争光，为伟大的社会主义祖国争光的革命志气。

"干！下决心，使狠劲，高速优质建成'一二五'工程！"坚如钢铁的决心，直冲九霄云外。

周浩刚如同身临反击侵略者的前线战士，紧握双拳，斩钉截铁地说："化仇恨为力量，变工地为战场，把泥土当成帝、修、反，八天拿下一万二！让帝、修、反看看，我们中国工人阶级的志气！"

次日，天刚亮，挖土工人们就聚集在机械化站前，学习毛主席语录："下定决心，不怕牺牲，排除万难，去争取胜利。"然后，用皮带扎紧棉袄，像出征的战士，健步跃上机台。三台挖土机，四台推土机，列成一队，如同一股铁流，轰鸣着，压着冻硬的路面，浩浩荡荡地向现场开去。一场战天劈地的攻坚战打响了！

推土机锐利的推刀切进地面，挖土机张着大嘴扑向土堆，场上立刻出现了一座座黝黑的土山，汽车川流不息地将泥土源源运走……整个挖土场洋溢着一片热烈、紧张、繁忙的战斗气氛。

天气阴霾，滴滴答答下着小雨。到了下午，雨越下越大，一直下到第二天中午，还是不见停。挖出来的土给雨一淋，变成了泥浆，整个挖土场遍地积水，如同一个湖沼。挖土工程陷入了更艰苦、更困难的局面。

"周师傅，怎么办？"小李从推土机驾驶室里伸出了脖子，问周师傅。

"不怕，干！"周浩刚紧握操纵杆，开足油门，毫不犹豫地回答说。

寒风越刮越猛，大雨越下越紧，积水越来越深，挖土越来越困难。

困难，考验着工人们对党对无产阶级革命事业的赤胆忠心！

困难，锤炼着战士们"敢教日月换新天"的钢铁意志！

挖土工人耳边响着毛主席洪亮的声音："这个军队具有一往无前的精神，它要压倒一切敌人，而决不被敌人所屈服。"眼中闪耀着坚定的目光，双手顽强地操纵着机械，用一不怕苦，二不怕死的革命精神，坚持不懈地与一个个接踵而来的困难作斗争：

泥土成浆，推土机施展不开，"正铲"倒土困难——工人们当机立断，改用"拉铲"挖土，"抓斗"装车。

场地泥泞，垫在四十吨重的挖土机下的道木，全都陷进了泥里；工人们每挖完一段，就跳下机台，冒着大雨，用双手扒开冰冷的泥土，取出道木，搬到新地段铺好，又钻进机台……

扣人心弦的日日夜夜啊！挖土场上始终机声不息，哨声不断！挖土区域在飞速地扩大加深，扩音器时时播送着挖土工程的辉煌战绩。

时间在飞逝。到了第三天晚上，雨停了，风却越刮越猛，气温越来越低。挖土只剩下五天时间了，任务却只完成了三分之一左右。

一个新难题又摆在人们的面前。在十分艰苦、异常困难的情况下，挖土速度还能不能加快？

周浩刚和衣躺在床上，反复思考，难以入睡。今天下班时，有位好心的同志对周浩刚说："老周呀，你们在如此困难的情况下，创造了很高的挖土纪录，不容易呀！再要加快就难了。我看就是拖天把工期，也是因为天气恶劣，事出有因嘛！"

"工期一天也不能拖！"周浩刚翻身坐了起来，"非要按期完成不可！"

他翻开毛主席著作，认真地读了起来："武器是战争的重要的因素，但不是决定的因素，决定的因素是人不是物。"他的心豁然亮堂了。他想：要加快挖土速度，必须在现有的条件下，找出问题关键，攻克薄弱环节，改变施工方法。一个减少工序，加快挖土进度的施工方法——"拉铲"直接装车，出现在他的脑海里……

这时，门被轻轻地推开，有人走了进来。周浩刚抬头一看，是站革委会委员老张。

老张笑呵呵地说："我知道你没睡；在想挖土的事吧！"

"老张，挖土必须加快，我看……"

"'人民群众有无限的创造力。'挖土有大家嘛！"

"我离不开大家！"

"老张，"没等老张开口，周浩刚又接着说，"问题在挖土和装车两道工序上，能不能把它合起来，用'拉铲'直接装车？"

"行呀！"老张欣喜地说。

周浩刚猛地站起来，说："走，去试试！"

"不，你躺下，让我先去试试……"

"走！你这个当'官'的可不能脱离群众啊。"周浩刚一把拉住老张，直奔现场。

正在一号挖土机上工作的小罗和小王，一见周浩刚来了，就异口同声地说："周师傅，现在不是你的班……"

周浩刚笑呵呵地说："管它呢！来，咱们来合计合计'拉铲'直接装车。"

"好啊！"小罗、小王一听要搞"拉铲"直接装车，高兴得跳了起来。他们一起商定了一个方案，就立刻投入了战斗：周浩刚操作，老张指挥，小罗、小王配合。

周浩刚开动挖土机，把满满一铲斗土朝着运输汽车的车斗倒去，没有倒中。

"还差一点，再来！"

第二次还是没有倒中。

周浩刚认真调整了挖土机伸臂的倾斜度，开始第三次尝试。铲斗垂直而下，在接近地面时灵活地一侧身，张口向沟底啃去。突然，"咯嚓"一声，钢丝绳断了，铲斗陷在泥中不能动弹。周浩刚"呼"地一声跳下机台，向铲斗奔去，老张、小罗、小王也一齐赶了过去。

"赶紧换一根吧！"

"不，"周浩刚察看着钢丝绳断口，沉思着说，"先刨出铲斗来查查原因。"

被雨水泡了三天三夜的泥土，经寒风一吹，冻得绷绷硬。小王去找刨土的工具，周浩刚和老张他们，等不得小王回来，就弯下腰用手刨起土来。

夜深了，严寒威胁着人们，泥土冻得更硬了。周浩刚和战友们用手刨着冰土，觉得两手越来越不听使唤，失去了知觉。

连日来的疲劳袭击着周浩刚。他觉得脑子发胀，浑身骨头像脱了臼似的难受，想站起来活动活动手脚再干。可是，他对自己说："不能停，一定要为祖国争光。"

不久，冻土被刨开了，原来铲斗卡在地下的混凝土桩上。周浩刚又细细察看了钢丝绳断口，说："老张，我看不全是这个原因，从断口的形状来看，在铲斗碰上桩头之前，已有损伤。"

"对！"老张点头说，"直接装车钢丝绳受力太大。"

这时候，天已亮了。老张一看周浩刚的手在流血，就关切地说：

"你快去包扎一下，这里我顶你的班。"

周浩刚笑了笑说："你这个命令我不能接受，轻伤不下火线，这是解放军的传统！"

周浩刚在自己棉衣上撕了块布，把手包扎起来。然后说："来，咱们再研究研究。"

大家又对"拉铲"直接装车作了进一步研究，决定加粗钢丝绳！

附着冰凌的钢丝绳锋利得能割破皮肉。周浩刚伸出僵硬的手，毫不犹豫地抓住了它，在大家的协助下，艰难地把它拆了下来，又把新钢丝绳装了上去。

"继续试验!"周浩刚重又回到机台，敏捷地扳动了操纵杆，满铲斗的泥土不偏不倚地倒进了汽车的车斗。

"成功啦!"大家欢呼起来。

……

中午，广播器播送着激动人心的消息："挖土工人改用'拉铲'直接装车后，工效提高了一倍以上……"人们闻讯赶来，跳跃着，欢呼着。挖土工人们再接再厉，马上开了碰头会，决定全部采用"拉铲"直接装车……

但是，到第四天夜里，天又下起了大雨。挖土工人们毫不理会这些，顶寒风，战暴雨，终于不到七天时间，就提前完成了挖土任务。

胜利的喜悦，到处传送。华东电力建设局一公司机械化站的革命工人们，用一不怕苦，二不怕死的革命精神，战胜了千难万险，用火一般的红心，铁一般的意志，谱出了一曲凯歌。

1976年

任 务[①]

一

电力安装工程处的中型会议室设在滨海工地东侧的一幢楼房里。此刻，室外是绸缪浓重的寒意，室内却如炎夏烈日，冒着腾腾的热气。处党委书记郭峰刚才传达了化工总厂筹建指挥部召开的"抓革命，促生产"会议的精神，接着，他告诉大家："为了确保总厂第一套化工装置按时点火试车，处里自告奋勇地接下了一批大型工业管道的制作任务……"郭峰话音未落，会议室里就如一锅烧沸了的开水，翻滚起来。

靠窗的一排长凳上，坐着一个二十七八岁的青年人。他头戴长舌头的蓝布工作帽，身穿洗得发白的工作服，敞着胸，挽着袖，红扑扑的四方脸上，一对特别吸引人的大眼睛，神采奕奕，显露出青年人特有的锋芒和锐气。他就是电力安装工程处机修大队大名鼎鼎的"火车头"——新上任的铆焊班班长史明。这会儿，史明正出神地瞧着身旁玻璃窗上蒙着的那层厚厚的雾气，似乎在思

① 原载上海石油化工总厂小说、散文创作学习班：《海底激流》，上海人民出版社1976年版，第89—104页。——编者注

索着什么。突然，他“呼”地一下拔出右拳，朝自己摊着的左掌上猛地砸了下去，惊得坐在他身边的机修大队队长周平像触了电似的颤动了一下，赶忙转过身来。“老周，这个任务意义重大，迫在眉睫，我们接下吧!”听得出来，史明的声音是激动的，如同运转着的手提电钻，带着震撼人心的热力。

周平顾自吸着烟，沉默着。从他打着结的浓眉上可以看出，他心里正掂着史明这话的分量呢。周平是个铆工出身的干部，以前曾担任过多年的铆焊班长，又调任机修大队队长。他不仅自己在技术上是个把手，而且善于算计，组织生产富有经验，在他的领导下，机修大队的生产任务，一直是完成得最好的。因此，人们在背后偷偷地给他起了个“铁算盘”的外号。他知道，史明想接下的这批大型工业管道的任务，尽管既重要、又急迫，但制作困难，工程量大，加工费又极低。要在平时，周平也会“咬咬牙”，组织力量拼上一拼。可是，眼下的情况却有些特殊：第一季度只剩下最后十天了，铆焊班正在制作的两只不锈钢水箱，加工费特别高，是全大队总工作量中的“大头”，也是完成季度计划“百米冲刺”中关键的关键。铆焊班如果接下“管道”，势必挤走“水箱”，那时，原来预计可以超额百分之三左右的季度计划便会鸡飞蛋打一场空，机修大队“老先进”的牌子，也会像崩掉了锋刃的凿子，倒在地下……周平越盘算越觉得在当前情况下接下这个“难伺候”的任务是不策略的。于是，他以婉转的口气回答史明道：“这样紧急的任务，按理是应该接下的，不过，我们自己的任务也‘满了喉咙’，‘一口吞不下二个胖’吆。”说罢，习惯地摊摊手，摆出一副力不从心的模样来。

“老周!”史明眼睛里冒着灼人的火星，神情激昂地说，“你是怕自己的任务完不成吗？我们接下管道，绝不丢掉水箱，保证做到两副重担一肩挑，奋战十天告捷报。”“哪能这么容易?”周平耸耸肩膀，“我刚才估了估，光是这批管道近百只弯头的制作，就够我们‘啃’上半个月。况且班里设备陈旧，人员欠缺，你又刚上任，缺乏经验，困难重重呐。”“困难再大，我们也不能袖手旁观，置国家的需要于脑后!”史明情不自禁地抬高了声音。周平一时语塞，陷入了沉默。

史明激动得挺直身子，昂起头来。当他热情奔泻的双眸和郭峰期待的目光碰在一起的时候，他感到有一股强劲的电流通过了自己的全身，史明再也忍不住了，他把头上的蓝布工作帽往后一掀，"倏"地站起身来："这个任务，我们接下，保证按时完成!"史明泛着红晕的激动的脸，像磁石一样吸引了所有人的视线，会议室里顿时变得静极了。这种寂静持续了五秒钟左右，便被一阵热烈的掌声所代替。周平却埋着头，嘴角掠过了一丝尴尬的笑容。

任务，就这样接下了。

二

铆焊工场的钢铁平台上，灯火通明。人们怀着接受新任务的喜悦心情，提早来到了这里，技术员小芳也来了。史明在"站班会"上谈了郭锋传达的化工总厂筹建指挥部"抓革命，促生产"会议精神，充分强调了大型工业管道制作任务的重要性和急迫性。他的"战前动员"犹如烧红的铁块丢在水中，引起了强烈的反响："这个任务接得好。只要工程需要，我们就是不睡觉也要赶出来。""时间紧，人员少，我们打破工种界限，一班顶二班，一人顶俩人!""设备条件差，我们发扬大庆精神，创造条件上!"……人们无拘无束地议论着，并且提出了一些很好的建议。史明感到犹如一股热腾腾的浪潮迎面扑来，群众最懂得国家的需要，最明白自己肩负的任务，有了这样的群众，就是天大的困难也一定能闯过去啊!

接着，大伙儿又讨论起作战方案来。史明用亲切的目光注视着身边一口接一口抽烟、沉默寡言的老马师傅，说："师傅，您谈谈吧!"老马师傅点点头，把手中剩下的那截烟蒂重重地揿灭在台子中央的那只毛竹管烟缸中，他那长满老茧的粗短厚实的大手在微微地颤动着。史明知道，老马师傅每逢激动的时候都是这样。确实，史明接下大型工业管道制作任务以后，老马师傅的心情一刻也没有平静过。他既为史明想国家所想、急工程所急的强烈的革命责任感到兴奋，又为任务的艰巨和时间的急迫而担忧。他沉默着，根据自己丰富的实践经验，揣摩着对付的办法。他见史明征求自己的意见，便单刀直入地说："我看，要争取时间，关键在管子弯头的制作上……""师傅，是不是能用革新热弯机的方法改进管道弯头制作……""对！对！"老马师傅兴奋地截住了史明的话头。小芳往史明跟前凑了凑，惊奇地睁大了眼睛："革新……""对，革新！"史明斩钉截铁地回答，"我也这么想，要在十天内拿下两个任务，除了按大伙刚才提出的建议办以外，唯一的办法是开展革新活动，赢得时间，争取胜利。""那，怎么搞？"小芳的脸上布满了愁云。"大家凑凑呗。"史明爽快地笑起来，摘下挂在墙上的练习簿，往桌子上一摊，"来，小芳，你执笔，我们大伙儿一起琢磨琢磨！"

于是，革新管道热弯机的战斗拉开了序幕……

这个时候周平也没有就寝，他脑子里还在七上八下地盘算着，退掉大型工业管道的制作任务是不可能了，史明的脾气他知道。可是他怎么也不信短短十天可以同时完成两个任务，指标完不成怎么办？他苦苦思索着……"不行！得先把不锈钢水箱加工好，保证产值跃上去。"想到这儿，他披上了工作棉衣，摸黑朝工地走去，他知道史明准在工地上，得找到他，把作战方案定下来。

周平走着，远远望见铆焊工场的电灯还亮着，不由得加快了脚步。当他走近工具间时，推开半掩着的门，看见老马师傅和技术员小芳正俯身在桌子上画着什么。他轻轻地走近一看，只见摊在桌上的一张大白纸上画满了粗细深浅的黑线条。小芳听见脚步声，头也不抬地说："史明，你这个主意出得真好，加上这两只转轮，热弯机就不缺'角'了。"说罢，小芳见没有回答声，猛地回转身来，这才发觉，站在自己背后的竟是背着手、眯着眼的周平。"哈哈，我真是有眼不识泰山……"小芳伸伸舌头，调皮地说。周平是一个不喜欢说笑的"严肃型"人物，更何况又是现在这样的时候。因此，他并不理会小芳的打趣，他的眼睛一动不动地凝视着桌子上的图纸，从牙缝里挤出了四个字："这是什么？"小芳神秘地眨眨眼睛："这是我们准备革新的管道热弯机设计图，是大伙儿'站班会'上合计的，史明让我们连夜突击画出来。""嗬，热弯机？"周平张大了嘴，吃惊地重复着小芳的话。

这时候，外面平台上突然响起了"蹬蹬蹬"的脚步声，震得工具间的芦苇墙也"索索"地颤动起来。小芳侧耳一听，欣喜地说："嘿，准是史明回来了！"边说边往外跑，老马师傅和周平也相随走出工具间。借着平台上的灯光，他们看见史明跨着大步，迎面走来，他右肩上搁着一只少说也有二三十斤重的油漆剥落的大千斤顶。史明肩压重物，气不喘，腰不弯，显得步伐雄健，英姿轩昂。不用说，这只旧千斤顶，是革新热弯机用的。只见史明双手一按，敏捷地把千斤顶翻落在手中，又稳稳地放到平台上。老马师傅一手拍打着史明肩上沾着的黄锈，一手递过毛巾，带着责备的口吻说："看你，肩头都磨破了，当心压坏身子骨呀。"史明接过毛巾，擦着脸上的热汗，笑嘻嘻地回答："放心吧，老马师傅，压不垮！"正说话当儿，他一眼发现了周平，忙上前招呼说："老周，我找了你好半天，没捞着个影子，真想不到你会躲在这里。快，给我们的'热弯机'提提意见。"周平被史明拉着进了工具间，在桌前站住了。于是他指指摊开着的草图纸，冷冷地对史明说："小芳把情况全告诉我了。我看，热弯机的革新还是先搁一搁吧。""为什么？"周平故意避开史明询问的目光，不紧不慢地回答："一来，搞热弯机不像搭积木那样容易；二来，现在是抢季度计划的关键时刻。搞好了，当然高兴，可如果搞不好，水箱、管道全丢光，猫咬尿胞一场空。咱们是先进单位，这后果不能不考虑啊！"史明若有所思地沉默着，周平以为自己的一番话已经奏效，便"乘胜进军"，又赶忙说："总厂的任务既然接下了，就得设法完成。我的意见，还是和老郭联系一下，先集中攻水箱，然后从安装大队调些人过来，凑集力量突击管道，岂不是两全其美？"

史明细细地品味着周平的话，心里很清楚：周平把两个任务一先一后地安排，真正用意是想把铆焊班的"主力"全扑到自己的水箱上去。这不是仍然把自己的任务放在高于一切的位置上吗?!联想到周平在下午会议上接受管道任务时的尴尬神态，心里更明白了。于是，史明直截了当地说:"老周，在当前节骨眼上，我们一定要把立足点放在全局上。总厂第一套化工装置能早一天投产，就能创造出比我们机修大队的季度工作量多成百倍、成千倍的价值来……""好了，好了，"周平生气地挥挥手，打断了史明的话，满不在乎地说，"这样的账，我也会算。可是同志，别忘了我们的任务是搞好本职工作，努力完成国家制定的生产指标。"周平在说到"我们的任务"这几个字时，特别加重了语气，显然，他有些恼怒了。"机修大队是社会主义企业，我们在任何时候都不能忘记把国家利益，把整体需要放在第一位。"史明十分坚定地说。周平理屈词穷，无言以对。他暗暗寻思，这样榔头砸凿子似的争辩下去，显然是无益的。于是，便主动"缓和局势"，带着商量的口吻说:"这样吧，革新热弯机我不反对，不过，还是以后再搞吧。班里工作你刚搭上手，如果今年第一季度指标就开'红灯'，恐怕……"周平故意停了停，"很难交代吧。"

史明知道，这是周平劝说自己的最后一着了，作为一个刚踏上领导岗位的青年人，此刻，他感到责任重大。他想到自己是在一个苦大仇深的工人家庭里长大的，党的哺育，斗争实践的锻炼，使他成长为一个共产党员。特别是无产阶级专政理论问题的深入学习，更提高了他遇事要从政治上来分析问题、看待问题的认识。他敏锐地觉察到，自己和周平之间围绕着"接不接任务?接下了又怎样去完成?"这些问题发生的冲突，是和社会主义企业究竟走什么道路、坚持什么方向的大问题紧紧联系在一起的。在这个节骨眼上，自己考虑的绝不应当是个人的得失，而应该是党的事业，是国家的需要。于是，史明热情而又真挚地把这些想法告诉周平。可周平却觉得史明太"偏激"了，他无可奈何地摇摇头，摊着双手，说:"既然我的意见等于零，那好吧，这个月产值指标上不去我不负责任。"说完，踩踩脚气鼓鼓地走出了工具间。平台上的老马师傅和小芳见周平脸色铁青，扬长而去，知道一定有什么不愉快的事情发生了，便三步并两步进了工具间。"怎么，周平不同意我们搞革新?"小芳焦急地问。"嗯。"史明平静地点点头说，"看来，我们正面临着一场斗争。""斗争?"小芳不解地重复着。"对，一场艰巨的斗争。产值挂了帅，就会分不清路线，辨不明是非，把人往歪路上引啊!"史明严峻地说，"我们必须尽快拿出热弯机，以实际行动打赢这场思想仗。"老马师傅摸着下巴，赞许地说，"史明，你做得对，我们大伙给你撑腰。""对，给你撑腰!"小芳也激动得握紧了拳头。史明端详着老马师傅那张布满了刀切似的皱纹的脸，心里涌起了一阵压抑不住的激动。是呀，每当自己在前进的道路上碰到困难，遭遇挫折的时候，老马师傅总是给自己"插鼓"，给自己撑腰；而自己也正是在这个老共产党员的循循善诱下，站稳脚跟，去搏击迎面而来的风浪……这么想着，史明的决心更坚定了。

这时老马师傅又指指自己的脑袋，沉思地说："我看，周平这个人头脑里又有旧东西在作祟啦，得帮助他清醒清醒。""是呀，我也这么想。"史明说着，沉思着，突然，他离开老马师傅，快步走到自己的工具箱前，"吃嗒"一声打开了锁，从箱底捧出一个包得端端正正的红绸包："师傅，这对我们有用，对周平更有用。"老马师傅的目光一和这个小包接触，眼睛里立刻放射出异样的光彩，他赞同地点点头，两人同时陷入了战斗的回忆……

不知什么时候，一群青年人推门涌了进来，个个摩拳擦掌地叫嚷着："班长，咱们干吧，睡不着啊!"只见史明"腾"地跳起身来，把手一挥："干!"顷刻之间，平台上弧光闪闪，鈋枪声声，热弯机开始组装了。

三

第二天下午，天突然变了。干燥而带着寒意的北风呼呼地嚎叫着，追逐着大块大块的乌云向滨海工地压来。乌云越积越厚，越压越低，几乎快擦着铆焊工具间的屋顶了。史明、老马师傅、小芳和其他同志经过连续奋战，终于将热弯机组装完毕了。史明和大伙一商量，决定抢在大雨前进行第一次管道热弯试验。并且嘱咐小芳给周平挂个电话，将情况简单地汇报一下，请他一起参加战斗。

一切准备就绪以后，鼓风机"突突突突"地轰响起来，紧靠平台处挖坑而成的土"地炉"冒出了腾腾的火焰。平台上，几乎全部用旧设备组装成的热弯机，犹如静卧在战壕里的钢铁巨人，准备着一接到命令，就冲锋陷阵。老马师傅精神抖擞地站在热弯机的电闸前，他按着电闸的手指因兴奋而微微抖动着。小芳从龙门吊车的操纵室里探出了头，脸上泛着红光。人们的心里充满了临战前的激动和焦虑，把眼光一齐投向他们的班长史明。

史明手搭凉棚，眯着眼睛，摆出了铆工师傅特有的姿势，全神贯注地察看着土"地炉"里的火候。突然，他把手一挥，果断地下了"起炉"的命令。小芳立即操纵着龙门吊车，"抓"起了灌着黄沙、烧得通红的管道，平稳地放上了热弯机的机台。老马师傅迅疾地扳开电闸。顿时，马达呜呜地欢叫起来，螺旋千斤顶的轴芯如同一只力大无穷的手臂伸展着，推动了半圆形的模具，模具紧紧地抵住管道，管道开始一公分、一公分地弯曲了。越来越接近半圆形了，忽然，只听"咔"的一声，千斤顶瘫痪了，和模具连接在一起的筋板也发生了断裂，没有成型的管道开始慢慢地变黑了。人们的心里，就像压上了一架铁砧台，一下子沉重起来。

闻讯赶来的周平就在这时突然出现在人群里。他故意放重脚步走到史明跟前，指着断裂的筋板和变黑的管道，几乎叫喊起来："立即停止试验！我不能再允许你们白白地浪费时间，浪费人力。"说着，又朝平台上堆放着的用来制作水箱的不锈钢板努努嘴："还是操心操心自己的任务吧。"人们不满地嘀咕起来。史明用坚定的目光扫视着周围的人们。他觉得，失败正是成功的基础！管道不是已经弯曲了一点吗？这说明只要分析原因，改进措施，成功的希望就在眼前了。焦急的倒是老周的思想，该是给他敲敲警钟了。

史明仿佛记起了什么，从袋里掏出红绸包，双手捧到周平的面前，激动地说："老周，看看吧。"周平愣了愣，神情迷茫地接过了小包。掀开红绸，里面是一张油迹斑驳的废图纸。周平的心像被重锤砸了一下似的，猛地一哆嗦。图纸折叠着，被周平轻轻地打开了，只见纸背面上写着"我们坚决完成任务"这八个苍劲熟悉的大字，在右下角"造反队员"四个字旁边，是一大串笔迹不一的署名。周平的署名紧挨着"史明"，写在最前面。周平托着图纸的双手像混凝土震捣器似的抖动起来。那些九年前发生的、曾一度被遗忘、被埋没的情景，现在又如扑不灭的烈火，在他眼前熊熊燃起：

一九六六年年底，当时的铆焊班长周平主动请战了一批国防科研工作急需的输油管道制作任务。这批管道，加工要求高，利润又低，徐裕借口自己的年度计划吃紧，竟然不顾国家需要，下令把这批管道打入冷宫。当时，周平在史明等人的支持下，及时揭露批判了徐裕的错误，决定革新半自动焊机，高速优质地拿下这批管道。也是在一个阴云密布的下午，半自动焊机的试验失败了。徐裕煽动队里一些不明真相的群众，气势汹汹地赶到现场，以"破坏生产，目无领导"为由，竟逼着周平停止试验，立即交出检讨书。正是史明串联大伙，支持周平顶住了这股恶浪逆风，以大无畏的革命精神，联合全大队的造反队员在这张废图纸上写下了"我们坚决完成任务"的钢铁誓言。经过了连续七次的试验，半自动焊机胜利地诞生了，输油管加工任务按时完成了。当时的周平怀着无比激动的心情，把这张富有意义的图纸藏了下来。可是几年以后，当他调任机修大队队长的时候，竟把它忘在工具间里了……此刻，周平双手捧着图纸，思绪翻滚，激情万千。是啊，这不是一张普普通通的图纸，这是工人阶级向修正主义企业路线掷出的一份响当当的挑战书；工人们不仅仅是革新了一台半自动焊机，而是向修正主义企业路线射了一发重磅炮弹！这张油迹斑驳的图纸，经过多少双粗壮结实的手，凝聚着多少颗火热纯真的心……可是，事隔九年，周平不仅忘记了图纸，忘记了这场斗争，而且竟然充当了和徐裕相类似的角色！周平看着史明，看着周围的群众，长长地吐了一口气，陷入了沉思，这是多么可怕的事啊！

"同志们，"史明轻身跃上平台中央的一只铁墩，他的眼前闪过了一张张熟悉的脸庞，心里像钱塘江潮一样地澎湃起来。他大声地说："同志们，只有经常想一想我们的首要任务是什么，我们才能坚定不移地去夺取胜利！现在大家有没有拿下热弯机的决心？""有！"一阵炸雷般的响声在人们头顶上盘旋着，震得铆焊工具间的屋顶也几乎被掀掉了。史明感到周身的血液在沸腾，一种不可战胜的力量在推动自己，鼓舞自己，他的心里充满了无坚不摧的信念。抬头望望天，天越来越阴沉了。风"呼呼"地吹过，卷起了地上的灰沙细石，吹得人们的衣服发出了"哗啦哗啦"的声响，眼看一场大雨要降临了。"怎么干，史明？"小芳着急地问。"马上召开事故分析会，排除故障，修复热弯机，争取今夜进行第二次试验。"史明的手使劲往下一劈，语调铿锵地回答。

这时，一道雪亮的电光划空而过，映出了史明高大的身影，宽广的肩膀。这肩膀，挑得起千斤万担，压得上三山五岳。看着这电闪雷鸣中昂然挺立的班长，人们脸上露出了欣慰的笑容。

四

深夜，周平房间里的灯还亮着。台子上，摊着一本翻开的日记本，上面用蓝墨水写着一行醒目的字体："我们的首要任务究竟是什么？"后面打着一连串的问号，由于落笔过重，有些地方纸都被划破了。此刻，周平正双手托着下巴，默默地苦思着下午史明站在平台铁墩上说的"要经常想一想我们的首要任务究竟是什么"。自从周平担任机修大队队长的职务以来，他总认为，自己的全部任务就是把生产搞上去，就是努力使机修大队超额完成国家制定的产值指标，这是像铆工必须敲榔头、焊工必须戴面罩一样毋庸置疑的事情。可是现在，史明的一系列言行，使他开始感到自己这个认识有些片面，似乎缺了点什么东西。

周平正在低着头默默沉思的时候，突然觉得肩头上有一样东西压了下来。他连忙抬眼一看，只见史明双手拿着一件棉大衣，正往自己肩上披。"史明!"周平欣喜地蹦起身来，"你什么时候来的?"不等史明回答，周平就一把将史明按在床沿上，亲热地说："坐吧，坐吧。""老周，你在想这个?"史明指指桌子上的日记本，微笑着。他连日来因疲劳所致，微带血丝的双眼跳动着和蔼而又亲切的光芒。周平连连点头："史明，你给我解解答，我还理不清哩。""好!"史明爽朗地说着，从口袋里抽出了一本小册子，上面印载着革命导师关于无产阶级专政理论的论述。史明翻开其中一页，把小册子移到周平跟前，几行画着红杠杠的黑体字清晰地跳入了周平的眼帘：

    ……要造成使资产阶级既不能存在，也不能再产生的条件。很明显，这个任务是重大无比的，如果不解决这个任务，那也就是说，还没有社会主义。

周平看着，想着，情不自禁地念出声来。他仿佛感到有一股劲风吹散了遮挡在眼前的迷雾，现在一下子明朗了，清楚了。他悔恨交加地意识到，自己的思想并没有跟上形势的发展，更没有从无产阶级肩负的重大无比的历史任务出发来衡量自己的工作，而是盲目片面地被产值迷住了心窍，被荣誉蒙住了眼睛，几乎在新的斗争中打了败仗，成了修正主义路线的俘虏……"老周，"史明亲切地说，"如果我们胸中没有这个大任务，就会看不清努力方向，找不到前进道路。""我，"周平的眼睛里跳动着火星。"咳，……错啦。"说罢，狠狠地在腿上砸了一拳。"老周，振作起精神来吧!"史明真挚地说，"同志们正等着我们去指挥这场战斗。"周平激动得握紧了史明的双手，他觉得史明的形象是那么高大，胸怀是那么宽广，目光是那么深远，真不愧是无产阶级的先锋战士。

正在这时，门"咣当"一声被推开了，宿舍里的玻璃窗因为空气的震动发出了"扑扑"的声响。老马师傅和小芳披着雨衣跨进门来。小芳急步走到史明跟前，兴奋地说："史明，热弯机已经修复，准备进行第二次试验。""好，走！"史明爽快地扬了扬手。"等一等，我一块去。"周平以人们想象不到的敏捷从门背后摘下雨衣，朝身上一披，又大声地说，"走！"小芳和老马师傅会意地笑起来。四个人迈开双腿，一头扎进了朦朦胧胧的雨帘里⋯⋯

紧张的战斗终于迎来了阳光明媚、春意盎然的早晨。铆焊班革新成了热弯机，提前完成了大型工业管道的制作任务；在史明的带领下，又马不停蹄抢下了不锈钢水箱的制作任务！

铆焊平台上，红旗招展，人潮汹涌。工程处党委书记郭峰和总厂的同志前来贺喜了。史明怀着激奋的心情从小芳那里拿过早已准备好的请战书，双手捧着送到郭峰的面前："这是我们机修大队决战第二季度的请战书，请党委收下。"老马师傅指挥大伙敲起了铜锣，周平也起劲地挥舞着拳头。请战书上的一行字跃入郭峰眼帘：

> ⋯⋯我们的首要任务，是认真学习革命理论，深入批判修正主义企业路线，把机修大队建设成巩固无产阶级专政的战斗堡垒⋯⋯

"写得好哇！"郭峰赞许地点着头，把脸转向大伙："同志们，在巩固和加强无产阶级专政、把我国建设成为社会主义现代化强国的征途上，我们永远不能忘记我们无产阶级的首要任务是什么！⋯⋯""对，永远不忘！"平台上空回荡着雷鸣般的吼声，仿佛是对万顷东海浪啸的挑战。

太阳冉冉地上升着，不一会儿，滨海工地就沐浴在一片金灿灿的霞光中，显得分外宏伟壮丽。史明挺着胸膛凝眸远望，心里还在琢磨着郭峰说的那些意味深长的话。看，他的目光是那么明亮，那么深沉，仿佛是一团熊熊燃烧的烈火！他抿紧着嘴角，流露出来的神情是那么坚定，那么刚毅！在他的身后，是老马师傅、小芳、周平和无数激情满怀的工人同志。他们正朝着同一个目标迈进！似乎在说：无产阶级一定能够完成自己肩负的重大无比的历史任务，迎接共产主义的来临⋯⋯

1978年

踯　躅①

他凝坐在浦江岸边的石椅上，
眼皮低垂，
双手托着脸颊，
俨如菲狄阿斯的雕像。
微风拂着他的衣襟，
仿佛向他铅一般的沉寂挑战。
夜幕徐徐地降落，
犹如泛滥的洪水，
淹没了一切。

在幽远而朦胧的夜空中，
突然传来了悠扬的钟声。
这钢铁的音符，
轰毁了高傲的夜的宁静；
也攻溃了他
沉溺于愁思中的青年的心。

他缓缓地抬起头来，
惨淡的灯光，
画出了纸一般苍白的脸；

① 原载俞吾金：《散沙集》，人民出版社 2004 年版，第 237—248 页。收录于俞吾金：《生活与思考》，复旦大学出版社 2011 年版，第 1—11 页。——编者注

明亮的双眸，

凝聚着海一般深沉的光。

他双眉紧锁，

微微下陷的眼角，

似乎堆叠着千层愁绪。

啊，

可怜悯的青年，

你在愁思什么，

你在冥想什么，

你为什么如此忧郁？

你为什么如此悲戚？

难道在你荷叶般纤细的心坛上，

竟有着一场特洛伊城下的激战？

难道你的思想是一座罗斯莫庄，

到处氤氲着忧愁的气息？

他默默地坐在那里，

仿佛是一个在鏖战中乏力的虎贲，

株守着心国的最后一片疆土。

夜，

荒漠古寺般地禅寂，

只听得见树叶在微风中颤抖的沙沙声。

也许是这凄切的声音拨动了他的心弦，

也许是逼近的寒意加重了久坐的困顿，

他缓缓地站起身来，

仰天张开双手又合拢在一起，

双唇发出了轻微的嗡嗡声。

那虔诚的模样，

如同从锁链中挣扎出来的普罗米修斯，

向救渡他的神祇默念祷词。

然而，

在他的脸上，

没有欢笑的薄霞，

没有感恩的熹光。

他把紧握着的双手，

用力压在自己的胸脯上：

是想掏出潜藏在肺腑中的苦楚，

使心宇重温欢乐？

还是想阻遏希求逸去的悲情，

以便用痛苦来悼念痛苦？

谁也揭不开他的心幔，

看不见他心榭上演出的秘剧。

他无声地卓立着，

如同峭然孤出的素梅，

对抗着冷漠的夜空。

在他的眼前，

树木葳蕤的人行道伸向远方。

在树丛的四周，

围着低低的栅栏。

当他的目光落在栅栏上时，

眼睛里浮动着痛苦的星光。

仿佛那坚固的栅栏，

是囚禁他思想之舟的铁链，

必须砸碎它，

拔除它，

那恼人的痛苦才会离他而去。

突然间，

他站起身来，

沿着那看不见尽头的栅栏，

踯躅起来。

他的脚步是那么轻缓，

可是，

踩在这悄无声息的地面上，

又是那么沉重。

宛如一只莽撞的小舟，

在狭窄的河道里恣意驰骋。

这不规则的脚印，

是他跛了脚的心的沉重的叹息，

也是他已然麻木的情感的自我宣泄。

绿色的路灯立柱，

排着稀稀的长列，

悄然地肃立着，

仿佛自愿接受这不速之客的检阅。

乳白色的路灯，

播撒出淡淡的光芒，

在他的身后投下了灰色的影子。

时而短小，

时而顾长，

仿佛为孤单的他，
请邀到了遣愁的伴侣。

他默默地踯躅着，
不知过了多少时候，
他止住了脚步。
在他岩石般冷峭的脸上，
没有一丝感情的变化。
似乎这长时间的踯躅，
并没有使他找到，
离开米诺斯迷宫的精神线团。

他无声地叹息着，
踉跄着朝浦江边上走去，
把疲惫的身躯，
紧偎在砂石筑成的长堤上。
他的双手在上面轻轻地抚摸着，
仿佛那齐胸高的长堤，
是一道引愁的细筞，
靠着它，
胸中的忧愁，
就会像电流一样传导掉，
消散掉。

他的目光呆呆地注视着前方，
宓静的浦江，
像躺在夜的怀抱里的宁馨儿，
幸福地酣睡着。

那散落彼岸的灯光，
以自己生命的力量，
勇敢地冲破了夜的重压，
把娉婷的身影，
投射在丝绸一般平柔的水面上。
仿佛一群天生丽质的女模特，
展示着各自的风采。

然而，
那漾动着的水波，
好像一片片无情的刀刃，
切割着这些娇美的幻影，
把生命所眷恋的一切，
推入到永恒的虚无之中。
在这令人窒息的静寂中，
独有那不倦的江涛，
不停地撞击着堤坝，
发出低低的，
有节奏的声响。

这声响，
如热情的呼唤，
似甜蜜的柔语，
在他孤独的心中，
激起了希望的涟漪。
他的双眉渐渐地舒展开来，
他的眼眶里闪烁着感激的泪光。

可是，
那悭吝的夜空，
仿佛害怕他的感悟，
会损害自己的威严似的，
竟用神秘的巨眼，
向他投去了诮笑的一瞥。

这一瞥，
如一道遒劲的电光，
打穿了他思想的底层；
这一瞥，
似一把锋利的犁刀，
翻开了他心田的奥秘。
他带着被征服者的沮丧，
用蚊蝇般微弱的声音，
向自己嗫嚅着：

当爱情和懦弱一起君临时，
我是多么苦瘼。
如鄂西诺的心鹿，
在乐曲的旋律中挣扎；
而在寂寞的黄夜，
当我写着给她的长信时，
我又是多么癫狂，
仿佛是渡过了漂岩的勇士，
庆幸着自己的胜利。
在我的信中，
没有一句伪赝的虚语，

没有一个激情的句点，
有的只是一颗猛烈跳动着的心！

可是，
你，
携着我心灵秘盒的精神使者，
为什么会被拒绝？
难道你说出了鲁莽的言辞，
因而遭到了她的蔑视；
难道你留恋着我的眼睛，
因而忘记了心坛的钧令。
是的，
你是背叛心主的犹大，
我要用理性的火炬，
燃焚你的每一个细胞。

而你，
欢乐，
手捧着布拉式派菌惠赠的鲜花，
为什么从不到我的心宴上做客？
当你远远地张望我时，
为什么总是挽着痛苦的手臂？
难道你不是你，
而是痛苦的奚童；
难道痛苦是一个富绅，
因为我的心灵曾经租种过他的土地，
他就永远可以向我征收重税。
是的，

我爱慕她，
但这并不是我的罪过。

然而，
你，
命运之神，
竟把冰一般的铅箭，
射到我的心垛上，
使我的心永没有热情，
就如一块没有知觉的木片，
就像一堆落叶胶结的沮洳。

在绝望中，
当我悼念自己的心愿时，
你，
激情，
我的残酷的密友，
总是偷偷地打开我记忆的小门，
摇晃着高大的身躯，
在我的心殿上散步。

你的每一个脚印，
都像贪婪的饥蚕，
咬啮着我的心叶，
使它默默地流血。
你那么死死地纠缠着我，
难道你忘记了，
你是痛苦的金字塔的化身，

在你的身上，

连欢笑也是悲哀的；

难道你忘记了，

你是烦恼的维苏威火山，

我的心一挨近你，

就会像庞贝城一样破碎。

还有你，

心灵，

主宰我思想广宇的宙斯。

你渴望幸福，

但又那么软弱，

如同一根松弛的琴弦。

你看着我的心驶向荒滩，

为什么像石头一样无动于衷？

你看着我的心愿被放上普罗克拉斯提斯之床，

为什么没有一点搭救的勇气？

难道你被热情蒙蔽了眼睛，

竟把我的心缆系在失意的石碇上；

难道你被敬慕赶走了智慧，

竟把通向我心的领地的秘径，

指示给忧郁——

这个无孔不入的偷袭者。

啊，

你这该诅咒的心灵，

如今，

你败退了，

像一个受伤的战士。

你呻吟着，

哭泣着，

在你的血管里，

奔流着的，

不再是火一般的热情，

而是冰一般的泪水；

你悔罪了，

就像弗雷克特力侯爵。

然而，

你必须被判处寂寞刑，

宛如夜海中的孤岛，

永远寂寞！

当他祈祷完了时，

他离开了沙堤，

犹如一个无辜的罪人，

离开了法庭的被告席。

他的眼睛里闪烁着悲哀的光芒，

他的嘴角边残留着漫漶的泪痕。

他那微微露出的洁白的牙齿，

紧紧地咬着下唇，

仿佛是借着这股力量，

镇压下胸中的无限痛楚。

夜，

无情而冷漠的夜，

用嫉妒的双手，

把周围的一切，

锁进更深的静谧中。

犹如吝啬的守财奴，

把珠宝锁进坚实的铁箱一样。

独有他，

不倦懈的他，

还在潜寂中踯躅。

……

1979年

牡丹夜话[①]

夜深人静，窗台上的两盆牡丹花竟然悄悄地谈起话来。

"请问姐姐，仙乡何处？"

"山东菏泽，你呢？"

"我？哈哈，我的出生地是上海塑料厂。"

"什么？我真瞎了眼了，你竟是假花！"真牡丹生气了，"怪不得你色泽暗淡，一点香味也没有。主人真糊涂，怎么会把我们放在一起？！"

"哼，你居然瞧不起我。花盆上可标着价钱，我可不比你低贱！"假牡丹也生气了。

"你不低贱，谁低贱？你没有生命，没有灵魂，没有性格，没有香味，你是假的！"

"哈哈"，假牡丹放怀大笑，"正因为这样，许多人才喜欢我。我不要水，不要空气，不要肥料，也不要人照看，统统不要！你呢，虽然有生命，有灵魂，有性格，有香味，但有几个人看重这些。告诉你，主人今天把我买回来，目的就是取代你。"

真牡丹听了，禁不住一阵寒战。这时候，天

---

① 原载《大学生》1979年第2期。收录于俞吾金：《散沙集》，人民出版社2004年版，第235—236页。收录于俞吾金：《生活与思考》，复旦大学出版社2011年版，第12页。——编者注

气变了，一阵狂风突然袭来，"哗啦"一声，两盆花都摔到地下。真牡丹被摔得枝断茎折，奄奄一息，连花瓣都震下来了，散发出一阵幽幽的清香；假牡丹却完好无损，就像什么事情也没有发生过似的。被惊醒的主人从地下捧起假牡丹，放到窗台上，自言自语地说："还是假的好。"

1994年

舌战狮城

——访复旦大学辩论队领队兼教练俞吾金教授①

周斌：你们在夺得首届国际大专辩论赛冠军的过程中，上上下下，台前台后，一定有很多有趣的"内幕新闻"，能否介绍一些？

俞吾金：好！我们复旦大学辩论队接到任务后便作了周密的部署……

一、"流动的整体意识"

俞吾金：经过层层选拔，从形象、气质、知识水平、反应敏捷程度，尤其是整体配合意识等方面选中了一辩手姜丰，二辩手季翔，三辩手严嘉，四辩手蒋昌建。然后为他们的训练组织了一支由国际政治系的硕士生、博士生组成的"陪练队"，一个由各路专家组成的"顾问团"，其中有林尚立、王沪宁等老师，目的是开阔视野，增长知识。狮城夺冠与这一系列的"幕后戏"分不开。

周斌："顾问团"是怎样设计和"包装"辩手的呢？

---

① 原载《交际与口才》1994 年第 1 期，采访者为周斌。收录于俞吾金：《文化密码破译》，上海远东出版社 1995 年版，第 380—384 页。——编者注

俞吾金：为一辩姜丰设计的形象是"静""美"，参赛的女辩手中她最漂亮，有先声夺人的效果；为二辩设计的角色是"收"，即保持住主题，无论辩论到哪一步，都必须回到论点上来；为三辩设计的形象是"散"，使辩论听起来饶有趣味；四辩的形象是占据一种理论高度。这种设计体现了整体配合的策略。

至于说到"包装"，这里也有故事。现在服装很贵，出国服装费又很少，不合身的西服在摄像机前是不得体的，队员们一致决定多出些钱买了较好的西服和衬衫，每一位辩手还配了眼镜，看上去既充满青春活力，又不乏书卷气。

周斌：这次辩论赛中，你们对时间控制得很好，没有超出或剩下时间，而别的队则有超时的，有剩余的，显得准备不足。你们是如何配合的？

俞吾金：首先，在训练的时候，我们使用秒表，精心准备。如果到时来不及讲完，该丢哪些，该留哪些；如果时间多，哪些字句可以不紧不慢地讲，以求突出。对这些，我们都做到心中有数。

周斌：难怪杜维明教授评价你们的辩论如行云流水，显示了"流动的整体意识"。

俞吾金："流动"的含义是指不论辩论到哪种地步，四个人始终如一个人，是一种流动的统一，而不是呆板、僵硬。比如，在与强大的剑桥大学队辩论时，题目是"温饱是谈道德的必要条件"，我方是反方。剑桥大学有悠久的辩论传统，队员的学历都是硕士以上。但是，辩论的好坏很大程度上取决于整体配合是否默契，他们缺乏的正是这个。我们采取"统一"的攻击点瓦解分化对方，使对方队员间的观点出现矛盾。对方有位队员主张法律不是道德，另一位队员却主张法律是最基本的道德，这就是逻辑矛盾，我方抓住这点反击："你们究竟主张什么？"这样使他们的观点出现了裂痕。在辩论过程中，处处应该使四个人的意见像一个人的意见，坚持一致的观点，就好像是一个人在辩。这就叫"流动的整体意识"。

二、"引鼠出洞"

周斌：第二个辩题是"艾滋病是医学问题，不是社会问题"。作为反方，你们必须为"艾滋病是社会问题，不是医学问题"辩护，真有些勉为其难。

俞吾金：是呀，无论如何，艾滋病总是由 HIV 病毒感染引起的，正方只要死守住艾滋病的定义即守住了"艾滋病是医学问题"这一半，而为反方立论中的"艾滋病不是医学问题"辩护就显得难度更大。但我们抽到反方，就只能这样设计：艾滋病是由社会综合征引起的，必须靠社会综合工程来解决，社会综合工程包含医学手段，但绝不等于医学问题。这样，就可以施展许多论辩技巧来扰乱对方，比如，艾滋病发生时只有 5 个人，而现在有 250 万人，这就不是医学问题了。对方无法解答的另一个问题是"健康者如何不感染艾滋病"，这就只能归结为社会问题了。

周斌：第二场与悉尼大学队辩得比较艰苦，是因为对手老是守住自己的命题。作为反方，你们不能有效反驳，就会失分。对此，你们预先想到过吗？

俞吾金：想到过。因此我们设计在自由辩论时引对方"出洞"，如果老鼠一直在洞里，猫也拿它没办法。

周斌：你们设计的这个"圈套"是怎样的？

俞吾金：在自由辩论过程中突然向对方发问：今年艾滋病日的口号是什么？今年的口号是"Time to act"，即"时不我待，行动起来"。这一招果然奏效，因为口号昭示的是防治艾滋病，是每一个社会成员的责任。对方连这个口号是什么也回答不出来，观众就会想：难怪他们搞不清艾滋病是否是社会问题！这样，我们就占了上风。

周斌：从这一点也可以看出，你们事先准备得特别充分。

俞吾金：是的，为队员们举办的讲座有几十个，而且上课的都是在各领域中学有专长的人。刚才提到的那个口号就是上海传染病防治所的康主任给我们上课时告诉我们的。

三、"新哥白尼日心说"

周斌：决赛时，你们的对手是精于辩论的台湾大学辩论队，题目是"人性本善"，你们作为反方，仍然必须站在相反的立场上，为"人性本恶"辩护。不仅要说服对方，而且要说服广大观众，说服众多的评委。你们是如何完成这一任务的呢？

俞吾金：台湾大学也是有辩论传统的学校，据说队员们背后有10位教授在指导，他们擅长鼓动，语言丰富，经常能用一些形象的比喻，但是缺乏理论高度，所以还是在最后被我们逼上了绝路，说出"荀子的理论错了"这样一些容易被抓住把柄的话。我方四辩蒋昌建同学立即机智地回答："如果你说荀子错了，荀子就错了，那么还要在座的这些儒学家干什么？"这话既使评委听得舒服，又攻击了对方，效果很好。

周斌：听说在准备决赛的辩词里，有批评孔子的话，后来为什么没用上？

俞吾金：这主要是一个技巧问题。一般人的心理总是希望把准备好的东西全说出来，来个一吐为快。但是，场上真正的中心是评委，输赢由评委定，所以，我们必须绕着评委"转"，做围绕评委的"行星"，这就是辩论技巧中的"新哥白尼日心说"。确立了评委的中心地位后，我们就必须完成角色的转变，心里要清醒地意识到：虽然我在台前，但我不是中心，要完成这个痛苦的转变，我们使用的每一句话必须使评委听起来能够接受。也就是说，不能要求评委适应我们，而要由我们去适应评委。我们使用的许多例子，如"天龙八部""四大恶人"等就打动了金庸；还引用了杜维明喜欢的雅斯贝尔斯的关于"轴心时代"的话。

周斌：其实，完成了这一转变，才能有真正的心理底线。这样的关系一确立，作为反方，为"人性本恶"辩护时可能产生的一些心理障碍也就消除了，对吗？

俞吾金：对。这有点像"接受美学"，坐在下面的不是对方辩手，而是接受的主体——评委。我们讲的内容就得让评委接受，如果讲得很高深，评委听不懂，他自然不高兴。必须认识到以自我表现为中心和以说服对方为目的都是无意义的，在这种场合，对方永远不会承认你是对的，说服他们只是一种幻想。上面说的这一套是在辩论过程中总结出来的，因此批评孔子的一些话没用上也就不足为奇了。

周斌：您对"新哥白尼日心说"这一辩论定理还有补充说明吗？

俞吾金：那就是台下的趣闻轶事了。队员们看到杜维明先生与我谈话，便立即举起相机"咔嚓"，马上洗好照片，第二天就给杜先生送过去；我们还仔细回答了杜先生询问的国内学术界的情况，杜先生听得很满意。

周斌：这叫场下的斗智，台湾大学队在这方面也斗不过你们啊！

俞吾金：有个笑话。我的名字中有一"金"字，台湾大学队的领队林火旺先生的姓是两个木（"林"字），我国历来有金克木这一说法。再有，王沪宁顾问的名字中有一"沪"字，是"水"旁的，正好淹"火"，所以林火旺先生动不了了。队员们在台上辩，我和对方的林先生在台下辩，真是台上台下，处处斗智，很有意思。当然，关键在于有过硬的准备，我们对所引用的每个例子，每个口号都对照原文一一核实，记住是哪本书，哪本杂志，哪一页登载的，做到言之有据。

周斌：谢谢俞教授。

辩者无言[①]

——俞吾金印象记

今年 8 月的一个并不炎热的午夜，我在汉口新客运码头接俞吾金一家。他女儿告诉我："爸爸刚结束一场'辩论'，'对手'是船上的政委。"

原来，这班船晚点七八个小时。深更半夜靠岸，人生地不熟的乘客到哪里去找住处？俞吾金找到政委，请求让乘客在船上住到天亮。政委说没这规矩，俞吾金据理力争。这位政委虽说是走南闯北的，口才也不错，但毕竟不是国际辩论赛冠军队主教练的对手，只好甘拜下风，答应俞吾金的要求。乘客们欢呼雀跃，俞吾金却悄然下船，将他的"辩论成果"留给他人去享受。

俞吾金对我摇头："岂好辩哉？不得已也。"说这话时，一脸的憨厚，不像辩才，更不像名人。

论"知名度"，俞吾金可能还不如他的学生姜丰。好有一比：全世界都知道李宁，却没几个人能说出李宁的教练姓甚名谁。

去年今日的"狮城舌战"，复旦大学辩论队威震海内外。在首届国际（华语）大专辩论赛上，复

---

① 　原载《今日名流》1994 年第 12 期，作者李建中。收录于俞吾金：《文化密码破译》，上海远东出版社 1995 年版，第 385—387 页。——编者注

旦大学队大胜台湾大学队,一举夺得两项大奖:团体冠军和"最佳辩手"。当姜丰和她的三名队友叱咤星洲辩坛之时,有谁知道,他们的那些凝聚着睿智、玄机、狡黠、幽默和形而上激情的辩词,不少是出自俞吾金之手。

当然,对于一位研究了近二十年西方哲学,出版了七部学术专著的俞吾金来说,写几篇辩词小菜一碟。舌战狮城,他是复旦大学队的领队兼主教练,选拔队员,制订训练计划,然后从人格形象、知识结构、辩论技巧等各个方面,对辩手进行严格的训练,却殊非易事。翻一翻俞吾金主编的《狮城舌战启示录》,对个中艰辛便会略知一二。

俞吾金训练出一支高水平的辩论队,在国际辩坛上一展复旦青年的风采,也重振了复旦的声威。辩论赛结束不久,正赶上大学招生,报考复旦大学的总人数创了历史纪录。很多考生都说是辩手的精彩表演,激起了他们对复旦的向往。当辩手们应邀到全国各地去演讲去传经时,他们的主教练却回到了寂静的书房。

还在当工人的时候,俞吾金就迷上了书,迷上了哲学。1977年考上复旦大学哲学系,一口气从本科念到博士,然后,到德国法兰克福大学继续进修哲学。俞吾金的胆子不小。他在马克思的家乡,给德国人讲马克思主义。他的博士论文是《意识形态论》,这在中国是一个现实性很强而又很敏感的问题。他不畏艰难地写出来,出版了,受到国内外专家的高度赞赏,还得了上海市哲学社会科学优秀成果奖(1986—1993)一等奖。博士毕业不到两年,就破格晋升为教授,不久又成为年轻的博士生导师。

从先秦诸子到苏格拉底,东西方哲学的老祖宗都是"辩者",俞吾金因此对"辩"文化很感兴趣。辩论分为"实用"与"表演"两种类型,前者如邻里争吵、法庭诉讼、总统竞选、联大辩论;后者如即兴辩论、模拟辩论、辩论比赛等。俞吾金说他更喜欢后者,那是一种智力游戏,游戏必有规则,规则必有竞争。破坏了游戏规则,竞争便不复存在。

有人说"表演型"的辩论是耍嘴皮子,其实不然。你看国际大专辩论赛的辩题，都是全人类普遍关注的问题：艾滋病，环境保护，战争与和平，人性之善恶……辩论的双方唇枪舌剑，展示的是智慧，追求的是真理。超功利的"辩"，也是人类的生存方式之一。

在汉阳祁来顺吃早点，听两位食客吵架，俞吾金说："国人其实很有辩才，只是'实用型'太多。吵架、骂人、讨价还价，或侃钱、侃吃、侃麻将、侃女人（或男人）……'辩'文化存在了几千年，现在要从'人之初'做起。第一是净化口头语言，然后是转化语言功能：由传达信息转向展示自身，由交际手段转向美的表现……"

"不说了，不说了。"俞吾金突然打住。庄子讲："可以言论者，物之粗也。"虽说哲学是通向雄辩术的必由之路，但哲学的最高境界是不可言说的。

我问到复旦大学队的几位辩手的近况，俞吾金说："获'最佳辩手'奖的蒋昌建在复旦读博士，严嘉和季翔正在读硕士。他们都沉潜于学问，不再参加辩论了。"

想起冯友兰先生的一句名言："人必须先说很多话，然后保持静默。"

1995年

涉世和成功[①]
——复旦大学教授俞吾金访谈录

春雨潇潇，踏着有些泥泞的小道，我叩开了俞吾金教授的家门。

高高的个子，宽宽的前额，炯炯有神的眼睛，一副睿智而又大度的模样。握手间，脑海里已勾勒出这一幅逼真的画面。

踏进会客室兼书房，让人感到犹如置身于书海，七个大书橱，整齐排列着各种书籍，茶几上、沙发上、书架上尽是书。就在这左右前后遍地是书的书香氛围中，我的采访拉开了帷幕。

问：俞教授，请您谈谈您的简历和工作情况。

答：我是1948年6月出生的，家乡在浙江萧山。我9岁从故乡来到上海，先后在凤阳路三小、第62中学、光明中学就读。1968年9月，我被分配到上海电力建设公司当工人，先后在四川攀枝花、江苏望亭、上海金山等地建造发电厂。作为恢复高考后第一届大学生，就读于复旦大学，1982年毕业。后又继续进行硕士学位的

---

① 原载《涉世之初》，1995年第1期，访谈者为苏军。——编者注

进修，1984年完成硕士研究生学业。1986年开始博士研究生学业。1988年赴德国法兰克福大学进修，1990年回国。1992年获博士学位。

在职称方面，我连"跳"了几级。1987年从助教破格聘评为副教授，1993年晋升为正教授，这年秋天又破格提升为博士生导师。

问：俞教授，您今年只有46岁，但著作甚丰，能介绍一下吗？

答：我从1980年发表论文起，已有一百多篇论文见诸报刊。第一本著作是《思考与超越——哲学对话录》，曾获得全国优秀图书金钥匙奖，后来又出版了《问题域外的问题》、《国外马克思主义哲学流派》(与陈学明合著)、《意识形态论》、《毛泽东智慧》、《生存的困惑——西方哲学文化精神探要》等六本著作。

问：在您的成长过程中，有哪几件事至今仍记忆犹新？

答：小时候弄堂口有一个复员军人，退伍后做送牛奶的工作，每天清晨，总能听到他的摇铃声。这个军人还挺有兴趣地给小孩讲故事，我是当时的热心听众。看得多了，听得多了，他的形象在我脑海里丰满了。那年升学考试，记一个人物，我就写了他，而且不费力气，结果居然得了高分，连老师都怀疑我"从什么地方抄来的"。这篇作文帮了我大忙。

我在电力建设公司时，曾做过几年宣传工作，什么都写，有小说，有新闻报道，有总结报告，这个时期的锻炼对我以后写作产生了很大影响。

我当初报考复旦大学，专业次序是：新闻、中文、哲学、历史。结果阴差阳错，进了哲学系。

问：您最早接触哲学是什么时候？

答：说实在的，在光明中学念书，感触最深的是那儿的读书氛围。我的哲学兴趣是从这种氛围中产生的。直接的因素可能是这样一件事：一位同学有一本李致远写的《马克思和列宁的学习方法》，我借来看后很感兴趣，于是我们几个志同道合者一起学习，还一同逛福州路上的旧书店。经常去那儿，对书摊上的书了如指掌，我对列宁、艾思奇的理论著作尤其青睐。尽管那时零用钱很有限，我还是肯花在买书上。

问：谈谈您眼中的中学时代，或您怎样看待中学时代？

答：我以为中学时代对一个人是挺关键的。作为一名中学生，要在这个时期引起对某个方向（项目）的研究兴趣，或者说找到自己将来从事的工作的"根"，要在这个时期播下种子、萌芽，崭露头角。兴趣，是中学时代一条很有光彩的弧线，也是未来成功的轨迹的起始。找到兴趣的，是未来的成功者；发现兴趣的，是有前途者。相反，中学时代如浮萍，到处漂泊，靠不上成事的"码头"，那这个时期肯定是蹉跎的、空白的。

问：作为一名成功者，您认为成功要素有哪些？

答：我认为至少有三点：一是对自己从事的事业（项目）有兴趣；二是脑子要好，适合研究；三是要有意志力。

没有兴趣，谈不上热爱；没有热爱，缺乏动力。这样的话，事业肯定上不去。

脑子好是一个重要条件，事业成就的大小，一半靠天赋，一半靠用功。

意志力更重要。要有把全部注意力"守"在一个专业上的耐得住寂寞的心劲。太阳光线平行照射过来热量有限，只有聚集到一个点上，才能燃烧起来。比如歌德、黑格尔可以有许多兴趣，但要有所创造，精力必须限制在一个方向上。

这里，要把研究一个领域与了解一个领域分开。研究是深造，了解是浏览。做学问要有一个根据地，然后再去搞其他的。根据地要建设好，这是基地。搞学问要有坐得了冷板凳的韧劲。

我读大学时已经结婚，但也是一周回家一次。暑假里，大热天，我赤膊看书写东西，汗水都把稿子浸湿了、烂了。我就是这样艰苦地求学。

问：您的人生格言或座右铭是什么？

答：我很欣赏老子说的一句话，即"大音希声"。用现在的话通俗地说，就是沉默胜于雄辩，一个人要谦逊谨慎。

生活中，有的人求器，有的人求道。"器"，表现为物质，是看得到的功利享受；"道"，指精神，运作规律，属于深层次的。人生的境界在于求道。

问：请问生活中您有什么爱好？

答：这大概从我在德国的业余生活"三部曲"中可以找到爱好的"行踪"。到那儿后，先是搞摄影，拍了不下十几卷的彩照，觉得画面不错，但没有声音。于是买激光唱片，书架上的七十多盘激光唱片大多是古典音乐。后来又上书店，回国时带回了 39 箱七百多本德文书。

所以直到现在，我仍喜欢听音乐，古典的、流行的、通俗的，都不拒绝。

另外，我酷爱游泳，而且不愿到游泳池游。我喜欢到大江大海去游。过去每到一个地方，总要寻江河去游。国内的金沙江、国外的多瑙河我都游过了。游泳在于锻炼意志。

问：从大量的传播媒介中可以知道复旦大学的辩论队在新加坡国际大专辩论赛中获得第一名，作为教练，您觉得取胜的关键是什么？

答：我认为在于：队员的文化素质、知识积累，总体的配合，逻辑技巧。因为辩论是一种文化、知识的较量。由于是团体赛，就必须讲究流动中的整体性，要有集体主义精神。而掌握逻辑技巧是基本功之一。

我觉得高中生可以开始学习辩论，因为这个阶段容易有思想。

讲到这个问题，我要强调的是，中学时代学好语文十分重要。这个重要性随着时间的推移和生活阅历的延伸及事业的拓展会日益得到体现。

……

不知不觉，在轻松的气氛中，我们聊了一个下午。

虽然时针已经转了好几个圈，但俞教授谈兴渐浓，话题不断开拓、延伸。

屋外，春雨一丝一丝地飘落，屋内，俞教授的哲理思绪弥漫空间，飘得很远很远……

2001年

创造独立的生活空间
——俞吾金与王伟贤对话录①

现代住宅应该体现怎样的生活理念？复旦大学教授俞吾金不久前对王伟贤作了一番访谈，说的是住宅开发，但更多的话题却是文化。

俞吾金： 听说贵公司开发的楼盘开盘后，场面火爆；第三期房价虽有所上扬，但购房者依然络绎不绝。新独院住宅何以得到消费者如此的青睐？

王伟贤： 新独院住宅是我们从澳大利亚和其他西方国家引进的，这个理念之所以在上海的消费者心里引起强烈的认同感，我觉得并不是偶然的。这种住宅有三个重要特点。第一个特点是独立性。我们虽然建造了一些连体别墅，但主导性的房型是独门独户的住宅。独立的庭院、独立的车库(或车位)、超大型的独立空间，使住户的独立性得到了保证。这实际上是满足了都市人对于生活的"私密性"要求。

俞吾金： 您说的这一点我也有同感。不久前，我在报上读到一个购房者的投诉信，说起有些新建的住宅楼的隔音设备非常差，邻居在家里说话、背英语单词、弹钢琴，都可以听得清清楚

① 原载《解放日报》2001 年 11 月 1 日，对话者为王伟贤。——编者注

楚。虽然是独户进出，但在声音上并不享有真正独立的空间。在市中心新建的多层或高层住宅楼中，如果"一梯两户"再加上住户的素质高一点，情况还好；如果是"一梯四户"再加上邻居素质不高，喜欢在门口乱堆东西或在走廊里高声谈话，人们在公用的空间就会不断地发生摩擦，使人不胜其烦。

王伟贤：确实，新独院住宅可以确保整体居住环境（也包括声音空间）上的独立性，它崇尚的是生活的宁静。当然，住户的真正的独立性还要得到小区严密的保安措施的保障。

新独院住宅的第二个特点是讲究住宅的个性化。通过对消费者需求的市场调查，除三层双联的海风苑444和白沙苑外，我们还设计了6种不同的房型。这些精心设计的房型使购房者的个性化选择成为可能。此外，我们还考虑到了住户对住宅周围环境、进门方向（南进口和北进口）、庭院大小等的不同需求。

俞吾金：我在实地参观了这些富有差异性的不同的房型后，对您刚才说的个性化还有另一层感性认识。那就是在新独院住宅内标明哪些墙是承重的，哪些墙是不承重的，这就为住户按照自己的个性重新调整居住空间创造了条件。

王伟贤：谢谢您的补充。新独院住宅的第三个特点是超前性。由于新独院住宅是以澳大利亚、加拿大等欧美西方国家的居住理念作为参照系的，但又兼顾了中国的具体国情和消费者的实际水准及需求，所以其总体上的设计理念具有明显的超前性。

俞吾金：这种超前理念其实是对居住环境的新需求。过去有人过分强调市中心交通的便利性，"宁要浦西一张床，不要浦东一间房"，却忽视了"水泥森林"中的灰色的天空、逼仄的空间、可怜的绿地、浑浊的空气和令人心烦的噪声，对自己的生活质量有多大损害。记得德国哲学家斯宾格勒说过：人类的文明总是发端于绿意盎然的乡间，而衰亡于城市的"石化"环境中。只有回归自然，生活才会充满活力和意趣。

王伟贤：所言极是。新独院住宅与其说提供了一种生活享受，不如说提供了一种文化享受。

2011—2014年

俞吾金微博选^①

人们在谈到昆明这样的城市时，常常形容它"四季如春"，其实这是一个错误的表述，因为"四季"中包含春季。假如有人说春季如春季，显然是没有意义的。准确的表达应该是"三季（夏、秋、冬）如春"或"四季皆春"。（2011 年 5 月 25 日）

尽管电影《非诚勿扰》(1、2)创下了骄人的票房价值，但无法否认下面这个事实，即"非诚勿扰"这个说法本身就是不通的。假如在不改变这个说法的含义的基础上去掉两个否定词"非"和"勿"，"非诚勿扰"就成了"诚扰"。难道与别人谈恋爱就是真诚地去干扰别人吗？（2011 年 5 月 26 日）

当前最牛的修饰词恐怕是"海葬拉丹"了。不久前访问香港的"卡尔·文森"号航母就被新闻媒体称作"海葬拉丹航母"。真不知道，这艘航母因本·拉丹而知名，还是本·拉丹因这艘航母而阴魂不散？（2011 年 5 月 26 日）

人们常常谈论"食品安全"，事实上，食品本

---

① 选自俞吾金先生于 2011 年 5 月至 2014 年 6 月在微博上发表的短论。微博地址见 https://weibo.com/yuwujin，责任编辑依据出版规范，对文字做了编辑加工和润色。

身并无安全问题，安全是对食品的消费者来说的。因此，这个主题似乎应该表达为"劣质（或有毒）食品与消费者的安全"问题。（2011 年 5 月 26 日）

令人啼笑皆非的是，人们居然把"非物质文化遗产"简称为"非遗"。殊不知，"非遗"也包含着相反的含义，即"不是遗产"的含义。（2011 年 5 月 26 日）

"减肥"几乎成了当今最热门的话题，但人们从来没有深思过它的真实的含义。其一，减肥的前提是先要"肥"起来。如果不肥，究竟减什么？其二，减肥实际上不是对整个身体，而是对身体的某些部分而言的。如果整个身体都去减肥，还会像原来一样难看。其实，有些部分需要减肥，另一些部分可能还需要增肥呢。（2011 年 5 月 27 日）

人们常常用"了如指掌"来形容自己对某些东西的熟悉。我们要追问的是：他们对自己的"指掌"真的很熟悉吗？从哲学上看，人们最熟悉的东西往往也是他们最不了解的东西，因为思维因熟悉而中止。所以，黑格尔有"熟知非真知"的感慨，而雅斯贝尔斯则提醒我们：真正的哲学思维始于对想当然的东西的怀疑。（2011 年 5 月 28 日）

对于不够谨慎的子女，父母通常会理直气壮地指责道："真不知天高地厚！"如果子女有智慧并有勇气反问自己的父母："请告诉我，天有多高、地有多厚？"大部分父母会无言以对。有趣的是，人们喜欢说话，但他们往往没有意识到自己在说什么！正如马克思所说的，他们这样做了，但他们并没有意识到。（2011 年 5 月 28 日）

在高速公路上开车，经常会见到空中挂着的"集中思想，谨慎驾驶"的牌匾。然而，吊诡的是，如果你不分散自己的思想，你就不可能见到这些牌匾，而这些牌匾之所以挂在那里，目的又是使你集中思想！当你置身于这样的情景中，你就会明白，"无所适从"这个表达式究竟是什么意思。（2011 年 5 月 28 日）

有的人把生命当作一个花瓶，战战兢兢地捧在手中，无时无刻不担心它掉到地下，摔成碎片。在我看来，这样的花瓶即使还捧在手中，实际上已经是一堆碎片了。要活得潇洒，这个花瓶就应该捧得起，也放得下。在这个意义上，我以为，最好的养生之道就是忘记养生之道。（2011 年 5 月 28 日）

儿童是天真的，而天真既蕴含着无知，也蕴含着无畏。当西方的父母告诉自己的孩子，上帝创造了世界时，孩子会充满好奇地反问：上帝又是谁创造的？这个问题通常会难住父母。其实答案也很简单：在上帝创造世界之前，人先已创造了上帝。（2011 年 5 月 29 日）

每个人对幸福的感受都是不同的，但共同点在于，每个人都试图通过"幸福"这个最含混的用语表达出此刻自己心中的某种并不含混的满足感。（2011 年 5 月 29 日）

为什么人们常说"结婚是恋爱的坟墓"呢？因为恋爱阶段的主导精神是浪漫主义，而婚姻阶段的主导精神则是现实主义。说恋爱死去，也就是说，浪漫主义消失了。其实，理想的婚姻非但不是恋爱的坟墓，而应成为更高形态的浪漫主义诞生的摇篮。（2011 年 6 月 1 日）

人们可以说"在通常的情况下"或"在大多数情况下"，却不能说"在一般的情况下"，因为世界上根本就不存在"一般的情况"，就像不存在"一般的人"或"一般的房屋"。换言之，所有的情况都是个别的，而"一般"作为共性也只能存在于"个别"之中，绝不能超个别而独立。（2011 年

6月4日）

当某人说他学到了多少知识时，表明他在多大的程度上已经失去了自己。其实，学习什么知识，就是跟着什么知识走。只有当他有一天告诉我们，他已经看出他所了解的知识中的某个问题时，他才找回了自我。换言之，他的自我才开始真正地浮现出来。（2011 年 6 月 4 日）

当某人在一个领域里耕耘了数十年，并因自己成为"专家"而沾沾自喜时，正是他精神上的死亡降临之时，因为耕耘数十年意味着他对这个领域里的一切都太熟悉了，以至于他完全丧失了新鲜感，丧失了怀疑和批判的意识，丧失了创新能力，就像骄傲的凯撒倒在被他征服的庞培的雕像前一样。（2011 年 6 月 4 日）

从结构主义的观点考察金庸先生的武侠小说：虽然这些小说塑造的人物千姿百态，但它们在结构上却几乎完全是相同的。这一结构如下：江湖上流传着一本武功秘籍；某人经历了种种磨难，得到了这本武功秘籍；某人开始统治武林。于是，我们不禁想起所罗门国王的一句名言："太阳底下无新事。"（2011 年 6 月 4 日）

海德格尔所说的"向死存在"完全没有考虑到自杀者的感受。对于一个下决心自杀的人来说，死亡非但不是他所面对的最重要的事件，反倒是最轻微的事件。鉴于此，加缪在《西西弗斯的神话》中把自杀视为哲学的基本问题。（2011 年 6 月 4 日）

马克思曾经说，他最能原谅的错误是轻信。然而，在哲学研究上，目前普遍存在的轻信现象却使哲学蒙羞。博士生们的学位论文经常犯的错误是：研究谁就轻信谁，撰写谁就颂扬谁。仿佛上帝给他们大脑，只是为了使他们不再思考。（2011 年 6 月 4 日）

众所周知，马克思的座右铭是"怀疑一切"。但马克思显然忽略了下面这一点，即他对怀疑一切并不怀疑。其实，世界上并不存在彻底的怀疑论者，因为怀疑永远需要自身得以展开的立足点，而这个立足点不可能成为怀疑的对象，只可能成为怀疑的出发点。就像任何雷达都有自己的盲区一样，怀疑也有自己的盲区。（2011 年 6 月 4 日）

人们常常把教条主义作为自己批判的对象，这无异于唐·吉诃德与风车作战。在我看来，这个世界并不拥有真正的教条主义者，相反，却拥有真正的实用主义者和机会主义者。难以置信的是，教条是有的，但真正的教条主义者却从来没有存在过。（2011 年 6 月 4 日）

对于研究者来说，博览群书的首要目的不是去学习什么，而是去了解：在我研究的问题上，前人已经提出了哪些见解，以便我在今天的研究中不再重复他们已说过的话或已做出的结论。也就是说，真正的阅读是为创新而敞开的。正如桑塔亚纳曾经指出的：凡不研究过去者注定要重复过去。（2011 年 6 月 5 日）

据说，只有懂得过去，才能理解现在。其实，人们永远不可能回到与现在相分离的过去，因为地球上活着的人都是当代人，而当代人所说的"过去"只可能是"现在的过去"，永远不可能是纯粹的过去。因而上述见解应该被颠倒过来，即只有懂得现在，才能理解过去。所以马克思认为，人体解剖是猴体解剖的一把钥匙。（2011 年 6 月 5 日）

有一种创新实际上就是复旧。由于远古的东西已经湮没，因而对当代人来说，它们就成了新的东西。上海的"新天地"就是复旧的产物，除了油漆和涂料是新的，其他东西都是旧的。因此，它的正确的名字应该是"老天地"，而不是"新天地"。近年来新建的"老码头"才是对自己的诚

实的命名。(2011 年 6 月 6 日)

天真是无冕的皇冠。如果说，儿童的天真是本色，那么，老人的天真要么是痴愚，要么是伪饰。面对儿童的天真，最工于心计的人也会自惭形秽。然而，儿童的天真迟早会失去。在丛林般的生活世界中，崇尚天真，无异于自杀。于是，天真成了梦幻世界的座上宾。其实，人们供奉它只是为了背叛它。(2011 年 6 月 6 日)

人们都说：语言是思想交流的工具。在这句老生常谈的话的边上，至少应该写上：语言也是阻碍思想交流的工具。巴比伦塔建造的失败是一个例证，而有些问题(如人性之善恶)争论了几千年也没有结果，也是一个例证。至于禅宗强调"不立文字"，文人们感叹"此时无声胜有声"也蕴含着类似的见解。(2011 年 6 月 6 日)

有人以为，只要使用世界观(Weltanschauung)概念，就说出了深刻的真理。殊不知，世界观是人们说得最多，但又最不了解的概念。康德指出，把世界作为认识对象，会陷入二律背反；维特根斯坦也表示，世界的整体意义无法认识。事实上，我们真正的认识对象从来就不是世界(Welt)，而不过是周围世界(Umwelt)。(2011 年 6 月 7 日)

与其说语言是人类的工具，不如说人类是语言的工具。一只猫出生了，几年后又死掉了，消失得无影无踪，然而，"猫"这个语词却不会消失。也就是说，语言是永存的，而语言所指称的对象反倒是易逝的。人们以为自己摆布着语言，实际情形正好相反，倒是语言摆布着他们，规定着他们思维的方式和范围。(2011 年 6 月 7 日)

人们以为自己生活在世界上，实际上，他们生活在自己用以表达世界的语言中。某人走进一家餐馆，从菜单上点了一个老鸭汤，吃得津津有味，但他从未追问过自己：什么是老鸭？鸭龄超过多少年才算老鸭？放在我面前的盘子里的鸭子是老鸭吗？有趣的是，他只关注语言，从不关注语言指称的实际对象是什么。（2011 年 6 月 7 日）

在某种意义上，人生是由一系列三岔路口组成的。在每个三岔路口前，人们都不得不做出选择，而选择需要眼光，眼光则来自哲学。如果说，芸芸众生寄希望于宗教，把信仰视为灵魂的安顿之处，那么，少数有思想的人却把目光投向哲学，正是在这个思之深渊里，理性找到了自己得以栖身和从容嬉戏的地方。（2011 年 6 月 8 日）

人们说起话来，很有点中国北方人所说的"哪壶不开提哪壶"的味道。因此，缺乏道德责任的人就喜欢谈道德，缺乏管理才能的人就喜欢谈管理，缺乏艺术细胞的人就喜欢谈艺术，而缺乏哲学思维的人则喜欢谈哲理。同样地，下面这样的现象也就不值得大惊小怪了：吹牛不见牛，聊天不谈天，请客吃饭不见饭。（2011 年 6 月 8 日）

如何准确理解今年上海的高考作文题？我认为，"一切都会过去"中的"一切"是指时空中所有个别的存在者；"一切都不会过去"中的"一切"是指蕴含在每个存在者中的本质属性，这种属性是不受时空制约的。司马迁说："天下熙熙，皆为利来；天下攘攘，皆为利往。"他这里说的"利"就是指后一个"一切"。（2011 年 6 月 9 日）

日常语言充满了矛盾。比如在"凤求凰"的说法中，凤显然是雄性的，但在"龙凤胎"的说法中，凤似乎又是雌性的。凤的性别到底是什么？又如"覆巢无完卵"中的"完卵"指（鸟）蛋处于完好无损的状态下，因而完卵无疑是褒义词，而完卵也就是"完蛋"，但完蛋在日常语言中却又是贬义词。令人百思不得其解。（2011 年 6 月 9 日）

尽管人们不断地谴责应试教育制度，但迄今为止，只要处于考题不泄漏、考试无作弊的理想状态中，高考仍然不失为最公正、最有效的遴选人才的方式。这种考试方式可能会使极少数怪才名落孙山，但从总体上看，要求考生在知识积累上全面发展，依然具有某种不可替代的合理性。(2011年6月10日)

如果说，共同体是由熟人组成的，那么，社会就是由陌生人组成的。然而，有趣的是，有些人以为自己早已生活在社会中，事实上，我们从未脱离由熟人构成的共同体。只对陌生人讲原则与只对熟人讲交情，构成这些人交往行动的两翼。(2011年6月10日)

"一切都会过去"和"一切都不会过去"这两个相反的命题和谐地共居于尼采关于"永恒轮回"的学说中：一方面，"轮回"表明变化，表明一切产生出来的东西都会消逝，而"永恒"则表明，任何存在者都不能例外；另一方面，"轮回"也是向起点的回归，而"永恒"则表明这种回归永远是以同样的方式进行的。(2011年6月10日)

人们说：汽车在马路上行驶。仔细想来，这个表述很古怪，因为汽车是工业文明的产物，马路则是农耕时代的标志。我发现，今人在言说中仍然不断地借用农耕时代的用语，如"马上""立马"等。但一旦今人说"归心似箭"，就是不想回家了，因为箭的速度是农耕社会的速度，现在或许应该说"归心如光"了。(2011年6月11日)

人们常说：天下乌鸦一般黑。在我看来，这个说法至少有两个错误：第一，"乌"就是"黑"，因而说乌鸦是黑的，等于什么也没有说；第二，说天下乌鸦羽毛的颜色"一般黑"，显然缺乏根据。就像红色可以区分为从"浅红"到"深红"的许多不同层次，"黑色"也一样，难道人们比对过各地乌鸦羽毛颜色的深浅？(2011年6月11日)

中国人日常用语的含混随处可见。比如，某人写信祝贺朋友"前途无量"，殊不知，"无量"就是没有数量，"前途无量"也就是没有前途。又如，某人因犯罪而被判"无期徒刑"，殊不知，"无期"就是没有期限，"无期徒刑"也就是当场释放。同样地，"一字不识"也可理解为整部字典上只有一个字不认识。（2011 年 6 月 11 日）

在某个学术会议上，一位倡导女性主义的女学者谦虚地表示："在这个研究领域里，我是一个门外汉。"我马上站起来纠正她："不，您不应该说'门外汉'，而应该说'门外婆'。"可见，连女性主义者都安于目前仍然盛行的大男子主义话语，遑论其他人！显然，我们必须自觉地起来批判并摆脱这套话语体系。（2011 年 6 月 11 日）

按照思维的逻辑，如果男性中一部分人可以被称为"英雄"的话，那么，女性中也应该有一部分人可以被称为"英雌"。然而，遗憾的是，实际上并不存在后一种称谓方式。同样令人困惑的是，男性的有些行为可以用"雄赳赳"描述之，而女性的相应的行为却从未用"雌赳赳"描述之。男女有别，可见一斑！（2011 年 6 月 11 日）

在矫揉造作方面，没有其他高等动物能够胜过人类。人们完成了一个有难度的任务，便吹嘘自己居然"神不知鬼不觉"地做了什么；而当他们受挫或失败时，便说这是"鬼使神差"的结果，把全部责任都推到鬼神的身上。人们显然忘了，"人"字一撇一捺，就是顶天立地，站在地上，承担自己该承担的责任的。（2011 年 6 月 11 日）

与其说人们热爱真理，不如说他们喜欢谬误。为什么有瑕疵的纸币、邮票、钱币比没有瑕疵的拥有高得多的价值？光用"物以稀为贵"的说法是解释不了的，因为在人们无意识的心理层面上，有着一种对谬误

的自然而然的追求和认同。因而真正富有教益的格言是"金无足赤，人无完人"。（2011 年 6 月 11 日）

黑格尔说过，好的最大的敌人是最好。尼采表示，他最憎恨的是完美。假如卢浮宫里的维纳斯被接上了断臂、胜利女神被安上了头颅，她们会比现在更美吗？我认为，完美从来就是生命的敌人。样板戏中的英雄人物没有生日、没有隐私、没有瑕疵，完美之极，因而也苍白之极。实际上，追求完美，就是取消生命。（2011 年 6 月 11 日）

乍看起来，吹毛求疵与追求完美正好是两个极端，实际上它们是同一个徽章的两个侧面。吹毛求疵者必定也是完美主义者，因为他们看待任何对象的出发点都是关于对象的完美的理念；反之，完美主义者也必定是吹毛求疵者，因为实际生活中的任何对象都不可能是完美的，因而吹毛求疵始终有用武之地。（2011 年 6 月 12 日）

吊诡的是，人们一方面反对任何形式的"个人崇拜"，另一方面又通过所谓"技术性处理"，竭力消除伟大人物身上的瑕疵或他们在历史活动中留下的污点，从而把他们塑造成"无害的神像"或"完美的艺术品"。然而，把伟大人物完美化，也就是彻底地否定了他们，因为完美从来不属于现实生活，它只与神话结伴。（2011 年 6 月 12 日）

人们喜欢在以下场合中使用美好的言辞：一是向热恋中的对象倾诉爱慕之情，二是社交场合中的恭维词，三是广告词，四是追悼词。真正泄露美好言辞秘密的乃是追悼词，因为它是关于死者的言说。它向我们展示了生活世界的独特逻辑，即美好的言辞属于死者。换言之，只有对死者而言，生前的缺陷才是可以忽略不计的。（2011 年 6 月 12 日）

在追悼会上，人们总是谈到死者"生前的愿望"或"生前的好友"。其实，"生前"应该指"出生之前"，而一个人出生之前，何来愿望、何来好友？准确的说法应该是"死前的愿望"或"死前的好友"。同样地，人们用"前苏联"来指称苏联也是很滑稽的。在我看来，"前苏联"指称的应该是十月革命前的俄国。（2011 年 6 月 12 日）

读到传统戏剧或小说中的青年男女一见钟情的故事，不免暗暗责备他们滥施感情，但仔细想去，又觉得情有可原。因为家境好的青年女子常常是"躲在深闺无人识"，出嫁前见不到几个青年男子，再不一见钟情，就嫁不出去了。尽管青年男子可以抛头露面，但也很少有机会见到这类女子，因而也不得不一见钟情了。（2011 年 6 月 13 日）

中国历史学家喜欢说"盖棺定论"，其实"盖棺"何能"定论"？秦始皇死去两千多年了，在如何评价他的问题上仍然充满争论。从哲学上看，个人的本质是由他的全部行为决定的，而已被历史学家对象化的只是他在世时的一部分行为，因而原来不知道的任何重大的、隐秘行为的曝光，都会引起对他本质的重新认定。（2011 年 6 月 13 日）

在人的行为方式中，包含着以下"三个不择"：慌不择路，贫不择妻，饥不择食。这"三个不择"表明，某个人的身体或精神一旦处于临界状态，就有可能做出不智的选择，而这些选择似乎是十分自然的，也是情有可原的。实际上，对任何个人来说，最要紧的，莫过于在临界状态中做出明智的、准确的选择。（2011 年 6 月 13 日）

有趣的是，即使你反对理性，你也只能用理性的方式把你反对理性的理由陈述出来；即使你反对逻辑，你也只能以合乎逻辑的方式把你反对逻辑的原因阐释出来；即使你反对语言，你也只能通过语言把你反对语言的意见表达出来；即使你反对人类中心主义，你也只是站在人类的立场上来反对这种人类中心主义。（2011 年 6 月 14 日）

在对"瘦西湖"的命名上，扬州人的聪明才智得到了充分的表现。试想，当代最时髦的潮流莫过于"瘦身"，瘦西湖自然得风气之先了。更意味深长的是，"瘦西湖"运用反衬的手法，把杭州的西湖往"胖西湖"的方向推去，暗示"减肥"或"瘦身"已经成为西湖的当务之急。然而，稀里糊涂的西湖却还在继续"增肥"。（2011 年 6 月 14 日）

不知从什么时候开始，为了表明不受污染，"有机蔬菜""有机茶"这样的用语流行起来。其实，没有比这些用语更令人费解了，因为所有的蔬菜、所有的茶树本来就都是有机物。有必要强调有机物本身是有机物吗？准确的说法应该是："受污染的蔬菜/未受污染的蔬菜""受污染的茶叶/未受污染的茶叶"。（2011 年 6 月 15 日）

乍看起来，《西游记》主要叙述了四个不同的人物——唐僧、猪八戒、沙和尚和孙悟空。其实，它叙述的只是一个人物的不同侧面：唐僧代表这个人物的理性（不过是宗教化的理性），沙和尚和孙悟空代表这个人的知性（或理智），猪八戒则代表了这个人的本能和欲望。这个奇特的人乃是"四合一"的集体人。（2011 年 6 月 15 日）

文字是人创造出来的，因而隐藏着人的秘密。比如，英语中的 interest（单数）解释为"兴趣"，而 interests（复数）则解释为"利益"。这两层意思合起来就是：人只对与自己利益有关的东西产生兴趣。同样地，duty 既可解释为"税"（free duty 意为免税），又可解释为"责任"。合起来的意思是：纳税是公民的责任。（2011 年 6 月 15 日）

西方人总是吹嘘自己对上帝的态度是虔诚的、超功利的。殊不知，他们使用的文字却泄露了秘密。德语中的形容词 fromm 既可解释为"虔诚的"，又可解释为"有益的"或"无害的"；而德语动词 frommen 则解释为"有益于"。显然，fromm 和 frommen 属于同一个"家族"。它们表明，对上帝虔诚是有益于自己的。（2011 年 6 月 15 日）

当我对日常语言进行分析时，常常引起别人的误解，以为我要去改变已经约定俗成的语言习惯。其实，我并没有这样的宏愿，我只是通过分析，引入怀疑和思索，以便把人们从对语言的盲目顺从中惊醒过来。就像苏格拉底所自况的，起牛虻的作用。（2011 年 6 月 16 日）

下雨天，人们经常在走廊上或洗手间里见到"小心地滑"这类牌子。殊不知，仔细地推敲起来，"小心地滑"竟然有以下两种不同的含义：一是提醒人们地面上很滑，要防止摔倒；二是建议人们小心地向前滑过去。在后一种理解中，"地"不是名字（"地面"的意思），而是副词，即用"小心地"修饰动词"滑"。（2011 年 6 月 16 日）

有人用"一鸡多吃"来比喻"一稿多投"，显然是搞错了。为什么？因为就"一鸡多吃"来说，每次吃的都是鸡的不同部分，因而这种吃法完全是合法的，就像"龙虾多吃"，每次吃的也是龙虾的不同部分一样。然而，"一稿多投"的性质就完全不同了，因为每次都把同一篇稿子投出去，显然是不合法的。（2011 年 6 月 16 日）

人们把一种小动物称作"黄鼠狼"。其实，这种动物体积比较小，更接近鼠而不是接近狼，因而更合适的名字应该是"黄狼鼠"。同样地，"熊猫"也是一个可疑的称谓，因为它远远地大于猫而接近熊，因而不如称它为"猫熊"。据说，大陆人称作"熊猫"的动物台湾人称作"猫熊"。在这一点上，台湾人是准确的。（2011 年 6 月 16 日）

人们常说：天才出于勤奋。这个说法显然是片面的。即使你每天花十个小时拉小提琴，你能胜过帕格尼尼吗？即使你每天花十个小时弹钢琴，你能超过莫扎特吗？即使你每天花十个小时练习作曲，你能压倒贝多芬或柴可夫斯基吗？我的观点是：天才大于勤奋。这里所说的"大于"的部分，就是普通人不具备的天赋。（2011 年 6 月 16 日）

"牵一发而动全身"别解：如果说，恋爱涉及两个人的感情，婚姻涉及两个家庭的荣辱，生儿育女涉及家族和国家的盛衰，那么，子女教育则涉及整个人类的未来。（2011 年 6 月 17 日）

人类学家们频繁地使用"类人猿"这个术语，却从未对其合法性做出思考。从字面上看，类人猿的含义是：类似于人的猿。这个含义很可笑，因为人类是从南方古猿演化而来的。显然，说后裔类似于祖先是合法的；反之，说祖先类似于后裔是不合法的。因此，在我看来，只存在"类猿人"，根本不存在"类人猿"。（2011 年 6 月 17 日）

当某人犯错误时，周围的人常常会用下面这句话宽慰他（她）："人非圣贤，孰能无过。"从字面上看，这句话的意思是，人总是容易犯错误的。但从深处思考，发现这句话的意思正好相反，它强调少数人——圣贤是不会犯错误的。显然，这种以为圣贤不会犯错误的观点正是现代迷信的基础，我们必须认真加以清算。（2011 年 6 月 17 日）

注意，达尔文提出的 the theory of evolution 不应被译为"进化论"，而应被译为"演化论"，因为演化至少有三种可能：向前进化、向后退化、停滞不前，而进化只有一种可能，即向更高级、更美好的方向发展。所以，译 evolution 为"进化"乃是把"进步"（progress）观念以暴力的方式强加到这个词的身上。（2011 年 6 月 18 日）

"要允许人犯错误，允许人改正错误。"听上去，这句话既尊重人，又对人很宽容。但仔细想下去，发现说话者真正想表达的意思却是：如果我不允许，你就没有资格犯错误，也没有资格改正错误。也就是说，让你犯错误是出于我的恩典。完美主义又现身了。（2011 年 6 月 18 日）

在日常生活中，我们经常听到这样的对话："你在干什么？""我在洗头。"其实，"洗头"是一个不确切的表述，因为你实际上是在"洗头发"。洗头的含义是整个脑袋（头部）的表面都得清洗，而洗头发的含义是只清洗脑袋上的头发及与头发相关的皮肤。显然，洗头发是明晰的表述，而洗头则是含混的表述。（2011 年 6 月 18 日）

有趣的是，人们平时称为"自行车"的交通工具，实际上应该被称作"助动车"，因为这种交通工具必须用脚去助动，否则它是不会向前走的。反之，人们平时称为"助动车"的交通工具却应该被称作"自行车"，因为只要把这种交通工具的马达打开，它就会向前驶去，根本不需要助动。难道实际情况不正是这样吗？（2011 年 6 月 18 日）

在《中国震撼》（2011）第 241 页上有一段话："西方有句谚语：鹰有时比鸟飞得低，但鸟永远也飞不到鹰那么高。"这句话包含着明显的逻辑错误，因为"鸟"是"鹰"的属概念，鸟与鹰是无法加以比较的。列宁在评价卢森堡时所说的名言："鹰有时比鸡飞得低，但鸡却永远不能飞得像鹰那样高。"这才是准确的。（2011 年 6 月 18 日）

在博士生的论文中，经常出现各种病句，如"许多美国哲学家认为……"显然，用"许多（的）"这个形容词修饰"美国"是可笑的，因为世界上只有一个美国。准确的表达方式是"美国的许多哲学家认为……"毋庸置疑，用"许多（的）"修饰"哲学家"是合法的，因为在一个国家里可能有不少哲学家。（2011 年 6 月 18 日）

人们经常说出与自己的理解相反的想法，但自己并不知道。比如，人们对"近水楼台先得月"的理解是，靠近利益关系的人总是先得到实际好处。殊不知，存在着两种月亮：一是真实的空中之月；二是虚假的水中之月。近水楼台先得的自然是水中之月，即假月亮。也就是说，靠近利益关系的人反而得不到实际好处。（2011 年 6 月 18 日）

人们也喜欢说："当局者迷，旁观者清。"仿佛这句谚语包含着伟大的真理，其实，这句谚语也是经不起推敲的。试问：当人们观看魔术表演时，是魔术师（当局者）"清"，还是观众（旁观者）"清"？当几个骗子串通起来向周围群众行骗时，是"骗子们"（当局者）"迷"，还是围观的群众（旁观者）"迷"？（2011 年 6 月 18 日）

人们常用"眼高手低"这个成语批评那些志大才疏、不肯努力的人。在我看来，这个成语的含义倒是积极的，应该以反流俗的理解方式用之。"眼高"就是高瞻远瞩，就是有眼光、有识见；"手低"就是肯放下手去做具体的事情。把"眼高"和"手低"合起来，意思应该是：既能站在思想的制高点上，又能做实事。（2011 年 6 月 19 日）

人们喜欢滥用"硬着陆"和"软着陆"这类比喻，并盲目地强调软着陆比硬着陆好。其实，哪一种着陆方式更好，完全取决于着陆的主体。假如某人从高楼上坠落，地面上放个气垫，让他（她）软着陆自然比较好，或许还能保住下坠者的生命。然而，飞机下降却只能采取硬着陆的方式，总不能让它落到一堆棉花上。（2011 年 6 月 19 日）

人们常说："水往低处流，人往高处走。"但目前中国的人才却是从西北高地向东南沿海低地流动。也就是说，人和水一样，也开始往低处流动了。古人说："孔雀东南飞。"今人也许可以说："连麻雀都东南飞了。"然而，还有单位在呼吁"建立人才的高地"，其实，真正需要的是"建立人才的低谷"。（2011 年 6 月 20 日）

时下流行把"人"称为"人力资源"。这种称谓方式显然蕴含着对人的尊严的贬损。即使在生产劳动中，人作为有生命、有理性的存在物，也不同于劳动过程中的其他"资源"或"要素"。在生产劳动以外，人的尊严同样也应得到尊重。比如，去医院就诊的人通常被称为"病人"，这个称谓也包含着某种蔑视的成分。事实上，对于就诊者来说，患病的是他（她）的肌体，而其独立人格和尊严并不因其患病而降低，甚至消失。然而，需要追问的是：对艾滋病人、麻风病人或其他传染病人，人们也能一视同仁吗？换言之，这些人的权利都能得到充分的保障吗？尽管在实际生活中还做不到，但我们应该学会尊重这些人应有的权利。（2011年6月30日）

人们常常在言谈中不自觉地贬损自己。比如，某人说："张三前脚刚走，李四后脚就到。"难道人的脚也可以区分为"前脚"和"后脚"吗？这岂不是把自己贬到爬行动物的行列中去了。反之，在谈论猪脚时，有人又称其前脚为"猪手"，甚至把耍流氓的人称为"咸猪手"，这里又把动物提拔到人类的队伍中来了。（2011年6月30日）

许多宾馆打出了"宾至如归"的口号，住客们备感亲切，但他们显然忽略了这个口号中的"如"字。这个字表明，他们只是"好像"回到自己的家里，而绝不是真正回到自己的家里。更有甚者，竟然把亲密的夫妻关系称为"相敬如宾"，但仔细想去，如果夫妻关系已经成了主宾关系，这对夫妻之间还会有感情吗？（2011年7月9日）

有趣的是，不少单位设立了"人才交流中心"，并把才能平平或工作不努力的、淘汰下来的人放进这个中心里。然而，如果把缺乏才能或工作不勤勉的人称作"人才"，把他们聚集的地方称为"人才交流中心"，那么，应该如何看待那些仍然在岗位上努力工作的、未被淘汰的人呢？这

些人还是不是人才呢？（2011 年 7 月 9 日）

人们通常把复旦大学校园里的光华楼称为"双子楼"。这种称谓方式再一次暴露出他们无意识领域里占主导地位的"男权中心主义"倾向。作为对这种无意识倾向的反拨，我倒主张称它为"双女楼"。同样地，人们在谈论天气时也习惯于使用"老天爷帮忙"或"老天爷不帮忙"这样的说法，为什么不改用"老天娘"呢？（2011 年 7 月 11 日）

无数现象表明，在人们心灵的深处存在着"无意识的利己主义"的倾向。在通常的情况下，当某人拿起一张集体照，他（她）首先关心的不会是照片上别人的形象，而是自己的形象，并按照自己形象的好坏来评价这张集体照的好坏。就像马克思批评过的一个蠢汉，他总是从自己脚上的鸡眼出发来评价其他人。（2011 年 7 月 11 日）

人们在社交场合喜欢用"大公无私"这类修饰词，但他们的行为常常会解构他们的言语。只要买房的人晚到几天，新开的楼盘剩下来的必定是层次上、朝向上最差的房间；只要吃自助餐的人晚到了半个小时，而食品没有重新被添加过的话，所有的盘子里留下来的必定是最差的食品。这样的观察结果几乎是百试不爽的。（2011 年 7 月 11 日）

不知从何时起，人们喜欢用"零"这个字来表达自己的想法了。比如，某位男性记者在报道中表明，自己对一位女明星进行了"零距离的采访"。众所周知，零距离就是没有距离，那么采访什么呢？如果指他们握过手，至多只能说"双方的手进行了零距离的接触"。但这样表达多么别扭，说"握手"不就可以了吗？（2011 年 7 月 13 日）

古人云："修辞立其诚。"然而，在现代生活中，修辞与诚信的关系却渐行渐远。比如，对某些社会现象，如贪污腐败、商品造假等，有些政府官员表示一定要"零容忍"，听起来态度非常坚决，但在具体事情的处理上，又常常"零作为"，使人大跌眼镜。我觉得，在做不到的事情上，还是尽量少启用"零修饰"为好。（2011年7月13日）

如果说，"红酒"确实是红的，那么，"白酒"绝不是白的，而是没有颜色的。同样地，"白开水"也不是白的，而是没有颜色的。温州有个著名的皮鞋商标叫"红蜻蜓"，其实，它应该叫"白蜻蜓"，因为它本身是白色的，只是把背景全部涂红了，怎么能叫"红蜻蜓"呢？（2011年7月17日）

有趣的是，在"零修辞"的语词家族中，还有一个"零志愿"。据说，在每年高考招生中，北京大学和清华大学都有权优先在上海挑选最好的学生，而这些学生填写的就是所谓"零志愿"。试想，如果这种"零志愿"继续存在下去，上海的复旦大学、交通大学又如何与北京大学、清华大学进行平等的竞争呢？（2011年7月18日）

"开卷有益"是喜欢读书的人常挂在嘴边的话。其实，没有比这句话更误导人的了。这里所说的"卷"，也就是书，然而，书可以被分为"好书"和"坏书"。要是某人"开卷"开的是坏书，非但无益，而且有害。即便在好书中，也有优、良、劣的差别。所以，在埋头读书之前，更重要的工作是先对书进行识别。（2011年7月20日）

应该把信念（belief）与信仰（faith）这两个词严格区分开来。前者指理性思维基础上形成的观念的总和，适用于哲学和科学；后者指理性思维缺位的基础上形成的观念的总和，适用于宗教。因此，当人们在理论思维中陷入困窘状态时，应被称为"信念危机"，而在宗教信仰上陷入困窘状态时则应被称为"信仰危机"。（2011年7月20日）

姚明喜欢把自己的"退役"理解为人生中的"逗号"。其实，逗号主要是相对于"分号"和"句号"来说的。只有把人生比喻为一个句子的人，才会害怕提到句号，但至少也可以把退役理解为一个分号。如果姚明把自己的人生比喻为一篇绚丽多彩的文章，其中就可以出现许多句子和句号，他也就不用那么害怕句号了。（2011年7月22日）

人们喜欢把太阳比作某种恩惠的来源，但这个比喻却缺乏细致的分析。与其笼统地谈论太阳，不如把它具体地区分为"春天的太阳""夏天的太阳""秋天的太阳"和"冬天的太阳"。显然，冬天的太阳是人人欢迎的，夏天的太阳是人人躲避的，春天的太阳和秋天的太阳则通常是人们所期盼的。（2011年7月22日）

目前，高校都在讨论"祛行政化"的问题。在我看来，关键是把"行政"与"行政化"区分开来。行政是必需的，行政化则需要清除。打个比方：洗澡后的脏水必须被倒掉，但澡盆中的小孩应该被抱出来，绝不能把小孩和脏水一起倒掉。一言以蔽之，"祛行政化"不应该滑向另一个极端，即"行政无作为"。（2011年7月22日）

达芬奇家具造假，在一天之内完成了所谓"进出口"的程序，可以说是创造了吉尼斯世界纪录。毋庸置疑，这种造假行为必须受到谴责、惩罚和赔偿，但受害者们也不妨反思一下，向自己提出如下的问题：为什么我们那么信赖洋货呢？（2011年7月22日）

有位朋友提到信用。我在哈佛大学访问时，曾持有波士顿银行的信用卡，卡上有三栏：一是 checking（支票）；二是 saving（储蓄）；三是 credit（信用）。credit 栏表明，持卡人可以透支多少钱。从经济学上看，信用指个人偿清债务的能力。当然，在日常语言中，人们对"信用"这个词有更宽泛的理解和运用。（2011年7月22日）

人们常把做蠢事的人称作"傻瓜"。其实，这个词用得不简洁，只要称作"瓜"就可以了。试问，这个世界上难道存在"聪明瓜"吗？所有的瓜都没有脑子，因而都是傻的，何必在"瓜"字前再去加个"傻"字呢？真是画蛇添足。就像我们称赞某人的讲演具有"严密的逻辑"，似乎世界上还存在着"不严密的逻辑"?! (2011 年 7 月 22 日)

在当今社会，廉价的恭维是如此盛行，以至于所有女性都被称为"美眉""美女"，甚至"资深美女"，而所有男性则都被称为"帅哥"，仿佛人都是从整容所里诞生的，再也没有难看的、丑陋的人了。其实，随着人们的"美"的程度不断地被拔高，"美"本身却坠落下来，成了"丑"的同义词。(2011 年 7 月 22 日)

左拉的小说《陪衬人》启示我们，美与丑是相比较而存在的。如果某位女性与比自己长得更丑的女性一起走在路上，在路人的目光中，她的美的程度就会增加。反之，如果她与比自己长得更美的女性一起走，在路人的目光中，她的丑的程度就会增加。在左拉看来，这正是"陪衬人"得以存在的理由。(2011 年 7 月 24 日)

当人们指责某人"堕落"时，实际上是在肯定他的过去。为什么？因为只有原来站在高处的人才有资格堕落下来。一个原来没有高度的人至多只是在污泥中滚动，仅此而已。反之，当人们恭维某人，处处都在"抬高"他时，实际上却是在指责他。为什么？因为只有本来居于低处的人才需要抬高。(2011 年 7 月 24 日)

中国传媒界把不久前卷入窃听丑闻的 *News of the World* 译为《世界新闻报》。其实，"新闻报"的译法完全是画蛇添足，因为与中文译名"报(纸)"对应的英文名词是 newspaper，其中 news 是新闻，paper 则是纸张。因此，说"新闻报"就等于说 news newspaper，岂不是同义反复吗？准确的译法应该是《世界新闻》。（2011 年 8 月 9 日）

马克思在《资本论》第一卷中说过一句名言："他们没有意识到这一点，但是他们这样做了。"人们对语言的使用也是这样。乍看起来，他们小心翼翼地挑选并使用着不同的语词，实际上，这些语词的真实含义、差异和关系并没有被他们真正意识到。我对日常语言的分析旨在唤醒这种自觉的批评意识，而不是去钻牛角尖。（2011 年 8 月 9 日）

一个腐败分子落网后，人们常常把他（她）非法占有的房子称为"腐败房"。其实，用"腐败（的）"这个形容词来修饰"房（子）"这个名词，很容易引起误解。它给人的印象是：仿佛这套房子本身就是腐败的，即腐败是这套房子的属性。在我看来，准确的表达方式应该是"被腐败分子占有（使用）过的房子"。（2011 年 8 月 9 日）

仔细推敲起来，"高速公路"这样的提法也是有语病的，因为当观察者在地球上时，公路本身是静止的，并没有做高速运动，因而用"高速"来修饰公路并不具有合法性。除非人们以其他星球作为参照系，地球上的公路才会处于相对运动中。在我看来，准确的提法是：机动车可以在上面高速行驶的、全封闭的公路。（2011 年 8 月 11 日）

显然，"快车""慢车"这类提法也是有语病的。它们给人的印象是：快车开得快，慢车则开得慢，仿佛"快"和"慢"各自成了某些车辆的固有特征。其实，"快车"可以慢开，"慢车"也可以快开，根本就没有什么"快车"或"慢车"，只有"按照时刻表在较短的时间内或较长的时间内到达目的地的车辆"。（2011 年 8 月 11 日）

人们常指责别人的引证为"断章取义"。在我看来，"断章取义"并不是一个贬义词，而是一个中性词，因为任何引证都必定要做出取舍，不可能把整本书或整个章节照抄下来。在这个意义上，任何引证都只能是断章取义，关键在于，章"断"得对不对，义"取"得对不对。（2011年8月11日）

人们之所以把某些观念理解为普遍的、绝对的，因为他们从未反思过这些观念的理论预设。比如，有人提出，"三角形三个内角的总和等于180度"就是一个绝对的、普遍的真理。然而，他忘记了这个观念的理论预设是平面几何。在黎曼几何（球面几何）中，三角形三个内角的总和是大于180度的。（2011年8月11日）

在《历史哲学讲演录》中，黑格尔曾经说过一句名言：转瞬即逝的玫瑰并不逊于万古长存的山岭。人生也是如此，它的价值不在于它的长度，而在于它是否有声有色。（2011年8月11日）

没有必要去追求对"有声有色"的统一理解，就像没有必要去追求对幸福观的统一理解一样。假如水果店里摆满了各种水果，而水果店老板只准你买苹果，你的感受会如何？应该理解多样性，接纳多样性，维护多样性。当然，我肯定的是批评的（以理服人的）多样性，而不赞成自然主义的（放任自流的）多样性。（2011年8月12日）

黑格尔说过：在纯粹的光明中，就像在纯粹的黑暗中一样，什么也看不见。不信你可以用自己的眼睛直接去观察太阳。这就启示我们，追求光明，必须有勇气容纳阴影。其实，追求无阴影的光明，无异于追求黑暗。哪户人家不挂窗帘呢？哪个人不希望在阳光下见到自己的影子呢？只有外科手术间才需要无影灯！（2011年8月12日）

古人诗作中有"一叶落知天下秋"的佳句，后人把它简化为"一叶知秋”，即从一片树叶的飘落可以推知秋天的来临。无独有偶，西方人也有类似的见解，他们既称秋天为 autumn，也称它为 fall。fall 作为动词有“落下”的含义，作为名词又有“秋天”的含义。其实，没有比“一叶知秋”式的思维方式更为轻浮的了。除了天气变冷，树叶飘落还有其他原因，如夏天的飓风吹落了树叶，猴子、鸟或虫子等咬断了叶柄，等等。即使在春、夏两季，也经常可以观察到掉落的树叶。由此可见，一片树叶的飘落与秋天的来临之间并没有必然的联系。重要的是记住培根的教诲，学会给思维绑上重物，不要使它变得像光一样轻浮。（2011 年 8 月 12 日）

古希腊哲人早已告诉我们：博学并不是智慧。如果说，博学是追求知识的人向往的目标，那么，便宜行事就是追求智慧的人的不二法门。在某种意义上，知识是已经死去的智慧，而智慧则是始终活着的知识。由此可见，谁炫耀知识，谁就等于展示了自己的无知和无能。（2011 年 8 月 12 日）

中国人强调“经”和“权”的统一。“经”是指人们信奉的观念，“权”是指实际生活中的变通。比如，按照传统儒家的观念，男女授受不亲，陌生男女不应该有肢体接触，但如果一个儒者从河边经过，发现一个妇女掉在河中，他就可以打破“男女授受不亲”的观念，伸手把她救出来。我所说的“便宜行事”正是经和权的结合。如果某人只信奉“经”，在生活中不会权变，他就是书呆子、教条主义者；如果某人不信奉任何“经”，只知道“权”，即权变或变通，他就是变色龙、机会主义者。我主张“经”和“权”的统一，即做人既有“原则性”，又有灵活性。在这个意义上，“便宜行事”并不是放弃原则，而是在实际生活中灵活地贯彻原则。（2011 年 8 月 13 日）

我很欣赏耐克公司的口号：就这样干（Just do it）。这个口号与中国传统观念"三思而后行"恰好相反，所以中国人不为天下先，缺乏原创性。其实，中国人并不缺乏原创的智慧，却缺乏原创的气氛和勇气。尽管个人在重大问题上确实需要三思而后行，但在工作和日常事务的处理上不妨学学耐克人，变得大胆一些。（2011 年 8 月 13 日）

不知从何时起，"细节决定一切"的口号开始流行。没有比这个口号更容易误导人了。在我看来，存在着两种截然不同的细节：一种细节可能在关键时刻对事情的成败起决定性的作用；另一种细节（比如某人脑袋上多长一根头发，还是少长一根头发）永远不可能决定任何重大的事情。我们必须对细节做具体的分析。（2011 年 8 月 13 日）

让我们恢复事物的本来面目。关键就是关键，细节就是细节。我们至多只承认那些可能会在某些时刻起决定性作用的细节，但绝不笼统地肯定一切细节。如果肯定一切细节都是重要的，一切渺小的东西都是伟大的，人类岂不成了最平庸的动物！（2011 年 8 月 14 日）

哲学上的"不可知论"本身是矛盾的。假如有人说：某个对象是不可知的，我就会问他：你怎么知道它是不可知的？当你说它不可知时，实际上你已经在否定的意义上承认它是可知的，即你已经认识到它下面的特征——无法被认知。认知对象，就是对它做规定。既然你已规定它不可知，也就等于表明它是可知的。（2011 年 8 月 15 日）

"假（头）发"也是一个矛盾的表述。当人们说"张三戴着假发"时，他们显然说错了，因为所谓"假发"其实并不是假的，而是用其他人的真发做成的。也就是说，这个世界上根本不存在假发（除了洋娃娃、稻草人或其他类似的人造物）。总之，张三始终戴着真头发，但这些真头发并不是从他自己的头皮上长出来的。（2011 年 8 月 15 日）

如果你认为某个对象无法认知，就应该记住维特根斯坦《逻辑哲学论》中的第七个命题：Wovon man nicht sprechen kann, darueber muss man schweigen. （对无法言说的东西必须保持沉默。）实际上，你关于对象的任何言说（包括你对它的可认知性的否定）都蕴含着下面的理论预设：你实际上认为这个对象是可以被认知的。（2011年8月16日）

从哲学上看，当你谈论"事实"时，它已渗入了某些人（或某个人）对它的解释。不是先有了事实，在场者或后人再去"解释"它，而是"解释"本身早已渗透在"事实"中。在这个意义上，尼采甚至告诫我们：没有事实，只有解释。（2011年8月19日）

人们常说：实践是认识的基础。其实，这个说法是有语病的，因为它隐含着一个错误前提，即实践本身并不包含认识。显然，这是一种隐蔽的"白板说"。众所周知，实践是主观见诸客观的活动，人在实践活动之前已有某种对将要展开的实践活动的主观认识。因此，准确的表达方式应该是：实践是新的认识的基础。（2011年8月27日）

当人们说"A是B的基础"时，由于缺乏分析意识，他们并没有考虑到，这里的"基础"有两种不同的表现形式：一是A在B之下，就像雕像的底座在雕像下面，但底座并不是雕像的一部分；二是A在B之下，但A、B都是整体C的组成部分，就像经济关系是上层建筑的基础，但两者又共属于社会整体结构。（2011年8月27日）

看到一家公司的宣传广告上赫然写着："让您大于您。"如果这里的"大于"是指"虽然某人在某个岗位上工作，但公司提供了良好的条件，让他的潜能得到了超过自己岗位的发挥"，我是赞成的。但是，如果这里的"大于"是指包装或炒作某人，让他的名声大于他实际上拥有的才华，我是反对的。（2011年9月9日）

与猪、羊一样，牛对人类的贡献也是巨大的。但不知为何，人们对牛总是抱着一种复杂的心态。鲁迅先生说"俯首甘为孺子牛"，赞赏了牛的忠诚。但与此同时，人们又习惯于用"黄牛"这个用语来谴责那些二道贩子或所谓"倒爷"，据说这类人之所以被称为"黄牛"，因为他们操纵市场，像牛一样有霸气。（2011 年 9 月 9 日）

在黑格尔看来，人有两次死亡：第一次死亡只是精神性的。事实上，如果一个人不再学习并接受任何新的东西，那么对他来说，第一次死亡就已经降临了。尽管他的肉体走来走去，参与各种活动，但已经是行尸走肉。第二次死亡与肉体和精神都有关，并以脑死亡为标志。在我看来，第一次死亡才真正是可怕的。（2011 年 9 月 11 日）

孔子说："三人行，必有我师焉。"于是，大家都称赞孔子谦虚。在我看来，这句话不但没有反映出孔子的谦虚，反倒显示出他的傲气。因为他的话暗含着这样的意思，即每三个人中才可能有我的老师。其实，每个人都有自己的专长和特殊的经历。在这个意义上，每个人在某个或某些方面都可能成为别人的老师。（2011 年 9 月 11 日）

在数学中，1/3 这个表达式是有限的，却可以写成无限的样式 0.333333……，但 0.333333……永远达不到 1/3。这在哲学上意味着什么？意味着无限与有限并不是截然对立的，无限也不是不可企及的。相反，无限并不在远处，并不在彼岸，而是在近处，在此岸，在有限之中。有限包含着无限，听起来是荒谬的，但事实正是如此。（2011 年 9 月 11 日）

孔子说："学而不厌，诲人不倦。"第一句话是谦虚的、充满活力的。永不厌足地学习，这是何等进取的精神，真堪谓"天行健，君子以自强不息"。然而，第二句话却是傲慢的、令人生厌的，因为某人是否有资格"诲人不倦"，需要加以论证。事实上，人们以"不倦"的方式说出来的往往是没有质量的言辞。(2011 年 9 月 11 日)

令人感慨的是，哲学家们谈论"经验"概念时何等超脱！其实，应该区分出以下两种经验：一是带血的经验，二是不带血的经验。几乎所有的人都只重视前者而忽视后者。邵阳渡船沉没前，有人屡次向相关部门反映险情，均无人置理。直到第一种经验出现，宝贵的生命流失了，相关部门才从麻木状态中惊醒过来。(2011 年 9 月 12 日)

交通事故发生后，媒体报道一般都偏向受害者，缺乏对受害者情况的具体分析。我认为，应该区分出两种不同的受害者：一种是"无辜的受害者"，另一种是"违法的，甚至肇事的受害者"。显然，对前一种受害者应给予全幅的同情，而对后一种受害者则应在同情之余诉诸法律的惩处。不然，中国的交通便没有希望。(2011 年 9 月 12 日)

人们经常援引"有钱能使鬼推磨"这句谚语来说明金钱的魔力。在我看来，这句谚语还没有说出金钱的魔力。如果把它修改为"有钱能使磨推鬼"，或许会增色不少。因为一方面，金钱使无生命的"磨"获得了生命和欲望；另一方面，正是对金钱的渴望使"磨"不但克服了自身的"体重"，也为鬼的运动提供了动力。(2011 年 9 月 12 日)

苏格拉底对其他人说："我知道我什么也不知道。"其实，他绝不可能什么也不知道，他至少知道以下两点：其一，他能够用自己熟悉的语言表达自己的思想，假如他不知道这一点，就不可能说话；其二，只要其他人熟悉同一种语言，就有可能听懂并理解他表达的思想，假如他不知道这一点，就不可能对其他人说话。(2011 年 9 月 22 日)

笛卡尔把"我思故我在"作为哲学的第一真理，忽略了以下两个前提。第一，"我"是相对于你、他、我们、你们、他们来说的。一旦"我"字被使用，也就等于承认，你、他、我们、你们、他们早已存在了。第二，"思"以语言为载体，能够思考，表明语言早已存在。所以，"我思故我在"至多也不过是第三真理。（2011 年 9 月 22 日）

中国古代哲学家孟子教导说，假如鱼和熊掌不可得兼的话，"舍鱼而取熊掌者也"。然而，意大利风流总理贝卢斯科尼却反其道而行之，在其任上试图鱼和熊掌兼得：既要美人缠绵，又要江山在握，而且还按照词典上的排序方法，把美人排在第一位，把江山排在第二位，弄得身处债务危机中的意大利民众寝食难安。（2011 年 9 月 22 日）

自从达尔文的《物种起源》于 1859 年问世以来，"适者生存"一直被阐释为生物，尤其是动物的优点。比如，变色龙身体的颜色会通过变异而适应环境，从而达到有效地保护自己的目的。然而，对于人来说，一味地适应环境却未必是好事，因为这种现实主义的态度是以牺牲自己的理想、甘愿受环境的摆布为代价的。（2011 年 9 月 29 日）

如果一个人没有抽象层面上的理想，只有应付日常事务的具体层面上的动机，这个人是缺乏高度的。尽管他（她）与别人一样，也在直立行走，但本质上仍然是爬行动物。其实，人的高度不应该根据其身体的高度，而应该根据其思想的高度加以论定。由此可见，长得高大的人未必伟大，长得矮小的人未必渺小。（2011 年 9 月 29 日）

试着对苏东坡的名句"不识庐山真面目，只缘身在此山中"做一个分析：假设观察者站在庐山上，虽然他看不清庐山的整体轮廓，但对其细部却看得非常清楚；而假设观察者站在庐山周围的某处，也许他看得清庐山的整体轮廓，却看不清它的细部。总之，不论观察者站在哪里，都

有其看得清和看不清的东西。（2011年9月29日）

　　乔布斯之所以把"记住你即将死去"作为自己留下的最重要的箴言，是因为他患了致命的胰腺癌。显然，他的上述感悟是在随时都会降临的死亡的威胁下获得的。然而，对于哲学家们来说，这不过是一种肤浅的感悟罢了。柏拉图就曾把哲学理解为"对死亡的练习"，而海德格尔则把人的存在理解为"向死之存在"。人的一生无非是从篮子（摇篮）里到盒子（骨灰盒）里。生命自始至终与死亡纠缠在一起，因为没有死亡，便不可能有生命。无机物是不会死亡的，因而也是没有生命的。反之，孔子说"未知生，焉知死"，不了解生命，也无法理解死亡。生命的价值因死亡而得以彰显。由此可见，追求永生，就是完全不理解生命。人们总是珍惜即将失去的东西而漠视已经占有的东西，他们也以同样的方式对待自己的生命。当他们牢牢地占有自己的生命时，便千方百计地折磨它们：或暴饮暴食，或吞云吐雾；或以"工作狂"自诩，或沉湎于情色之中。直至生命耗尽，大限将至，他们才幡然醒悟，但一切都晚了。记住：应该尊重生命，善待生命。（2011年10月8日）

　　在不同的情景下，类似的表达会获得完全不同的意义。比如，"一目了然"这个成语表明，睁着一只眼睛会看得非常清楚。军人在射击瞄准时便只睁开一只眼睛注视自己的目标。然而，当人们希望别人不要太认真时，又常常会建议别人"睁一只眼，闭一只眼"。其实，"睁一只眼，闭一只眼"不正是"一目了然"吗？（2011年10月8日）

　　正如黑格尔所指出的，每一件坏的事情都可以找到好的理由。因而问题的关键在于，不要轻易地相信行事者对自己行事的理由的解释，而要找到行事者的真实动机。一般说来，行事者的动机总是直接地或间接地关联到自己的实际利益。《基督山伯爵》中的法利亚长老就是通过对实际利益的分析揭示出爱德蒙·邓蒂斯入狱的真正原因的。（2011年10月

8 日）

　　随处可见"不许抽烟"的警语牌。其实，"不许抽烟"是一个相当含混
的表述。假如某人点燃了一根烟，并没有叼在嘴里抽它，而是夹在手指
中或放在桌子角上，让它自燃。尽管他遵守了"不许抽烟"的规则，但他
的做法仍然会污染环境。反之，假如某人正在抽一根熄掉的烟，并没有
污染环境，为什么不可以呢？至于挂在会议室里的警语牌"不许吸烟"就
更可笑了。假如某人在会议室外面的走廊上点燃了一根烟并吸了一口，
然后走进会议室里，再把嘴里的烟雾吐出来，他也污染了环境，但并未
违反"不许吸烟"的规则，因为警语牌只说"不许吸烟"，并没有说"不许
吐烟"，而"吐"的含义并没有包含在"吸"字中。比较起来，在西方国家
到处可见的警语牌 No Smoking 倒是一个无可挑剔的表述方式。众所周
知，smoking 是英语动词 smoke（抽烟）的动名词，它表示烟正处于燃烧
的状态中。也就是说，不管某人此刻是否正在抽烟，只要他使烟处于燃
烧的状态中，他的做法就已经污染了环境，违反了规则，因而是不许可
的。当然，英语表述也并不都是严格的。在美国地铁车厢的门框上，写
着这样的警示标语：Please don't lean against the door.（请不要靠在这
扇门上。）显然，这里的 the door 是单数形式，指的是"这扇门"。如果某
人正好把自己的身体靠在门缝上，即同时靠在两扇门（复数）上，那就不
能指责他违反了这条标语。与此不同，在美国地铁车厢的门框上也常常
可以发现这样的警示标语：Please don't lean against doors.（请不要靠在
这些门上。）这里的 doors 是"门"的复数形式。显然，这个表述方式也是
有漏洞的。假如某人的身体只是靠在某一扇门（单数形式）上，那么，尽
管他的做法是危险的，但并没有违反上述标语。（2011 年 10 月 9 日）

　　人们常以"完蛋"比喻做坏了事情。然而，在我看来，"完蛋"的实际
含义正好相反，它表明的是事情或事物的完美状态。汉语中的"蛋"和
"卵"是同义词，所谓"覆巢无完卵"的意思是：如果鸟巢被倾覆了，没有

一个完整的蛋可以保留下来。可见,"完蛋"或"完卵"都是褒义词。事情搞砸了应该说"碎蛋"。(2011 年 10 月 9 日)

没有比"无车日"的说法更含混了。首先,这里的"车"是机动车,还是非机动车?其次,就算是机动车,在哪里"无车"?即使马路上无车了,私人车库和停车场总得有车吧?再次,即使马路上没有行驶的机动车,但停在马路一侧的机动车不也是"车"吗?最后,禁止马路上有机动车行驶,那救护车还能执行自己的任务吗?(2011 年 10 月 9 日)

我在安徽参观花山谜窟时,发现景区内外到处悬挂着这样的标语牌:"除了脚印,什么也不要留下。"我在困惑之余,不得不向景区的工作人员请教:既然你们希望游客只留下脚印,为什么还要开设票房,让他们留下钱来买票呢?既然除了脚印游客不能留下任何其他的东西,为什么景区还要开设洗手间呢?(2011 年 10 月 9 日)

当人们指责某人"真不是个东西"时,与其说是指责,不如说是赞扬,因为有生命的人与无生命的东西是有差别的。那么,当人们说某人"真是个东西"时,是在赞扬他吗?至少西方人是这么看的。他们所说的 He is something,绝不能直译为"他是某个东西",而应译为"他是个人物",显然包含赞赏的意思。中国人是在指责别人、否定别人时才说出"某人不是东西"这句肯定性的格言的;西方人则是在肯定别人、赞扬别人时才做出 He is something 这个判断的,而 something 可直译为"某种东西"。这充分表明,在中国人和西方人潜意识的深处,都未真正地把"人"与"东西"(物)严格地区分开来。中国人常常称婴儿为"小东西",还说他(她)们"好玩",在潜意识层面上把他(她)们理解为玩具或玩物。成年的西方人,无论是男性,还是女性,都有明确的生命和性别的观念,但他(她)们却习惯于以无生命、无性别的"它"(it)来称谓婴儿。显然,西方人的"it"与中国人的"小东西"有异曲同工之妙。(2011 年 10 月 10 日)

在现实生活中，"零"这个字常常是"失败""边缘化"或"无地位"的标志。比如，当某人对别人的劝告置之不理时，别人的劝告也就"等于零"，没有任何作用了。然而，如此随意地把零作为贬义词来使用的人，在数学上却是无知的，因为零是数学中最重要的元素。没有零，甚至连坐标系统也建立不起来。（2011年10月11日）

在应试教育制度的语境中，人们常常会犯下面的错误，即把"学什么"与"学考什么"混淆起来。比如，"学英语"与"学考英语"根本就是两回事，但许多人却把"学考英语"误认作"学英语"，以为只要在TOFEL或GRE上考得高分，英语的水平就是一流的了。结果是，坐在美国大学的教室里，却什么也听不懂。应试教育制度拥有自己独特的评价标准。什么是优秀学生？能在各种考试中获得高分的学生。什么是优秀教师？能准确地揣摩并猜出考题的教师。什么是优秀班主任？能使全班考试成绩和重点高中、重点大学的录取率领先的班主任。什么是优秀的辅导员？能使全班同学无怨无悔地准备并应付各种考试的辅导员。（2011年10月11日）

平心而论，只要出考题的人、主持考试的人不泄题；考生不作弊，也不以任何理由加分；批阅考卷的人不马虎，各种考试（包括高考）仍然不失为筛选人才的公正的方式。然而，一旦上述三个环节中的任何一个环节出了问题，天平就不再是平的了。也就是说，我们只是在考试能够确保公正性的含义上容忍考试。（2011年10月12日）

直立行走是古猿向人转化的关键。通过直立行走，人从自然界里抬起了高贵的头颅，也在其他动物中确立了自己的高度。然而，直立行走的代价是沉重的。从此，关节炎、颈椎病、高血压、心脏病等与人结伴而行。现在，人终于找到了一种新的养生方式——爬行。为了尊严，人

直立行走；为了健康，人屈膝爬行。(2011 年 10 月 12 日)

人们把一切道德上的谩骂都倾泻到魔鬼的身上，但在美学上却达成了一个奇怪的共识，即魔鬼具有诱人的身材。当他们赞扬某个女性具有"魔鬼般的身材"时，躲在暗处的魔鬼发出了会心的微笑。然而，魔鬼还未充分意识到自己的价值。对于许多女性来说，只要能够拥有魔鬼般的身材，即使成为魔鬼也在所不惜。(2011 年 10 月 13 日)

这是一个视觉及视觉艺术占统治地位的时代。商品的包装、人的美容和化妆上升为生活中最重要的事务，而商品的内涵、人的德性和实际才华却成了无足轻重的因素。一方面，满城皆是美容院，女性不是"美女"，就必定是"资深美女"；另一方面，人心却变得越来越丑陋了。(2011 年 10 月 13 日)

人们谈论"荤菜"和"素菜"，都把素菜理解为蔬菜，荤菜理解为牛、羊、猪、鸡、鸭、鹅、鱼、虾之类。殊不知，荤菜的"荤"是"草"字头的，也就是说，它完全与动物性的食物无涉，而是专指某些种类的蔬菜，如大蒜、胡葱、韭菜、洋葱等。按照佛教的看法，这些东西吃了可能会乱性，故以荤菜命名之。(2011 年 10 月 15 日)

人们在夸大神祇的能力时，喜欢用"无所不在"和"无时不在"加以形容。前一个成语涉及空间。殊不知，"无所不在"表明，神祇也必须置身于最肮脏的地方。后一个成语涉及时间。殊不知，"无时不在"也表明，神祇就是工作狂，不能有丝毫懈怠。其实，用这两个成语来修饰神祇，反而证明了他们的无能。(2011 年 10 月 15 日)

"相信奇迹"这一达人秀的口号显得过于笼统。其实，存在着两种不同的奇迹（miracles）。一种奇迹是永远不可能实现的，如使时光倒流，使死者复活，使人变得长生不老，等等。另一种奇迹是有可能实现的，如在某个方面获得杰出的能力，在某个领域里创造出非凡的业绩，在难以想象的艰苦环境中脱颖而出，等等。（2011年10月15日）

当前中国道德的状况到底是"滑坡"，还是"爬坡"？人们为之而争论不休。其实，这两种观点都失之笼统、失之偏颇，应该对具体的道德观念做出具体的分析。在我看来，就主体意识、权利意识和竞争意识来说，道德的发展处于爬坡状态中；但就他人意识、责任意识和谦让意识来说，道德的发展又处于滑坡状态中。（2011年10月18日）

某些关注生活中荒诞现象的人常被指责为"非理性主义者"。实际上，这种指责是站不住脚的。在我看来，他们在任何意义上都应该被称作"理性主义者"，因为他们是以理性作为标准去判定哪些现象是荒诞的。反之，只有当他们把那些严格按照理性程序施行的事情视为荒诞时，他们才可能成为真正的非理性主义者。当某人对理性做出否定性评论时，常被指责为"反理性主义者"（anti-rationalists）。事实上，这种指责是毫无道理的，因为"反理性主义"（anti-rationalism）本身就是一个逻辑矛盾。即使某人要反对理性，他也必须理性地把自己反对理性的理由陈述出来。在这个意义上，只有精神病人才是反理性主义者。（2011年10月20日）

小悦悦被碾事件发生后，人们强烈呼吁对两个肇事司机依法进行处理，社会舆论也谴责了18个冷漠的过路人，赞扬了那位救助小悦悦的热心的阿婆。然而，人们似乎忽略了整个事件中最根本的环节，即小悦悦的父母在监护自己女儿上的疏忽。尽管他们目前处于极度痛苦的状态下，但这个道理还是需要说明白的。（2011年10月20日）

在科学研究中，人类最应该加以防范的是三门科学：一是化学，它改变了事物的分子结构；二是核物理学，它改变了事物的原子结构；三是生物工程，它改变了生物的基因结构。从此天下大乱，事物和生命的活动都离开了原初的轨道。人们常把搬起石头砸自己脚的人称为蠢汉，不幸的是，这个蠢汉正是人类本身。（2011 年 10 月 21 日）

某大学博士论文封三有一个"论文独创性声明"，其内容无非表示：这篇论文是作者在导师的指导下独立完成的，凡借鉴他人学术研究成果之处均做了明确的说明，等等。其实，这个声明不过是作者关于这篇论文没有抄袭他人成果的一个承诺。而论文没有抄袭就等于它有"独创性"吗？这简直是对语词的滥用！（2011 年 10 月 21 日）

由于生命是短暂的，因而生命有珍贵的、不可替代的价值。然而，总有不明事理的人（如秦始皇）追求长生不老。实际上，追求长生不老非但不是延续自己的生命，反而是取消自己的生命。因为有生命的存在物的标志就是死亡。一个不会死亡的存在物只能是没有生命的无机物。岩石不会死亡，因为它根本就没有生命。萨特的终身伴侣波伏娃在其小说《人都是要死的》中塑造了一个不会死亡的人物——福斯卡。永生似乎是许多人追求的最大的幸福，然而，当福斯卡目睹心爱的女友日渐衰老，而自己仍然青春如驻时，他感到痛苦万分，决定自杀，但命运决定了他无法取消自己的生命。于是，他只能生活在痛苦和期待解脱的焦虑之中。生命的真相和秘密就是死亡。唯有把死亡作为一种必不可少的元素融入对生命的理解和领会中，才能懂得每个生命的唯一性和不可重复性，从而珍惜生命、呵护生命、善待生命。当然，还有比生命更高的价值，我们或许可以从匈牙利诗人裴多菲留下的名句得到启迪：生命诚可贵，爱情价更高，若为自由故，两者皆可抛。人们似乎从未意识到《西游记》蕴含的矛盾：一方面，不少妖怪是从永生的天界（神仙界）偷逃出来的，他们或为天神，或为天神的童仆，或为天神的坐骑；另一方面，在凡间（人间），妖怪们会像人类一样面对死亡的威胁。于是，他们千方

百计要吃到唐僧肉，以追求永生。既然如此，为什么他们要离开永生的天界？（2011年10月23日）

青年人常为自己将来拥有的诸多可能性——或成为政治领袖，或成为专家权威，或成为艺术家，或成为企业界精英等——而沾沾自喜。尽管这些可能性是令人神往的，但也是虚幻不实的。正如黑格尔所说的，如果谁停留在这些可能性中，他就是"一片永不发绿的树叶"。要成为绿叶，只有选择职业、进入实际生活。乍看起来，实际生活中的很多人失去了其他的可能性，被囚禁在自己的职业上。事实上，他失去的是浪漫主义的遐思。如果他希望有创意地从事自己已经选择的职业，就得重新激活浪漫主义的遐思，但它不再盲目地指向其他可能性，而是指向并凝聚在自己所从事的职业中：这里是罗陀斯，就在这里跳跃吧！（2011年10月23日）

学校用理想教育人，社会用事实教育人。如果打算在理想与现实之间保持平衡，在校青年应该多了解社会现实，多读现实主义与批判现实主义的文学作品；反之，已进入职业生活的青年应该多读理想主义、浪漫主义的文学作品，以便在琐碎平庸的日常生活中仍然保持鲜活的理想和想象力。（2011年10月23日）

当某人处于"被穿小鞋"的情况下，他心里很委屈，觉得自己的才华大于给他安排的工作，未免有怀才不遇的失落感。当某人处于"被穿大鞋"的情况下，心里很舒坦，但脚上并不舒服，因为工作的难度大于他的才华。在某种意义上，穿大鞋比穿小鞋更难受。不要怨天尤人，也不要好高骛远，还是穿上合脚的鞋子吧。老子说："知人者智，自知者明。"人贵有自知之明。由此可见，最困难的事情莫过于自知。不少人看别人很准，看自己却走了眼，结果搁置了自己的长处，甚至天赋，却在自己最不擅长、最无兴趣的职业或事务中折腾了一辈子，自然是颗粒无

收。自知就是准确地认识自己的长处和短处，并准确地给自己的人生定位。（2011 年 10 月 24 日）

　　每个人都可以拷问自己：能够记住祖上几辈人的名字？一般说来，能够记得的名字很少。这就暗示我们，我们今后的命运也会如此。我们也会与自己的祖辈一样，很快被自己的同时代人和后辈所遗忘。其实，在这个世界上，大部分人都处于"有名字的匿名"状态中。我们应该想一想：如何使后辈们记住我们的名字？在中国农村里，许多地方都有修家谱和族谱的传统。显然，修家谱和族谱的动机是使后辈记住自己祖先的名字，从而维系这个传统，但遗憾的是，这样做反而加快了后辈们对祖先的遗忘。既然已经记录在案，也就更有条件遗忘了。其实，使后辈们记住自己的唯一方法是在历史上留下痕迹，是在同时代人中出类拔萃。（2011 年 10 月 24 日）

　　环境保护主义者提出了"只有一个地球"的口号。乍听上去，这个口号令人感动，但仔细一想，它透露出来的正是人类自身的劣根性，因为它的潜台词是：假如还有三个地球，就请大家继续污染吧。现在之所以不能污染了，因为只有一个地球了。这就表明，人类主观上还是想污染环境的，不过是没有条件这样做罢了。由此可见，这个口号实在是一个低于人类的口号。在我看来，真正体现人类思想高度的口号应该是："哪怕还有三个地球，我们也不再污染了。"这个口号的潜台词是：即使还有广阔的污染空间，我们也不愿意再污染了。也就是说，保护环境、保护地球乃是出于人类理性的命令，而不是出于人类对私利的权衡和估量。（2011 年 10 月 27 日）

　　人们经常把"保护环境"与"崇尚绿色"等同起来。实际上，没有比这种等同更盲目的了。绿色既是生命的标志，又是死亡的象征。众所周知，食品在霉变时会长出"绿毛"，人的尸体在腐烂时会长出"绿斑"，墓地里的枯骨在燃烧时会发出"绿光"。更令人畏惧的是，影视作品中的鬼怪出现时，灯光必定是绿色的。车尔尼雪夫斯基说，最令他厌恶的是青蛙背上滑腻的绿色和河边的青苔，这些意象使他联想到死亡。当然，他没有提到隐藏在竹林中的毒蛇竹叶青，它的保护色——绿色令人胆战心惊。据说，美国人把故意把处死罪犯的毒气室漆成绿色。铜生锈时也是绿的。何况，还有令当事人难堪的"绿帽子"的说法呢！假如春天的主要色彩是绿色的，那么秋天的主要色彩则是金黄色的，因而有"金秋"之美誉。美国波士顿的红叶、加拿大温哥华的红叶和中国香山的红叶，都以其色彩绚丽而吸引着无数游客的眼球。其实，只有想象力极度贫乏的人才会用单调的绿色去代替自然界的斑斓色彩。自然界有多少色彩，我们就崇尚多少色彩。（2011 年 10 月 27 日）

在历史上，有些伟大人物身材不高，但思想境界却很高。比如，康德、拿破仑和邓小平身材都不高，但他们却是无数人瞻仰的巨人。有趣的是，邓小平生前还"幽了高个子一默"。他开玩笑说："天塌下来由高个子顶着。"人们常常把"一个人的高度"与"一个人的身高"这两个用语混淆起来。所以，马克思说，儿童崇拜所有的成年人，因为在他们的目光中，所有的成年人都长得很高大。事实上，"一个人的高度"是就他的思想境界来说的，与他的身高风马牛不相及。一个人思想境界的高低，主要取决于他的行动，而不是言辞。在日常生活中，一个人思想境界的高低取决于他办事是否"漂亮"。所谓办事漂亮，是指他接人待物不但富有责任心和担当意识，而且慷慨大度、细致周到，使他周围的人感到舒心。很难想象，一个患得患失、生怕烧伤自己手指的人办事会很漂亮；更难想象，一个自我中心化的、极端自私自利的人办事会很漂亮。（2011 年 10 月 30 日）

人常以"理性动物"自诩，但社会调查结果显示，人很少使用自己的理性。据说，在所有自杀者中，百分之六十以上的自杀者决定取消自己的生命，其思考过程不会超过两个小时，而在两个小时的情绪化思维中，根本不可能做出理性的决定。因此，常有自杀者跳入黄浦江后，身体接触到冰冷的江水，就开始叫救命了。（2011年10月31日）

对于人体来说，最重要的是头部，因为头部是大脑及其精神所在的地方。然而，遗憾的是，对于现代人来说，头部的根本价值是它的外观，尤其是脸部。因此，人们宁愿花大量的钱去美容，甚至整容，也不太愿意花钱去充实自己的大脑，提升自己的精神境界。一个肤浅的时代，人们的存在方式自然也是肤浅的，追求名牌、崇拜背景。其实，人的价值也不在他（她）的脸上、皮肤上，而是在他（她）所穿的服装、鞋子上，在他（她）所戴的首饰、手表上，在他（她）所携带的拎包、手机、电脑上，在他（她）乘坐的汽车和拥有的住房上。甚至只要他（她）的父母拥有巨额财产，后辈就获得了钻石般耀眼的光芒。在这个崇尚美容、化妆和外表的时代，一切事物都被抛入太空，失去了原来的重量，像肥皂泡一样漂浮起来。于是，媚俗取代了自律，轻佻取代了庄重，娱乐取代了事业，形式取代了内容，现象取代了本质，纸币取代了黄金。在"失重"的时代里，人们充分体会到米兰·昆德拉说出来的感受：人生不能承受之轻。（2011年11月1日）

据说，马勒的第九交响曲《大地之歌》演出时，共有一千多位乐师和演员参加。在聆听这个气势辉煌的交响乐时，人们感受到人类理性合作的巨大可能性。可是，一走出音乐厅，返回到现实生活中，我们马上会感觉到，理性合作的幻影消失了，我们感受到的却是相反的、沉重的真理，即"理性＋理性＋理性＋……＝非理性"。两个毗邻而居的国家，很可能在分界线下面蕴藏着丰富的矿藏，如煤炭、油气、稀有金属等。谁都明白，这些矿藏就等于财富。这两个国家的元首都理性地从本国利益出发考虑，结果却是一场非理性的、毁灭性的战争。这个无论是在过去和今天都在不断重演的故事启示我们："理性＋理性＝非理性"并非杞人

忧天。(2011 年 11 月 3 日)

媒体工作者们也许会这样为自己辩护：热播此事是为了让更多的人受到教育。但这样的辩护词仍然是苍白无力的。为了更多人的利益，某个人的尊严就应该被牺牲吗？假如这样的思考方式得到认可，那么人的尊严仍然只是一个抽象的观念、只是挂在嘴上的东西。希望媒体工作者们不要以牺牲尊严的方式去颂扬尊严！(2011 年 11 月 6 日)

马克思的女儿曾经问她的父亲："您能原谅的缺点是什么?"马克思回答道："轻信。"在通常的情况下，轻信总是与无知、天真、粗率结伴而行。然而，在欺诈盛行的时代，轻信却成了最不可原谅的缺点之一。人们总是喜欢把自己的同情心给予受骗者，但这样的同情心往往是轻佻的，甚至是毫无意义的。对于普通人来说，对付欺诈行为的最好办法是确信下面的常识："天上不会掉下馅饼"或"没有免费的午餐"。再往深处想下去，人们就会发现，不受欺骗的关键在于如何压抑自己的非分的欲念。然而，人本质上是充满欲念的存在物，只有清醒的理性或宗教上的信仰可以使人长时期地或短暂地抑制这种不安分的欲念。(2011 年 11 月 6 日)

在通常的情况下，人会在一些琐细的、全无利益关系的事情上讲真话，因为既然没有任何利益驱动机制或其他方面的考量，煞费苦心地去编造谎言也是劳而无功的，除非说谎是一种嗜好。然而，一旦言谈涉及利益、畏惧、忌讳或其他因素，当事人就不愿意说真话了。事实上，最诚实的人也不可能一辈子不说谎。可以毫不犹豫地说出真话的是以下四种人。一是儿童，所谓"童言无忌"是也。安徒生童话《皇帝的新衣》中的儿童就是唯一说真话的人。二是喝醉酒的人，所谓"酒后吐真言"是也。三是疯子，鲁迅的《狂人日记》就是借疯子的嘴巴说出真话。四是做梦的人，在梦中，理性入睡了，所以梦中人就能够无顾忌地说出真话。法国人的谚语是：人人都在他人的身上主持公道。意思是：只要涉及自己的利益，人们就既不肯主持公道，也不敢讲真话了。正是在这个意义上，列宁引用了一句格言："几何公理要是触犯了人们的利益，那也一定会被推翻的。"历史和实践都表明，人们口头上都喜欢谈论真理，但实际上自始至终是按自己的利益进行思考并行动的。（2011年11月7日）

在人类的任何一个种族中，总是同时存在着两类性质正好相反的物品：一类是增强理性、使意识变得更清醒、更专注的物品，如咖啡、茶就起着这样的作用；另一类是削弱理性、使意识变得更迟钝、更模糊，甚至使意识完全丧失的物品，如酒。（2011年11月10日）

当人们牵挂，甚至担忧某些事情时，常常会用"提心吊胆"这个成语来表达自己的心境。在我看来，这样的表达方式非但没有说出真正有意义的东西，反而是不可理喻的，因为对活着的人来说，他（她）的"心"和"胆"始终是被"提着"或"吊挂"在体腔里的。也就是说，"提心吊胆"乃是正常人所处的正常状态。假设出现了相反的情景，在某人的体腔里，"心"不再被"提着"了，"胆"也不再被"吊着"了，这个人的健康恐怕真正陷入麻烦状态了。由此可见，假如人们想说出自己对某人或某些事情的牵挂、担忧，甚至恐惧，就不应该使用"提心吊胆"这个成语，而应该使用诸如"操心""烦心""惊惧"这样的术语。（2011年11月12日）

不久前，在戛纳举行的G20峰会上，法国总统萨科齐和美国总统奥巴马私下里的谈话被媒体曝光了。萨在谈话中指责以色列总理内塔尼亚胡"是个骗子"，奥附和了他的观点。以色列副总理沙洛姆获知此事后，并未借此大做文章，反而淡淡地说："所有人都议论其他人。"这真是一位睿智的政治家。一方面，沙洛姆深刻地领悟到人性的弱点。事实上，哪个人背后不议论别人？尽管萨科齐和奥巴马贵为总统，但他们也不能免俗。另一方面，沙洛姆意识到，萨科齐和奥巴马都是以色列的朋友，他们在许多方面都是支持以色列的，以色列没有必要因为他们私下里的谈话而与他们结怨。现象与本质之间毕竟是有差异的。（2011年11月13日）

"垃圾分类，从我做起"这个标语蕴含着两种不同的含义。从积极方面去理解，就是从我做起，对垃圾进行分类；从消极方面去理解，"我"成了"垃圾"的一部分，因而我先得考虑，应当把自己归到哪类垃圾中去。在这个世界上，永远有丢垃圾的人，也永远有捡垃圾的人。前一种人把无用的东西理解为垃圾，后一种人则把垃圾理解为放错地方的财富。事实上，对不了解、不珍惜自己拥有的财富的价值的人来说，财富被冷落，甚至被弃置在一边，无异于垃圾。因此，我们要努力学着做合适的事情：宝剑赠英雄，红粉送佳人。（2011年11月17日）

荷兰哲学家斯宾诺莎曾经说过：一切规定都是否定。当你试图去规定某个东西时，实际上也就否定了其他的东西。比如，当人们把卖给居住条件较差、收入较低的家庭的住房称作"经济适用房"时，等于告诉大家：除了这类住房，其他所有的住房都是既不"经济"，也不"适用"的。可见，必须谨慎地对对象做规定。与"一切规定都是否定"相对应的另一个命题是：一切修饰词都是限定词。当张三被人们称为"德高望重的张三"时，他心里一阵窃喜，为自己的名字前添加的修饰词"德高望重的"而欣喜若狂。然而，他忽略了，这个修饰词同时作为限定词约束着他的行为。他在生活中的任何行为都必须切合"德高望重"，活得真累呀。说起来真奇怪，在这个世界上，有的人只为修饰词而活着。在安徽乡村参观村口大道上耸立着的一座座贞节牌坊时，我真为这些可怜的死者感到惋惜。就为了"贞洁的"这个轻飘飘的修饰词，她们竟然残酷地压抑了自己生命的欲望和内心的冲动，心甘情愿地用美丽的青春和血肉之躯换取了这堆灰色的、冷冰冰的石块！鲁迅先生说旧礼教是"吃人的"，真是切中要害。然而，永远有那么多的愚夫蠢妇，心甘情愿地把自己作为牺牲献祭给这些礼教。这些可怜的人从未真正地生活在现实世界中，他们只是生活在他们所信奉的观念中。他们是观念的奴隶、概念的跟丁、礼教的侍臣。在他们那里，生命和青春全枯萎了。多么可怕的活死人。（2011 年 11 月 18 日）

意大利新任总理蒙蒂是经济学家，为了把自己与政客区分开来，他物色的新内阁成员无例外地都是学者。我猜想，蒙蒂或许是想实现柏拉图关于"哲学王"的天真幻想，但他修改了这个幻想，把"哲学王"变成了"专家王"。然而，与书本、概念打交道和与现实生活打交道完全是两码事。生活迟早会砸碎蒙蒂的幻想。（2011 年 11 月 18 日）

当某人做了类似于"拉郎配"这样的不合适的事情时，别人经常会批评他"硬装斧头柄"，即通过外在的强制性的力量，把本来无关的两件东西——斧头和木柄组装成一把斧子。实际上，硬装斧头柄并没有错，如果不"硬装"，这把斧子能使用吗？可见，硬装斧头柄是正确的，但依靠外力做不合适的事情却是错误的。（2011 年 11 月 19 日）

先有刀子，还是先有刀鱼？先有扇子，还是先有扇贝？这似乎是十分简单的问题。人们会不假思索地回答道：自然是先有刀子，再有刀鱼；先有扇子，再有扇贝。事实上，这个问题并不像他们所想象的那么简单，因为他们完全没有注意到刀鱼或扇贝这样的概念与它们所指称的对象——某种鱼或某种贝壳之间的区别。毋庸置疑，从概念上看，自然是先有刀子，才会有刀鱼这样的概念；先有扇子，才会有扇贝这样的概念。但从概念所指称的对象来看，就难说了。可能某种鱼或某种贝壳早已存在了，但人类还没有接触过它们，因而没有给它们进行过命名；也有可能它们早已被人类命名过了，但原来的名字并不是刀鱼或扇贝。直到人类学会了做刀子和扇子，刀鱼或扇贝的称谓（概念）才应运而生。（2011 年 11 月 19 日）

人们谈论幸福，往往好高骛远。其实，生活在大都市里，有两点关于幸福的共识是很现实的。其一，怎么吃也不会胖。只要想想年轻女士们为了保持身材每天在吃什么，就知道这一条有多么重要了。其二，工作单位离居住的地方比较近。只要想想白领们每天像过江之鲫似的穿梭在交通工具上，就知道这一条也是非常重要的。（2011 年 11 月 20 日）

据媒体报道，镀金马桶亮相海口第 11 届世界厕所峰会。其实，霍英东麾下的一家公司早就开始展示金厕所和金马桶，这些展品成了香港旅游的景点之一。由此想到，列宁关于未来社会用黄金造厕所的预言实际上已被证实，因为除了成为货币（或与纸币对应的储存物）和做装饰品、器具外，黄金并没有其他的用处。事实上，早在列宁之前，英国学者莫尔（1478—1535）就在其名著《乌托邦》（1516）中表达出对黄金的蔑视。有趣的是，在乌托邦这个理想社会中，金银全都成了"可耻和等级低下"的标志，不但公共场所和私人家里的粪桶溺盆都是用金银打造的，而且所有的犯罪都被戴上了金冠以及金耳环、金戒指、金项圈。在这个时代，没有一件事情比人们批判拜金主义做得更虚情假意的了。人们一边对它大加挞伐，一边又时时处处流露出对黄金的崇拜和赞颂。于是，媒体上充斥着下面这样的短语或句子，如"电视节目播放中的黄金时段""房地产开发中的黄金地段""他（她）有着一颗金子般的心"等。（2011 年 11 月 24 日）

大家一看到 WTO 这个缩略语，就以为它指的是世界贸易组织（World Trade Organization）了。其实，这个缩略语还可以指称其他三个对象：第一个是世界旅游组织（World Tourism Organization）；第二个是世界厕所组织（World Toilet Organization）；第三个是华沙条约组织（Warsaw Treaty Organization）。（2011 年 11 月 24 日）

看电视上播出的达人秀节目，忽然悟到，达人秀对能人（talent man）的挑选自有其不寻常的意义。始于隋唐的科举制度于1905年被废除，高考（包括随后的研究生考试）现在是从民间挑选人才的唯一路径。但通过科举或高考挑选的人才都是知识型的，而通过达人秀挑选的人才却是实践性的，至少是技巧性的。（2011年11月28日）

　　诗人们常常按照自己的愿望夸大自然界的某个现象。比如有的诗人慷慨激昂地表示："如果冬天到了，春天还会远吗？"其实仔细一想，这句话毫无意义。因为人们也可以说："如果春天到了，夏天还会远吗？""如果夏天到了，秋天还会远吗？""如果秋天到了，冬天还会远吗？"于是，我们又返回到起点上。（2011年11月28日）

　　有的人说，哲学是把简单问题复杂化；也有的人说，哲学是把复杂问题简单化。乍看起来，这两种意见正好是截然相反的，事实上，它们不但不冲突，而且保持着融洽的关系。面对复杂的问题，哲学会直奔其要害，把它简单化；面对表面上简单的问题，哲学又反其道而行之，力图揭示出世人所不知的复杂的方面。（2011年11月30日）

　　正如叔本华所说："哲学是一个长着许多脑袋的怪物，每个脑袋都说着一种不同的语言。"学习哲学的人要注意，绝不能把其中的一颗脑袋误认作哲学的整个脑袋，否则他就不是在学哲学，而是在学哲学中的某个派别的思想。尽管任何一个伟大的哲学家的思想都是通向哲学的桥梁，但通向哲学的桥梁并不等于哲学本身。（2011年12月5日）

　　黑格尔曾经抱怨，除了鞋匠，无人敢吹嘘自己会做鞋，但令人费解的是，许多从未接触过哲学或至多读了几本哲学入门著作的人，却敢于侈谈自己的哲学思维、哲学灵感和哲理，仿佛哲学只是一门白痴从事的学问，仿佛大学里从来就没有存在过哲学系和哲学教授。什么也不敢

说，却敢轻易说哲学，真是狂妄无知！（2011 年 12 月 5 日）

由于观察上的不细致和不深入，人们常常被现象所欺骗。比如，人们常常用"鸳鸯"去形容一对感情甚笃的男女恋人。然而，据说在鸳与鸯的真实的生活图景中，鸳是不断地在置换鸯的。也就是说，鸳的感情是很短暂的，它总是不断地追逐着新的鸯。由此可见，鸳不但不忠于自己的感情，反而是十分"花心"的。（2011 年 12 月 9 日）

在汉语的语言习惯中，通常是不区分主动语态与被动语态的。比如，人们可以说"张三正在做截肢手术"，也可以说"李医生正在做截肢手术"。其实，前面一句话应被修改为"张三正被做截肢手术"。又如，当某人说"我不要照相"时，这句话给人的印象是他不愿给别人照相，其实是他不愿被别人照相。在"照相"这个含混的用语中，人们并没有把"我被别人照相"与"我给别人照相"区分开来。近年来中国人一反常态，开始喜欢用被动语态来表述思想了。刹那间，大众媒体和互联网上充斥着诸如"被就业""被代表""被知名""被上网""被自杀""被第一""被和谐""被繁荣"等字眼。细心的读者会发现，在上面提到的所有这些使用被动语态的场合下，实际上并不需要被动语态。换言之，这些场合本该使用的是主动语态。把主动语态被动语态化，这本身就是人民群众在语言上做出的创造性的努力，即既通过"被"字表达出心中的无奈，也通过被动语态这种形式表达出对某些强制性行为的抗议。（2011 年 12 月 15 日）

作为政治寓言，即推翻三座大山，"愚公移山"是有意义的。但是，一旦超出政治比喻的范围，"愚公移山"的举动就显得非常愚蠢的了。实际上，问题非常简单：假如愚公住在山的背后，究竟是把他的家搬到山前去省力，还是把山搬到他家的后面去省力呢？我想，凡是理智健全的人都会选择搬家，而绝不会选择移山。其实，愚公没有认真思考移山的困难。首先，如何确保愚公的后代能顺利地传衍下去？其次，即使这一点被确保了，又如何确保他的子子孙孙都愿意挖山不止？再次，即使这一点也被确保了，又有谁愿意维持他们的生计？最后，即使这一点也被确保了，还有更棘手的问题，即从山上挖下来的泥土堆到什么地方去？

（2011年12月18日）

在《克雷洛夫寓言》中，有一个《公鸡与珍珠》的故事：公鸡在垃圾堆里觅食，见到一颗珍珠，竟一脚把它踢开了。而当它发现一个小的饭团时，却如获至宝，用嘴认认真真地啄食起来。讲完这个故事，克雷洛夫便批评公鸡头脑简单、愚蠢，完全不懂得珍珠的价值。其实，真正头脑简单、愚蠢的恐怕是克雷洛夫！试想，公鸡与人是完全不同的，对它来说，珍珠既不可能充当装饰品，也不可能充当食品，自然是毫无价值的。公鸡把这样没价值的东西一脚踢开，错在哪里？至于公鸡找到了饭团，认真地啄食起来，更表明它的聪明和睿智。假如公鸡真像克雷洛夫所期待的那样，只要珍珠，不要饭团，恐怕早已饿死在垃圾堆边上了。

（2011年12月18日）

据说，秦桧故里的一些领导正在策划建立秦桧博物馆，举行秦桧文化节，主办"让秦桧站起来"的主题研讨会。众所周知，秦桧夫妇的铁像在杭州岳坟前已长跪492年，是历代民众唾弃的历史巨奸。显然，这些领导还根本没有意识到这样做将付出的代价。在我看来，秦桧站起来的代价是这些领导跪下去。当然，这些领导不是跪倒在岳飞的座像前，而是直接跪倒在秦桧的立像前，间接跪倒在金钱的王座前。他们替秦桧做出的各种辩护，如"秦桧不是投降派，是主和派""秦桧是著名的文学家和书法家"等，无非是利用秦桧这个臭名昭著的历史巨奸，替自己和少数人谋取利益。道德沦丧竟至于此，夫复何言！如果在"开发文化资源"的口号下，把历史上或文学艺术作品中的恶人全都搬出来焚香祭祀、顶礼膜拜，那就太可怕了。群魔乱舞之时，必定是英豪蒙羞之际。这些人的目光如此短浅，为了金钱和利益，竟不惜把自己的后代送进魔鬼的怀

抱。他们应该被钉上历史的耻辱架，任他们的牧师如何祷告都无法解脱下来。（2011 年 12 月 19 日）

据今天《新民晚报》报道：2011 年 5 月，在故宫送给北京市公安局的一面锦旗上，竟把赞美词"捍祖国强盛"写成了"撼祖国强盛"。众所周知，"撼"乃是动摇的意思，难道北京市公安局竟然有动摇祖国强盛的意向？更令人难以释怀的是，这面锦旗居然是由故宫这样高品位的文化单位送出去的，真是斯文扫地！（2011 年 12 月 21 日）

当人们在生活中见到某个出乎意料的现象时，常以"荒谬的"一词加以评论。其实，"荒谬的"这个词只能在同一个文化圈内被使用。不同文化圈内的人们在生活方式、价值取向和审美观念上存在着巨大的差异，以至于当某人置身于文化圈 A 时，根本无权指责文化圈 B 中发生的现象是"荒谬的"。正如非洲人无权指责中国传统女性缠小脚是"荒谬的"；中国人也无权指责非洲女性通过敲掉门牙、在嘴唇上戴"呸来来"的方式追求美感是"荒谬的"。众所周知，法国哲学家加缪和萨特都很重视对生活中的荒诞现象的剖析。受他们的影响，20 世纪 60 年代的法国还出现了以贝克特、尤涅斯科为代表的"荒诞派"戏剧。乍看起来，荒诞的现象都是不符合理性的，但实际上，探讨荒谬的人却是非常理性的。因为唯有从理性出发，才能看到世界上存在着荒诞的现象。在上述意义上，我们引申出一个与普通的常识正好相反的有趣的结论，即存在主义者或非理性主义者才是最清醒的理性主义者，因为他们事事处处坚持从理性出发去看问题。反之，那些素以理性主义者著称的哲学家倒可能是真正的非理性主义者，既然他们看不到荒诞现象，他们实际上就等于把荒诞现象理性化了。（2011 年 12 月 21 日）

《红楼梦》里说"纵有千年铁门槛，终须一个土馒头"，表明一个人不管如何精明，到头来总难逃一死。土馒头便是坟茔的意思。乍听起来，这两句话似乎道出了每个人的悲凉的命运。然而，在当代人看来，"终须一个土馒头"却是相当好的待遇了。因为当代人面临的窘境是人口越来越多，而土地则越来越紧张。对当代人来说，不但活着的人之间争夺土地，死去的人也与活人争夺土地。据说，在某些著名的墓区里，每平方米的土地价格已达到 10 万元，不逊于市中心楼房的价格！由此可见，当代人已经面临死无葬身之地的无奈。据说，英国有的人死后是站着被深埋在地下的，而德国有的人遗体则在超低温中成为粉末然后被掩埋。从生态学视角看，当代流行的火葬有其不合理之处：其一，火葬要消耗大量的能源；其二，对土地来说，死者遗体是最好的有机肥料，火葬会造成有机肥料的浪费；其三，火葬会污染环境，尤其是周围空气；其四，信奉"入土为安"理念的中国人仍然会把火葬后的遗存物——骨灰埋葬在土中。据说，当代开明人士竭力倡导海葬，但细加考量，立即会发现，海葬面临的麻烦也不少：一方面，死者的遗体被海葬后，其家属找不到一个确定的地方去寄托哀思，常为此而感到遗憾；另一方面，假如大量死者的遗体都被采用海葬的方式，海洋也被不可逆地污染了，谁还敢再食用海鲜呢？（2012 年 12 月 24 日）

众所周知，"经济适用房"是指已纳入国家计划、由政府组织房地产开发企业或集资建造的以微利价向城镇中低收入家庭出售的住房。取这个名词，用心良苦，但取名方并未考虑到后果。斯宾诺莎说过：规定就是否定。肯定它们是"经济适用房"，也就等于说，其他所有住房既不"经济"，也不"适用"。除"经济适用房"外，据报载，最近又有四家墓园——汇龙园、滨海古园、卫家角息园和松隐山庄联手，推出了所谓"经济适用墓"，简称"经适墓"。不知"经济适用"这个修饰词是对死者还是对死者的家属来说的。或许"经济"是对家属说的，而"适用"则是对死者说的。商家赚钱真是到了无孔不入的地步。（2011 年 12 月 25 日）

据报载，北京科技大学发生了两个女大学生相约自杀的事件。死者赵某生前就有夙愿，即只有死亡才能使自己解脱。然而，需要追问的是，她的这个观念究竟来自何处？而赵某的同学段某不仅从容地用刀杀死了赵某，而且十分淡定地发邮件告诉朋友自己杀人了。大学生如此缺乏人文精神，令人震惊！（2011 年 12 月 25 日）

人们总是习惯于把传统理解为一个宏大的沉重的话题，其实，传统正是通过生活中无数个细小的思维定式形成并发展起来的。假定某人到某个教室去听课，而那个教室正好空着，他就会选择自己最喜欢的位置坐下来。当他第二次去同一个教室去时，只要上次的位置还空在那里，一般说来，他会坐在同一个位置上。我们不妨把上述思维习惯称之为思维定式。确实，在人类的日常思维中，存在着一种人类自己未意识到的、自然而然的倾向，即趋同的、趋稳定化的倾向。如果说，人在幼年时对许多新奇的东西保持着强烈的兴趣的话，那么，随着年龄的增加，这种趋异的倾向便会越来越弱化，反之，趋同的倾向则会越来越强烈。传统正是在趋同的、趋稳定的思维定式的基础上形成并发展起来的，马斯洛强调的第二个心理需求层次——安全，也正是人类自觉地或不自觉地在心理上、思维上追求的目标。在危机四伏的生存环境中，无论是人的肉体还是心灵，都渴望着一个稳定的立足点。如果从文化视角出发去命名这个立足点，它就是传统。（2011 年 12 月 29 日）

在节日里看了大片《龙门飞甲》《金陵十三钗》，可以用四个字来形容我的感受，那就是"大失所望"。先说《龙门飞甲》，虽然情节略有变动，但总的框架和思路并没有超出《龙门客栈》和《新龙门客栈》，情节也非常简单，贯穿整个影片的只是杀戮和打斗，即用暴力解决所有的问题。《金陵十三钗》与那些情节单一、内容无聊的武侠影片不同，试图选取中国现代历史上有意义的主题加以演绎。然而，在这么短的时间里演绎十三个人的命运几乎是不可能的，又加上那么多游离主题而不愿割爱的内容的穿插，其中没有哪个人物会在观众脑海里留下深刻的印象。凡是触及历史性的题材，导演必须先确立准确的当代意识。所谓"当代意识"，就是对当代生活世界的本质性价值观念的领悟和把握。这个价值系统的主要内容是珍惜生命、尊重人格、追求自由、倡导平等、提倡民主和维护正义。有了这样的当代意识，导演就会从历史上寻找与这个意识相契合的题材，并加以演绎。马克思早已说过："人体解剖对于猴体解剖是一把钥匙。"也就是说，只有领悟现在或当代的人，才能真正地理解并阐释历史或古代。以为任何人都可以轻易地阐释或导演历史事件，正是无知的典型表现形式之一。真正的艺术家，包括影视作品的编导们，应该无条件地蔑视低级趣味，坚持自己的艺术标准和理想，并在创作的过程中努力对自己的作品采取千锤百炼、精益求精的态度，绝不以牺牲艺术本身为代价而去迎合受众的口味和票房价值。只有超越所有这些功利性的因素，只服从真理本身，中国的艺术才会有希望。如同重视美容、化妆和包装一样，影视界也落入对形式主义的追求中。编导们完全无视影视作品的思想内涵，而倾其全力注重并打造这些作品的外在形式，包括高科技手段(如3D形式)、宏大的场面、豪华的服饰、夸张的表现方式等。然而，这些作品外在的华丽形式却掩饰不住内容的贫乏。(2012年1月4日)

从1912年英国游轮泰坦尼克号的沉没到2012年意大利游轮科斯塔·康科迪亚号的沉没，正好是100年。如果说泰坦尼克号的船长爱德华·约翰·史密斯舍身与游轮共存亡，那么科斯塔·康科迪亚号的船长弗朗切斯科·斯凯蒂诺不但向乘客隐瞒了游轮触礁的实情，而且打开保险箱，先取了现金，丢下乘客，弃船逃命去了。如果说，泰坦尼克号上的男士真正发扬了绅士精神，把生的希望留给了妇女和儿童，那么，科斯塔·康科迪亚号上的男士却斯文扫地，竟然不惜与弱小的妇女和儿童争夺逃生的机会。据报道，在救助乘客中坚持到最后一刻的是英国女舞者罗丝·梅特卡夫。这一事件表明，今天西方男士的道德水准远逊于一个世纪之前。(2012年2月5日)

尼采把权力意志，即人们自觉或不自觉地追求支配他人意志的权力理解为生活的本质，不能不说是伟大的洞见。只要看看全国不少城市"餐饮一条街"上酒店的名称——帝豪、帝王阁、皇冠、女皇、皇后、皇中皇、皇上皇、太上皇等；只要看看某些商品的牌子——小霸王、霸王、超霸，就会发现人性的这一秘密。当人们在动物园中目睹猴山上猴群的争霸之战时，不禁感叹丛林法则就是赤裸裸的暴力法则。其实，同样的争霸之战也发生在河马、犀牛或其他动物的身上。令人大跌眼镜的是，人类在相当程度上也是受这一法则支配的。坊间流行的武侠小说就是对这一丛林法则的演绎，只不过替它披上了温情脉脉的遮羞布罢了。令人惊奇的不是某个人或某些人崇拜和追求权力，而是一切人都有意识或无意识地崇拜和追求权力。尽管中国传统社会中的"清官崇拜"披着厚厚的政治上、道德上的外衣，但究其本质，仍然从属于权力崇拜，且比通常的权力崇拜更狡黠，因为由清官替自己做主，既维护了自己的权利，自己又无须承担任何责任。（2012 年 2 月 8 日）

德国哲学家伽达默尔建立的哲学诠释学理论之所以显得苍白，因为他忽略了在一切诠释活动的背景中无时不在、无处不在的权力场的作用。任何现实的诠释活动，要么是顺从某种权力的；要么是对抗某种权力，因而同时也是顺从另一种权力的。总之，脱离这个神秘的权力场，任何诠释理论都会失去自己的分量。（2012 年 2 月 8 日）

当齐格蒙特·鲍曼发现，在后现代语境中，知识分子的地位已从原来的立法者蜕变为阐释者时，并没有意识到这一蜕变的意义。其实，在现代性语境中，立法者往往是名不副实的，而在后现代性语境中，阐释者不但名实相符，而且起着决定性的作用。事实上，又有哪个当代文本的结束语不是对阐释特权的规定呢？（2012 年 2 月 8 日）

有趣的是，联合国选择了2011年10月31日作为世界上第70亿个公民诞生的象征性时间，然而，或许是出于纯粹的偶然，或许是出于故意的安排，这一天正好是西方的万圣节，即俗称的鬼节。这似乎是不祥的预兆。70亿人是什么概念？假如每个人平均身高5英尺，把70亿人叠加起来，长度约等于地球到月球的27.8倍！科学家们认为，地球上的人口几乎以细菌繁殖般的速度递增着。目前，地球上每秒钟会有4个婴儿出生。也许到不了2100年，人口总数就会突破100亿！请想想吧，已达到的庞大的人口基数每天将消耗多少资源、污染多少环境、带来多少麻烦、引起多少冲突。人类应该清醒地意识到，地球所能容纳的人口是有限的。人类将何以安排自己的未来？（2012年2月8日）

美国麦当劳声明，它已不再使用一种被称为"粉红肉渣"的原料来制作汉堡肉饼。这种肉渣是由廉价的牛头、牛蹄、牛尾等部分打碎后制成的，细菌含量很高，通常只能充当猫、狗的食品。不消说，用这种原料制成的汉堡肉饼起了以次充好、降低成本的作用，但这种作用却是以牺牲顾客的钱袋和健康为基础的。这种粉红肉渣很容易使我们联想起中国不法商人在肉包子的馅中使用的"血脖肉"，即猪头和猪的躯体连接处的肉，充满淋巴和细菌。由于这种肉非常廉价，不法商人趋之若鹜，完全不顾顾客的生命安全。可见，不管人们的皮肤是什么颜色，人性却是一样的：只要自己能获得最大收益，不惜把他人抛入地狱。（2012年2月12日）

自黑格尔以降，历史主义成为许多人治学的秘密。凡是难解的问题都到尘封的历史案卷中去寻找结论。其实，诚如叔本华所言，历史主义只是拿出一套空碗碟请人吃饭。也就是说，通过历史上数不尽的个案去认识人的本质往往是劳而无功的，因为这些案卷足以消磨一生，人的本质应该通过体制的结构加以直观。不少历史小说、历史剧和影视作品把宫闱冲突和政变作为自己写作、编导或演绎的题材。其实，中国传统社会的政治制度决定了宫闱冲突的必然性：一个皇帝、一个皇后和一群妃子生下一大群子女，其中只有一个儿子(通常是嫡长子)能够继承皇位，而每个儿子背后都有一些大臣为之出谋划策，冲突由此拉开帷幕。由此可见，根本无须研究各个朝代的宫廷历史以印证这种冲突的不可避免性。只要了解皇帝的婚娶和皇位的继承制度，便可推论出宫闱冲突的必然性。研究者们无须像松鼠似的围绕尘封的历史案卷去奔跑，这些案卷至多体现出共同的历史规律在不同朝代的细节上的差异，而这些差异在历史研究中是可以略去不计的。(2012 年 2 月 12 日)

　　A 在沙发上躺了一会儿，B 问他："睡着了吗?"A 迟疑地回答："睡着了。"其实，A 的犹豫态度表明，他对自己刚才是否睡着这一点并没有确定的把握。假定他刚才没有睡着，而他也意识到自己刚才没有睡着，显而易见是合理的；但假定他刚才确实睡着了，而他自己也意识到自己睡着了，却无论如何是不合理的。明眼人一看就知道，A 面临的逻辑上的困难是：如果他刚才睡着了，他的意识也就中止活动了，而既然意识中止了自己的活动，A 就不可能意识到自己睡着了。由此可见，当 A 说"睡着了"时，本身就是一个逻辑矛盾。然而，在日常生活中，人们又常常以 A 的方式来回答同类的问题，他们的根据究竟来自何处？稍加思索就会发现，A 说自己刚才睡着了，并不是他自己意识到的，因为在睡着的状态下，他已经失去了自己的意识。A 之所以迟疑地说自己刚才"睡着了"，因为这是他推论出来的。A 推论的依据是：此刻自己的头脑十分清楚，精神状态相当活跃。由此他反推出自己刚才一定睡着了，否则大脑就会感到很不舒服。这个例子表明，在日常生活的简单问答中也包含着极为深刻的哲学道理。人们通常认为清楚明白的东西其实仍然处于晦暗之中，只不过他们没有深入地加以追问罢了。对于不擅长思索的头脑来说，一切都是简单明了的；但对于善于思索的头脑来说，一切都是错综复杂的，因而哲学便获得了把简单问题复杂化的骂名。(2012 年 2 月 15 日)

所有人的行为都受到两类不同原则的约束。一类我们称之为自然规律(natural law)。必须指出，这里的 law 的含义是规律。不管人们是否意识到，自然规律是客观地存在于自然现象之中的，是由科学家们发现出来的。人们的一切行为都必须遵循自然规律，即使他们在改造自然时也必须无条件地遵循自然规律。另一类我们称之为"法律"(law)、"规范"(norm)或"规则"(rule)。与自然规律不同，所有的法律、规范或规则都是人们自己创造或发明出来，又把它们放到一个共同体里面去加以施行。换言之，人们自觉地发明了某些原则来约束自己的行为。如果说，前一类原则是客观的，那么，后一类原则则是主观的。人们对日常生活的经营是否成功，在相当程度上取决于他们是否自觉地把握了这两类原则。把自然规律的概念扩展开去，会涉及社会历史发展规律、政治思想发展规律、市场经济发展规律、文化艺术发展规律等；而把法律、规范和规则的概念扩展出去，也会涉及人们用以约束自己行为的更具体的条文或守则。每个人都有自己的主观意志，而意志总是按照自己的生存目标和需求筹划着自己的行为，而行为是否有效则取决于主观意志是否切合这两类原则。假如某人的意志像抒情诗人那样任意地活动，那么等待他的只能是悲剧性的结果。反之，假如他的意志总是遵循这两类原则而活动，那么与之结伴的就是成功的喜悦。//从 law 的法律含义看，现代人生活在它的三种不同的形式中：第一种是民法，其宗旨是维护个人在其所从属的国家中的权利和义务；第二种是邦联法，其宗旨是规定地方政府之间、中央政府与地方政府之间各自的权利、义务与关系；第三种是国际法，其宗旨是公正地处理国家之间、不同的国家的公民之间的关系。罗尔斯一生探索的正是这三部法律的哲学思想。在 1971 年出版的《正义论》中，他试图从道德哲学出发去探索正义问题，然而由于道德观念因人而异，他的观点招致了大量批评意见。在 1992 年出版的《政治自由主义》中，他把出发点调整到政治哲学确定的起点——公民身份(citizenship)上，从而确立起理论丰碑。(2012 年 2 月 15 日)

从学科性质上看，史学追求真实，而文学则崇尚虚构。在英语中，fiction 这个词既可解释为"小说"，又可解释为"虚构"。我们发现，很多人撰写的回忆录或自传充满了观念和情节上的虚构。显然，回忆录或自传这类文体应该从属于史学，但它们却心甘情愿地献出了自己的贞操——真实性。在这类充满虚构的回忆录或自传中，自我辩护或自我美化始终是作者的第一动机。在作者的心目中，历史不过是一个任人打扮的小女孩。与史学的文学化相反，文学则正在被史学化。由于公开打出了虚构的旗帜，文学作品因而轻易地获得了不受审查的豁免权。又有哪个审查官愿意对虚构的故事采取认真的审查态度呢？于是，一个有趣的现象出现了：史学与文学成了两门倒置的学科。谁如果要去探寻历史上曾经发生过的真实的东西，他就不应该诉诸史学，而应该求助于文学。试问，究竟是巴尔扎克的《人间喜剧》（共 91 部小说），还是 19 世纪法国史学家的史学著作，更全面更深刻地反映了当时法国的现实生活呢？无疑是巴尔扎克。同样地，在中国文化的语境中，究竟是施耐庵著的《水浒》、冯梦龙编纂的"三言二拍"和曹雪芹撰写的《红楼梦》等古典小说，还是中国同时代的史学家编写的史学著作，更全面更深刻地反映了中国传统社会的现实生活？答案无疑是古典小说。这就深刻地启示我们，应该以全新的眼光去理解史学和文学的关系。//有趣的是，在文学与哲学之间同样存在着一种类似的颠倒：由于哲学的宗旨是追求真理，因而它不得不说假话。只要想一想安徒生童话《皇帝的新衣》中有多少人在说谎，立即就会明白，讲真话、追求真理是多么艰难。反之，因为文学作品是虚构的，因此它能借助于一个虚假的语境，说出作者心中想说的任何真理。这样一来，我们就明白了，为什么路德会把理性比喻为"妓女"。因为人类理性不但学会了媚俗，学会了奴颜婢膝，也学会了说谎诬陷，学会了对良知和真理的叛逆。由此可见，所谓"理性动物"的称谓，与其说是对人类尊严的充分肯定，不如说是对人类卑劣性的严重抗议，因为"理性"从来就不是一个干净的概念。因此，当代哲学家们试图对理性本身进行区分。韦伯把理性区分为工具理性和价值理性，前者把目的以外的一切都视为工具，后者则力图确立客观的价值来引导人类的行为；哈贝马斯则把理性区分为合目的性的理性和交往理性，前者相当于工具理性，后者则主张人类在运用符号进行交往的过程中应该建立合理的共识。（2012 年 2 月 18 日）

绘画像文学创作一样，是可以虚构的，而摄影虽然关系到构图和用光，但其作品必须是真实的。有趣的是，古典绘画追求的却是真实。如果画家在墙上画一扇门，不知情的人竟撞墙而入，那就是画家的最高荣誉了。然而，当代摄影通过对人物的化妆和成像的修正，使所有的女性都成了美女，所有的男性都成了帅哥。如果你去欣赏婚纱照片，就会发现，照片上的青年男女仿佛全都是影视明星，岂止是漂亮，简直是完美！这类摄影作品已经完全丧失了自己的真实感，它们的全部功能就是媚俗，即迎合被摄对象在自我审美上的白日梦。事实上，当代摄影作品通过电脑上的裁剪、拼贴或置换，完全可以虚构出子虚乌有的真实性来。从哲学上看，这类子虚乌有的真实也就是所谓"虚拟的实在"（virtual reality）。法国学者德波把当今社会称作景观社会，因为在人们的周围环境、电视荧屏、股票曲线、电脑和手机中呈现出来的广告、图像、文字、符号构成了一个完整的虚拟世界。人们理解为"实在"的世界实际上完全是人类自己虚拟出来的。（2012 年 2 月 21 日）

康德启示我们，我们经常使用的"发现"（discovery）这个词是不可靠的，因为发现其实只是一种游戏：人们先把自己的主观想法放进（to put into）外部世界中，再从外部世界中把这些放进去的东西发现出来。就像那个造假的日本考古学家，先把当今的器皿埋入地下，过了一段时间后再把它们当作古代文物发掘出来。当人们说，"某科学家发现了一个新的学科领域（如物理化学）"时，多半被这类游戏所误。因为人们先把主观的学科分类，如物理、化学这样的名称和相应的范围放入外部世界中，才会产生出上述分类无法容纳的物理化学这个研究领域。由此，某科学家并没有发现新的学科领域，只是发现过去的分类是不合理的。（2012年2月21日）

许多大学生毕业后，习惯于说自己"从学校里进入了社会"。这显然是一个错误的表述，因为所有的学校（包括大学）都在社会之中，换言之，它们都是社会的一部分。事实上，不可能存在社会之外的学校，学校本身就是社会的细胞。因而大学毕业后的准确说法是"从社会的某个部分进入了社会的另一个部分。"（2012年2月22日）

不管归真堂的活熊取胆汁看起来如何"人道"，细心的璇芷还是观察到了黑熊在其胆汁被针管引流时腹部的抽搐和进食的停止，而片山空则突然向黑熊下跪："我代表人类向动物谢罪。"片山空的话并不符合逻辑，他能代表人类中那些正在取活熊胆汁的人吗？他只能代表人类中有动物保护意识的这部分人。此外，难道人不是动物吗？不管人们如何给"人"下定义，其属概念永远是"动物"。因此，片山空向黑熊的下跪只是一种动物（作为高等动物的人）向另一种动物（黑熊）的下跪。但片山空这个举动值得我们敬仰。乍看起来，片山空跪下去了，从而失去了他站着时的高度，实际上他比周围站着的任何其他人都更高。为什么人类竟然有权利如此残暴地从其他活着的动物身上抽取自己需要的东西？为什么其他动物的生命就不值得人类加以珍惜？难道人类要把地球上的其他动物都活活地加以折磨，甚至赶尽杀绝？当人类喋喋不休地谈论人与人（高等动物）之间的平等、自由和博爱时，为什么不能把同样的东西施予其他动物呢？人类的残暴还表现在挖空心思地把用其他动物做成的菜称作"红烧""清蒸""烟熏""炭烤""水煮""活杀"等。记得古希腊有位哲人说过，如果像狮子这样强有力的动物统治世界的话，人类的命运又会如何？或许人类早已成为狮子的"盘中餐"，而世界历史也就不得不由狮子执"爪"来撰写了。（2012年2月25日）

不知何故，在语言使用上很少区分主动与被动语态的中国人突然开始频繁地使用被动语态了。据报载，信用卡客户在自己不知情的情况下突然"被贵宾"了。所谓"被贵宾"，就是银行突然提高了某个客户可透支现金的额度。这似乎是对客户信用度的更高的肯定，但客户却担心银行卡丢失或被窃后的损失会更大。（2012 年 2 月 25 日）

2011 年 9 月，日内瓦的欧洲核子研究组织在实验中得出了"中微子比光子运动速度更快"的结论，震惊了全世界。如果这个发现属实，等于宣布爱因斯坦相对论中的真空光束极限理论是错误的。2012 年 2 月 22 日，该中心又宣布，这个结论是由一个低级错误——实验装置中连接到 GPS 接收器的一根光缆的松动而引起的。显然，欧洲核子研究组织存在着粗率之处。其实，当研究者们在仪表上读到中微子的运动速度快于光子的运动速度的结论时，应该进一步核实可能影响这些读数的各种因素，然而，他们却被伟大发现的幻觉所怂恿，先公布了实验的结论，结果当然是自取其辱。事实上，爱因斯坦并不是那么容易就可以被超越的。（2012 年 2 月 25 日）

由于美国士兵焚烧《古兰经》，在阿富汗掀起了轩然大波。尽管奥巴马、希拉里等国家元首公开表示歉意，也无法平息阿富汗的伊斯兰教徒们的愤怒。我想，至少这些焚烧《古兰经》的美国士兵不了解哈佛大学已故教授亨廷顿提出的关于"文明的冲突"的理论，而这一理论关注的正是世界上不同宗教之间的冲突。（2012 年 2 月 26 日）

如果一个外国人在迪拜对身着黑袍、戴着黑纱巾的穆斯林妇女多看几眼或拍照，她们就有可能打手机报警，"宗教警察"在五分钟之内就会赶到现场，对肇事者进行处罚。可见，只要人们生活在这个地球上，就应该尊重拥有不同宗教信仰的国家的宗教礼仪和规则，否则就会置自己

的生命于危险之中。（2012 年 2 月 26 日）

林书豪在球场上异军突起，就像李小龙在角斗场上叱咤风云一样，展示出人身上蕴藏着的巨大的潜能。然而，普通人身上的潜能在外部世界对其五官感觉的诱惑中早被撕成了碎片，只有意志力极其坚强的人，才能抵御纷然袭来的种种诱惑，使自己的潜能凝聚在某个点上，并像火山一样喷发出来。林、李就是这样的人。（2012 年 2 月 27 日）

面对河村隆之对南京大屠杀的否认，中国方面展示与当时大屠杀有关的种种感性的画面加以驳斥。其实，河村隆之的问题不是出在他的感官上，不是他对这段历史或相关的画面失去了记忆，而是出在他的思想上，即他对中国人始终怀着刻骨的仇恨。对日本的巨大野心和仇恨，我们不得不保持应有的警惕。（2012 年 2 月 27 日）

据报载，一名男子到东莞找工作，无缘无故失忆了四天，当他在当地一家旅馆中苏醒过来时，他的左肾已被人切除，疼痛得无法排尿，但口袋里却多了两万元人民币。套用网络上流行的话，这个男子完全是"被阴谋"的，他可能中了别人的麻醉剂，怎么可能"无缘无故"失忆呢？这个事件令人震惊，因为它体现出抢劫犯罪的升级，即从抢劫别人随身携带的财物升格为抢劫别人身体内的器官。至于两万元人民币，绝对不能被理解为受害者愿意得到的交易费，它不过是施害者因害怕自己死后灵魂进入地狱而预先向阎王交纳的贿赂费罢了。这个事件也向社会安全的底线提出了挑战，值得加以深思。（2012 年 2 月 28 日）

据报载，三个女孩在上海地铁里发起了"闪读"，大声向乘客朗读诗歌。也许是想出名想昏了头，难道她们心中就没有任何法律意识？地铁车厢属于公共空间，它需要保持安静，怎么可以大声喧哗？按照以赛亚·伯林的"消极自由"的观念，每个人在追求自己的自由时都应该牢

记，他人的自由就是自己自由的界限。(2012年2月28日)

据说，某大学将在校庆前夕移植牛顿故乡林肯郡的苹果树枝。其实，牛顿从某棵苹果树上的苹果落地受到启发，从而发现万有引力定律，也不过是传说而已。这所大学寄希望于这类形式主义的游戏不免使人大跌眼镜，就像拿破仑打下西班牙，给了它一个资产阶级共和国，但他的军队一撤离，西班牙的贵族政体就复辟了。正如某种政治制度不可能由某人从外面赐予一个国家一样，大学生的原创性思想也不可能在林肯郡移植过来的苹果树下产生。苹果树之于牛顿的天才思想，完全是外在的、风马牛不相及的因素，就好像某人即使戴上了牛顿曾经戴过的帽子或拿起了牛顿曾经用过的手杖，他也绝不会因此成为与牛顿齐名的伟大人物。中国先秦时期曾产生过老子、庄子、孔子和孟子等一大批思想家，18—19世纪的德国也产生过康德、歌德、席勒、费希特、谢林、黑格尔和荷尔德林等一大批思想家，究其原因，主要是学术思想的自由。反之，茨威格告诉我们，在加尔文倡导的新教教义的统治下，日内瓦200年中没有出现过一个思想家或艺术家。任何原创性的思想都不是其他人从外面灌输到某人的大脑中去的，而是在丰厚的人文精神和自由的学术氛围中形成并发展起来的。百花齐放、百家争鸣从来就是任何国家、任何历史时期思想学术发展必须遵循的客观规律。只要违背这个规律，原创性思想就会消失得无影无踪。由此可见，借移栽苹果树来激发学生的牛顿式思维，就好像闵希豪生男爵试图拉着自己的头发，以便使自己的身体连同坐骑脱离沼泽地一样，属于无聊透顶的游戏。宝剑赠英雄、红粉送佳人，应该把学生精神上最需要的东西——思想独立和学术自由归还给他们，中国的学生、中国的科学事业和学术繁荣才会有希望。(2012年2月29日)

据说，一家名为"比萨马上诺"的连锁餐厅竟然称其位于永嘉路的新店为"法租界新店"，还印制大量宣传册进行散发。此举遭到有识之士的谴责后，店方又以管理层为英国人、宣传册翻译不慎为借口，替自己开脱。其实，身为中华人民共和国的公民，难道看不出"法租界"这个用语是对当代中国人的极大的羞辱吗？（2012 年 2 月 29 日）

市民秦岭的公开信说出了癌症晚期病人的无奈及家属奔走无门的心酸。为了给这样的患者提供有尊严的治疗环境，上海市 17 个区县均将设立临终关怀病区，以便使患者接受舒缓疗护，在自己的家属和医务人员、护理人员的关爱下、照应下，走完自己人生的最后一段历程。生命应该在关爱中诞生，也应该在关爱中逝去。（2012 年 3 月 2 日）

我们日常生活中的有些怪现象或许可以概括为以下三句话：第一句是"聊天不谈天"。只要几个人在一起说闲话，他们就自况为聊天。然而，有趣的是，在他们聊天的整个过程中，几乎从来不涉及"天"（heaven），甚至也不涉及"天气"（weather）。第二句话是"吹牛不见牛"。只要几个人聚在一起，听某人侃大山，也就是人们通常所说的吹牛。吹牛者往往像闵希豪生男爵，吹得天花乱坠，而听的人仿佛也都"入了港"，摆出摇头晃脑的样子来。其实，"吹牛"是个省略词，说完整了，应该是"吹牛皮"，即说大话。然而，说大话的人都不会提到"牛"字。第三句话是"请客吃饭不见饭"。有些人一高兴，身边又有点小钱，就喜欢请客吃饭。然而，经常出现的情况是：在请客时，桌子上摆满了酒、烟和菜，甚至也包括像花生米、瓜子之类佐酒的物品，唯独不见饭送上来。有时候，主食"千呼万唤始出来"，但送出来的仍然是饺子、酒酿圆子之类的点心，全无饭的踪迹。（2012 年 3 月 2 日）

大学里有句行话叫"服务社会"。仔细推敲起来，这句话也是有语病的，因为它暗含着一个前提，即大学是社会之外的某个存在物。其实，任何大学都不过是社会的一部分。因此，确切的说法或许是：服务于社会上的其他机构。语言在表述中的融贯性是语用学（pragmatics）研究中

的大问题，却常为人们所忽视。（2012 年 3 月 2 日）

两个年仅 12 岁的福建女孩，试图模仿某些影视作品穿越时空，回到清朝与皇帝一起拍电影，竟留下遗书，跳入 2 米多深的池塘，双双殒命。这个事件警示我们，这个年龄段的孩子还无法判断影视作品中某些现象的真假。西方有些小孩看了电影《超人》后，也模仿超人的模样，从高楼窗口飞下去，酿成了同样的悲剧。随着电子传媒的发展，人们的想象力得以充分展开，以至于越来越多人造情景得以虚构出来。西方人称此为虚拟的实在（virtual reality），法国学者德波称之为景观社会（la so-ciete du spectacle），中国人喜欢说电脑效果图，这就使人们，尤其是儿童的视觉难以区分真假现象，从而酿成意想不到的事故的发生。（2012年 3 月 8 日）

接连数周阴雨霏霏，大家心里都很郁闷，以至于报上发出了"问上海'晴'为何物"的感慨。其实，人们对雨的态度与他们生存境况密切相关。比如，目前云南正在大旱之际，人人盼雨心切，以至于动用了人工降雨的器械；再如迪拜终年少雨，所以偶尔遇到一场雨，非但没有人躲雨，大家反而都往雨中扎。（2012 年 3 月 8 日）

从电视上看到历史系教授朱维铮因病逝世的消息，不免感慨。朱先生不光是经学研究中的重量级人物，而且在中国思想史、文化史研究中也多有见地。多年前，他撰文区分"文化传统"与"传统文化"两个概念，就在我脑中留下了深刻的印象。朱先生与中文系的章培恒先生的去世，似乎宣告了一个时代的结束。作为复旦大学 1977 级学生，我上学时就聆听过朱先生和章先生的讲座，深为他们的博学深思所折服。后来留在复旦大学哲学系做教师，又有许多机会，在各种学术会议、座谈会或其他场合倾听两位前辈的发言，他们的睿智和幽默深深地印在我的脑海里。斯人已逝，学识犹存，衷心希望他们的事业有更执着的追随者。

（2012 年 3 月 11 日）

中南大学大三学生刘路因破解了国际数学难题西塔潘猜想，被该校破格提升为正教授，从而成了全国最年轻的正教授。有人批评该校的做法太草率，我倒觉得，这才符合教授晋升的真正标准，即应该在专业的某个方面或某个问题上做出实质性的推进性的贡献。与刘路相比，那些看起来不草率的晋升倒往往是草率的。在这个季羡林称为"教授、博士满街走"的时代，又有多少教授、博士在其所从事专业的某个方面或某个问题上做出过推进性的贡献？其实，在普遍崇拜量化指标（发表了多少论文或出版了多少著作）的评审机制中，对于职称申请者来说，评委提出的最具杀伤力的问题是：您在哪个问题上作出了推进性的学术贡献？刘路接受采访时表示，最好的学习方法是兴趣："只要有兴趣，就能迎难而上，不要太注重分数和结果。"其实，刘路在这里涉及对应试教育制度的最有力的批判，因为这种制度只重视"分数和结果"，而根本不重视学生对什么样的教学内容有"兴趣"。无数事实表明，无兴趣的学习是不可能激发任何创造性的。（2012 年 3 月 30 日）

朱维铮先生的《走出中世纪》问世后，复旦大学有位教授评论道："中国没有中世纪，何来'走出中世纪'？"其实，这个评论值得重视，因为中国既没有存在过古罗马意义上的奴隶社会，也没有存在过中世纪意义上的封建社会。（2012 年 4 月 3 日）

富士山是美丽的风景区，然而景区内人迹罕至、植被茂密的青木原森林却成了自杀者的天堂，每年都能在那里发现 100 具以上的遗骸。在加缪看来，自杀是最值得研究的现象，因为自杀是世界上最勇敢的行为，自杀者敢于从陡峭的山崖上跳下来；同时自杀又是世界上最怯懦的行为，因为自杀者不敢再继续生活下去了。（2012 年 4 月 12 日）

人们常常会把权力（power）与权威（authority）这两个词的含义混淆起来。一个权高位重的人，家里门庭若市，周围簇拥着许多笑脸相迎的人。于是他坠入幻念中，俨然以权威自居。然而，一旦他从位置上下来，家里门可罗雀，周围人冷漠相向，这时他才意识到，人们膜拜的只是他手中的权力，他从来就不是权威。（2012 年 5 月 17 日）

钱珏在《孩子们的想象力都去哪儿了》（载《新民晚报》2012 年 5 月 28日）中写道：在雅培家庭科教上海站组织的 120 多名小学生和家长在 10分钟之内制作一个可装下 130 个小绒球的完善容器的设计中，发现每个家庭制作出来的容器几乎都是圆柱形或圆锥形的，缺乏创意，作者由此发出了关于想象力的感慨。其实，在我们这个时代，不仅小孩失去了想象力，家长又何尝不是如此。在应试教育体制中，听话、标准答案、高分、重点大学就是一切，至于学生对自己所学的东西有无兴趣、他们的创意是否被激发出来，谁都不感兴趣。教师和家长都是应试教育的"共谋"，他们热衷于扼杀孩子的想象力。这种现象值得深思。（2012 年 6 月20 日）

人们经常用"烂尾楼"这个词指称没有完工的建筑物。其实，他们正好把这个用词的含义理解反了。在我看来，应该把已完工的建筑物称为烂尾楼，因为尾巴烂掉了，也就等于说没有尾巴，表明它已经完工。与此相反，应该把未完工的建筑物称作"好尾楼"。为什么？因为既然它还有尾巴，当然也就未完工。（2012 年 8 月 10 日）

无论是哈尔滨市政府对阳明滩大桥引桥倾覆的解释，还是广州市越秀区对方大国是否殴打南航空姐的说明，都涉及地方政府的诚信问题，而诚信正是治理是否具有合法性的前提。只要地方政府对个人或地方利益的考量占主导地位，诚信和公正就会被弃置，合法性治理的资源就会流失，应该意识到问题的严重性。（2012 年 9 月 2 日）

这几天电视上、媒体上都在播放一条新闻，说上个周末到北京香山看红叶的人比红叶还多。这怎么可能？参观者是 24 万人，难道树上的红叶还不到 24 万片？如果说，参观者比红叶树的数量还多，或许是真实的，但说参观者比红叶还多，却不可能是真实的。请问，撰写报道的人调查过一棵红叶树上可能有多少红叶吗？(2012 年 10 月 30 日)

美国哲学家爱默生说：The first wealth is health. 〔健康是（人生的）第一财富。〕说得非常好，可惜的是，人通常只有进入非健康状态，即疾病或伤残时，才能体会到这句话的价值。即使人从非健康状态恢复到健康状态，在大多数情况下，他又会故态复萌，任意地挥霍自己的健康。由此看来，人实在是不可救药。(2013 年 1 月 15 日)

人们通常把"末日"理解为"终结"，其实，终结同时就是开端，因为尼采所说的"永恒轮回"正是生成的无处不在、无时不在的表现形式。哪个公共汽车站的终点站不同时是新一轮行车的起点站呢？德语中的 Ausganspunkt 既可解释"终结点"，也可解释"起点"，而 Ausgang 既可解释"出路"，也可解释"终结"。(2013 年 1 月 20 日)

汉语含义模糊的表现形式之一是在表达中不区分单、复数。比如，正在热播的电视连续剧《那金花和她的女婿》就是一例。既然那金花有三个女儿，对应起来，应该有三个女婿，而且这三个女婿在剧中都出现了。所以这部电视剧的名称应当改为《那金花和她的女婿们》。(2013 年 3 月 15 日)

医院卫生间里有一个红色按钮，上面写着"紧急电话"（Emergency Call），下面又写着"非紧急禁用"。这表明，很难给"紧急"这个词下定义，也就是说，在生活中，应该严格区分什么是紧急状态，什么是非紧急状态。同样地，在公共汽车上经常有这样的标语："给需要帮助的人让座。"然而，什么样的人才是"需要帮助的人"呢？这既要需要座位的人对自己的情况有合理的理解，也需要准备让座的人有准确的判断能力。在生活中，有的情况与道德观念有关，有的与判断力有关。（2013年5月9日）

在医院里通常写着这样的标语：准确辨认病人的身份（identify patient correctly）。住院病人还会戴上腕带，写上姓名、住院号和病区等，各种检查血液、大小便的试管也注明各个病人的详细的信息，以避免混淆和误诊。所有这些措施都表明了知性和分析思维的重要性。（2013年5月12日）

当上海电视台新闻综合栏目开始播放时，中文字幕出现了"这里是上海。"的字样，同时出现了下面的英文字幕"This is Shanghai."。其实，"This is Shanghai."应当译为"这是上海。"，而与"这里是上海。"对应的英文表达式应当是"Here is Shanghai."。（2013年5月19日）

人们在表达思想时，很少想到其实际效果。当某人见到一个熟悉的朋友迎面走来时，随口说道："你今天的领带真漂亮。"把这句话的意思翻译出来就是："除了领带，你还有什么东西是漂亮的?!"准确的表达或许是：这条领带真适合你。//某人在欣赏朋友的照片时，随口说道："你的照片真漂亮。"这句话可能的意思是：你不过是上相而已，其实你本人并不漂亮。更为合理的表述自己思想的方式是："你的照片真漂亮，但你本人比你的照片更漂亮。"（2013年5月20日）

我们的思想总是缺乏明晰性。比如，两个朋友约定，在复旦大学门口见面，但复旦大学现在有4个校区——邯郸、江湾、张江和枫林，究竟指哪个校区？假如确定是邯郸校区，那么这个校区又有5扇大门可供出入，究竟指哪个门口？总之，在需要明晰性的地方，必须表达得十分明晰。当然，对明晰性还有另一重理解，即在需要模糊性的地方，应该模糊地表达。在这种情况下，模糊就是明晰，而刻意追求明晰反而会导致错误。比如，"门被某人打开了"，"某人"显然是个模糊的表述。但在通常情况下，把"某人"明晰地表达为一个具体的人是无意义的。综上所述，思想的明晰性表现为以下两个侧面：一是在需要明晰性的地方必须明晰地进行表述，二是在需要模糊性的地方必须模糊地进行表述。把这两个侧面以"无缝的"方式综合起来，才真正达到了思想上的明晰性。如果一个人连思想上的明晰性都达不到，遑论其他。（2013 年 5 月 21 日）

中国人喜欢说："死猪不怕开水烫。"其实，这个说法是错误的，因为"怕"是有生命的存在物才具有的感受。既然"死猪"已经失去了自己的生命，"怕"又从何而起？（2013 年 5 月 22 日）

医生问："你什么时候得的高血压？"你回答道："五年前。"其实，这里的问和答都是含混的，因为它们都未区分下面两个问题："一个人什么时候得高血压？"和"一个人什么时候发现（意识到）自己得了高血压？"是不同的。在通常情况下，"发现"之时总是晚于得病之时。（2013 年 5 月 31 日）

在读中文译著时，一读到下面的句子"在最后的分析中"，就知道译者又搞错了。事实上，英文中的 in the last analysis 应该译为"归根到底"，而不应该按字面含义译为"在最后的分析中"。只要查一下词典，就能轻松地找到答案。（2013 年 5 月 31 日）

人们（包括博士生们）经常在写作中使用"归根结底"这个术语。其实，这个术语是错误的。为什么？因为它是粗心的人们自己生造出来的。准确的表达方式应该是"归根到底"或"归根结蒂"。在英文中的对应

词则是：in the end 或 in the last analysis。（2013 年 5 月 31 日）

当一个人被别人指责为"怪人"时，千万别不高兴，因为"怪人"的"怪"是由"心"和"圣"两个部分构成的。也就是说，有圣人之心的人才说得上是怪人。事实上，圣人就是与普通人不同的、在普通人看来"怪怪的"人。可见，不应该轻视怪人。（2013 年 6 月 2 日）

上海电视台早新闻上海早晨播出时，会出现下面的英语短语：Good morning Shanghai！其实，上海作为城市，是无生命的，对应的代词是 it，因此对它说早晨好是无意义的，应该说"Good morning everyone！"（大家早晨好！）或"Good morning every audience！"（听众们，早晨好！）。（2013 年 6 月 10 日）

当你使用"大家"这个词时，预先应该意识到，这个词有以下三种不同的含义：一是 everyone 或 everybody，即指"每个人"；二是 great family，即指"大家庭"或"伟大的家庭"；三是 master，即指"大师"，那些特别受人尊重的人。你究竟是在哪个意义上使用这个词呢？（2013 年 6 月 10 日）

在这个人人都在谈论"瘦身"的时代，或许人们也应该听听不同的声音。"胖"字是富有诗意的，把它拆开来，就是"半个月亮"，而"瘦"字是在"病盖头"里面的，也就是说，瘦差不多是一种毛病。唐代人以胖为美，这从唐代绘画作品中就可以看出来，杨贵妃也是范例。（2013 年 6 月 10 日）

每次外出旅游，在不同的景点，旅游同伴们总是对导游提出如下的建议：最好不走回头路。提出这样的建议是很好理解的，因为旅游者总想多看一些地方，但我对他们说，绝对不走回头路是不可能的，否则，你们连自己的家也回不了了。也就是说，回头路是不可能完全不走的。
（2013 年 6 月 11 日）

汽车通常会处于以下三种状态之下：当它行驶时，被称作"交通"
（traffic）；当它停下来时被称作"泊车"（parking），因为它既不能被挂起
来，也不能被折叠起来；当汽车在路上不是因为自己的原因而无法动弹
时，被称作"交通堵塞"（traffic jam）。jam 真是一个美妙的词！（2013 年
6 月 12 日）

从医学上看，病毒是会传播的，从社会生活上看，人的情绪也是会
传播的，中国古人就有"爱屋及乌"的说法。而在所有的情绪中，最易传
播的情绪就是尼采所说的"怨恨"。如果某人有怨恨，对确定的对象（如
另一个人）无法发泄，就有可能转移到其他人，甚至周围的事物上。假
如怨恨长期得不到释放，就有可能变质为"反社会"的情绪，甚至对无辜
的生命，尤其是儿童的生命采取敌视的态度。这也可以称为"怨恨的泛
化"或"怨恨的匿名化"。如何使怨恨得到释放？民主的、人性化的管理
十分重要。（2013 年 6 月 24 日）

最近，人们在争论教师节究竟放在 9 月 10 日，还是 9 月 28 日。大
家都知道，9 月 28 日是孔子的生日。有人来征求我的意见，我的看法
是，不如回到没有教师节的状态中去。为什么？因为这样一来，365 天
就都是教师的节日了。（2013 年 9 月 11 日）

我很佩服有政治急智的人，因为他们能够在政治困局中提出各方都
能接受的好点子，从而使大家从困局中摆脱出来。记得中美建交时，双
方都曾为如何表达大陆与台湾之间的关系而苦恼。后来，周恩来提出了
"台湾海峡两边的中国人"这一机智的、双方都能接受的表述方式，遂使
上海公报的起草绕过了暗礁。（2013 年 9 月 28 日）

"自由贸易区"(Free Trade Zone)的名字一经使用，等于说其他区域的贸易是不自由的，建议改为"完全自由贸易区"(Complete Free Trade Zone)，而其他区域则是"不完全自由贸易区"(Incomplete Free Trade Zone)。这样，逻辑就自洽了。人们也不应该在辩论中安排所谓"自由辩论"，这也等于说，其他时间进行的辩论都是不自由的。应该把"自由辩论"改为"未按程序规定的先后秩序展开的辩论"，以避免表达上的逻辑困境。（2013 年 10 月 20 日）

西方学者区分出以下两类国家："发展中国家"（developing countries)和"发达国家"(developed countries)。其实，developed 作为动词的完成形态，表明发展已经完成，而发展完成只有一种可能，即这些国家已经死亡。也就是说，任何国家，只要尚未灭亡，就处于发展中。也就是说，目前世界上所有的国家都只可能是"发展中国家"，即 developing countries。另外，developed conntries 绝不是什么"发达国家"，而是死亡了的国家。遗憾的是，长久以来人们都在这类错误的概念中打转，怎么可能进行准确的思维呢?（2013 年 10 月 21 日）

人们经常谈到"苍蝇"，也经常谈到"蝴蝶"，但他们并不清楚，这两个词有着非常有趣的联系：在英语中，flying 译为"苍蝇"，butterflying 则译为"蝴蝶"，而众所周知，butter 译为"奶油"。也就是说，英语中的蝴蝶，直白地说，就是"奶油苍蝇"。（2013 年 11 月 3 日）

对哲学有兴趣的人应该了解：甲骨文中有"折"字而无"哲"字。"哲"字最早出现在金文中，写法是："折"字下有一个"心"字，但到小篆中衍变成"哲"字，即"折"下面有个"口"字。然而，中国人常说"有口无心"。所以，要复兴哲学，就应返回到金文的表达方式中。（2013 年 11 月 3 日）

在汉语中，有三个字很有趣。一是"仙"字，实际上等于说，人住在山边就是仙，事实上，仙总是与云雾缭绕的、神秘的山岭相关。二是"儒"字，等于说，这是被大家需要（古代的红白喜事需要儒来做）的人。三是"佛"字，实际上等于说，佛"弗是人"，即超越人的意思。（2013年11月3日）

当人们谈论"政府与市场的关系"时，预先已经毁坏了这种关系，因为他们假定存在着"与市场分离的政府"和"与政府分离的市场"。其实，当他们说市场时，市场始终处于政府的干预中。同样地，当他们说政府时，政府也始终不过是处于市场关系中的政府而已。也就是说，世界上从来就不存在绝对没有政府干预的所谓"自由主义经济"。换言之，自由主义经济实际上至多是政府处于"弱干预"状态下的经济，而凯恩斯主义则是主张政府处于"强干预"状态下的经济。差别只在政府干预的"强弱"上，而绝不可能在干预的"有无"上。（2013年11月3日）

日常用语在表述上往往是不严格的。比如，人们在休息后经常说自己"恢复了疲劳"。显然，这个说法是错误的，因为仿佛休息反而使他们重新回到了疲劳中。准确的说法应该是：我们从疲劳状态中恢复过来了。（2013年11月3日）

有人说："你无法叫醒一个装睡的人。"我的回答是：装睡就是看上去睡着、实际上醒着。既然装睡的人是清醒的，叫醒他就是毫无意义的事情。实际上，你之所以"无法叫醒"他，因为他本来就处于清醒的状态下。于是，问题转到你自己身上：你自己究竟是醒着，还是睡着了？（2013年12月14日）

认识到下面这个现象是十分有趣的，即年轻人是没有器官的人，确切地说，年轻人是感觉不到自己拥有诸多器官的人。随着年龄的增大，胃不舒服了，才感到自己有胃，肝不舒服了，才感到自己有肝。等到某人意识到自己身上拥有许多器官时，已垂垂老矣，或已病入膏肓了。（2014年1月16日）

"80后"这样的表达方式有两种不同的含义：一是指1980年之后出生的人，二是指目前年龄已经超过80岁的人。同样地，"90后"这样的表达方式也有两种不同的含义。这充分表明，"80后""90后"这类表达方式缺乏指称上的明晰性。（2014年3月10日）

情绪化的结果是弱智。迄今为止人们关于马航MH370的想法和做法都是在情绪化的前提下展开的。现在需要的不是盲目地扩大搜索范围，而是从根本上调整思路，沿着一些疑点追索下去，先搞清楚真相，即究竟发生了什么，才可能找到飞机，否则，就真的是在做大海捞针的蠢事了。（2014年3月14日）

经常有人在谈到某个现象比以前出现得少时，会使用下面这种表达方式，即"这种现象已经减少了三倍"。说话者显然忽略了，"倍"是表达增加而不是表达减少的概念。所以，准确的表达方式应该是："这种现象已经减少了三分之二"或"这种现象三成中已减少了两成"。（2014年3月14日）

电视上经常做口香糖的广告，其中一个广告鼓吹"无糖的口香糖"，既然口香糖定位在"糖"上，又称它是"无糖的"，在逻辑上显然是矛盾的，或许应该改为"无糖的口香胶"或"无糖的口香含片"之类的名称，以确保其逻辑上的自洽性。（2014年3月19日）

东方卫视的主持人在谈到寻找马航MH370飞机的残骸时，电视屏幕上就会出现"碎片卫星图"的字样和相应的照片。其实，"碎片卫星图"

这个用语是错误的，不应该用"碎片"去修饰"卫星"或"卫星图"，因为卫星或卫星图并不是碎片，应该表达为"卫星图中的飞机碎片"。（2014 年 3 月 23 日）

人们经常把会议休息时间称作 coffee break 或 tea break，经常被译为"茶（咖啡）歇"，这种说法显然是错误的，因为其含义是把喝茶或喝咖啡停下来。准确的意思应该是"把会议停下来并开始喝茶或喝咖啡"，因此应该表达为 conference break for tea or coffee。（2014 年 4 月 7 日）

北京有些公交车上的售票员说："前门到了，请您从后门下车。"假如乘客是外国人，不熟悉中国人说话的语境，会表现出惊讶的神情。其实，这里的"前门"乃是北京的一个地名，而"后门"则是指公交车的后门。也就是说，售票员的话包含两个不同的语境，不易区分开来。（2014 年 4 月 13 日）

如果你问北京人，到某处怎么走。他会给你说一连串方向词，无非是东南西北，弄得你一头雾水。比如，北京公交车的一个站名是"北京西站南广场东"，把"东南西北"四个方向全占了。尽管对中国人来说，这个地名的意思很清楚，但对外国人来说，也算是语言上的考试了。（2014 年 4 月 13 日）

经常有人说"美到不能呼吸"，这显然是错误的，因为把审美对象恐怖化了。其实，见到特别美的对象，如一个特别美的人时，我们可能会不由自主地屏住呼吸，怕自己发出的声音会惊扰对象。然而，因欣赏一个对象而屏住呼吸，完全不同于因惊惧一个对象而"不能呼吸"。（2014 年 4 月 13 日）

在宴会上，人们经常使用"白酒""红酒""黄酒"这样的概念。其实，红酒确实是红的，黄酒也确实是黄的，但白酒却不是白的，而是没有颜色的。正如"白葡萄酒""白开水"也不是白的一样。在汉语中，白既有颜色的含义，也有原本如此、未附加其他东西的含义。(2014 年 4 月 15 日)

所谓"政策式离婚"，即政府出台一个政策，人们为了达到损失更小或获利更多的目的，不惜采取假离婚的方式。这种现象表明：一方面，政策出台前缺乏全面的考量；另一方面，有些人为了利益最大化，任何神圣的东西都可以被弃置。这就是实用理性的典型表现形式之一。(2014 年 4 月 22 日)

马航 MH370 的失踪表明，人类科学的发展并没有达到自己所吹嘘的那种水平。如果从平面上看，MH370 有 63.7 米长、双翼达到的宽度也有 60.9 米，这样一个庞然大物突然消失了，所有的国家，包括美国在内，居然都茫然无知，那么多卫星在空中也未觉察，何况，飞机上还有那么多人！(2014 年 5 月 1 日)

人们常常说"大难不死，必有后福"，其中的"必"有"必定"或"必然"的意思。实际上我认为，"大难"与"后福"之间并没有任何逻辑关系。(2014 年 5 月 4 日)

编者说明

（一）本卷收录了俞吾金先生1985年至2014年发表的生活哲思方面的文章57篇，以及在俞先生去世后面世的相关文章2篇，共计59篇，按首次发表时间排序。本卷另收入8篇文学作品和访谈，以及俞吾金先生微博选作为附录。

（二）各篇文章的版本选择，以完整性和修改时间为标准。即：如不同版本差别较大，则收录内容最完整的版本；如各版本主体内容大致一致，不过有小的差别，则收录时间上靠后的修订版本；如各版本基本相同，则收录最初发表的版本。

（三）各篇文章的格式按照"俞吾金全集"的统一体例进行了相应调整。

（四）各篇文章的版本信息以及注释等方面的调整，都以编者注的形式予以标注。编者对原文文字进行了校订。

（五）本卷由阮凯、孔慧、杨威编校。

《俞吾金全集》编委会
2022年2月

图书在版编目（CIP）数据

散论集 . Ⅲ，生活哲思/俞吾金著 . —北京：北京师范大学出版社，
2024.9

（俞吾金全集）
ISBN 978-7-303-28353-8

Ⅰ.①散… Ⅱ.①俞… Ⅲ.①哲学－文集 Ⅳ.①B-53
中国版本图书馆 CIP 数据核字（2022）第 241709 号

营 销 中 心 电 话 010-58805385
北 京 师 范 大 学 出 版 社
主题出版与重大项目策划部

SANLUNJI(Ⅲ)：SHENGHUO ZHESI

出版发行：北京师范大学出版社 www.bnupg.com
　　　　　北京市西城区新街口外大街 12-3 号
　　　　　邮政编码：100088
印　　刷：北京盛通印刷股份有限公司
经　　销：全国新华书店
开　　本：730 mm×980 mm 1/16
印　　张：32.25
字　　数：464 千字
版　　次：2024 年 9 月第 1 版
印　　次：2024 年 9 月第 1 次印刷
定　　价：128.00 元

策划编辑：祁传华　　　　　　责任编辑：刘　溪
美术编辑：王齐云　　　　　　装帧设计：王齐云
责任校对：段立超　陶　涛　　责任印制：马　洁　赵　龙